管理学

——原理、方法与案例

第二版

主　编　万卉林　刘　虹
副主编　汪普庆　杜　江

WUHAN UNIVERSITY PRESS
武汉大学出版社

图书在版编目(CIP)数据

管理学:原理、方法与案例/万卉林,刘虹主编. —2 版. —武汉: 武汉大学出版社,2011.9(2016.7 重印)
ISBN 978-7-307-09167-2

Ⅰ.管… Ⅱ.①万… ②刘… Ⅲ.管理学 Ⅳ.C93

中国版本图书馆 CIP 数据核字(2011)第 182882 号

责任编辑:夏敏玲　　责任校对:黄添生　　版式设计:支　笛

出版发行: **武汉大学出版社**　(430072　武昌　珞珈山)
(电子邮件: cbs22@ whu. edu. cn　网址: www. wdp. com. cn)
印刷:虎彩印艺股份有限公司
开本: 720×1000　1/16　印张:23.25　字数:430 千字　插页:1
版次:2004 年 12 月第 1 版　2011 年 9 月第 2 版
2016 年 7 月第 2 版第 2 次印刷
ISBN 978-7-307-09167-2/C · 291　定价:35.00 元

序　言（第二版）

本书第二版终于与读者见面了。第二版与第一版相距六年余，这六年中，世界经济形势发生了天翻地覆的变化，中国自然也不例外。在此背景下，经济、管理类教学正在以前所未有的广度和深度迅速发展着。这要求对管理学教学进行相应的变革。

本次再版，总结了第一版发行以来读者的反馈与教学实践中的经验，更注意到了在新的经济背景下，现实中所碰到的实际问题，以及管理学发展的新动向。较之第一版，本书有如下改动：

在体系结构上，综合了国内外管理学的学术理论，以目前较为通行的四职能，即计划、组织、领导和控制来形成全书的基本结构，并根据各大专院校在使用过程中的实际效果，将全书编为总论、管理环境、计划、组织、领导、控制六编，共十五章。

在具体内容上，为更专注于阐述上述四大职能，删除了原“人员配备”、“学习型组织”两章；对管理理论的发展、决策、组织设计等章节，在原有基础上作了较大篇幅的修改，甚至重写；对其他各章也均作了修订，使本书更适应相关专业的教学需要。

在实践性内容上，加大了案例的篇幅，每章均附有两个案例。管理学是一门实践性很强的学科，为加深读者对管理学原理的理解，本书的案例尽可能采用近期国内企业的案例。

编写本书是一次对管理学知识的总结和再提高。由万卉林、刘虹提出编写大纲，经编写小组成员集体讨论后定稿。参加编写与修订的有万卉林（第八、九、十、十一、十二章），刘虹（第七、十四、十五章），汪普庆（第一、二、三章），杜江（第四、五、六、十三章）。

我们要感谢武汉工业学院经济与管理学院对本书编写工作的鼓励和支持，特别是工商管理教研室全体同仁及管理学课程组的各位成员，尤其是原主编杨孝伟和赵应文二位教授，对第一版提出了很多宝贵的意见，并对再版给予了珍贵的建议；感谢武汉大学出版社组织再版这本教材，尤其是夏敏玲编辑的建议及辛勤工作。

由于我们水平有限，书中难免有疏漏与差错，恳请各位读者给予指正。

编　者

2011 年 9 月

序　言（第一版）

随着我国社会主义市场经济体制的逐步建立，各类经济主体犹如雨后春笋般地萌生和发展起来，它们的存在和经营运作以及彼此之间的竞争，使市场经济的运行呈现出无限的生机和活力，同时也对基于现代管理思想上的科学管理提出了更高的要求。

管理学是一门年轻的学科，内容丰富且充满活力，但随着社会经济的发展和新情况、新问题的出现，它也需要有一个不断发展和完善的过程。本书综合国内外管理学的学术理论，以决策、组织、领导和控制等管理职能来形成全书的基本结构。在国内外管理学学术界，将决策、组织、领导和控制作为管理的基本职能是较为一致的观点。本书力求反映当前管理理论最新研究成果，书中列入管理的道德和社会责任等当前国内外管理界十分关注的焦点问题。本书每章都附有一个案例，希望将理论知识服务于我国的管理实践，真正达到理论联系实际的目的。

本书是集体智慧的结晶，是一次对管理学知识的再学习和再认识的过程。由杨孝伟提出编写大纲，经编写小组集体讨论后定稿。参加编写的有杨孝伟（第一、二、三、四、五、十五、十六章），刘虹（第六章），管顺丰、赵伟（第七、八章），张真（第九章），赵应文（第十、十一章），万卉林（第十二、十三、十四、十七章）。

本书可作为大学本、专科经济管理类专业及其他专业的管理学课程教材，也适用于从事管理实践的管理人员的学习和参考。

在编写过程中，我们参考和借鉴了大量的中外管理学方面的优秀成果，在此对有关的专家、学者表示衷心的感谢。我们还要对武汉工业学院经贸管理学院的大力支持表示深深的谢意，同时也对在编写和出版过程中给予大力支持与帮助的所有同仁，尤其是本书的责任编辑夏敏玲、柴艺的辛勤工作表示最衷心的感谢。

由于时间仓促和我们对管理学的认识水平有限，在该书中一定存在不少不妥之处，诚恳地希望各位学者、专家和广大的读者给予批评指正、不吝赐教，以便改进完善。

编　者

于武汉常青花园

2004 年 11 月

目　录

第一编　总　论

第二编　管理环境

第三编　计　　划

第四编　组　　织

第五编　领　导

第六编　控　　制

第一编 总　论

第一章 管理、管理者与管理学

学习目的与要求： 通过本章学习，读者应准确把握管理的概念，充分认识管理的重要性，认识管理的职能并明确管理的性质，深刻理解管理性质的现实意义，认识管理者所扮演的角色及其作用，明确管理学的研究对象，掌握研究管理学的基本方法。

管理活动作为人类最重要的一项活动，广泛存在于现实社会生活之中，无论是国家、企业，还是军队、医院、学校等任何组织，都离不开管理，管理是一切组织活动中必不可少的重要的组成部分。因此，在社会生活中，特别是在组织活动中，有必要了解什么是管理，为什么要进行管理，怎样才能有效地进行管理。本章将就管理的概念、职能、性质等问题进行系统的介绍，同时对管理者的类型、角色和基本技能作一定说明，并指出管理学的研究对象和研究方法。

第一节 管理、管理的职能和性质

一、管理

管理的历史同人类社会一样久远，可以说，只要有共同劳动就有管理活动。共同劳动需要对劳动进行分工、组织和协调，以确保任务的完成和目标的实现。这种分工、组织和协调就是管理活动。由此可见，管理产生于人类的共同劳动。那么，究竟什么叫管理呢？

1. 管理的概念

古今中外对“管理”一词的定义一直众说纷纭，不同历史时期、不同学派对管理的看法也不尽相同。

管理就是设计和保持一种良好环境，使人在群体里高效率地完成既定目标(哈罗德・孔茨)。

管理就是执行计划、组织、指挥、协调和控制（亨利·法约尔）。

管理就是使用人力及其他资源去实现目标（路易斯·布恩，戴维·克茨）。

管理就是指同别人一起，或通过别人使活动完成得更有效的过程。这里过程的含义是管理者发挥的职能或从事的主要活动，这些职能可以概括地称为计划、组织、领导和控制（斯蒂芬·P. 罗宾斯）。

我国管理学家周三多认为，管理是社会组织为了实现预期的目标，以人为中心进行的协调活动。

综上所述观点，我们可以给出管理的概念：管理是在特定的环境下，组织对其所拥有的资源进行有效的计划、组织、领导和控制，以实现其目标的过程。

2. 管理的特点

根据管理的定义，可以得出管理具有如下几个特点：

（1）管理具有明确的目标。管理是一种有目的的活动，它引导集体活动指向预定目标。管理本身不是目的，管理活动是服从和服务于组织的既定目标的。目标不明确，管理就会无的放矢，瞎忙一通，浪费精力和资源。

（2）管理的对象是组织中的资源，包括人力资源、物力资源、财力资源、信息和时间等。管理的实质就是通过决策、组织、领导和控制等手段，实现组织内部各要素的合理配置，把资源转化为成果，将投入转化为产出。有人认为，组织活动的主体是人，尽管管理一般都要涉及人、财、物、信息等方面，但纯粹以财、物、信息为对象的“管理”不是真正的管理，管理是一种人际关系，存在着管理者与被管理者。

（3）管理是一系列相互关联、连续进行的活动过程。管理者在制订活动计划、作出决策后，还要组织计划的实施，激发组织成员的工作热情，检查和控制计划的执行。各个环节要求相互关联、连续一致，而不能相互脱节和相互矛盾。

（4）管理活动是在一定的环境条件下开展的。环境既提供了机会，也形成了风险。组织是个开放的系统，它不断地与外部环境产生相互影响和相互作用。一方面，要求组织为创造优良的社会物质环境和文化环境尽责尽力；另一方面，管理的方法和技巧必须因环境条件的不同而随机应变，没有一种在任何情况下都能奏效的、通用的管理模式或方法。审时度势，灵活应变，对管理来说是至关重要的。

二、管理的必要性

管理实践的历史虽然久远，但在过去几千年中，管理始终只是一种零散的经验和某种闪光的思想。只是到了工业革命以后，随着现代工业技术的广泛应用和工商企业的发展，管理才得到了系统的研究和普遍的重视。世界性的管理发展热潮是在第二次世界大战后形成的。在战争中受到严重破坏的欧洲和亚洲各国，在迫切地寻找恢复本国经济的有效途径的过程中，发现了美国制造业在战争期间的惊人绩效，认为学习美国企业的管理方法可能复苏本国经济，所以纷纷开始学习美国企业管理的理论和方法。在十多年时间内这股管理热潮席卷了整个欧洲和日本，并取得了举世瞩目的成效。20 世纪 60 年代，许多发展中国家和地区，例如巴西、墨西哥、西非、土耳其、伊朗、新加坡、韩国、泰国等国和中国香港、台湾等地区，也都先后引进了先进的管理理论和方法，大力培养本国、本地区的管理人才，加强企业的管理工作，并在不同程度上取得了成效。70 年代初，世界性的管理热潮因石油危机而冷却了。

20 世纪 70 年代末，由于我国改革开放政策的实施，在全国掀起了加强管理的热潮。全国各省、市都纷纷成立了企业管理协会，全国有 120 多所正规大学先后开设了管理专业，许多省（市）的经济管理部门都组建了专门培训经济管理干部的经济管理干部学院或培训中心。1990 年 10 月，全国数十所院校开始试点培养工商管理硕士（MBA）。

1994 年，朱镕基在给清华大学经管学院成立十周年的贺信中指出，建设有中国特色的社会主义，需要一大批掌握市场经济的一般规律、熟悉其运行规则而又了解中国实情的经济管理人才。1996 年，朱镕基又在自然科学基金管理学部成立大会上呼吁“管理教育，兴国之道”。在全国迫切需要管理人才的背景下，1997 年全国 MBA 试点院校增至 56 所。1998 年国家经贸委又制订了对全国国有企业管理干部开展大规模工商管理课程培训的计划，并把通过系统培训提高企业管理者素质作为加速国有企业改革、提高企业管理水平、增强企业活力的重要措施。这一切说明最近几十年来，我国政府和企业通过实践更迫切、更深刻地认识到加强管理的重要性，并且近年来确实涌现出了一批管理水平很高、管理手段十分现代化的企业。

管理的重要性在中国已经深入人心。加强企业管理的热潮已经到来，尽管比发达国家迟了许多年，但毕竟已经开始。我国管理热潮的到来，不只是由于政府和国家领导人的大力推动，更重要的是由于企业改革和经济发展实践的需要。随着企业改革的深入，人们将更加认识到加强企业管理的必要性和迫切性。加强企业管理的观点已成为全国上下的共识，集中体现在以下几个方面：

(1) 在发展中国家，资源短缺将是一种长期的经济现象。在资金、能源、原材料往往成为企业和经济发展的桎梏的情况下，如何将有限的资源进行合理的配置和利用，使其最大可能地形成有效的社会生产力，是宏观经济管理和微观经济管理应当解决的问题。如果管理不善，不仅经济资源得不到合理使用，社会经济不能迅速发展，甚至可能产生行贿受贿、贪污腐化等一系列社会问题。

(2) 作为发展中国家，科学技术落后是阻碍生产发展的重要因素之一。但是，本国发明的科学技术或引进的科学技术，并不一定都能自动形成很高的生产力。许多科技发明被闲置，许多引进的先进设备也得不到充分利用。同时，重复引进、重复布点的项目屡禁不止，假冒伪劣产品充斥市场。关键问题出在管理上，宏观管理失控，微观管理又缺乏约束机制。实践充分证明，只有通过有效的管理，才能使科学技术真正转化为现实生产力。

(3) 高度专业化的社会分工是现代化国家和现代企业建立的基础。把不同行业、不同专业、不同分工的各种人员合理地组织起来，协调他们相互之间的关系，协调他们与政府之间的关系，协调他们与各种资源之间的关系，调动各种积极因素，都要靠有效的管理。如果管理不善，不仅不能调动积极性或者只能调动部分人的积极性，而且还很可能引起社会或企业内部的矛盾和冲突，导致效率低下，从而阻碍社会或企业的发展。

(4) 实现社会发展和企业或任何社会组织发展的预期目标，都要靠全体成员长期的共同努力。如何把每个成员千差万别的局部目标引向组织的目标，把无数分力组成一个方向一致的合力，也要依靠有效的管理。如果管理不善，组织就会像一盘散沙，内耗不止，毫无活力。不仅预期目标不可能实现，而且与强手相比距离愈拉愈远，最后可能找不到立足之地而被淘汰。

(5) 近几年来，以计算机技术、信息网络为基础，各种管理软件在我国各行各业中得到了空前迅速的应用和普及，一方面大大推进了我国管理现代化的进程，另一方面也使人们亲身感受到现代管理的巨大能量。管理通过迅速发展的信息技术，正在改变人类社会的经济活动及日常生活方式。工作质量、服务质量和生活质量的提高，都依赖于管理水平的提高。没有管理工作质的飞跃，就不可能得到现代科技和物质文明所给予的一切，我们就可能重演落后就要挨打的历史悲剧，就不可能实现全面小康的宏伟目标。

三、管理的性质

(一) 管理的二重性

任何社会的生产过程都是在一定的社会生产方式下进行的，是生产力与生产关系的统一。生产过程具有二重性，既是物质资料的再生产，又是生产关系的再生产，由此，对生产过程的管理也存在着二重性。一种是与生产力、科学技术、社会化大生产等相联系的管理的自然属性，另一种是与生产关系、社会制度等相关联的管理的社会属性。

1. 管理的自然属性

管理的自然属性是指管理要处理人与自然的关系，要合理组织生产力，故它也称为管理的生产力属性。因为管理是一切共同活动所要求的，是适应社会生产力发展和社会分工发展的要求产生的，是社会协作过程本身的要求。所以，管理的自然属性是合理组织生产力和进行社会化大生产的客观要求，与生产关系、社会制度无关。任何社会，不管其社会制度如何，要有效地分工协调、合理分配资源、发展生产力，就必须进行科学管理。而且随着科学技术的不断发展和进步，管理的内容越复杂，管理的科学化程度就越高。

马克思曾经指出："一切规模较大的直接社会劳动或共同劳动，都或多或少地需要指挥，以协调个人的活动，并执行生产总体的运动——不同于这一总体的独立器官的运动——所产生的各种一般职能。一个单独的提琴手是自己指挥自己，一个乐队就需要一个乐队指挥。"① 他还说："凡是有许多个人进行协作的劳动，过程的联系和统一都必然要表现在一个指挥的意志上，表现在各种与局部劳动无关而与工场全部活动有关的职能上，就象一个乐队要有一个指挥一样。这是一种生产劳动，是每一种结合的生产方式中必须进行的劳动。"②由此可见，管理是由人们活动的社会化引起的，是小自一个乐队，大至一个企业、学校、军队得以顺利进行活动所必需的。只要不是劳动者孤立劳动的地方，都必然会产生管理。而且，共同活动的规模越大，活动的社会化程度越高，管理就越显得重要。

2. 管理的社会属性

管理活动要反映生产力的要求，也要反映生产关系的要求。管理的社会属性是指管理要处理人与人之间的关系，要受一定生产关系、政治制度和意识形态的影响与制约，所以它也称为管理的生产关系属性。任何管理活动都是在一定的生产关系中进行的，受生产关系的影响和制约，并反映生产资料占有者的利益和要求。例如，管理权属于谁？管理的目的是什么？管理的基本方式是什么？这些归根结底要反映社会制度的性质。因此，管理在不同生产关系下有不同的社会属性。管理的社会属性是社会生产关系的体现，是实现生产目的的重要手段。

---

① 马克思恩格斯全集．第23卷．北京：人民出版社，1972：367

② 马克思恩格斯全集．第25卷．北京：人民出版社，1975：431

在人类社会发展历史长河中，管理从来就是为统治阶级、为生产资料的占有者服务的。管理不能不是一定社会生产关系的反映。国家的管理、企业的管理，以至于各种社会组织的管理概莫能外。

当今资本主义社会发生了巨大变化。科学技术的飞速进步促进了经济的加速发展，组织规模不断扩大，社会分工更加精密，信息传播的速度和数量都在空前增加，人们之间的交往更加频繁，这在客观上增加了管理的难度。职业经理伴随着企业所有权和经营权的分离应运而生。许多人成为了企业的股东，使表面上拥有企业所有权的人大大增加。政府加大了对本国经济的管理力度，许多国家都制订了长期和中期以至年度的经济发展计划，并通过法律、经济、行政等手段促使企业执行政府的计划，使资本主义世界本来就不十分自由的“自由竞争”变得更不自由了。环境保护组织的活动迫使企业管理者不得不认真考虑消费者利益和实行对生态环境的保护。

我国经济体制改革的目标是建立社会主义市场经济体制，由于历史的原因和初级阶段的国情，我国仍然处在社会主义初级阶段，需要在以公有制为主体的条件下发展多种所有制经济。并且，公有制实现形式也正在向多样化方向发展，股份制成为企业改革的主要形式。改革时期企业管理的形式在发生急剧变化，但管理的社会属性并未发生根本性变化。从主流看，社会主义国家的企业及其他组织的管理都是为人民服务的，管理的目的都是为了使人与人之间的关系以及国家、集体和个人的关系更加协调。所以，在社会主义条件下，管理的社会属性应当体现为任何组织、任何个人在实行管理时都要从全社会、全体人民的利益出发，并且自觉遵守局部利益服从全局利益、个人利益服从集体利益的基本原则。任何层次的管理者都要真正成为人民的公仆，而人民则应当真正成为各种组织的主人。当然，社会主义是一个发展的过程，当处在初级阶段时，由于封建社会和资本主义意识形态的影响，总是要在管理实践中有不同程度的表现。也许，这正反映了社会主义初级阶段管理属性的一个侧面。

（二）学习管理二重性的意义

学习和掌握管理的二重性对学习和理解管理学、认识我国的管理问题、探索管理活动的规律以及运用管理原理来指导管理实践都具有非常重大的现实意义。

(1) 管理的二重性体现了生产力和生产关系的辩证统一关系。把管理仅仅看做生产力或仅仅看做生产关系，都不利于我国管理理论和实践的发展。我国的管理科学由于种种原因还很不成熟，但已经历经了漫长的探索和积累的过程。因此，认真总结我国历史特别是新中国成立60多年来管理的经验教训，遵循管理的自然属性的要求，并在充分体现社会主义生产关系的基础上，分析和研究我国的管理问题，是建立具有我国特色的管理科学体系的重要基础。

（2）西方的管理理论、技术和方法是人类长期从事生产实践的产物，是人类智慧的结晶，它同生产力的发展一样，具有连续性，是不分国界的。因此，我们要在继承和发展我国过去的科学的管理经验和管理理论的同时，注意学习、引进国外先进的管理理论、技术和方法，根据我国的国情，融会提炼，为我所用。而掌握管理的二重性，使我们能够正确评价资本主义的管理理论、技术和方法，从而去其糟粕，取其精华。在研究之后要有选择地在管理实践中采用，并加以改造，使其适合我国的情况，使其成为我国管理科学体系的有机组成部分。

（3）管理总是在一定的生产关系条件下进行的，体现着统治阶级的意志。我们要科学地鉴别管理的社会属性。对待外国的经验、理论，首先要弄清哪些内容与他们的社会制度有关，哪些是纯粹的科学技术和方法问题，决不能照搬西方的一切，要有鉴别、有选择地为我所用，学创结合，使管理成为促进我国经济建设的强大推动力量。

（4）任何一种管理方法、管理技术和手段的出现总是有其时代背景的，即它是同生产力水平及其他一切情况相适应的。因此，在学习和运用某些管理理论、原理、技术和手段时，必须结合自身的实际情况，因地制宜，这样才能取得预期的效果。实践表明，不存在一个适用于古今中外的普遍模式。

四、管理的职能

管理职能，是管理过程中各项活动内容的概括，是人们对管理工作应有的一般过程和基本内容所作的理论概括。管理职能一般是根据管理过程的内在逻辑划分的，各职能之间相对独立而又相互紧密联系。确定管理职能对任何组织而言都是极其重要的，但作为合理组织活动的一般职能，究竟应该包括哪些管理职能，管理学者至今仍众说纷纭，没有定论。

最早系统提出管理职能的是法国管理学家亨利·法约尔。他提出管理的职能包括计划、组织、指挥、协调、控制五个职能。在法约尔之后，许多学者根据社会环境的新变化，对管理的职能进行了进一步的探究，有了许多新的认识。美国著名的管理学家哈罗德·孔茨把管理的职能划分为：计划、组织、人事、领导和控制。决策理论学派的主要代表人赫伯特·西蒙在解释管理职能时，则突出了决策职能。目前比较常见的提法为：计划、组织、领导、控制是一切管理活动最基本的职能。

1. 计划

计划职能是指管理者为实现组织目标对工作所进行的筹划活动。计划职能的主要内容是确定组织的任务和目标，拟订完成任务和达成目标的行动方案等一系列工作。计划职能是所有管理职能中最基本的一项职能。

2. 组织

组织职能是指管理者为实现组织目标而建立与协调组织结构的工作过程。组织职能一般包括：设计与建立组织结构、合理分配职权与职责、选拔与配置人员、推进组织的发展与变革等。合理和高效的组织结构是实施管理、实现目标的组织保证。

3. 领导

领导职能是指管理者利用组织所赋予的权力去指挥、影响和激励组织成员为实现组织目标而努力工作的过程。领导职能一般包括：选择正确的领导方式，运用权威下达命令，激励下级，进行有效沟通等。

4. 控制

控制职能是指管理者为保证实际工作与目标一致而进行的活动。控制职能一般包括制定标准、衡量工作、纠正出现的偏差等一系列过程。工作失去控制就要偏离目标，没有控制就很难保证目标的实现。控制是管理中必不可少的职能。

各项管理职能都有独特的表现形式。如计划职能通过目标和方案的形式表现出来，组织职能通过组织结构设计和人员配备表现出来，领导职能通过领导者和被领导者的关系表现出来，控制职能通过对计划执行情况的信息反馈和纠正偏差表现出来。每一项管理工作一般都从计划开始，经过组织、领导，到控制结束。各职能之间同时相互交叉渗透，控制的结果可能又导致新的计划，开始又一轮新的管理循环。如此循环往复，把工作不断推向前进。

第二节　管理者

一、管理者的类型

管理者是指一个组织中，按照组织的目的，指挥别人活动的人。一个组织内有各种类型的管理者。我们可以从一个组织的纵向和横向两个方面来分析各种类型的管理者。

（一）从纵向分析

从纵向分析一个组织内的管理者，就是从一个组织的垂直方向来分析其管理者。从纵向分析，大多数人把管理者分为高层、中层和基层（或作业层）三个层次。

1. 高层管理者

这一层次的管理者在一个组织中的数量较少，主要包括企事业组织中的董事会成员、总经理、副总经理以及其他高级管理职员等。高层管理者负责制定组织目标、总体战略，掌握方针政策和评价整个组织的业绩。他们在对外交往中，往往以组织的“官方”身份出现。

2. 中层管理者

这一层次的管理者的数量很大，包括分厂、分公司的厂长、经理，总公司下属分部经理等。他们的主要职责是执行高层管理者作出的计划和决策，把高层制订的战略目标付诸实现。他们负责向最高管理层报告工作，同时负责监督和协调基层管理者的工作。与高层管理者相比，他们更注意组织日常的管理事务。据有关调查报告表明：如果中层管理者被授权的话，组织内生产和改革的步伐就会更快。

3. 基层管理者

该管理层的人数众多，主要包括车间主任、工长、基层单位负责人和办公室负责人等。他们的主要职责是给下属人员安排具体工作任务，监督下属人员的工作情况，协调下属人员的活动，使大家都能完成既定的目标，他们直接向中层管理者报告工作。

这三个管理层的管理者的工作内容和性质有很大的差异。基层管理者非常关心具体工作任务的完成，而高层管理者则对总的长远目标、战略计划和重大的方针政策感兴趣；基层管理者处理问题时，往往通过个体劳动或一些技能就能解决，而高层管理者处理的问题，则必须通过细致而认真的思考才能解决；基层管理者考虑的往往是日常工作安排和机器维修之类的问题，而高层管理者所关心的可能是如何制订战略计划、把竞争对手的市场夺过来、扩大自己的市场份额等战略性问题。总之，基层管理者所关心的主要是非管理性的具体工作，而高层管理者所关心的则主要是管理性的工作，中层管理者则介于两者之间。管理者的工作特征和工作内容如表 1-1 所示。

（二）从横向分析

从横向来看，就是从管理者的作用着手，而不是从其在组织层次中的地位高低来分析。以企业为例，一般有下列类型的管理者：

1. 市场管理者

他们的基本工作都与市场有关，如市场调查分析，广告与产品宣传，产品调拨与销售以及分析顾客心理、需求和竞争对手的有关情况等。市场经济条件下市场对企业的重要性决定了市场管理者的重要作用。

表 1-1　　管理者的工作特征和工作内容①

管理层 / 工作特性	高层管理者	中层管理者	基层管理者
经营方针、战略	重要	适当考虑	不重要
管理目标	适当考虑	重要	重要
工作范围	极为广泛、全面	全部工作职能	单项工作职能
管理工作时间跨度	1~5 年	1 年	每日
复杂程度	变量较多，很复杂	一般性复杂	不复杂
工作内容	计划、战略、政策	按计划实施	日常管理控制
计量与评价	困难	不困难	容易
决策所需信息	组织外部与内部	组织外部	组织内部
人数	少数	适当人数	多数
决策工作性质	创造性	有效性	业务性

2. 财务管理者

他们基本上都与组织的金融资源打交道。具体讲，财务管理的主要职责包括：资金的筹集、预算、核算、投资和财务监控等。

3. 生产管理者

他们的主要工作包括：建立能为组织制造产品和提供服务的系统，负责制订生产计划和控制、组织日常的生产活动等。现在，提高产品质量、保护和合理利用有限的资源等问题日益被人们所重视，这就使得生产管理者在企业中的地位变得越来越重要了。

4. 人事管理者

他们的主要职责是从事对人力资源的管理。在组织中，人事部门制订人力资源计划，招聘和选择组织所需要的合格人才，并对这些人进行有效的培训和合理的使用，建立合理而高效的业绩评估、晋升、奖励和惩罚以及报酬制度等。在市场经济条件下，企业之间的竞争本质上是人才竞争。随着国内外人才竞争的日趋加剧，人事部门的工作将会变得越来越繁重和重要。

① 程国平，刁兆峰．管理学原理．武汉：武汉理工大学出版社，2002

5. 行政管理者

对一个组织而言，行政管理者也是极为重要的。比起从事某一专业方面的管理者来说，他们从事的工作更加综合化，管理实践的面更宽广，因此，他们更富有各个方面的管理经验，对管理职能也更加熟悉。

6. 其他方面的管理者

除了上述的各种管理者以外，在国内外的企事业单位还有其他专职的管理者。例如，公共关系管理者主要负责处理公共关系方面的事务；研究与开发方面的管理者专门负责协调科技人员和工程师，以便进行科技项目和新产品的开发。

二、管理者的角色

（一）管理者扮演的角色

亨利·明茨伯格的一项被广为引用的研究显示，管理者扮演着十种不同的角色。这十种角色可分为三大类：人际角色、信息角色和决策角色，如图 1-1 所示。

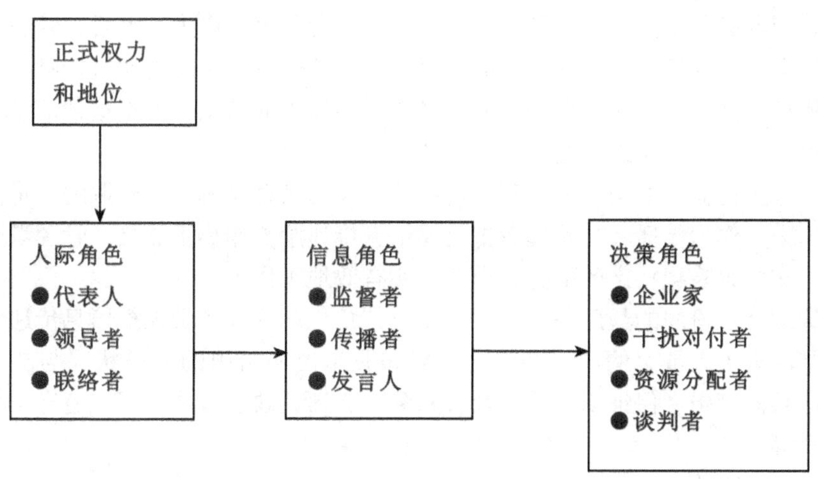

图 1-1　管理者的角色

1. 人际角色

明茨伯格所确定的第一类角色是人际角色。人际角色直接产生于管理者的正式权力基础，管理者在处理与组织成员和其他利益相关者的关系时，他们就在扮演人际角色。

作为一个组织的领导，管理者必须行使一些具有礼仪性质的职责。例如，管理者有时必须出现在社区的集会上，参加社会活动，或宴请重要客户等。在这些场合管理者行使着代表人的角色。

由于管理者对所在组织经营的成败负有重大责任，他们必须在工作小组内扮演领导者的角色。对这种角色而言，管理者和员工一起工作并通过员工的努力来确保组织目标的实现。

最后，管理者还必须扮演组织联络者的角色。管理者无论是在与组织内的个人和工作小组一起工作时，还是在与外部利益相关者建立良好关系时，都起着联络者的作用。管理者必须对重要的组织问题有敏锐的洞察力，从而能够在组织内外建立关系和联系的网络。

2. 信息角色

明茨伯格所确定的第二类角色是信息角色。在信息角色中，管理者负责确保和其一起工作的人具有足够的信息，从而能够顺利完成任务。由管理责任的性质决定，管理者既是所在组织的信息传递中心，也是组织内其他工作小组的信息传递渠道。整个组织的人依赖于管理结构和管理者以获取或传递必要的信息，以便更好地完成工作。

管理者必须扮演的第一种信息角色是监督者角色。作为监督者，管理者持续关注组织内外环境的变化以获取对组织有用的信息。管理者通过接触下属来收集信息，并且从个人关系网中获取对方主动提供的信息。根据这种信息，管理者可以识别工作小组和组织的潜在的机会与威胁。

在作为传播者的角色中，管理者把他们作为信息监督者所获取的大量信息分配出去。作为传播者，管理者把重要信息传递给工作小组成员。管理者有时也向工作小组隐藏特定的信息，以便切实有效地工作。

管理者所扮演的最后一个角色是发言人角色。管理者必须把信息传递给组织内外的有关人员。例如，必须向董事和股东说明组织的财务状况与战略方向，必须向消费者保证切实履行社会义务，必须让政府官员对组织遵守法律感到满意等。

3. 决策角色

在决策角色中，管理者处理信息并得出结论。如果信息对组织发展决策不起作用，那么这种信息就失去了它应有的价值。管理者负责作出组织的决策，让工作小组按照既定的目标开展工作，并分配资源以保证小组计划的实施。

管理者所扮演的第一种决策角色是企业家角色。在前述的监督者角色中，管理者密切关注组织内外的变化和事态的发展，以便发现机会。作为企业家，管理者对所发现的机会进行投资，以利用这种机会，如开发新产品，提供新服务和发明新工艺等。

管理者所扮演的第二种决策角色是干扰对付者角色。一个组织不论管理得多么好，它在运行过程中，总会遇到或多或少的冲突或问题。管理者必须善于处理冲突和解决问题，如平息客户的怒气，与不合作的供应商进行谈判，或者对员工之间的争端进行调解等。

作为资源分配者，管理者决定组织资源用于哪些项目。尽管我们一想到资源就会想到物质资源，但其他类型的重要资源也要被分配到各项目上去。例如，就管理时间来说，当管理者选择把时间花在这个项目而不是其他项目上时，他实际上是在分配一种资源。除时间以外，信息也是一种重要资源，管理者是否在信息获取上为他人提供便利，通常决定着项目的成败。

管理者所扮演的最后一个决策角色是谈判者。对所有层次管理工作的研究表明，管理者把大量的时间花费在谈判上。管理者的谈判对象包括员工、供应商、客户和其他工作小组。无论是何种工作小组，其管理者都要进行必要的谈判工作，以确定小组向着组织目标迈进。

（二）影响管理者角色的因素

1. 管理者本身在组织层次中的地位

当管理者处于组织的最高层时，他最重要的角色是决策角色，当然，另外两种角色也决不能忽视，只是高层管理者的决策质量的高低将会影响到组织的生存与发展，所以决策角色是高层管理者最重要的角色。中层管理者在这三个方面角色分配上基本是一致的，这也是由他们的工作性质所决定的，他们承上启下，独当一面。基层管理者最重要的角色是人际关系的角色，因为他们主要面对下属成员，在工作时进行团队合作是他们最主要的任务。所以，一般而言，管理层次越高，就越注重非结构化的、非程序化的工作安排和组织的长远规划。基层管理者注重的是当前具体的、具有短期性和集中性的工作，他们对组织内部工作的稳定运转负有责任。

2. 组织规模的大小

组织规模的大小对管理者的工作有明显影响，在不同规模的组织中，管理者的工作和角色是大不一样的，相比之下，一个规模较小的组织的管理者将更有可能成为一个多面手，他的工作内容将可能上至最高领导层，下至基层管理者。

3. 管理者的个人因素

管理者个人的价值观、思想品格、工作作风、思维习惯以及潜意识都会影响管理者的工作。管理者的工作经历也会影响管理者的工作。

4. 其他随机因素

管理者的工作必然随着许多随机因素的变动而变动，如现实生活中许多环境因素将会影响管理者的工作，这些因素包括社会文化，社会变迁，产业的性质、政策，技术变革的动态发展及其他威胁因素等。

三、管理者应具备的素质

虽然管理者在组织的管理工作中扮演着多种角色，但不论是哪类管理者，他们都应该具备以下几个方面的素质：

1. 品德

品德作为管理者最根本的素质，体现了一个人的世界观、价值观、道德观和法制观念，品德是一个管理者行为方式和态度的基础。例如责任感，如果一个人对他所承担的工作不愿意承担责任，也不敢承担责任，那么他将无法知难而进，勇挑重担。

2. 良好的心理素质

由于管理者所从事工作的特殊性，除了具备一般的管理品质以外，他还需要有创新精神，要敢于采用新的管理方式，敢于用新人。如果没有一定的承受风险的心理素质，是无法成为一个优秀的管理者的。在组织发展的过程中，往往会遇到各种意想不到的困难，甚至面临挫折和失败，这就要求管理者具有百折不挠的拼搏精神和良好的心理素质。

3. 知识素质

管理者应该努力使自己成为“通才”。他们应掌握政治、法律、经济学、管理学、心理学、社会学以及工程技术方面的知识。

4. 能力素质

所谓能力，是管理者将各种管理理论和业务知识应用于管理实践，解决实际问题的本领。对管理者的能力要求是多方面的，主要包括：

（1）创造能力。管理者要思维敏捷、见解独到、创造性地解决组织所遇到的各种问题。创造能力要求管理者有移植、综合、嫁接的能力。

（2）决策能力。这是一种综合能力，主要表现为分析问题的能力、逻辑判断能力、创新能力、果敢决断能力等。

（3）应变能力。管理者应能根据环境和条件的变化，作出新的决策和采取新的措施，不断开拓进取。

（4）组织和指挥能力。指善于运用组织的各种资源，综合协调，充分发挥各方面的力量的能力；会运用各种科学方法和技术手段提高工作效率与经济效益的能力；通过以往经验的积累以及新学到的知识，运用现代管理原理方法、技术、手段、计算工具进行指挥的能力。

5. 身体素质和个人气质

从心理学和生理学的角度来分析，人的年龄、身体素质和智力的发展变化有密切的关系。气质是个人的心理特征，主要表现在性格、情绪、意志、爱好和追求等方面。对于一个优秀的管理者和领导者来说，如果他有成熟的性格、稳定的情绪、坚强的意志、有益的爱好、美好的追求，他就能以自身的人格魅力来影响组织的发展和组织工作的开展。

四、管理者的基本技能

根据罗伯特·卡茨的研究，管理者在行使四种管理职能和扮演三类角色时，必须具备以下三类技能：

1. 技术技能

技术技能是指对某一特殊活动的理解和熟练程度，包括在工作中运用具体的知识、工具或技巧的能力。

2. 人际关系技能

人际关系技能也称为人事技能。它是指一个人能够以群体成员的身份有效地工作的能力，并能在所领导的群体中发扬共同努力的协作精神，即理解、激励和与他人融洽相处的能力。这项技能不仅要求管理人员能善解人意，而且还能创造一种使下级感到安全并能自由发表意见的民主氛围。

3. 概念技能

概念技能也可称为思想技能或观念技能。它是指综观全局，认清为什么要做某事的能力，即洞察组织与环境相互影响和相互作用的能力，把组织看成一个整体的能力。如识别一个组织中彼此互相依赖的各种职能，设想部分的改变如何影响其他各部分，并进而设想个别企业和整个产业、社团间以及与宏观环境中的政治、社会和经济力量的总体关系。管理者应能胸怀全局，认清影响形势的重要因素，评价各种机会并决定如何采取行动。

尽管上述三种技能在各个管理层中都是很重要的，但其相对重要性则取决于管理者在组织中所处的管理层次的高低。技术技能对于基层管理者而言是至关重要的，随着管理职位的提升，技术技能的需要逐渐下降，高层管理者对技术技能的需要最少。尽管许多高层管理者都有一定的技术技能，但和基层管理者不同，他们很少需要在日常工作中动用具体的技术技能。例如，有的工程公司总裁，虽然自己也是一个训练有素的工程师，但他不必自行设计机器。当然，许多企业的最高领导往往因他们具有相当的技术专业知识而深受下属的尊敬。

人际关系技能对各级管理人员都很重要。有一项研究表明，人际关系技能在领班一级极为重要。领班作为基层的行政管理者，其主要职能就是取得生产小组成员的合作。另一项研究加强了这种看法，并把这一观点扩展到中层管理者，指出管理者关心的主要事项应该是为组织中的联系开方便之门。还有一项研究主要与高层管理者有关，它指出高层管理者要有自知之明，也应对人与人之间的关系具有敏感性。这些观点都表明，人际关系技能对各级管理者都很重要，但需注意其着重点是不一样的。随着职位的升高，概念能力的需要也不断增大。在组织的最高层，概念能力是所有成功的行政管理中最重要的技能。一个行政负责人可能在技术技能和人际技能上有所欠缺，但只要他的下级在这些方面较强，他仍可以成为一个有效的行政管理者。然而，如果他的概念技能不强，则将危及整个组织的成功。

总之，各级管理者对三项基本技能都有所侧重，高层管理者侧重于概念技能，基层管理者侧重于技术技能，而中层管理者对三种技能则应兼而有之。

第三节　管理学的研究对象和方法

一、管理学研究的对象

在各个组织和团体中工作的人们尽管其工作单位、工作性质千差万别，尽管各人担任的职务差异较大，但都有人担任管理工作。当然，一位市长所作的决策与一位大学校长所作的决策显然是不一样的，一位大型公司经理所管辖的人员和资源比一个车间主任所管辖的人员和资源不知要多多少倍。但透过这些差别，我们仍然可以看到他们所从事的管理工作的共同基础。他们都是为了实现本组织的既定目标，通过计划、组织、领导、控制等职能进行着任务、资源、职责、权力和利益的分配，协调着人们之间的相互关系。这就是各行各业各种管理工作的共同之处。

管理工作的共性是建立在各种不同的管理工作的特殊性之上的。就管理的特殊性而言，工厂不同于商店，银行不同于学校，政府不同于军队，有多少种社会组织，就会有多少种特殊的问题，也就会有多少种解决这些特殊问题的管理方法，由此也就形成各种不同门类的管理学，如企业管理学、行政管理学、学校管理学、军队管理学，等等。这些管理学根据具体的研究对象还可进一步细分。如企业管理学进一步可细分为工业企业管理学、商业企业管理学、银行管理学、旅游饭店管理学等。但是，这些专门管理学中又包含着共同的、普遍的管理原理和管理方法。这就形成了本课程——管理学的研究对象和方法。所以，管理学是以各种管理工作中普遍适用的原理和方法作为研究对象的。

二、管理学的特点

1. 管理学是一门交叉科学

交叉科学又称边缘性科学，是近几十年来随着科学技术的发展，各学科之间的交叉渗透而日益发展起来的，如生物物理、生物化学、科学学、管理学等。

管理学既涉及生产力，又涉及生产关系和上层建筑，它与经济学、政治学、心理学、数学以及各种技术科学有密切的关系，也是这些科学交叉渗透的产物。所以，管理学不同于一般文科，也不同于一般的理科，而是文理交叉的学科。正因为这样，所以国外一些院校主张，读管理专业的学生要在先读一个技术专业的基础上，然后再读管理专业。

2. 管理学是一门软科学

软科学是研究社会经济、科技管理等方面内在联系及其发展规律的科学，它不研究具体的事物，而是把研究对象作为整体系统来研究，探索其有关规律，以提高整体的效率和功能。管理这门软科学，不具体研究企事业单位的具体业务，而是从企事业单位或地区的总体出发，研究如何充分利用资源，合理组织生产力，调整生产关系和上层建筑，以提高组织和地区整体的工作效率与经济效益。

3. 管理学是一门应用科学

应用科学不同于基础科学。基础科学是研究基础理论的，如自然科学的物理学、化学、生物学等，在社会科学方面如哲学、经济学、法学等。应用科学则是将基础理论和技术用于实际，以转化为现实生产力的科学，如工业技术、农业技术和管理学都属于这一类。

管理学这门应用科学，在宏观经济方面主要是研究战略决策、计划调控、组织协调等，使总体发展的规模、速度和效益优化；在微观经济管理方面，主要是通过计划、组织、领导、控制等职能，对销、产、供过程中的人、财、物等要素进行优化组合，以提高经济效益和社会效益。

4. 管理学既是一门科学，也是一门艺术

管理学有自身独特的研究对象，有自己的理论基础，有严密的结构体系。管理必须遵循一定的原则和方法，它不仅具有普遍性，而且还反映了客观规律，这是它科学性的充分体现。

管理的艺术性表现在管理有时具有非精确性。管理活动需要一定的管理经验和技巧，还要有一定的灵活性，有时还要机遇。管理者应具体情况具体分析，不能死搬硬套管理模式。所以，管理人员需要懂得人，会审时度势；需要打破常规，懂得变化、变革与创新；需要权衡利弊，有所取舍；最后，还需要懂得妥协。这些都反映了管理的艺术性。

管理的科学性和艺术性是不可分割的。艺术以科学为基础，科学与艺术相互补充。管理者首先要具备管理科学知识，不能光靠直觉或运气；其次，还要在管理实践中，不断积累成功的管理经验和失败的教训，懂得在某一具体的环境中，如何灵活地应用管理理论，这就是管理的艺术魅力所在。

三、管理学的研究方法

（一）研究管理学的指导思想和基本原则

研究一切事物和科学，都要以辩证唯物论为指导。研究管理学要用唯物的、全面的、发展的眼光观察管理问题，用辩证的方法研究管理问题。

一个组织是社会总体的一部分，一个企业是国民经济的细胞，它们同社会和国民经济其他部门有着密切的联系，而且各方面都处在发展变化之中，因而管理的体制、形式和方法等都要因时间、地点和有关条件的变化而有所不同。另外，任何组织都是矛盾的统一体，都是在矛盾中发展的，因此，研究管理问题要抓住主要矛盾和矛盾的主要方面，透过现象看本质，推动事物向前发展。

理论与实际相结合是指导我们学习管理学的重要原则。理论来源于实践，并为实践服务。实践是检验真理的唯一标准。过去一些主观设计和臆想的管理方法，在实践中都碰了壁，而不少来自实践的理论和方法，至今都行之有效，这些都是最好的证明。管理知识也同技术知识一样，可以先从书本里学习前人概括的管理理论，然后要在实践中加以研究，肯定其中行之有效的部分，改革其中过时的部分，从实际出发，提出有关的管理方案、措施和理论，再运用到实践中去检验。如此实践—理论—再实践反复不已，推动管理实践和理论的不断发展，这就是理论与实际相结合的原则。

（二）研究方法

1. 调查研究法

管理的重要职能是计划、组织、领导、控制等，但如何进行？根据什么来进行呢？其过程可归纳为投入—加工—产出三个步骤。其中，加工就是研究怎样决策等，产出就是所作出的决策和计划，投入的就是有关的各种情况、数字、资料等信息之类的“原材料”。这些“原材料”不是人们头脑里固有的，也不是从天上掉下来的，只能来自实践，但又不可能要求每个人事事都实践，所以调查研究就是搜集第一手材料的好办法。搞好调查研究一定要深入实际，只有这样，才能掌握全面真实的材料。投入的“原材料”不真实、不全面，则加工后产出的决策、计划等也是一堆无用的东西，甚至成事不足，败事有余。

2. 实验研究法

科学实验是进行自然科学研究的普遍方法。搞自然科学必须有实验室，如大学里的实验工厂、农场，医科大学的实习医院等，这是因为科学的东西来不得半点假，所有新发明、新发现都必须经过反复实验证明无误，才能成立，才能推广。那种想当然或简单推理就得出结论的做法，在研究自然科学方面是可笑的。

由于各种原因，过去社会科学在科学实验方面显得十分薄弱，曾得出过一些唯心主义的结论，在实践中为错误做法涂脂抹粉，为瞎指挥推波助澜。在管理的实践中，我们常提倡“试点”的办法，这就类似于科学实验研究法。例如，在搞一项管理改革之前，选出几个有代表性的单位，先行一步，在试验中摸索经验，发现并解决问题，总结出有指导性的改革方案，然后再扩大试点，待比较有把握后再进行推广。

3. 经济数学方法

任何事物和经济现象，都不仅有质的规定性，还有量的规定性。而且随着量的变化，达到一定数量界限后，又将引起质的变化。所以，研究事物和经济现象时，在进行定性分析的同时，要尽可能进行定量分析。否则，所把握的事物和现象都是漂浮的、不准确的。实践证明，一门科学如果与数学相结合，就可获得可喜的成果，也可发展成为较完善的科学。

管理与数学自 20 世纪 40 年代开始结合以来，也发生了飞速变化。近若干年来，数学已渗入管理的许多方面，如预测、决策、网络计划、库存控制、质量控制、技术经济分析、投入产出分析等。总之，现代管理离不开经济数学的方法。不过，由于社会经济现象和人们的活动复杂多变，非数学方法所能完全解决，所以，还必须与其他方法结合运用，才能得出切合实际的结论。

4. 逻辑-抽象法

逻辑-抽象法是研究社会科学的一般方法。管理学是研究管理的客观规律及其表现的科学，常常要从多样多变、错综复杂的现象入手，运用经济指标和数学方法，在计算分析的基础上，再用逻辑抽象的方法进行综合、类比、归纳，从中找出规律性的东西来，用以指导管理实践。

现代科学技术的发展迅速地推动着管理学研究方法的现代化。特别是由于计算机硬件和软件技术的迅速发展，管理中的各种模式，包括具有几百个变量的线性规划模型都可以在计算机上迅速地运算，或进行动态模拟。计算机的应用将大大促进管理学向更加精密的方向发展。

☞本章点评

管理是在特定的环境下，对其所拥有的资源进行有效的计划、组织、领导和控制，以实现其目标的过程。管理具有二重性，即管理的自然属性和管理的社会属性。管理具有计划、组织、领导、控制四项具体职能。

管理者是指在一个组织中，按照组织的目的指挥别人活动的人。从纵向分析，管理者可分为高层管理者、中层管理者和基层管理者；从横向分析，管理者可分为市场管理者、财务管理者、生产管理者、人事管理者、行政管理者等。一个称职的管理者必须具备一定的素质。管理者在工作中，扮演着人际角色、信息角色和决策角色。管理者需要三种基本技能：技术技能、人际关系技能和概念技能，三者缺一不可，但会有所侧重。

管理学是以各种管理工作中普遍适用的原理和方法作为研究对象的。管理学是一门交叉性较强的软科学，是一门应用科学，而且它还是一门艺术。我们可采用调查研究法、实验研究法、经济数学方法和逻辑-抽象法等多种方法来探讨和研究管理方面的各种问题。

☞复习思考

1. 何谓管理？管理的基本特征是什么？
2. 管理具有哪些职能？它们之间的关系如何？
3. 什么是管理的二重性？为什么管理具有二重性？学习二重性理论有何作用？
4. 管理者要扮演哪些角色？应具备哪些技能？
5. 管理学的研究对象是什么？有哪些研究方法？

☞本章案例一

百年老院的现代管理启蒙

北京同仁医院创建于 1886 年（清光绪十二年），是一所以眼科闻名中外的百年老“店”，“同仁”字号和图徽是国家商标局认定的国内医疗服务业首家驰名商标。走进医院的行政大楼，其大堂的指示牌上却令人诧异地标明：五楼，MBA 办公室。该医院已经从北大、清华聘请了十多位 MBA，另外还有一名会计专业的研究生，而医院的常务副院长毛羽就是一位留美的 MBA。

内忧外患迫使同仁医院下定决心引进职业经理人并实施规模扩张，希望建立一套行政与技术相分离的现代医院管理制度。

2002年初，圣新安医院管理公司对国内数十个城市的近30家医院及其数千名医院职工进行了调查访谈，得出结论：国内大部分医院还处于极低层次的管理启蒙状态，绝大多数医院并没有营销意识，普遍缺乏现代化经营管理常识。更为严峻的竞争现实是：医院提供的服务不属于那种单纯通过营销可以扩大市场规模的市场——医院不能指望通过市场手段刺激每年病人数量的增长。

同仁医院显然是同行中的先知先觉者。2002年，医院领导层在职代会上对同仁医院的管理做过“诊断”：行政编制过大、员工队伍超编导致流动受限；医务人员的技术价值不能得到体现；管理人员缺乏专业培训，管理方式、手段滞后，经营管理机构力量薄弱。同时他们开出药方：引入MBA，对医院大手笔改造，涉及岗位评价与岗位工资方案、医院成本核算、医院工作流程设计、经营开发等。

当时，国内医院几乎所有的医院都没有利润的概念，只计算年收入。但在国外，一家管理有方的医院，其利润率可高达20%。这也是外资对国内医疗市场虎视眈眈的重要原因。

同仁要在医院中引入现代市场营销观念，启动品牌战略和人事制度改革，树立“以病人为中心”的服务观念：以病人的需求为标准，简化就医流程，降低医疗成本，改善就医环境；建立长期利润观念，走质量效益型发展的道路；适应环境，发挥优势，实行整合营销；通过扩大对外宣传、开展义诊咨询活动、开设健康课堂等形式，有效扩大潜在的医疗市场。

同仁医院所引进的MBA背景各异，绝大多数都缺乏医科背景。他们能否胜任医院的管理工作？医院职业化管理至少包括市场营销管理、人力资源管理、财务管理、科研教学管理、全面医疗质量管理、信息策略应用及管理、流程管理等七个方面的内容。这些职能管理与医学知识相关但非医学专业。

同仁医院将MBA们“下放”到手术室三个月之后，都悉数调回科室，单独辟出MBA办公室，以课题组的形式，研究医院的经营模式和管理制度。对于医院引入的企业化管理，主要包含医院经营战略、医疗市场服务营销、医院服务管理、医院成本控制、医院人力资源、医疗质量管理、医院信息系统和医院企业文化等多部分内容。其中，医院成本控制与医院人力资源是当务之急。

几乎所有的中国医院都面临着成本控制的难题，如何堵住医院漏洞，进行成本标准化设计，最后达到成本、质量效益的平衡是未来中国医院成本控制研究的发展方向。另外，现有医院的薪酬制度多为“固定工资+奖金”的模式，而由于现有体制的限制，并不能达到有效的激励效果，医生的价值并没有得到真实的体现，导致严重的回扣与红包问题。如何真正体现员工价值，并使激励制度透明化、标准化成为当前首先要解决的问题。

这一切都刚刚开始。指望几名MBA就能改变中国医院管理的现状是不可能的。不过，医院管理启蒙毕竟已经开始，这就是未来中国医院管理发展的大趋势。

（案例来源：百年老院的现代管理启蒙．中国企管网 http：//www.themanage.cn/200909/1090914491.html。）

案例思考

1. 结合案例谈谈你对管理及管理职能的理解。

2. 同仁医院为什么要引进如此多的MBA？你认为MBA们能否胜任医院的管理工作？

☞**本章案例二**

升任公司总裁后的思考

郭宁最近被一家生产机电产品的公司聘为总裁。在准备去接任此职位的前一天晚上，他浮想联翩，回忆起他在该公司工作20多年的情况。

他在大学时学的是工业管理，大学毕业获得学位后就到该公司工作，最初担任液压装配单位的助理监督。他当时感到真不知道如何工作，因为他对液压装配所知甚少，在管理工作上也没有实际经验，几乎每天都手忙脚乱。于是，他仔细参阅该单位的工作手册，并努力学习有关的技术书刊，同时，监督长也主动帮助、指点，使他渐渐摆脱困境，胜任工作。经过半年多时间的努力，他已有能力独担液压装配的监督长工作。可是，当时公司没有提升他为监督长，而是直接提升他为装配部经理，负责包括液压装配在内的四个装配单位的领导工作。

在他当助理监督时，他主要关心的是每日的作业管理，技术性很强。而担任装配部经理时，他发现自己不能只关心当天的装配工作状况，还得做出此后数周乃至数月的规划，还要完成许多报告和参加许多会议，而没有多少时间去从事自己过去喜欢的技术工作。当上装配部经理不久，他就发现原有的装配工作手册已基本过时，因为公司已安装了许多新的设备，吸收了一些新的技术，他花了整整一年时间去修订工作手册，使之切合实际。在修订手册过程中，他发现要让装配工作与整个公司的生产作业协调起来是很有讲究的。他还主动到几个工厂去访问，学到了许多新的工作方法，他也把这些吸收到修订的工作手册中去。由于该公司的生产工艺频繁发生变化，工作手册也不得不经常修订，郭宁为此付出了很多努力。几年后，他不但自己学会了这些工作，而且还学会如何把这些工作交给助手去做，教他们如何做好，这样，他可以腾出更多时间用于规划工作和帮助他的下属工作得更好，以及花更多的时间去参加会议、批阅报告和完成各项工作汇报。

在担任装配部经理六年之后，正好该公司负责规划工作的副总裁辞职应聘于其他公司，郭宁便主动申请担任此职务。在同另外五名竞争者较量之后，郭宁被正式提升为规划工作副总裁。他自信拥有担任此一新职务的能力，但由于此高级职务工作的复杂性，仍使他在刚接任时碰到了不少麻烦。例如，他感到很难预测一年之后的产品需求情况，而一个新产品的投入生产，一般都需要在数年前做准备。并且，在新的岗位上他还要不断处理市场营销、财务、人事、生产等部门之间的协调问题，这些他过去都不熟悉。他在新岗位上感到：越是职位上升，越难以仅仅按标准的工作程序去进行工作。但是，他还是渐渐适应了，做出了成绩，以后又被提升为负责生产工作的副总裁，而这一职位通常是由该公司资历最深的、辈分最高的副总裁担任的。

到了现在，郭宁又被提升为总裁。他知道，一个人当上公司最高主管之时，他应该自信自己有处理可能出现的任何情况的才能，但他也明白自己尚未达到这样的水平。因此，他不禁想到自己明天就要上任了，今后数月的情况会是怎么样？他不免为此而担忧！

案例思考

1. 你认为郭宁当上公司总裁后，他的管理责任与过去相比会有哪些变化？他应当如何去适应这些变化？

2. 你认为郭宁要成功地胜任公司总裁的工作，哪些管理技能是最重要的？你觉得他具有这些技能吗？

3. 如果你是郭宁，你认为当上公司总裁后自己应该补上哪些欠缺才能使公司取得更好的绩效？

第二章　管理理论的发展

学习目的与要求：通过本章学习，读者要全面地了解西方管理理论的发展演变情况，认识其中的一些主要人物，掌握其主要观点，并且要求了解现代管理理论及思想的最新发展动态。

管理理论的形成、发展与管理活动实践是紧密相连的，它是管理实践活动的经验概括和理论总结。本章重点介绍西方管理理论演进的过程，并对最新管理理论及思想进行简单的介绍。

第一节　古典管理理论

早在18世纪就产生了早期管理理论的萌芽，到19世纪末20世纪初管理理论才比较系统地建立起来，这个阶段所形成的管理理论称为古典管理理论。古典管理理论的代表人物有泰勒、法约尔和韦伯。他们三人分别反映了那个时代在管理理论发展中的三个重要方面：科学管理理论、一般管理理论和行政组织理论。

一、泰勒的科学管理理论

科学管理理论的创始人是美国的弗雷德里克·温斯洛·泰勒（Frederick Winslow Taylor，1856—1915）。泰勒22岁到米德维尔钢铁公司当学徒，在技术水平、管理能力上得到过锻炼，后来被提拔为工头、中层管理人员和总工程师。泰勒的经历使他对生产现场很熟悉，对生产基层很了解。他认为单凭经验进行管理的方法是不科学的，必须加以改变。但是，当时守旧的势力很大，工人自己决定制造方法，工厂主自己决定管理方法，各人所掌握的技艺和积累的经验对别人都严守秘密。虽然处在这样僵化和守旧的环境中，泰勒还是利用自己取得的地位，开始了管理方面的革新活动。

（一）科学管理理论的主要观点

（1）科学管理的根本目的是谋求最高的工作效率。泰勒认为，最高的工作效率是工厂主和工人共同达到富裕的基础。它能使较高的工资与较低的劳动成本统一起来，从而使工厂主得到较多的利润，使工人得到较高的工资。这样，便可以提高他们扩大再生产的兴趣，促进生产的发展。所以，提高劳动生产率是泰勒创立科学管理理论的基本出发点，是泰勒确定科学管理的原理、方法的基础。

（2）用科学的管理方法代替旧的经验管理是达到最高工作效率的重要手段。泰勒认为管理是一门科学。在管理实践中，建立各种明确的规定、条例、标准，使一切科学化、制度化，是提高管理效能的关键。

（3）实施科学管理的核心问题，是要求管理人员和工人双方在精神上和思想上来一个彻底变革。1912 年，他在美国众议院特别委员会所作的证词中强调指出：科学管理是一场重大的精神变革。他要求工厂的工人树立对工作、对同伙、对雇主负责任的观念；同时，也要求管理人员——领工、监工、企业主、董事会，改变对同事、对工人以及对一切日常问题的态度，增强责任观念。通过这种重大的精神变革，可使管理人员和工人双方都把注意力从盈利的分配转到增加盈利数量上来。当他们用友好合作和互相帮助代替对抗和斗争时，他们就能够生产出比过去更多的盈利，从而使工人的工资大大增加，使企业主的利润也大大增加。这样，双方之间便没有必要再为盈利的分配而争吵了。

（二）泰勒提出的管理制度

（1）对工人提出科学的操作方法，以便合理利用工时，提高工效。具体做法是从执行同一种工作的工人中，挑选出身体最强壮、技术最熟练的一个人，把他的工作过程分解为许多个动作，在其最紧张劳动时，用秒表测量并记录完成每一个动作所消耗的时间，然后按照经济合理的原则加以分析研究，对其中合理的部分加以肯定，不合理的部分进行改进或省去掉，制定出标准的操作方法，并规定出完成每一个标准操作或动作的标准时间，制定出劳动时间定额。

（2）在工资制度上实行差别计件制。按照作业标准和时间定额，规定不同的工资率。对完成和超额完成工作定额的工人，以较高的工资率计件支付工资；对完不成定额的工人，则按较低的工资率支付工资。

（3）对工人进行科学的选择、培训和提高。泰勒曾经对经过科学选择的工人用上述的科学作业方法进行训练，使他们按照作业标准工作，以改变过去凭个人经验选择作业方法及靠师傅带徒弟的办法培养工人的落后做法。这样改进后，生产效率大为提高。例如，在搬运生铁的劳动试验中，经过选择和训练的工人，每人每天的搬运量从 12.5 吨提高到 47.5 吨；在铲铁的试验中，每人每天的平均搬运量从 16 吨提高到 50 吨。

(4) 制定科学的工艺规程，并用文件形式固定下来以利推广。泰勒用了十年以上时间进行金属切削试验，制定出了切削用量规范，使工人选用机床转数和走刀量都有了科学标准。

(5) 管理和劳动分离。将管理工作称为计划职能，将工人的劳动称为执行职能。泰勒指出，在旧的管理中，所有的计划都是由工人凭个人经验制订的，实行新的管理制度后，就必须由管理部门按照科学规律来制订计划。他认为，即使有的工人很熟悉生产情况，也能掌握科学的计划方法，但要他在同一时间既在现场做工，又在办公桌上工作是不可能的。在绝大多数情况下，需要一部分人先做出计划，由另一部分人去执行。因此，他主张把计划职能从工人的工作内容中分离出来，由专业的计划部门去做。计划部门的任务是，规定标准的操作方法和操作规程，制定定额，下达书面计划，监督控制计划的执行。从事计划职能的人员称为管理者，负责执行计划职能的人称为劳动者。管理者和劳动者在工作中必须互相呼应、密切合作，以保证工作按照科学的设计程序进行。

以上这些改革，形成了科学管理理论的基本组成部分。这些现在看来似乎非常平常的早已为人们所熟悉的常识，在当时却是重大的变革。实践证明，这种改革收到了很好的效果，生产效率得到了普遍提高，出现了高效率、低成本、高工资、高利润的新局面。1903 年，泰勒开始把自己的实践经验和研究成果上升到理论高度，著书立说。他的代表作是 1911 年出版的《科学管理原理》。他因而被后人尊为“科学管理之父”。

与泰勒同时代并对管理改革作出过贡献的还有亨利·甘特、弗兰克·杰布雷斯夫妇、福特等。

亨利·甘特（Henry L. Gantt，1861—1919）曾是泰勒的同事，后来从事企业管理技术咨询工作。他的重要贡献之一是设计了一种用线条表示的计划图表——甘特图（Gantt Chart）。这种图现在常用于编制进度计划。甘特还提出了“计件奖励工资制”，即除了支付日工资外，超额完成定额部分，再计件给以奖金；完不成定额的，只能拿到日工资。这种制度比泰勒的“差别计件制”好，可使工人感到收入有保证，从而激发劳动积极性。这个事实第一次说明，工资收入有保证也是一种工作动力。甘特的代表作是 1916 年出版的《工业的领导》和 1919 年出版的《工作组织》。

机械师弗兰克·杰布雷斯（Frank Gilbreth，1868—1924）和他的妻子、心理学者莉莲·杰布雷斯（Lillian Gilbreth，1878—1972）两人以进行“动作研究”而著称。他们开始是在建筑行业分析研究用哪种姿势砌砖省力、舒适、效率高。经过试验，制定出了一套砌砖的标准作业方法，可使每人每日砌砖量增加两倍。他们还在其他行业进行过动作研究，并把工人劳动时手和臂的活动分解成 17 项基本动作。他们的研究方法是，在工人的手臂上绑上小灯泡，将工人劳动时的动作拍摄成带有时间指针的图组，然后对照相片与其他人一起分析哪些动作是合理的、应该保留的，哪些动作是多余的、可以省掉的，哪些动作需要加快速度，哪些动作应该改变次序，然后定出标准的操作程序。他们的动作研究比泰勒的研究更为细致和广泛。他们的研究成果反映在 1911 年出版的《动作研究》一书中。

亨利·福特（Henry Ford，1863—1947）在泰勒的单工序动作研究的基础上，为了提高企业的竞争能力，对如何提高整个生产过程的生产效率进行了研究。他充分考虑了大量生产的优点，规定了各个工序的标准时间，使整个生产过程在时间上协调起来，创造了第一条流水生产线——汽车流水生产线，从而提高了整个企业的生产效率，并使成本明显降低。福特为了利于企业向大量生产发展，进行了多方面的标准化工作，包括：产品系列化——减少产品类型，以便实行大量生产；零件规格化——以利提高零件的互换性；工厂专业化——不同的零件分别由专门的工厂或车间制造；机器及工具专用化——以提高工作效率，并为自动化打下基础；作业专门化——使各工种的工人反复地进行同一种简单的作业。

泰勒及其他同期先行者的理论和实践构成了泰勒制。可以看出泰勒制着重解决的是用科学的方法提高生产现场的生产效率问题。所以，人们称以泰勒为代表的这些学者所形成的学派为科学管理学派。

（三）对泰勒及其科学管理理论的评价

（1）它冲破了百多年沿袭下来的传统的落后的经验管理办法，将科学引进了管理领域，并且创立了一套具体的科学管理方法来代替单凭个人经验进行作业和管理的旧方法。这是管理理论上的进步，也为管理实践开创了新局面。

（2）由于采用了科学的管理方法和科学的操作程序，使生产效率提高了 2~3 倍，推动了生产的发展，适应了资本主义经济在这个时期的发展的需要。

（3）由于管理职能与执行职能的分离，企业中开始有一些人专门从事管理工作。这就使管理理论的创立和发展有了实践基础。

（4）泰勒把工人看成是会说话的机器，只能按照管理人员的决定、指示、命令进行劳动，在体力和技能上受最大限度的压榨。泰勒的标准作业方法、标准作业时间、标准工作量，都是以身体最强壮、技术最熟练的工人进行最紧张的劳动时所测定的时间定额为基础的，是大多数工人无法忍受和坚持的。他把人看做纯粹的“经济人”，认为人的活动仅仅出于个人的经济动机，忽视企业成员之间的交往及工人的感情、态度等社会因素对生产效率的影响。泰勒认为，工人的集体行为会降低工作效率，只有使“每个工人个别化”才能达到最高效率。

泰勒制是适应历史发展的需要而产生的，同时也受到历史条件和倡导者个人经历的限制。当时，要增加企业的利润，关键是提高工人的劳动效率。泰勒本人长时间从事现场的生产和管理工作，故泰勒的一系列主张，主要是解决工人的操作问题、生产现场的监督和控制问题，管理的范围比较小，管理的内容也比较窄。企业的供应、财务、销售、人事等方面的活动基本没有涉及。

二、法约尔的一般管理理论

泰勒的科学管理理论的建立，为管理学的诞生奠定了基础，但也存在着一定的局限性。法国的法约尔从高层管理者的角度剖析具有一般性的管理，创立了一般管理理论，某种程度上弥补了科学管理理论的缺陷。

亨利·法约尔（Henri Fayol，1841—1925）出生在法国的一个资产阶级家庭，与泰勒是同时代的人，但个人经历大不相同。法约尔曾在较长时间内担任法国一个大煤矿公司的领导工作和总经理职务，积累了管理大企业的经验。与此同时，他还在法国军事大学担任过管理学教授，对社会上其他行业的管理进行过广泛的调查。在退休后，他还创办过一个管理研究中心。法约尔的经历决定了他的管理思想要比泰勒开阔。他确定了企业的职能和管理的职能，从而使创立一种能为各种组织所广泛适用的一般管理理论和方法成为可能。1916 年出版的《一般管理与工业管理》是其最重要的代表作，标志着一般管理理论的形成。

（一）企业经营六方面的职能

法约尔认为，要经营好一个企业，不仅要改善生产现场的管理，而且应当注意改善有关企业经营的六个方面的职能，它们是：

（1）技术职能：即设计制造。

（2）经营职能：即进行采购、销售和交换。

（3）财务职能：即确定资金来源及使用计划。

（4）安全职能：即保证员工劳动安全及设备使用安全。

（5）会计职能：即编制财产目录，进行成本统计。

（6）管理职能：包括计划、组织、指挥、协调、控制五项。

（二）管理的 14 条原则

法约尔还提出了管理人员解决问题时应遵循的 14 条原则。

1. 分工

劳动专业化是各个机构和组织前进和发展的必要手段。减少了每个工人所需掌握的工作项目，故可以提高生产效率。劳动的专业化，使实行大规模生产和降低成本有了可能。同时，每个工人工作范围的缩小，也可使工人的培训费用大为减少。

2. 权力与责任

法约尔认为，权力即“下达命令的权利和强迫别人服从的力量”。权力可区分为管理人员的职务权力和个人权力。职务权力是由职位产生的；个人权力是指由担任职务者的个性、经验、道德品质以及能使下属努力工作的其他个人特性而产生的权力。个人权力是职务权力不可缺少的条件。他特别强调权力与责任的统一。有责任必须有权力，有权力就必然产生责任。

3. 纪律

法约尔认为，纪律的实质是遵守公司各方达成的协议。要维护纪律就应做到：

（1）对协议进行详细说明，使协议明确而公正；

（2）各级领导要称职；

（3）在纪律遭到破坏时，要采取惩罚措施，但制裁要公正。

4. 统一命令

一个员工在任何活动中只应接受一位上级的命令。违背这个原则，就会使权力和纪律遭到严重的破坏。

5. 统一领导

为达到同一目的而进行的各种活动，应由一位首脑根据一项计划开展，这是统一行动、协调配合、集中力量的重要条件。

6. 员工个人要服从整体

法约尔认为，整体利益大于个人利益的总和。一个组织谋求实现总目标比实现个人目标更为重要。协调这两方面利益的关键是领导阶层要有坚定性和做出良好的榜样。协调要尽可能公正，并经常进行监督。

7. 人员的报酬要公平

报酬必须公平合理，尽可能使职工和公司双方满意。对贡献大、活动方向正确的职工要给予奖赏。

8. 集权

集权就是降低下级的作用。集权的程度应视管理人员的个性、道德品质、下级人员的可靠性以及企业的规模、条件等情况而定。

9. 等级链

“等级链”即从最上级到最下级各层权力联成的等级结构。它是一条权力线，用以贯彻执行统一的命令和保证信息传递的秩序。

10. 秩序

秩序即人和物必须各尽其能。管理人员首先要了解每一工作岗位的性质和内容，使每个工作岗位都有称职的职工，每个职工都有适合的岗位。同时还要有条不紊地精心安排物资、设备的合适位置。

11. 平等

即以亲切、友好、公正的态度严格执行规章制度。雇员们受到平等的对待后，会以忠诚和献身的精神去完成他们的任务。

12. 人员保持稳定

生意兴隆的公司通常都有一批稳定的管理人员。因此，最高层管理人员应采取措施，鼓励职工尤其是管理人员长期为公司服务。

13. 主动性

给人以发挥主动性的机会是一种强大的推动力量。必须大力提倡、鼓励雇员们的认真思考问题和创新的精神，同时也应使员工的主动性受到等级链和纪律的限制。

14. 集体精神

职工的融洽、团结可以使企业产生巨大的力量。实现集体精神最有效的手段是统一命令。在安排工作、实行奖励时不要引起嫉妒，以避免破坏融洽的关系。此外，还应尽可能直接地交流意见等等。

法约尔的贡献是在管理的范畴、管理的组织理论、管理的原则方面提出了崭新的观点，为以后管理理论的发展奠定了基础。

三、韦伯的行政组织理论

马克斯·韦伯（Max Weber，1864—1920）出生于德国爱尔福特的一个富裕家庭。1882 年，他进入海德堡大学读法律，此后先后就读于柏林大学和格丁根大学，并于 1889 年撰写关于中世纪商业公司的博士论文。他曾三次参加军事训练，因而对军事生活和组织制度有相当的了解，这对他提出组织理论有较大影响。他一生担任过教授、政府顾问、编辑等，对社会学、宗教学、经济学和政治学有广泛的兴趣，并发表过著作。他在管理思想方面的贡献是在他的《社会和经济理论》一书中提出了行政组织理论，他因此被人们称为“组织理论之父”。

韦伯针对当时盛行的依靠传统的自觉（封建制）和裙带关系（世袭制）的不良管理作风和习气，提出了一种依靠权威关系来构建的权力结构理论，并设计出了他称为官僚行政组织或科层制的理想组织模式。这是一种体现劳动分工原则、有着明确定义的等级和详细的规章制度、非个人关系的组织模式。这种组织模式强调规则而不是个人，强调能力而不是裙带关系，有利于组织提高工作效率，有利于防范任人唯亲、组织涣散、人浮于事的不良现象，因此，它成为设计许许多多现代大型组织的原型。韦伯理想官僚行政组织的特征如表2-1所述。

表2-1　**韦伯的理想官僚行政组织的特征**

劳动分工	把各种工作分成简单、例行和明确的任务，明确规定每个人的权利和责任
权力等级	组织内的各个职位，按照等级原则进行法定安排，形成自上而下的等级系统
正式选拔	人员的任用完全根据职位的要求，通过正式考评和教育培训来实行
规章制度	为了确保一贯性和全体人员活动的一致性，管理者必须倚重正式的组织规则
非人格化	组织中每个人都必须遵守规则和制度，不受个人的情感和个人背景的影响
职业导向	组织中的管理者是职业化的专家，而不是组织的所有者，他们领取固定报酬，并在组织中追求他们的职业成就

第二节　行为科学管理理论

从某种程度上讲，古典管理理论的代表者都是从机械的观点来看待组织和工人的。也就是说，他们把组织看做一部机器，而把工人看做机器中的零件。虽然他们对人的作用也有所注意，但是，他们强调的主要是要对工人进行严格的控制和动作规范化。古典管理理论虽然在提高劳动生产率方面做出了显著的成绩，却引起了工人的强烈反抗。随着科学技术的发展，仅用古典管理理论已无法控制工人，从而达到提高生产力和攫取利润的目的。20世纪30年代初，西方出现了行为科学管理理论。这种理论强调人的动机、态度、作用以及他们在组织内的行为等。

一、梅奥的人际关系理论

乔治·埃尔顿·梅奥（George Elton Mayo，1880—1949），美国管理学家，出生于澳大利亚的阿得雷德，是早期的行为科学——人际关系学说的创始人，主持了著名的霍桑试验，并由此真正揭开了作为组织中的人的行为研究的序幕。

（一）霍桑试验

1927年至1932年间，美国哈佛大学的梅奥教授及其助手们，参加了位于芝加哥的西方电气公司霍桑工厂的一系列试验研究。

第一阶段是车间照明试验。研究人员将参加试验的工人分为两组：试验组和控制组。改变试验组的照明，并将他们的产量同照明未改变的控制组工人进行对照。结果发现，当试验组的照明度增加后，两组的产量都提高了，而当试验组的照明度降低时，两组的产量依然提高，直到光线暗淡到月光的程度，试验组工人的产量才开始下降。

第二阶段是继电器装配工作室试验——福利试验。目的是研究各种工作条件的变动对小组生产率的影响，以便能够找到更有效地影响工人积极性的因素。通过物质条件、工作方法、工作时间、劳动条件、工资等影响生产率因素的试验，发现上述各类因素无论如何变化，产量都是增加的，其他因素对生产率也没有特别的影响。而改变监督与控制的方法能改善人际关系，能改进工人的工作态度，促进产量的提高。

第三阶段是大规模访谈计划——访谈试验。梅奥等制订了一个征询职工意见的访谈计划，在1928年9月到1930年5月，不到两年的时间内，研究人员对工厂中的两万人次的职工进行了访谈。根据分析，研究人员认识到，工人由于关心自己个人问题而会影响到工作的效率，所以管理人员应该了解工人的这些问题，为此，需要对管理人员，特别是要对基层的管理人员进行训练，使他们能够倾听并理解工人，能够重视人的因素，在与工人相处时更为热情，更为关心他们，这样能够促进人际关系的改善和职工士气的提高。

第四阶段是接线板接线工作室试验——群体试验。在以上的试验中，研究人员似乎感觉到工人中存在着非正式组织，这一试验的目的是要证实这种非正式组织对工人的态度有着极其重要的影响。他们以计件工资制为刺激，企图形成“快手”对“慢手”的压力来提高效率。公司给工人规定的产量标准是焊接7312个接点，但他们只完成6000~6600个焊接点就不干了。试验发现，工人们既不会超定额，也不会因完成不了定额成为“慢手”，当他们达到他们自认为是“过得去”的产量时，就会自动松懈下来。出现这种现象的根本原因包括：一是工人们担心公司把工作标准再度提高；二是怕由于生产效率提高使一部分工人失业；三是保护速度慢的同伴，使他们不受公司的惩罚。

（二）人际关系学说的主要观点

霍桑试验的研究结果否定了古典管理理论的对于人性的假设，表明了工人不是被动的、孤立的个体，他们的行为不仅仅受工资的刺激，影响生产效率的最重要因素不是待遇和工作条件，而是工作中的人际关系。

梅奥对其领导的霍桑试验进行了总结，于 1933 年出版《工业文明中人的问题》一书。在该书中，梅奥阐述了与科学管理理论不同的观点——人际关系学说。主要观点如下：

1. 企业的职工是“社会人”

从亚当·斯密到科学管理学派都把人看做仅仅为了追求经济利益而进行活动的“经济人”，但是，霍桑试验表明，物质条件的改变，不是劳动生产率提高或降低的决定性原因，甚至计件制的刺激对于产量的影响也不及生产集体所形成的一种自然力量大。因此，梅奥等人创立了“社会人”的假说，即认为人不是孤立存在的，而是属于某一工作集体并受这一集体影响的。他们不仅追求金钱收入，而且还要追求人与人之间的友情、安全感、归属感等社会的和心理的欲望的满足。

2. 满足工人的社会欲望，提高工人的士气，是提高生产效率的关键

科学管理理论认为，生产效率与作业方法、工作条件之间存在着单纯的因果关系，只要正确地确定工作内容，采取恰当的刺激制度，改善工作条件，就可以提高生产效率。可是，霍桑试验表明，这两者之间并没有必然的直接联系；生产效率的提高，关键在于工作态度的改变，即士气的提高。

所谓士气，也就是工作积极性、主动性、协作精神等结合成一体的精神状态。梅奥等人从人是社会人的观点出发，认为士气高低取决于安全感、归属感等社会、心理方面的欲望的满足程度。满足程度越高，士气就越高，生产效率也越高。另外，士气也取决于家庭、社会生活的影响以及企业中人与人之间的关系。

新型的领导方法，主要是要组织好集体工作，采取措施提高士气，促进协作，使企业的每个成员能与领导真诚持久的合作。例如：建立邀请职工参加企业各种决策的制度，借以改善人与人的关系，提高职工士气；实行上下意见交流，上级交代任务必须详细说明，并允许下级向上级提意见，上级应尊重下级的意见和建议；建立面谈制度，给职工以表达感情、不满和争论的机会，以消除不良的人与人的关系；美化工作环境，建设宿舍等福利设施，组织娱乐、体育活动等。

3. 企业中实际存在着非正式组织

组织可分为正式组织和非正式组织两种。所谓正式组织，是指企业组织体系中的环节，是指为了实现企业总目标而担当有明确职能的机构。这种组织对于个人有强制性。这是古典组织论者所强调和研究的。

人际关系论者认为：企业职工在共同工作、共同生产中，必然产生相互之间的人际关系，产生共同的感情，自然形成一种行为准则或惯例，要求个人服

从。这就构成了非正式组织。这种非正式组织对于工人的行为影响很大，是影响生产效率的重要因素。

正式组织与非正式组织在本质上是不同的。正式组织以效率和成本为主要标准，要求企业成员为了提高效率，降低成本而确保形式上的协作。非正式组织则以感情为主要标准，要求其成员遵守人际关系中形成的非正式的不成文的行为准则。如果管理人员、技术人员仅仅依据效率与成本的要求来进行管理而忽略工人的感情，那么两者之间必将发生矛盾冲突，妨碍企业目标的实现。因此，调和这种矛盾，解决这种冲突，是管理的根本问题。

人际关系理论是行为科学管理学派的早期思想，但它只强调要重视人的行为；而行为科学还要求进一步研究人的行为规律，找出产生不同行为的影响因素，探讨如何控制人的行为以达到预定目标。

二、行为科学管理理论的发展

自梅奥奠定了行为科学的基础之后，西方管理学界涌现了一大批关注行为科学发展的学者，并在梅奥的研究基础之上进行了更为深入和广泛的研究。其研究范围和内容主要涉及以下三个大的方面：个体行为的研究、群体行为的研究和领导行为的研究。

(1) 个体行为的研究，主要是关于人的需求、动机、激励以及管理中“人性”问题的研究。在这方面突出的、有代表性的研究成果是：马斯洛的“需求层次理论”，赫茨伯格的“双因素理论”，麦克莱兰的“成就需要理论”，斯金纳的“强化理论”，弗鲁姆的“期望理论”，麦格雷戈的“X-Y理论”，沙因的“复杂人假设理论”。

(2) 群体行为的研究，主要是关于组织中非正式组织和人与人的关系问题的研究。在这方面有代表性的理论主要是库尔特·勒温的“团体动力学(Group Dynamics)理论”。在这个理论中，勒温以研究团体生活动力为目的，主要研究团体的气氛、团体内成员间的关系、团体的领导作风等。

(3) 领导行为的研究，主要是关于组织中领导方式问题的研究。在这方面有代表性的理论是：美国坦南鲍姆和施密特的“领导方式连续统一体理论”，李克特的“支持关系理论”，布莱克和穆顿的“管理方格理论”。

上述提到的有些理论将在后续相关章节中详细介绍，这里就不再赘述。

总而言之，行为科学管理理论的贡献在于改变了人们对管理的思考方法，对激励诱导、群体互动以及组织内人际关系做了详细描述，确定了职工是有价值的资源。其局限在于，人的行为的复杂性导致对行为分析和预测的困难，因而行为科学管理理论的许多成果未能得到很好的应用。

第三节 现代管理理论

现代管理理论是继古典管理理论、行为科学管理理论之后，西方管理理论和思想发展的第三个阶段，主要指从第二次世界大战以来一直到20世纪80年代初的整个历史阶段中形成的西方管理理论。在这一阶段，有很多管理学家和企业家从事现代管理理论的研究。他们的思想非常活跃，研究的方法与侧重点也互不相同，所以呈现出管理学派林立的局面。下面将对主要的管理学派进行介绍。

一、“管理科学”学派

（一）“管理科学”学派的特点

现代管理理论的一个重要学派是“管理科学”学派。这一学派的理论与泰勒的科学管理理论实际上属于同一思想体系，但它又不是泰勒理论的简单延续，而是在它的基础上有新的发展。“管理科学”学派将最新的科学技术成果应用到管理的各个方面，形成了许多新的管理思想和管理技术，使管理工作的科学性达到了新的高度。为了区别于泰勒的科学管理理论，新出现的一系列的管理思想和管理技术被称为“管理科学”。

“管理科学”理论有如下主要特点：

（1）生产和经营管理各个领域的各项活动都以经济效果好坏作为评价标准，即要求行动方案能以总体的最少消耗获得总体的最大经济效益。

（2）使衡量各项活动效果的标准定量化，并借助于数学模型找出最优的实施方案和描述事物的现状及发展规律，摒弃单凭经验和直觉确定经营目标与方针的做法。

（3）依靠电子计算机进行各项管理。企业经营范围的扩大，决策问题的复杂化，方案选择的定量化，都要求及时处理大量数据和提供准确信息，而这些只有借助计算机才能做到。

（4）特别强调使用先进的科学理论和管理方法，如系统论、信息论、控制论、运筹学、概率论等数学方法及数学模型。

“管理科学”学派的主导思想是使用先进的数学方法及管理手段，使生产力得到最为合理的组织，以获得最佳的经济效益，而较少考虑人的行为因素。

（二）数学模型与“管理科学”

“管理科学”的重要特点是将数学模型广泛应用于经营管理。在很多科学领域，实验是科学研究的重要方法，可是对“管理科学”来说，实验往往是不适用的。例如，库存量应为多少，才能既保证满足生产需要，又使库存费用、订货费用最低？一个企业应该搭配生产哪几种产品，利润才能最高？一个基建项目，按什么程序施工，建设速度才会最快？对于这类管理问题，是不能采用实验方法找出答案的，但一个构思精确的数学模型却能使决策者在不影响正常生产经营秩序的情况下，找到可行的方案。只要这个模型能精确地表现运行中的系统，它就能为决策者提供所假定的各种解决方案的结果。数学模型的另一个重要特点，是能使分析的问题及供决策者选择的方案数字化，便于管理者对问题进行定量分析。

模型是对客观现实的一种描述，因此必须反映实际；同时，模型又是对现实世界的一种描述，所以它还必须反映与所描述的实际问题有关的各种因素的构成和它们相互之间的关系。对于任何一个模型，它的价值取决于它是否能很好地表现所描述的系统或程序。一个能准确地描述一个系统或程序的高度简化的模型，要比一个管理人员靠智力建立起来的含糊不清的概念更能清楚地反映事物运行的规律。这样的模型可以促使管理人员系统地考虑与问题有关的各个方面的因素以及它们之间的关系，避免忽视某些重要因素或过多地考虑次要因素。

管理人员在了解、评价并利用数学模型之前，必须知道这些模型的类型。

模型按作用可分为描述性的和规范性的。描述性模型是说明一个系统怎样进行工作的模型，用它可清楚表明问题的现状，并可指明应怎样改变这种现状。描述性模型可以指出可供选择的方案，有时还可帮助管理者确定方案将会产生的结果或效果，然而并不能选出最优方案。规范性（或指示性）模型中包含早已确定了的某些准则及事物的变化规律。它能指出，要完成一个特定目标，这个系统应该是什么样的。这类模型也被称为最优化模型，因为它能从可以采用的所有解决方法中找出最优的解决办法。

模型按变量种类可分为确定性模型和随机性模型。确定性模型中的所有因素都有准确的或确定的数量，而对问题的解答是由一套准确的关系来确定的。也就是说，在一个确定性模型中，所有的假定条件都是肯定的。随机性模型中采用了随机变量，即存在着不确定因素。这些随机变量是以统计规律为基础确定的。也就是说，模型中的不确定条件大都是以客观实践中的各种观察、统计数据为基础确定的。

二、“决策理论”学派

“决策理论”学派是以统计学和行为科学作为基础的。自第二次世界大战以后，许多运筹学家、统计学家、计算机专家和行为科学家力图在管理领域寻找一套科学的决策方法，以便对复杂的多方案问题进行明确的、合理的、迅速的选择。随着这方面研究工作的进展，决策理论得到了迅速的发展。在这个学派中，作出突出贡献的是美国卡内基-梅隆大学教授赫伯特·西蒙（Herbert Simon，1916—2001）。他长期讲授计算机和心理学等课程，还从事过经济计量学的研究。由于他在决策理论研究中作出了重要贡献，1978 年他获得了诺贝尔经济学奖。他的主要著作有：《管理行为》、《组织》、《经济学和行为科学中的决策理论》、《管理决策的新科学》等。

"决策理论"学派的主要观点如下：

1. 管理就是决策

传统观点认为，决策是高层管理人员的事，是用来解决经济管理中的发展目标和经营方针等重大问题的。西蒙等人认为，管理活动的全部过程都是决策的过程。确定目标，制订计划，选择方案，是对经营目标及其计划的决策；机构设计，生产单位组织，权限分配，是组织方面的决策；计划执行情况检查，在制品控制及控制手段的选择，是控制决策。决策贯穿于整个管理过程，所以管理就是决策。

2. 决策分为程序性决策和非程序性决策

程序性决策即按既定的程序所进行的决策。对于经常发生的需要决策的问题，往往可制订一个例行程序，凡遇到这一类问题，就按照既定程序进行决策，如存储问题的决策就属于程序性决策。当问题的涉及面广，又是新发生的，非结构性的，或者问题极为重要而复杂，没有例行程序可以遵循，就要进行特殊处理。对这类问题的决策就称为非程序性决策。如开辟新市场、增加新产品的决策就属于非程序性决策。企业里大多数管理部门在其日常业务中所处理的问题一般是结构性、重复性问题，因此，可以利用常规的、标准的工作程序或事先编制的专门的程序进行决策。近年来，由于数学模型的发展，为进行这类决策提供了方便。但是非程序决策方法的研究进展却比较缓慢，而这类决策方法是处于关键岗位的高层管理人员极为关注的。

三、系统管理学派

系统管理学派产生于 20 世纪 60 年代，它是在一般系统论的基础上发展起来的。一般系统理论为理解和综合各种专门领域的知识提供了基础。该学派的主要代表人物是卡斯特和罗森茨，代表作是两人合著的《组织与管理：系统与权变的方法》（1973 年出版）。

在管理思想的发展史上，最早用系统观点研究管理的是巴纳德。巴纳德认为：组织是由两个或两个以上的人有意识地加以协调的活动的系统，企业是由物质系统、人员系统、社会系统等所形成的协作系统，同时，经理也是组织中最关键的因素。但巴纳德分析的重点在企业内部，因此，他和系统管理学派又有所不同。

系统管理学派认为，组织是由一个相互联系的若干要素组成的、为环境所影响并反过来影响环境的开放的社会技术系统。它由目标的价值、结构、技术、社会心理、管理等五个分系统组成。该学派以整个组织系统为研究管理的出发点，综合运用各个学派的知识，研究一切主要的分系统及相互关系。以往的各个学派是孤立地对组织的各个分系统进行研究，缺乏整体研究。例如，管理过程学派强调结构系统和管理系统；行为科学学派强调社会心理系统等。系统管理学派突破了以往各个学派仅从局部出发研究管理的局限性，从组织的整体出发阐明了管理的本质，对管理学的发展作出了贡献。

四、经验主义学派

经验主义学派的代表人物是德鲁克和戴尔。德鲁克的代表之作是《管理的实践》和《管理：任务、责任、实践》。戴尔的代表作是《伟大的组织者》。该学派主张通过分析经验（即分析案例）来研究管理问题。通过分析、比较、研究各种各样的成功的管理经验和失败的管理教训，抽象出某些一般性的管理结论或管理原理，以有助于学生和实际工作的管理人员来学习与理解管理学理论，使他们更有效地从事管理工作。

不少学者认为，从严格意义上讲，经验主义学派实质上是传授管理学知识的一种方法，称为“案例教学”。实践证明，这是培养学生分析和解决问题能力的一种很有效的途径。事实上，目前美国等一些国家的许多大学和我国不少大学都采用“案例教学”的方法来培训工商管理学院的学生。但从管理思想和理论方面看，这个学派在管理学界的影响不是很大。

五、权变理论学派

权变理论是继系统理论之后于20世纪70年代在西方出现的另一个试图综合各个管理学派的理论。该学派认为，由于组织内部各个部分之间的相互作用和外界环境的影响，组织的管理并没有绝对正确的方法，也不存在普遍适用的理论，任何理论和方法都不见得绝对有效，也不见得绝对无效，采用哪种理论和方法，要视组织的实际情况和所处的环境而定。

权变理论学派试图通过“权宜应变”融各学派学说于一体。它并不排斥任何一个学派，而是认为每个学派的理论和方法都是可取的，许多学派的理论和方法都是权变关系中的管理变量，对权变管理都作出了贡献。它强调随机应变，主张灵活运用各学派的观点，为管理学的发展作出了一定的贡献。它在美国等地风行一时，产生了一定的效果。

第四节　现代管理理论的新发展

进入20世纪80年代以后，随着社会、经济、文化的迅速发展，特别是信息技术的发展与知识经济的出现，世界形势发生了极为深刻的变化。面对信息化、全球化、经济一体化等新的形势，企业之间竞争加剧，联系增强，管理出现了深刻的变化与全新的格局。正是在这样的形势下，管理出现了一些全新的发展趋势，涌现出一些新的管理理论和思想。其中具有较大影响的理论有：企业文化理论、质量管理理论、知识管理理论、战略管理理论、学习型组织理论、企业流程再造理论、企业核心能力理论、供应链管理理论、客户关系管理理论、公司治理理论等。下面将简单地介绍几种重要的管理理论。

一、战略管理理论

战略管理理论，又称企业战略理论，其研究开始于20世纪60年代，70年代得到了进一步发展。80年代后期，美国企业战略管理进入了“衰落”阶段。90年代以后，战略管理理论再次受到普遍重视。代表人物为美国著名战略管理学家安索夫、美国哈佛大学商学院迈克尔·波特教授和安德鲁斯教授等。

“企业战略”一词最初是由美国学者安索夫在其1976年出版的《从战略计划走向战略管理》一书中提出的。他认为，企业战略是指将企业日常业务决策同长期计划决策相结合而形成的一系列经营管理业务。之后，“企业战略”成了时髦用语，各种解释不下几十种，至今为止仍没有形成统一的定义。

由于对企业战略存在不同的理解，对什么是战略管理同样意见不一。主要有以下两大流派：

1. 行业结构学派

这一学派认为公司必须在有吸引力的行业中竞争。如何选择有吸引力的行业，是战略管理的首要任务。另一项重要任务则是如何在已经选择的行业中定位，企业可根据行业结构特点，摸清盈利潜力，实施一种可建立防御性竞争地位的战略。企业超额利润是由外部环境特征决定的，而不是由公司特定的内在资源和能力决定的。

2. 内部资源学派

这一学派从20世纪80年代开始兴起，与行业结构学派相反，它认为战略管理过程的主要因素来自企业的内部环境，企业战略管理在于资源整合产生能力。一个企业的资源可分为三类：物质资本资源（Physical Capital Resource）、人力资本资源（Human Capital Resource）和组织资本资源（Organizational Capital Resource）。单项资源无法产生持续竞争优势。只有当生产设备和公司运行的其他因素有效地成为一个整体时，它才能成为战略相关资源。总的说来，正是通过一系列资源的组合和整合，形成了持续竞争优势。在制订战略行动时，内部环境比外部环境更重要，公司独特的资源和能力为战略提供了基础，应当注重制订战略所需资源的积累。

上述两种学派的观点，在西方企业管理的实践中，都能证明其正确性。由此，对战略管理可界定为：根据企业外部环境和内部经营要素确定企业组织目标，保证目标的正确落实，并使企业使命最终得以实现的动态过程。

战略管理理论认为，研究和实施战略管理的最好方法是采用适当的模式。战略管理模式所显示的战略管理过程，分为三个阶段：（1）战略制订。包括制订任务陈述，外部环境因素分析，内部环境因素分析，建立长期目标，评价和选择战略。（2）战略实施。包括确定年度目标，为战略实施制定相关政策，资源配置，确定与战略实施配套的组织结构及奖励制度。（3）战略评价。美国战略管理学家理查德·鲁梅特提出了可用于战略评价的四个标准：一致、协调、可行、优越。

二、学习型组织理论

彼得·圣吉（Peter M. Senge）于1990年出版了名为《第五项修炼——学习型组织的艺术与实务》的著作，这本著作一出版立即引起了轰动。彼得·圣吉用全新的视野来考察人类群体危机最根本的症结所在，认为人们片面和局部的思考方式及由此所产生的行动，造成了目前切割而破碎的世界，为此需要突破线性思考的方式，排除个人及群体的学习障碍，重新就管理的价值观念、管理的方式方法进行革新。

彼得·圣吉提出了学习型组织的五项修炼，认为这五项修炼是学习型组织的技能。

第一项修炼：自我超越。自我超越的修炼是指学习不断深入，并加深个人的真正愿望，集中精力，培养耐心，并客观地观察现实。它是学习型组织的精神基础。自我超越需要不断认识自己，认识外界的变化，不断地赋予自己新的奋斗目标，并由此超越过去，超越自己，迎接未来。

第二项修炼：改善心智模式。心智模式是指根深蒂固于每个人或组织之中的思想方式和行为模式，它影响人或组织如何了解这个世界。个人与组织往往不了解自己的心智模式，故而对自己的一些行为无法认识和把握。第二项修炼就是要把镜子转向自己，先修炼自己的心智模式。

第三项修炼：建立共同愿景。如果有一项理念，能够一直在组织中鼓舞人心，凝聚一群人，那么这个组织就有了一个共同的愿景，就能够长久不衰。如宝丽来公司的“立即摄影”，福特汽车公司的“提供大众公共运输”，苹果电脑公司的“提供大众强大的计算能力”等，都是为组织确立共同努力的愿景。

第四项修炼：团体学习。团体学习的有效性不仅在于团体整体会产生出色的成果，而且其个别成员学习的速度也比其他人的学习速度快。团体学习的修炼是“深度汇谈”。“深度汇谈”是一个团体的所有成员提出心中的假设，从而实现真正一起思考的能力。“深度汇谈”的修炼也包括学习找出有碍学习的互动模式。

第五项修炼：系统思考。组织与人类其他活动一样是一个系统，受到各种细微且息息相关的行动的牵连而彼此影响着，这种影响往往要经年累月才完全展现出来。我们作为群体的一部分，置身其中而想要看清整体的变化，非常困难。因此，第五项修炼，是要让人与组织形成系统观察、系统思考的能力，并以此来观察世界，从而决定我们正确的行动。

三、企业流程再造理论

从20世纪80年代初到90年代，西方发达国家（包括日本）的经济发展经过短暂复苏后又纷纷跌进衰退和滞胀的泥潭，国际竞争已达白热化程度。另一方面，企业规模越来越大，组织结构臃肿，生产经营过程复杂，最终导致“大企业病”的产生并日益严重。

1993年美国的迈克尔·哈默（Michael Hammer）和詹姆斯·钱皮（James Champy）为了改变这种状况，提出了企业再造理论（亦称为企业流程再造或业务流程再造），并于1994年出版了《企业再造》一书。该书一出版就引起了管理学界和企业界的高度重视，迅速流传开来。所谓企业再造，是指“根本重新思考，彻底翻新作业流程，以便在现今衡量表现的关键上，如成本、品质、服务和速度等，获得戏剧化的改善”。企业再造理论认为，由英国经济学家亚当·斯密（Adam Smith）在其著作《国富论》中创立的劳动分工论是建立在大量生产基础上的，而现在是“后工商业”时代，市场需求多变，企业不能再以量求胜，而是以质、以品种求胜。按劳动分工论组建起来的公司无法发挥高度的弹性和灵活性以及市场应变能力，因为社会大生产的发展，使劳动分工越来越精细，协作越来越紧密。相应地，企业行政管理结构和生产经营组织结构也越来越复杂，这样管理及生产经营成本不断上升，管理效率不断下降，企业应付市场挑战的能力越来越呆滞。所以要求“彻底抛弃亚当·斯密的劳动分工论，而面对市场需要，在拥有科技力量的状况下，去重新组织工作流程和组织机构”。在重组中，强调将过去分割开的工作按工作流程的内在规律，并在良好的企业文化基础上重新整合和恢复起来，通过水平和垂直压缩，合并工作，扁平组织，简化流程，提高效率，节约开支，从而达到企业减肥和增强竞争能力的作用。

四、公司治理理论

公司治理理论是研究公司治理结构的管理理论。关于公司治理的争论，20世纪80年代中后期首先在美国兴起。

公司治理，又称公司治理结构、法人治理结构，是现代企业制度中最重要的问题。狭义的公司治理结构是指在所有权与经营权相分离的情况下，关于所有者和代理人之间的关系的制度安排，由股东大会、董事会、高层管理人员及监事会等组成。广义的公司治理结构是一种据以对公司进行管理和控制的体系。它明确规定了公司的各个参与者的责任和权利分布，诸如董事会、经理层、股东和其他利害相关者，并且清楚地说明了决策公司事务时所应遵循的规则和程序。同时，它还提供了一种结构，使之用以设置公司目标，也提供了达到这些目标和监控运营的手段。更广义的公司治理结构是企业所有权安排的具体化，企业所有权是公司治理结构的一个抽象概括。

公司治理理论认为，公司制企业的本质特征是两权分离条件下的委托—代理关系。两权分离容易引发经理们的道德祸因与败德行为，即在最大限度地增进其自身效用时作出不利于他人的行为。公司治理理论的主要内容如下：

1. 公司治理结构的核心问题

（1）剩余索取权和控制权对应，均归属于股东；（2）削弱“内部人控制”，即公司由受所有者控制转变为受经营者控制，可采用接管、代理权竞争、大股东、竞标制度、财务结构、产品市场竞争、雇员参与管理、雇员持股计划等因素抑制“内部人控制”现象。

2. 公司治理结构的设计原则

（1）股东权利；（2）对股东的平等待遇；（3）利害相关者在公司治理结构中的作用；（4）信息披露和透明度；（5）董事会的责任。

3. 公司治理模式的比较

公司治理模式是关于公司的权力、利益和业务等在股东、经理层、董事会、监事会和公司其他利益相关者之间的分配规则和调节方法。

☞本章点评

自从有了人类社会，就有了早期的管理实践活动，长期的实践经验的积累，形成了早期的管理思想。但把管理思想进行总结、提炼并系统化为管理理论则是在 19 世纪末才开始的。西方管理理论的发展经历了下面四个主要阶段：古典管理理论阶段、行为科学管理理论阶段、现代管理理论阶段和现代管理理论的新发展阶段。本章介绍了泰勒的科学管理理论、法约尔的一般管理理论和韦伯的行政组织理论等；还介绍了行为科学管理理论的产生及其主要内容，以及现代管理理论中渐趋成型的一系列管理理论体系（学派），并择其要点介绍了“管理科学”学派、“决策理论”学派、系统管理学派、经验主义学派和权变理论学派等的主要内容及其特征。最后，本章对最新的且具有较大影响的几种管理理论进行了介绍。

☞复习思考

1. 管理理论的发展分为哪几个阶段？为什么这样划分？

2. 泰勒的科学管理理论的核心思想和主要内容是什么？为什么把泰勒称为“科学管理之父”？

3. 泰勒的科学管理与当今的我国企业管理有什么关系？试作说明。

4. 法约尔的 14 条管理原则的主要内容是什么？法约尔的管理思想与泰勒的管理思想有何差别？

5. 试述霍桑试验及其对管理实践与理论的贡献。

6. 行为科学理论的研究对象和研究内容是什么？

7. 现代管理理论主要包括哪些学派？各学派的主要观点是什么？

☞本章案例一

两种不同的管理方法

在一个管理经验交流会上，两公司的经理分别论述了他们各自对如何进行有效管理的看法。

A 经理认为，企业首要的资产是员工，只有员工都把企业当成自己的家，都把个人的命运与企业命运紧密联系在一起，才能充分发挥他们的智慧和力量为企业服务。因此，管理者有什么问题，都应该与员工们商量解决；平时要十分注重员工需求的分析，有针对性地给员工提供学习、娱乐的机会和条件；每月的黑板上应公布当月过生日的员工的姓名，并祝他们生日快乐；如果哪位员工生儿育女了，公司里应派车接送，经理应亲自送上贺礼。在A公司里，员工们普遍地把公司当做自己的家，全心全意地为公司服务，公司日益兴旺发达。

B经理则认为，只有实行严格的管理才能保证实现企业目标，以及必须开展的各项活动的顺利进行。因此，企业要制定严格的规章制度和岗位责任制，建立严格的控制体系，注重上岗培训，实行计件工资制等。在B公司里，员工们都非常注意遵守规章制度，努力工作以完成任务，公司发展迅速。

案例思考

1. 比较A公司和B公司的管理经验，如何看待它们的管理方法？
2. 结合本章所学的内容，分析A公司和B公司在管理工作中体现了哪一种管理理论和思想？为什么？
3. 如果你是经理，你将如何管理好自己的企业？

☞**本章案例二**

宇通企业集团的流程再造

2004年7月，在宇通的物料车间发生了这样一幕：一位领料员来不及履行正常领料手续，被仓库保管员拒绝物料放行，而生产车间在迫切等待。为了保证本单位的生产进度，领料员动用了私人关系，另一个可以直接进入仓库的员工帮助他取来了物料……

“灵活”

“灵活”成为部分企业在快速成长过程中的行为习惯，这种现象也出现在其他管理人员，甚至是负有监管责任的管理人员的工作中。

2004年6月，宇通展开大规模的流程再造工程。此前，这家位于河南郑州的企业经历了连续9年50%的高速增长，正处于成长期管理转型的困惑中。从创业到守业，公司老总汤玉祥感受到了“一竿子捅不到底”的困扰，在一系列的兼并、收购后，仅仅依靠个人权威和经验式的管理已无法对企业进行有效掌控。他把希望寄托于其时盛行的ERP（企业资源规划）和BPR（流程再造），并以此开始强化内部控制。

宇通接受了IBM的咨询，投资2000万元的SAP系统上线。从项目选型到敲定实施，在短短一个多月里完成，2003年初，原有财务系统、MRPⅡ系统被更换，包括销售系统、技术系统在内的十个模块一次性全面实施。系统很快上线，并成为IBM的样板客户。

问题

庆祝声未落，一个更严重的问题出现了。从2004年1月到5月，汤总发现，虽然销售额在继续增加，但利润却在逐月减少。图表显示，销售直线上升，利润率却直线下降。整个公司的资金周转率下降。更为糟糕的是，不仅没有实现强化控制的初衷，而且整个企业信息面临失控，系统所报告的数据与实际脱节。

例如对交货期的统计，具体操作的员工手头的表格只有订单需求，并无交货日期显示。但系统要求必须输入交货日期，“灵活”者采取了变通的办法，5台以下订单输入1周交货，15台以下输入1个月交货，30台以上输入月中和月末各交货1/2……

这种“灵活”不仅造成交货期的形同虚设，并错误地诱导了物料、采购、生产等环节。虽然系统表面看来运行如常，但实际上它的功能已仅限于记录和传输数据。原本指望90%的日常工作依靠系统实现的愿望落空，事实上，系统只承担了10%的记录功能。管理人员对日常工作中反复出现的问题无法实现归纳、分解。

在流程再造的过程中，以往存在的管理问题逐步暴露，这表明，改变这种系统性问题的唯一途径，是要转变原有的部分工作方法和思维模式，学会用新思想、新方法解决问题。其中，塑造管理人员尤其是中高层管理人员的工作习惯，成为流程再造成功的关键。要扭转中高层管理人员当时管人不管事的“泛高层化”不良风气，要让员工树立严格按流程操作的意识……

观念

流程再造不只是为了解决管理过程中的具体问题，它是企业发展到一定规模后必须进行的工作，是要解决企业发展中的问题，重点是效益和效率、组织和管理创新问题。汤总认为：（1）流程再造是公司由人治向法治转变过程中的一个关键步骤，是长期、持续性的工作；（2）流程再造并不是对过去的否定，而是改进，是一个扬弃的过程；（3）流程再造不仅要对现在正在执行的流程进行优化，更重要的是要形成自我更新、自我优化机制。

这种一把手视为战略的流程再造的推进，不是由咨询公司刻一个模子然后企业去套，而是在过程中模式化，在大方向的指引下，循序渐进地改进。在宇通，已获认证的德国TS16949质量体系被当成搭建好的良好基础和框架，对流程进行管理评审。而那个已上线但未充分发挥效率的SAP系统，也被当成是固化流程成果的工具。

实施

公司开始推进以下工作：(1) 转变固有的不利于企业发展的思维模式和组织习惯；(2) 优化和固定工作流程；(3) 加快授权体系的建设和优化；(4) 加强和优化绩效考核。

早期的ERP是一个复杂的系统，包括销售、技术、生产、财务、仓储管理、项目管理等十个模块。当2004年6月，流程再造项目工作小组启动时，需求计划小组、供应周期小组、生产周期小组三个项目组成立。三个项目组都会涉及ERP的十个模块，对接如何进行？更何况改变员工的工作流程习惯远比调试计算机困难得多。

不过，这是西方的ERP和BPR实施的思维，宇通并没有钻入这个复杂的胡同。他们认为，中国企业的很多转型与流程再造和国外是相反的。西方管理比较完善，它们的流程再造是简化管理，但中国企业所需要的是从没有到有。

现在，流程再造一切从实际出发，模块被切割成供给和需求两大块。开始时，宇通主要从一些关键流程着手，如对公司的产供销流程进行优化和改善，延长需求计划的下达周期，缩短生产周期和供应周期，从而保证企业运行效率和效益的不断提升。此后，才考虑从关键的流程逐步扩展到一般流程，及推广到企业集团所有成员企业和所有流程。

效果

成绩最容易激励人，而最容易被看到的成绩是利润的增加。于是，一场“成本有效”的活动在流程再造中展开，包括市场成本、财务成本、采购成本、机会成本、风险成本以及各种管理成本。重中之重则是采购与库存周期。并且，通过这些措施改变了员工的思维观念。

不过，他们并没有指望一步到位。譬如在ERP的系统中，是完全按JIT（准时化生产）的方式运作，但在流程再造之初，这一概念没出现过。这些都有利于改变人的思维模式，抓重点，抓80分。甚至在库存中，他们的观点是，对通用的部件、便宜的部件不妨多采购库存，因为通用部件容易变现，便宜的部件即使库存多，成本增加得也不多，而这些多出的小成本保证了80%的部件供应，从而使员工有80%的精力去保证那些20%的非通用部件和昂贵的容易出问题的关键部件。而这种做法，也是在倡导重要性原则和经济价值导向。

流程再造前，宇通客车股份有限公司在最高库存时有3亿多元，但现在，原材料加半成品只有2亿多元，减少了1亿元流动资金占用量。2005年年报显示，在上市公司现金流量排行榜上，宇通客车以每股经营现金流2.13元位列第三，而在此前的2003年，其每股经营现金流不到1元。2004年，宇通集团销售收入 74 亿元，比上年增长 52%。这其中，流程再造功不可没。

那些参与流程再造的人几乎都受到了奖励。虽然有人认为流程再造远没有成功，至少还需要 5 年的时间去改进和固化，不过阶段性的效果已经出来了。

（案例来源：谢扬林，张巍柏．宇通集团流程再造：别指望一次完美．中国经营报，2005-05-25。）

案例思考

1. 企业流程再造理论的主要思想是什么？
2. 结合案例，分析中国宇通集团是如何进行流程再造的？
3. 宇通集团的流程再造对其他中国企业有何启迪？

第三章 管理的基本原理

学习目的与要求：通过本章学习，读者应掌握管理原理的基本理论，能运用管理原理分析和解决实际工作中的问题。

任何社会活动的进行都必须遵循一定的规律，实施管理更需要科学的理论指导，认真研究和掌握管理的基本原理对做好管理工作有着普遍的指导意义。

第一节 人本原理

现代管理科学的核心内容是对人的研究。一切管理活动首先是对人的管理。人是组织中最重要和最活跃的因素。人本原理就是以人为中心的管理思想。这是管理理论发展到20世纪末的主要特点。人本原理主要包括下述主要观点：

一、职工是企业的最重要的资源

职工是企业的基本要素之一。人们对劳动者在企业生产经营中的作用是逐步认识的。这个认识过程大体上经历了要素研究、行为研究和主体研究三个阶段。对劳动力在生产过程中的作用的研究是随着以机器大生产为主要标志的现代企业的出现而开始的。但在早期，这种研究基本上限于把劳动者视为生产过程中的一种不可缺少的要素。当时的学者们都致力于挖掘作为机器附属物的劳动者的潜能。所有对劳动和劳动力的研究大多未摆脱把人视做机器附属物的基本观点和方法。在第二阶段的研究中，人们强调，管理者要从多方面去激励劳动者的劳动热情，引导他们的行为，使其符合企业的要求。这一阶段的认识有其科学合理的一方面，但其基本出发点仍然是把劳动者作为管理的客体。在第三阶段，即20世纪70年代以来，随着日本经济的崛起，人们通过对日本成功企业经验的剖析，进一步认识到职工在企业生产经营活动中的重要作用，逐渐形成了以人为中心的管理思想。中国经济学家蒋一苇在20世纪80年代末发表了著名论文《职工主体论》，明确提出“职工是社会主义企业的主体”的观点，从而把对职工在企业经营活动中地位和作用的认识提到了一个新的高度。以人为中心的管理思想认为：人是管理的核心，是企业最重要的资源。人本管理就是要把调动职工的积极性、做好人的工作视为一切管理工作的根本。

二、职工参与、民主管理是实施有效管理的重要举措

实现有效管理有两条完全不同的途径：一条是高度集权，从严治理，依靠严格的管理和铁的纪律，重奖重罚，从而组织目标统一，行动一致，实现较高的工作效率；另一条是适度分权、民主治理，依靠科学管理和职工参与，使个人利益与企业利益紧密结合，使企业全体职工为了共同的目标而自觉地努力奋斗，从而实现高度的工作效率。两条道路的根本不同之处在于，前者把企业职工视做管理的客体，职工处在被动被管的地位；后者把企业职工视做管理的主体，使职工处于主动地参与管理的地位。当企业职工受到饥饿和失业的威胁时，或受到政治与社会的压力时，前一种管理方法可能是有效的；而当职工经济已比较富裕，基本生活已得到保证，就业和流动比较容易，政治和社会环境比较宽松时，后一种方法就必然更为合理，更为有效。

影响企业发展的因素虽然很多，但归纳起来无非是天时、地利、人和。其中“人和”最为宝贵。有了“人和”才能去争取和利用“天时”（客观环境和机遇），有了“人和”才有可能去逐步完善和充分发挥“地利”（本企业的资源优势）。如果没有“人和”，经营者与劳动者纠纷不断，企业领导班子内部、上下级之间、各部门之间遇事互相扯皮，遇责互相推诿，遇权或利互相争夺，则再好的外部环境也将错过，再好的内部条件也将耗尽。

正是由于企业全体职工的共同努力，才使企业各项资源（包括劳动力本身）得到最合理的利用，才使企业生产经营活动得以正常进行，才创造出了产品、利润和财富。所以，企业全体职工都有权参与企业管理。企业职工中的一部分（经营者和管理人员）其职责就是管理。非专职管理的职工（普通工人、职员和技术人员）参与企业管理可以通过以下三种基本形式进行：

（1）通过职工代表大会选举代表参加企业的最高决策机构——管理委员会或董事会。

职工代表在管委会和董事会中应占有一定比例，并享有与其他代表同等的权利和义务。

（2）由职工代表大会选举代表参加企业的最高监督机构——监事会。

职工代表在监事会中应占有较多名额，并与其他监事一样，享有监督企业生产经营活动的职权。

(3) 广泛参加日常生产管理活动（如质量管理、设备管理、成本管理、现场管理等）。

劳动者最了解自己直接参与的那部分生产经营活动的实际情况，因此在参与日常生产管理活动时应有更大的发言权，并且一定能取得更好的效果。

三、人性最完美的发展是现代管理的核心内容

不同的时代，人性都不可避免地打上历史的烙印。在封建社会，超经济的人身依附成为人性中最普遍的现象。君臣之间、官民之间、夫妇之间、父子之间、地主农民之间、师徒之间、主仆之间几乎无不以人身依附作为建立正常关系的准则，并且以是否完全遵守这一准则作为评价人性是否完美的标准。一切管理也都是建立在一方完全无条件服从另一方的基础之上的。资本主义社会彻底摧毁了这种封建的人身依附关系，建立了以人的利己本性为基础的商品经济关系。资本家拥有资本，劳动者拥有自己的劳动力，人们都是“平等”的“商品”所有者，都是为了利己的目的通过市场进行“自由”的交换和买卖，相互讨价还价，然后成交、签订协议。因而“利己”和“守信”就成为资本主义条件下人际关系的基本准则，并以能否遵守这一准则作为评价人性是否正常、完美的标准。一切管理活动也都建立在这一准则之上。

社会主义初级阶段，社会生产力尚不发达，人们的物质生活尚不富裕，封建主义和资本主义思想意识尚有较大影响，因此管理所面临的人性状况极为复杂。有专门利他的奉献精神，也有专门利己的个人主义；有自由平等的民主要求，也有官贵民贱的等级观念。管理者应学会引导和促进人性的发展。

事实上，任何管理者都会在管理过程中影响下属人性的发展。同时，管理者行为本身又是管理者人性的反映。只有管理者的人性达到比较完美的境界，才能使企业职工的人性得到完美的发展，而职工队伍的状况又是企业成功的关键，社会主义精神文明建设实质上是社会主义人性的塑造。这绝不是靠喋喋不休的说教能够完成的，而是要靠管理的实践。在实施每一项管理措施、制度、办法时，不仅要看到实施取得的经济效果，同时要考虑对人精神状态的影响，要分析它们是促使职工的精神状态更加健康，人性更加完美，还是起相反的作用。

四、管理是为职工和用户服务的

我们说管理是以人为中心的，是为人服务的，是为了实现人的发展，这个

"人"当然不仅包括企业内部、参与企业生产经营活动的全体员工，而且还包括存在于企业外部的、企业通过提供产品为之服务的所有用户。

为社会生产和提供某种物质产品（或服务），是企业存在的主要理由。在我国，随着经济体制改革的开展和不断深入，企业已被推向市场，市场需求的特点及其发展趋势取代了国家指令性计划，成为企业组织生产经营活动的主要依据，市场是否愿意接纳和吸收企业的产品成为企业能否继续生存、企业经营能否成功的主要决定因素。"服务用户"、"服务市场"成为企业以及企业管理必须依循的基本宗旨。

在市场经济条件下，用户是企业存在的社会土壤，是企业利润的来源。我们知道，作为商品生产者，企业生产的目的，不是企业自己或企业职工对某种产品的直接使用或消费，而是通过这些产品的销售，获得销售收入，旨在补偿了生产过程中的各种消耗后实现利润。只有实现销售收入和销售利润，企业才能获得继续生存的权利或发展的条件。销售收入与销售利润的实现是以市场用户愿意接受和购买企业产品为前提的，而用户是否愿意接受和购买企业的产品，则取决于这些产品的消费和使用能否满足他们希望得到满足的需要。因此，为用户服务，满足用户的需要，是企业实现其社会存在的基本条件。为用户服务体现在多个方面：

（1）研究市场需求的特点及其发展趋势，据此确定企业的经营和产品发展方向。人类社会发展通常需要借助物质产品的消费来实现，因此为广义的人的发展服务的企业经营及其管理，不仅要研究作为社会成员的消费者已经表现出的需求的特点，更应重视那些尚未被消费者认识的新产品的开发，以帮助消费者挖掘他们的潜在需求，更充分地实现他们的社会发展。

（2）企业要从用户的角度出发，努力提高设备和材料的使用效率，加速资金周转，以减少资金占用和材料消耗，降低生产成本，从而降低产品的销售价格，以使消费者能够充分利用有限的货币购买力，获取更多的物质产品，满足更多的需要。

（3）研究消费者使用本企业产品要求得到的满足实现的条件。消费者购买某种产品不是为了这种产品的物质本身，而是为了获得这种产品所具有的使用价值。为了保证产品的使用价值能充分实现，消费者不仅要求企业提供符合需要的产品，而且要求企业提供与其使用有关的各种服务。

因此，为用户服务，还要求企业在提供品种对路、功能完善、质量优异、价格合理的产品的前提下，提供使用方法的培训和指导、使用过程中的维护和修理等售后服务。

第二节　系统原理

系统原理是现代管理科学的一个最基本的原理。它是指人们在从事管理工作时，运用系统的观点、理论和方法对管理活动进行充分的系统分析，以达到管理的优化目标，即从系统论的角度来认识和处理企业管理中出现的问题。

一、系统原理的内涵

系统是指由若干相互联系、相互作用的部分组成，在一定环境中具有特定功能的有机整体。系统是普遍存在的，它既可以应用于自然和社会事件，又可应用于大小单位组织的人际关系之中。因此，我们可以把任何一个管理对象都看成是特定的系统。组织管理者要实现管理的有效性，就必须对管理进行充分的系统分析，把握住管理的每一个要素及要素间的联系，实现系统化的管理。

管理的系统原理源于系统理论，它认为应将组织作为人造开放性系统来进行管理。它要求管理应从组织整体的系统性出发，按照系统特征的要求从整体上把握系统运行的规律，对管理各方面的前提做系统的分析，进行系统的优化，并按照组织活动的效果和社会环境的变化，及时调整和控制组织系统的运行，最终实现组织目标，这就是管理系统原理的基本含义。

二、系统的特征

系统是客观存在的，具有普遍性。从系统组成要素的性质来看，可以划分为自然系统和人造系统。自然系统是由自然物组成的，它的特点是自然形成的，如生态系统、星际系统等；人造系统是人们出于某种目的而制造的系统，如生产系统、交通系统、商业系统、管理系统等。从系统与环境的联系程度来看，可以划分为封闭系统和开放系统；从系统的状态与时间的关系来看，可以划分为静态系统和动态系统，等等。无论是何种分类的系统，它们都具有以下几个共同的特征。

（一）整体性

系统的整体性又称为系统性，通常理解为“整体大于部分之和”，这就是说，系统的功能不等于要素功能的简单相加，而是往往要大于各个部分功能的总和。它表明要素在有机地组织成为系统时，这个系统已具有其构成要素本身所没有的新质，其整体功能也不等于所组成要素各自的单个功能的总和。如：将建筑上用钢筋、石头、水泥和黄沙混合起来，可以支撑高楼大厦，产生的力和做的功，比单独存在时不知要大多少倍。

根据整体性的这一特点，我们在研究任何一个对象的时候，不能仅研究宏观上的整体，也不能仅研究各个孤立的要素，而是应该了解整体是由那些要素组成的以及在宏观上构成整体的功能。这就是说，人们在认识和改造系统时，必须从整体出发，从组成系统的各要素间的相互关系中探求系统整体的本质和规律，把握住系统的整体效应。例如，教育管理者在分析课堂教学系统时，在找到教师和学生这两大要素之后，必须从教师和学生、学生和学生之间的关系入手，并且还要注意到这些关系不是一成不变的。教育管理者只有把这些关系和关系的改变考虑在内，才能从整体上把握住课堂教学的性质和规律。因此，全方位地分析多个变量因素及其内在联系，使局部服从整体，使整体效果为最优，应成为每一个管理者分析问题和解决问题的出发点。

（二）层次性

任何较为复杂的系统都有一定的层次结构，其中低一级的要素是它所属的高一级系统的有机组成部分。系统与要素、系统与环境是相对的，就自然界而言，从宇宙大系统到基本粒子系统，存在着若干层次，各层次之间又相互交叉，相互作用。从社会生活来看，公共领域和非公共领域是社会生活的两大基本领域，以此可以把现代社会的管理划分为公共管理和企业管理两大类型。而在公共管理和企业管理之下，还可划分为许多不同层次的管理子系统，这样逐层都有着系统与要素的关系。一般而言，系统的运行能否有效，效率高低，很大程度上取决于能否分清层次。因此，研究系统的层次性对于实行有效管理具有重要的意义。当面临一个复杂系统时，首先，应搞清它的系统等级，明确在哪个层次上研究该系统。其次，运用分析和综合的方法，根据系统的实际情况把系统分为若干个层次，然后把系统的各个部分、各个方面和各种因素联系起来，考察系统的整体结构和功能。在此基础上，进一步明确层次间的任务、职责和权利范围，使各层次能够有机地协调起来。

（三）目的性

所谓目的性，是指系统在一定的环境下，必须具有达到最终状态的特性，它贯穿于系统发展的全过程，并集中体现了系统发展的总倾向和趋势。一般而言，系统的目的性与整体性是紧密联系在一起的，若干要素的集合，就是为了实现一定的目的，可以讲，没有目的就没有要素的集合。因此，人们在实践活动中首先必须确定系统应该达到的目的，以明确系统可能达到什么样的最终状态，以便依据这个最终状态来研究系统的现状与发展。其次，实行反馈调节，使系统的发展顺利导向目的。例如，企业就是以营利为目的而进行生产和服务的经济组织，在市场经济下，企业的生命力在于其经济效益，因此，经济效益的最大化是企业组织追逐的根本目标。由于经济效益是通过企业盈利来实现和衡量的，管理者必须运用反馈控制的方法，使企业的其他目标能够顺利地服务和服从于这一总目标。

（四）适应性

任何系统都存在于一定的环境之中，都要和环境有现实的联系。所谓适应性，就是指系统随环境的改变而改变其结构和功能的能力。系统在适应性方面涉及三种不同的情况：第一，系统原有稳定状态被破坏后，逐渐过渡到一个新的稳定状态，即依靠系统本身的稳定性来适应环境的改变。如：当计划经济体制向市场经济体制转变时，无论是营利性组织，还是非营利性组织，都必须从“大而全”的封闭状态中走出来，以适应新的经济环境。第二，当系统稳态被破坏后，靠系统内部或人为提供的一个特殊机制，抗拒环境的干扰，修补被破坏的因素，致使系统回到原来的稳定状态。如大学组织在传统上是有能力阻挡外界力量（象牙之塔）并将它们的工作环境限制在一定范围之内的。大学组织像生命有机体一样向前进化，它所面临的困境是如何在适应社会的改变中保持大学的内在发育逻辑。大学组织要保持学术发展的完整性，必须具有修复功能机制，以超稳定的形态来表明大学组织的适应性。第三，系统由于突然的、强大的干扰，稳态结构迅速被破坏，一个新的稳定形态迅速形成。

三、系统原理的要点

系统原理具体体现在以下三个方面：

（一）整分合原理

整分合原理是指现代管理必须以整体为目标进行协调，在整体的基础上进行明确分工，在分工的基础上进行整体协作，即：要从整体着眼，从部分着手进行统筹安排。具体而言，首先要从整体功能和整体目标出发，对管理对象有一个全面的了解和谋划。其次，要在整体规划下实行明确的、必要的分工或分解。最后，在分工或分解的基础上，建立内部横向联系或协作，使系统协调配合、综合平衡地运行。

运用整分合原理应该注意以下三点：

(1) 整体的观点是整分合原理的核心和基础，不从整体出发的分工必然是盲目混乱的。

(2) 分工是整分合原理的关键，没有分工的系统是杂乱无章、缺乏效率的系统，没有分工就没有专业化，人类历史的发展早已证明了这一点。

(3) 对分工的结果进行有效的综合是保障系统目标实现的必经之路。

（二）动态相关原理

动态相关原理是指任何管理系统的正常运转，不仅要受到系统本身条件的限制和制约，还要受到其他有关系统的影响和制约，并随着时间、地点以及人们的不同努力程度而发生变化。

（1）动态相关原理要求管理者要树立动态的观点，把管理系统看做是运动的，防止以静止的眼光看待管理系统。为了使系统具有可持续发展的潜力，并更好地完成其目标，管理者必须根据内外部环境的变化而作出及时调整，充分认识系统内外各方面的联系，保持良好的应变能力。

（2）动态相关原理要求，对任何一个系统进行考察，都应该把系统的各种要素联系起来，放在一定的动态环境中去研究，不能孤立地分析系统个别要素，要以联系和发展的眼光看待问题。例如，在知识经济时代考察员工对企业的贡献，不仅要考核他过去为企业贡献了什么，而且还要关注他目前的努力会为企业的未来发展奠定一个怎样的基础。业绩考核机制应该是一个动态的机制，不仅看重过去的成绩，而且也注重员工的学习和发展潜力，这就是动态相关原理的一个应用。

（三）开放性原理

开放性原理要求管理者必须意识到对外开放是系统的生命，只有不断地与外界进行人、财、物、信息等要素的交流，才能维持系统的活力，绝对不能把本系统封闭起来与世隔绝地去管理。现代企业作为一个系统，如果能实现内部子系统与外部环境的要素不断交流和良性互动，并根据环境的变化调整好系统要素的配置，就可以实现对环境的动态适应，实现可持续发展。

第三节　责 任 原 理

管理是追求效率和效益的过程。在这个过程中，要挖掘人的潜能，就必须在合理分工的基础上明确规定这些部门和个人必须完成的工作任务和必须承担的与此相应的责任。

一、明确职责是搞好管理工作的前提条件

挖掘人的潜能的最好办法是明确每个人的职责。分工，是生产力发展的必然要求。在合理分工的基础上确定每个人的职位，明确规定各职位应担负的任务，这就是职责。所以，职责是整体赋予个体的任务，也是维护整体正常秩序的一种约束力。它是以行政性规定来体现的客观规律要求的，绝不是随心所欲的产物。职责不是抽象的概念，而是在数量、质量、时间、效益等方面有严格规定的行动规范。表达职责的形式主要有各种规程、条例、范围、目标、计划，等等。

一般说来，分工明确，职责也会明确。但是实际上两者的对应关系并不这样简单。这是因为分工一般只是对工作范围作了形式上的划分，至于工作的数量、质量、完成时间、效益等要求，分工本身还不能完全体现出来。所以，必须在分工的基础上，通过适当方式对每个人的职责作出明确规定。首先，职责界限要清楚。在实际工作中，工作职位离实际成果越近，职责越容易明确；工作职位离实际成果越远，职责越容易模糊。应按照与实体成果联系的密切程度，划分出直接责任与间接责任、实时责任和事后责任。例如，在生产第一线的，应负直接责任和实时责任，而在后方部门和管理部门的，主要负间接责任和事后责任。其次，职责内容要具体，并要作出明文规定。只有这样，才便于执行与检查、考核。再次，职责中要包括横向联系的内容。在规定某个岗位工作职责的同时，必须规定同其他单位、个人协同配合的要求。只有这样，才能提高组织整体的功效。最后，职责一定要落实到每个人。只有这样，才能做到事事有人负责。没有分工的共同负责，实际上是职责不清，无人负责，其结果必然导致管理上的混乱和效率的降低。

二、合理的职位设计和权限委授是承担责任的关键

一定的人对所管的一定工作能否做到完全负责，主要取决于三个因素：

1. 权限

明确了职责，就要授予相应的权力。实行任何管理都要借助于一定的权力。管理总离不开人、财、物的使用。如果没有一定的人权、物权、财权，任何人都不可能对任何工作实行真正的管理。职责和权限虽然很难从数量上画等号，但有责无权，责大权小，许多事情得请示上级，由上级决策、上级批准，上级过多地对下级分内的工作发指示、作批示的时候，实际上等于宣告此事下级不必完全负责。所以，明智的上级必须克制自己的权力欲，要把下级完成职责所必需的权限全部委授给下级，由他去独立决策，自己只在必要时给予适当的帮助和支持。只有这样，才可能使下级具备履行职务责任的条件。

2. 利益

权限的合理委授，只是完全负责所需的必要条件之一。完全负责就意味着责任者要承担全部风险。而任何管理者在承担风险时，都自觉不自觉地要对风险与收益进行权衡，然后才决定是否值得去承担这种风险。为什么有时上级放权，下级反而不要，宁可捧“铁饭碗”吃“大锅饭”？原因就在于风险与收益不对称，没有足够的利益可图。当然，这种利益，不仅仅是物质利益，也包括精神上的满足感。

3. 能力

这是完全负责的关键因素。管理是一门科学，也是一门艺术。管理者既要有生产、技术、经济、社会、管理学、心理学等各方面的科学知识，又要有处理人际关系的组织才能，还要有一定的实践经验。科学知识、组织才能和实践经验这三者构成了管理能力。在一定时期，每个人的时间和精力有限，管理能力也有限，并且每个人的能力各不相同，因此，每个人所能承担的职责也是不一样的。有的人能挑100斤，有的人只能挑50斤。只能挑50斤的人硬要挑100斤，其结果只能是：或者依靠上级，遇事多多请示，多多汇报；或者主要依赖助手，遇事就商量和研究；或者凑合应付，遇事上推下卸，让别人去干。这样，也不可能做到完全负责。

职责和权限、利益、能力之间的关系遵守等边三角形定理，如图3-1所示。职责、权限、利益是三角形的三个边，它们是相等的，能力是等边三角形的高，根据具体情况，它可以略小于职责。这样，就使得工作富有挑战性。管理者的能力与其所承担的职责相比，如总是感到能力不够，这种压力就能促使管理者自觉地学习新知识，注意发挥智囊的作用，使用权限也会慎重些，获得利益时还会产生更大的动力，努力把自己的工作做得更好。但是，能力也不可过小，以免形成“挑不起”职责的后果。

图3-1　责权利三角定理

三、分明、公正而及时的奖惩是实施责任原理的必要工具

对每个人的工作表现及其绩效给予公正而及时的奖惩，有助于提高人的积极性，挖掘每个人的潜力，从而不断提高管理成效。只有这样，才能使每个人知道自己干得怎样，干好干坏对自己和组织有什么后果，从而才能及时引导每个人的行为朝着符合组织需要的方向变化。对每个人进行公正的奖惩，要求以准确的考核为前提。若考核不细致或不准确，奖惩就难以做到恰如其分。因此，首先要明确工作绩效的考核标准。有成绩、有贡献的人员，要及时予以肯

定和奖励，使他们的积极行为维持下去。奖励有物质奖励和精神奖励，二者都是必需的。如果长期埋没人们的工作成果，就会挫伤人们的积极性。过时的奖赏也会失去其本身的作用和意义。

及时而公正的惩罚也是必不可缺的。惩罚是利用令人不喜欢的东西或取消某些为人所喜爱的东西，改变人们的工作行为。惩罚可能引致挫折感，从而可能在一定程度上影响人的工作热情，但惩罚的真正意义在于杀一儆百，利用人们害怕惩罚的心理，通过惩罚少数人来教育多数人，从而强化管理的权威。惩罚也可以及时制止某些人的不良行为，以免给企业造成更大损失。严格奖惩，使每个人都积极而有效地工作，需要建立健全组织的奖惩制度。奖惩的规范化和制度化是实现奖惩公正而及时的可靠保证。“胡萝卜加大棒”是有效实施责任原理不可或缺的工具。

☞本章点评

原理是人们对客观事物的基本认识，管理原理是人们对管理活动本身及其运动规律的基本认识。本章介绍了人本原理的概念及其四个主要观点，系统原理的概念、特征、基本原则，系统分析的原则、内容和步骤，责任原理的特点。

☞复习思考

1. 何为“以人为中心的管理”？如何实现“以人为中心的管理”？
2. 什么是系统？系统有哪些基本特征？管理者从系统原理中得到哪些启示？
3. 如何理解责任原理？责任原理的本质是什么？管理者可从责任原理中得到哪些启示？

☞本章案例一

比亚迪的人本管理

比亚迪股份有限公司创立于1995年，是一家在香港上市的高新技术民营企业。目前，比亚迪在全国范围内，已在广东、北京、陕西、上海等地共建有九大生产基地，总面积将近700万平方米，并在美国、欧洲、日本、韩国、印度、中国台湾、中国香港等地设有分公司或办事处，现有员工总数已超过13万人。截至2008年年底，公司总资产额近329亿元人民币，净资产超过133亿元人民币。

在比亚迪，王传福一直实施着“人本管理”的理念。他尊重人才，给下属机会，并尽最大可能给员工创造发展的平台。王传福认为“知识信息和人才是企业的战略资源”。

在如今竞争越来越激烈的市场环境中，在新的生产方式下，企业迫切要求统一使用其所拥有的各种资源，简化流程，优化组织实体，强调“人”是诸因素中最重要的因素，以“人”为中心，实现“人”与技术相互结合的路线，这就把人本管理摆在了首要位置。在这点上，王传福有着先见之明，并把“人”与各种资源的组合发挥得淋漓尽致。

“我有三万名中国的工程师，这和三万名美国的工程师，成本会是一样吗？这个世界就这么不公平。但他们的价值、创造力可以说几乎一样，甚至中国人比美国人还强一点，中国人不像美国人要享受生活，中国人是工作第一。因此，我觉得中国企业家很幸运，上帝照顾我们，把这么优惠的东西放到我们这边来。但是，我们为什么搞不过他们？因为我们过去只懂管工人，不懂怎么把工程师组织起来。‘中国制造’今后的优势还很大，关键是利用好中国的高级人才和低级人才，让其淋漓尽致地发挥。”王传福如是说。

王传福所谓的万人工程师队伍，大多是刚毕业不久的年轻大学生。他不迷信海归专家，也不喜欢请“空降兵”，他更喜欢用自己培养的大学生：“中国的学生很聪明，他们缺的只是机会。”王传福的用人观不仅是说出来的，而且表现在实际的工作中。现在王传福直接领导的七个副总裁中，绝大部分是从学校一毕业就进入比亚迪的，比亚迪汽车销售总经理夏治冰就是其中的一个代表。

比亚迪汽车销售总经理夏治冰是1998年北京大学金融专业的毕业生。他还清楚地记得，那一年王传福亲自到北大来招聘，当时的比亚迪还只是一个名不见经传的小企业，而且企业人数不到2000人，可是王传福就是敢于第一个吃螃蟹，他是第一个进北大招聘的民营企业家。在招聘面试过后，王传福请大家吃饭，夏治冰和他的很多同学还是第一次碰到这样招聘的企业。饭桌上，王传福谈的全是怎么把比亚迪做大做强，希望同学们能参与到这个事业中来。也许是被王传福的激情感染，同学们都纷纷加盟比亚迪。

事实证明，同学们当年的决定是正确的，他们不仅选对了行业，也选对了老板。夏治冰进比亚迪时，锂电池事业部只有几十人，他的工号是第72号，今天光这个事业部就有2.6万人。那一年之后，应届毕业生开始以每年翻几番的数量进入比亚迪，到2006年，毕业生的招聘数量已达到4000人。

王传福尊重人才，重用人才，刚毕业的学生在比亚迪被委以重任。夏治冰进入比亚迪的第一个任务是为锂电池事业部寻找20万元的贷款。刚刚走出校门，对社会知之甚少，比亚迪又是一个名不见经传的小民企，夏治冰在寻找贷款的过程中四处碰壁。

夏治冰没能完成公司交给他的第一个任务，觉得很受伤，但他并没有停下脚步，而是广泛地与一些金融机构、银行联系。工夫不负有心人，中国银行某个支行的行长听了夏治冰的介绍后，看好比亚迪的成长性，提供了200万元的贷款，夏治冰赢得了自己在比亚迪的第一个自信。

在被调往比亚迪汽车销售公司之后，夏治冰继续沿用王传福的用人理念，任用刚刚从大学毕业的学生组建自己的团队。他时刻为新来的毕业生搭建发展和奋斗的舞台，正如当年他所走过的路一样，这些新人的第一个任务通常是同一些资产规模达数千万元的经销商谈合作，做生意。

王传福相信刚毕业的学生，并尽最大可能给他们施展才华的机会。

在比亚迪位于上海松江的汽车工程院，3000多名汽车工程师中，90%是2004年以来毕业的年轻大学生。如果是在国企，他们首先要拧一年的螺丝钉、清理一年车间才可能开始摸车；如果是在外企，可能还只是一个试车员。但在比亚迪，他们一上来接触的就是整车项目，什么核心技术都能接触，对比亚迪的F3、F6核心技术更是烂熟于心。

比亚迪每年在上海外高桥保税区花几千万元购买全球最新的车型，让这些年轻大学生们来拆，拆完之后要写总结、写报告，车子则报废。各种新车上市一台，买一台，其中不乏宝马、奔驰、保时捷等名车。一些年轻的研发人员不敢轻易拆卸新车，特别是名贵车型。王传福知道了，二话不说，用钥匙把自己的进口奔驰划破，然后说："现在你们可以去拆我的车了。"

对于成长快速、可做领导的年轻人，王传福认为激励他们的最有效方式是不断地为他们提供机会，为他们创造新的平台。

王传福在2002年底筹备众多事业部时这样许诺："任何一个事业部如果能做到营业额30亿元、净利润5亿元的话，就可以从比亚迪股份中拆分出去，单独上市，团队成员将得到巨大的股权激励。"

人本管理不仅表现为重视员工和调动员工的积极性，还表现在发展员工、为员工谋利益等深层次的要求上。实现信息化过程中的人本管理，要求全方位、深入地贯彻这些以人为本的思想和要求。

王传福承认，比亚迪的管理模式更接近丰田这样的日本企业。"我们公司推崇的是造物先造人这么一个概念。全球品质体系有两类，一类是欧美的品质体系，从上到下，ISO9001 等。日本是另外一个品质体系，日本不强调大的体系流程，强调人的管理，所有的体系都要靠人这个节点来执行。”

“人本管理”是与以“物”为中心的管理相对应的概念，它要求理解人，尊重人，充分发挥人的主动性和积极性。人本管理分为情感管理、民主管理、自主管理、人才管理和文化管理五个层次，即：运用行为科学，重塑人际关系；增加人力资本，提高劳动力质量；改善劳动管理，充分利用劳动力资源；推行民主管理，提高劳动者的参与意识；建设企业文化，培育企业精神等。

（案例来源：igouyou. 新首富王传福的人本管理．友商网 http：//www. youshcmg. com/content/2010/12/01/84529. html。）

案例思考

1. 结合案例，如何理解人本原理？
2. 比亚迪公司是如何应用人本原理的？具体体现在哪些方面？
3. 作为全球知名的企业，比亚迪公司关心内部员工的做法有何意义？

☞本章案例二

文化病变：人性与责任

X 公司是国内一家知名的上市公司，公司董事长兼总经理 A 从工人干起，一步步地成为了“当家人”。多年来，在他的带领下，公司一直保持着高速发展，并于 1997 年底成功上市。

在 A 总的引领下，公司的文化不乏一些闪光的亮点。

重视人才——从 1994 年开始，公司每年都招收大量的高学历员工，给予较高的工资、福利待遇，很快聚集了大量名校的毕业生，极大地提高了公司的产品技术含量和质量。

唯才是举——每年年底，中层干部开始一年一度的干部竞争上岗，干部岗位完全开放。竞岗者必须要交书面竞争上岗报告，通过后，还要经过答辩。每一年都有干部落马，都有新人、能人上岗。

但是，A 总个人价值观上的一些致命缺陷，也导致了公司内部不良文化的滋生和蔓延，使得 X 公司在一种畸形的氛围中走入了泥途。

1. 缺乏人情味

A 总比较独断专权。在公司内部，严厉打击异己以及不太驯服的员工和干部。不论你以前有多大贡献，一旦冒犯“天威”，就一定要下来。曾经有一位技术部的经理，只因说了句不太恰当的闲话，就被处罚，写悔过书，三十七八岁的男子汉，在保卫处，痛哭流涕地检讨自己“罪该万死”。即使这样，其职务还是被撤掉了，并且以后“永远不得翻身”。

2. 等级制度森严，压抑了人的主动性和创造力

A总搞一言堂，上行下效。公司内小报告盛行。公司有不成文的规定，不允许与辞职人员来往。有一位同志，与从X公司辞职的朋友一起到海边游泳，被人看到，报告了A总。该同志的工资被降了下来，几年里，一直不给他涨工资。X公司的工资水平在他们所在的城市是第一位的，没人愿意丢掉饭碗。所以，大家说话办事都极其小心，一谈到什么敏感话题，一些年长的员工就神秘兮兮地说“莫谈国事，莫谈国事”。

3. 过度追究责任，矫枉过正，导致扯皮推诿

这一点在生产部门、技术部门、质检部门体现得尤为突出。公司的质量标准是这样的：技术部门出检验方法、标准，生产部门按设计生产，质检部门照技术部的标准检验。一般来讲，一旦产品出问题，先找质检部门，质检部门说，“我们检验的时候没问题，这是质量不稳定，应该找技术部门”；或者说，“我们是按标准检验，是不是技术部的标准有问题?”技术部更聪明，把检验标准提高，再提高，一直到完美无缺的地步。生产部门做不出那么高水平的产品，但质检部门按照完美无缺的标准检验，于是产品就开始在车间里积压，生产线中止，但三个部门各不相让。时间耽搁长了，销售部开始着急，因为延迟交货是要罚款和丢失客户的。

案例思考

1. 结合该案例谈谈你对“现代管理的核心是使人性得到最完美的发展”这句话的看法。

2. 结合该案例谈谈你对管理的责任原理的看法。

第二编　管理环境

第四章　管理与环境

学习目的与要求：通过本章学习，读者要充分认识环境分析与研究在管理中的重要意义，掌握环境的分类，并能对影响管理的宏观环境和微观环境进行具体的分析与研究，认识管理与环境的相互作用，掌握对待环境的一般方法。

任何组织都处在一定的环境之中。组织的管理者在履行管理职能时，都会受到环境因素的影响。因此，为了提高管理效率，改善管理效果，就有必要分析管理与环境之间的关系，并弄清组织究竟面临的是一个怎样的环境。

第一节　管理环境及其分类

管理环境，是指存在于一个组织内部和外部且影响组织业绩的各种力量与条件因素的总和。在这里，环境不仅包括存在于组织外部的组织外部环境，也包括存在于组织内部的组织内部环境。对于管理者而言，为了提高管理效率，达到其管理目的，不仅要了解政治、经济、文化、需求、竞争等组织外部环境因素，而且也要掌握员工的价值观、组织所拥有的资源等组织内部情况，据此才有可能作出正确的决策。因此，管理者的环境包括组织外部环境（通常称之为组织环境）和组织内部环境两大部分。

根据各种因素对组织业绩影响程度的不同，组织外部环境又可分为宏观环境因素和微观环境因素。宏观环境因素是指可能对这个组织的活动产生影响但其影响的相关性却不清楚的各种因素，一般包括经济、政治、社会、文化、法律和科学技术等因素。这些因素一般都不是只涉及某一个具体的组织。正因为如此，这些因素对某一特定组织有什么样的影响及有多大的影响都不是很清楚。任何组织都是整个社会大系统中的一个子系统，它不可能脱离整个社会而独立存在，而总与社会方方面面有着千丝万缕的联系。宏观环境因素对某一组织的影响虽不清楚，但这些因素都有可能对各个组织产生某种重大的影响。因此，管理者必须认真分析和研究自己的组织所处的宏观环境。

相对于宏观环境而言，管理者一般更注重于对微观环境因素的研究与分析。所谓微观环境因素是指对某一具体组织的组织目标的实现有直接影响的那些外部因素。如一个企业的微观环境包括资源供应者、竞争者、顾客、政府管理部门及社会上的各种利益代表组织。对每一个组织而言，其微观环境是唯一的，并随构成因素的变化而变化，它将直接增加或减少组织的效益。

对一个组织而言，组织外部的哪些因素是宏观环境因素，哪些是微观环境因素，取决于组织的目标定位。生产同一种产品的企业，由于其各自的产品市场定位不同，其环境也不同。例如两个饮料生产企业，一家专门生产儿童饮料，一家生产保健饮料。对于这两家企业，人口结构、饮食习惯、国民经济发展水平、政府对食品卫生的有关规定、饮料生产技术的发展等是它们在经营中都必须加以考虑的。进一步地，对前一家企业而言，还要考虑国家的计划生育政策、儿童在社会中的地位等宏观环境因素和儿童的口味、儿童的数量、所需的原辅材料供应情况、儿童饮料市场竞争情况等；而对后一家企业而言，将更关心保健技术的发展、保健品市场需求及竞争情况、国家对保健品生产的特殊规定等。企业是这样，其他组织也是如此。如同样是学院，工商管理学院和纺织工学院由于其专业方向和学生就业去向不同，其环境也不同。在这些组织中的管理者，面临的将是不同的公众。由上可知，对一个组织的发展有重大影响的环境因素，对于另一个组织可能根本不重要，即使最初看起来它们是同一类型的组织。

管理环境除了组织外部环境以外，还包括组织内部环境。组织内部环境一般包括组织文化（组织内部气氛）和组织经营条件两大部分。组织文化是处于一定经济社会文化背景下的组织在长期的发展过程中，逐步生成和发展起来的日趋稳定的独特的价值观，以及以此为核心而形成的行为规范、道德准则、群体意识、风俗习惯等（该内容将在第十章中进行详细介绍）。组织经营条件是指组织所拥有的各种资源的数量和质量情况，包括人员素质、资金实力、科研力量、信誉等。这些因素不仅与外部环境因素一样，将影响一个组织目标的制订和实现，而且还将直接影响该组织管理者的管理行为。一般而言，各个组织不仅有其独特的组织文化，而且经营条件也不同，这就要求管理者分析研究本组织的内部环境，根据本组织的实际情况，制订相应的组织目标和发展战略。综上所述，管理环境的构成如图 4-1 所示。

从图 4-1 中可以看到，一个组织中的管理者，是在一定的内外部环境的约束之下工作的。当然，尽管有这些约束，管理者也不是无所作为的，管理者仍可以在一定的范围内对组织的业绩产生重大的影响。在下面几节中，我们将讨

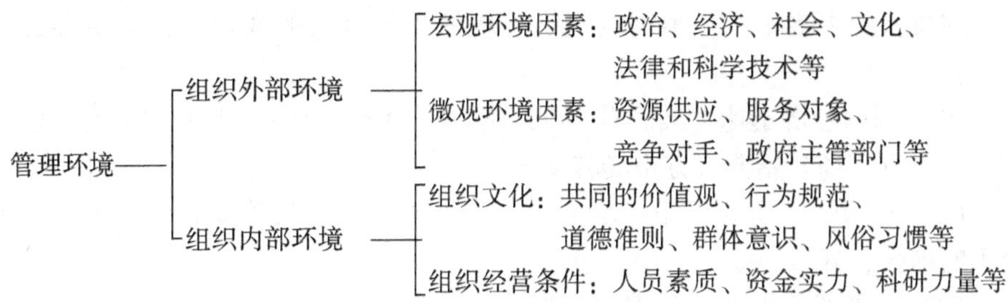

图 4-1　管理环境的构成

论这些环境因素，并探讨管理者管理环境的方法。

第二节　宏观环境和微观环境

一、宏观环境

宏观环境主要包括经济、政治、社会、技术等方面的变化。这些环境因素对一个组织运转的影响尽管不那么直接，但各个组织中的管理者仍必须考虑这些因素。例如，在 20 世纪，医药生产企业中很少用到再生工程技术，而在 21 世纪，再生工程技术的发展可能使药品的制造完全变样，有的企业领导已认识到再生工程技术将对其组织将来的生存和发展产生重大影响而关注此领域的发展，毫无疑问，他们将比其他医药生产企业的管理者更能适应未来再生工程技术的发展。

（一）经济环境

一个组织所处的经济环境，通常包括其所在国家的经济制度、经济结构、物质资源状况、经济发展水平、国民消费水平等方面。利率、通货膨胀率、可支配收入的变化、股市指数和经济周期是一些可以用来反映经济环境的指标。通常，经济环境因素主要是通过对各类组织所需要的各种资源的获得方式、价格水准的影响和对市场需求结构的作用来影响各类组织的生存和发展的。不同的经济制度，有不同的资源供给方式，在市场经济条件下很容易通过市场获得的某些资源在计划经济制度下就可能很难获得。价格水准的变化将会明显地影响各类组织的投入和产出，劳动力、原材料价格及其他项目成本的上涨，既可能为一些组织的发展创造机会，也可能会导致一些组织走向破产。在不同的经济环境中，市场需求结构是不同的，现在畅销的商品在将来不一定仍然畅销，而现在没有市场的产品在将来可能成为畅销商品。

在过去的十多年中，中国的经济环境发生了巨大的变化，其中主要的变化有：

(1) 国内经济迅速发展。自1996年以来，中国经济进入了一个新的发展时期，卖方市场开始向买方市场转变。

(2) 对国际市场的依赖性增大。自实行改革开放政策以来，我国的进出口不断增长，外资不断进入中国市场。

(3) 市场竞争加剧。随着市场经济的逐步深入，各种经济成分涌现；人民生活水平的提高向市场提出了新的要求；而各国经济的不断发展，更加剧了国内外市场的竞争。

(4) 经济体制改革不断深入。中国确立了社会主义市场经济目标后，改革进一步扩展到了财政、金融等系统，改革的广度和深度都将有较大的发展，许多传统的经济观念被不断地更新。而从世界范围看，新的世界经济体系的形成，全球性经济竞争的日益加剧，促进了传统生产方式和经营观念的转变。

(二) 政治环境

政治环境包括组织所在地区的政治制度、政治形势、方针政策和国家法令等，这些都会对一个组织产生重大影响。政治环境主要表现在地区的稳定性和政府对各类组织或活动的态度上。地区稳定性是一个组织在制订其长期发展战略时所必然要考虑的，如果一国与某国的关系经常处于不好或不稳定的状态，该国的企业就会难以在对方国家开办实业并取得好的效益。政府对各类组织的态度则决定了各个组织可以做什么、不可以做什么，例如政府若认为金融保险业要以国营为主，其他民营企业就很难涉足金融保险业。

自从实行改革开放政策以来，我国的政治环境基本上是比较稳定的。但管理是世界性的活动。我国的不少企业已进军国际市场，在不少国家开办了实业，与众多的国家开展着贸易，这就要求我们企业的管理者对这些国家的主要政治环境变化有一定的预见能力。

近年来，政治环境的主要变化有：

(1) 政府与企事业组织之间的关系发生了较大变化。分析表明，不少资本主义国家的政府正设法加强对企事业组织的管理，而社会主义国家则致力于经济等方面的体制改革，以减少对企事业组织的过多干预，实行政企分开。从全球范围看，政治制度趋向于多元化。

(2) 政策多变。各个国家为了保护自身的利益和发展，都有可能修改自己的法律、法规或制定新的政策。政策的多变性给各类组织的管理增加了许多新的不可控因素，迫使各类组织的管理者加强其在政策等方面的预测和适应能力。

(3) 地区纷争不断。随着原苏联的崩溃和美国实力的削弱，世界政治呈多极化，民族问题等争执增多，局部地区动乱增多。这给国际性生产经营活动带来了许多不确定因素。

(4) 世界军事对抗转变为经济竞争，贸易摩擦日益加剧。

(三) 社会环境

社会环境主要是指组织所在国家或地区的人口、家庭文化教育水平、传统风俗习惯及人们的道德和价值观念等。它们通过人口结构（人口数、年龄结构、人口分布）和生活方式（家庭结构、教育水平、价值观念）这两方面的改变影响一国的经济活动。它们对劳动力的数量和质量、就业机会、所需商品和服务的类型等产生重大的影响。例如有的国家或地区，把服装式样如何看成是显示自己社会地位的一种象征，因此他们很讲究服装的式样并很愿意为此花钱；而在有的国家，人们对服装的式样并不讲究，只要经济实用即可。对于从事国际贸易的服装企业，就必须注意到这些国家在风俗习惯上的差异。再如，为了保证顺利达成一笔商业交易，支付给政府官员和可以施加影响的人一笔费用，有的国家认为这是贿赂，有的国家则认为是正当的报酬，是可以接受的经营方法。人是社会中的人，要受到人们普遍接受的各种行为准则的约束。道德准则或社会公德虽然大多没有形成法律条文，但对于约束个人或集体行为仍具有事实上的作用和威力，任何组织的行为都不能不考虑社会文化和伦理道德的影响。

中国近几年的主要社会环境变化有：

(1) 老龄化趋势。中国自从实行计划生育以来，独生子女成了消费市场中的宠儿，但今后社会将进入老龄化社会，老年人将成为消费市场上的主力军。

(2) 人口流动性增强。随着社会分工和商品经济的发展，随着工业化和城市化的发展，人口必然从农村流向城市，从西部流向东部，从北方流向南方。

(3) 人口出生率下降，消费水平提高。人口减少，但消费档次提高，消费空间增大，促进第三产业的发展。

(4) 生活方式多样化。随着生活水平的提高，人们的消费需求、生活方式趋向于多样化。

(5) 价值观念不断更新。许多传统的价值观念在发展中被不断抛弃，而许多新的价值观念又随着经济的发展、社会的进步而不断涌现。今天被认为是正确的，明天可能被认为是错误的；而今天被认为是可笑的东西，明天可能被认为是理所当然的。

（四）技术进步

技术在任何组织的环境中，都是一项关键的因素。技术环境通常是指组织所在国家或地区的技术水平、技术政策、科研潜力和技术发展动向等。就宏观环境而言，20世纪下半叶变化最迅速的因素就是技术。办公室自动化、柔性制造系统、激光、集成电路、计算机、新材料、新能源层出不穷。在这个充满变化的世界里，任何企业欲求生存，都必须在产品、服务、经营方式等方面保持技术的先进性。同样，军队也必须采取措施在导弹、飞机、潜艇等军事设备方面保持技术的先进性，这不仅是军队自身利益之所在，更重要的是保证社会安全所必需。任何组织，欲求经营有效而与技术和技术发展无关，几乎是不可能的。那些能适应技术进步的组织，相对于不关注技术进步的组织，在竞争中占据了更有利的地位。

技术进步从劳动力、劳动资料、劳动对象等方面推动着生产力的发展，不同的技术条件和技术过程，又要求有不同的管理方式和方法，技术的发展也改变着管理活动。在规划、决策、计划调度、组织、控制等方面，技术都占据着重要的位置，组织方式和领导方式也随着技术的发展而改变。

现代技术日新月异，其发展呈现出了以下几个显著的特点：

(1) 技术发展速度加快，技术更新周期大为缩短。据统计，十年前最先进的工业技术，有1/3今天已过时，特别是电子技术，发展更为迅速，十年间大半先进技术被淘汰。速度成了技术竞争取胜的关键因素之一，企业以往以领先的某项技术可在市场中取得较长时间的竞争优势的年代已一去不复返了。

(2) 电子计算机的广泛运用。电子技术以其独特的优势获得了大量运用，从而带来了劳动环境、生产方式、资源条件的巨大变化。

(3) 人的素质再次成为竞争的关键。随着市场竞争从依靠廉价劳动力、丰富的自然资源、大量的资金投入逐渐向依靠先进技术方向发展，人员素质再度成为竞争的关键所在。新技术的开发、新领域的开拓、管理现代化的实现、经济的持续增长，都取决于是否拥有掌握了先进的科学技术知识并运用自如的人。

二、微观环境

不同的组织有不同的微观环境。与宏观环境相比，微观环境对组织的影响更为直接和具体，因此，绝大多数组织也更为重视其微观环境因素。对大多数组织而言，其微观环境因素主要包括资源供应者、服务对象、竞争对手、政府管理部门和社会特殊利益代表组织。

（一）资源供应者

一个组织的资源供应者是指向该组织提供资源的人或单位。这里所指的资源不仅包括设备、人力、原材料、资金等，也包括信息、技术和服务等。对大多数组织来说，金融部门、政府部门、股东是其主要的资金供应者，学校毕业生分配部门、劳动人事部门、各类人员培训机构、人才市场、职业介绍所是其主要的人力资源供应者，各新闻机构、情报信息中心、咨询服务机构、政府部门是主要的信息供应者，大专院校、科研机构、发明家是技术的主要源泉。

由于组织在其运转的每一个阶段中，都依赖于供应者的资源供应，一旦主要的资源供应者发生问题，就会导致整个组织运转的减缓或终止。因此，管理者一般都力图避免在不了解供应者的情况下进行有关决策。为了使自己避免陷入困境，在战略上一般都努力寻求所需资源的稳定供应，并避免过分依赖于一两个资源供应者。

（二）服务对象

服务对象或顾客是指一个组织为其提供产品或劳务的人或单位，如企业的客户、商店的购物者、学校中的学生、医院的病人、图书馆的读者等，都可成其为相应组织的服务对象。

任何组织之所以能够存在，是因为有一部分需要该组织的产出的服务对象的存在，如果一个组织失去了其服务对象，该组织也就失去了其自身存在的基础。一个企业如果其生产的产品无人问津，就必然走向破产；一个政党如不能为人民谋利益，公众就会抛弃它，这个政党也就会萎缩乃至消亡。

组织的服务对象是影响组织生存的主要因素，而任何一个组织的服务对象对组织来说又是一个潜在的不确定的因素。顾客的需求是多方面的且会经常改变，而要成功地拥有顾客，就必须满足顾客的需求。为此，管理者就必须深入市场，分析顾客的心理，掌握顾客需求的变化，及时推出新产品、新服务。确保及时地为其顾客提供满意的商品和优质的服务，几乎已成为当今各级组织管理者所面临的头等大事。

（三）竞争对手

一个组织的竞争对手是指与其争夺资源、服务对象的人或组织。任何组织，都不可避免地会有一个或多个竞争对手。苹果公司的对手有 IBM、联想集团等，铁路运输有公路、水路、航空运输等与之竞争。竞争者之间争夺最明显的就是顾客的钱。

基于资源的竞争一般发生在许多组织都需要同一有限资源的时候，最常见的资源竞争是人才竞争、资金竞争和原材料竞争。对经济资源的竞争可能来自于不同类型的组织，而当各部门竞争有限资源时，该资源的价格就会上扬，例如当资金紧缺时，利率就会上升。

基于顾客的竞争一般发生在同一类型的组织之间。这些组织或许其提供的产品或服务方式不同，但它们的服务对象是同一的，则同样会发生竞争，如航空部门与铁路运输部门之间、铁路与公路运输部门之间就可能为争夺货源和客源而展开竞争。

竞争也不限于国内。随着中国对外开放政策的实施，国内的各类组织不仅面临着国内的竞争，而且还将直接面对来自国外的竞争。在这种情况下，竞争者之间有时可能会出现某种程度的联合。没有一个组织在管理中可以忽视其竞争对手，否则就会付出沉重的代价。所以说，竞争对手是管理者必须了解并及时作出反应的一个重要的环境因素。

（四）政府管理部门

政府管理部门主要是指国务院、各部委及地方政府的相应机构，如工商行政管理局、卫生防疫站、烟草专卖局、物价局、无线电管理委员会等。政府管理部门拥有特殊的官方权力，可制定有关的政策法规，规定价格幅度，征税，对违反法律的组织采取必要的行动等。而这些对一个组织可以做什么和不可以做什么以及能取得多大的收益，都会产生直接的影响。

有的组织由于其组织目标的特殊性，更是直接受制于某些政府部门，如我国的电信业、医药业和饮食业，就各自受到信息产业部、医药管理局、卫生防疫管理部门的直接管理。

政府的政策法规一方面会增加组织的运行成本，另一方面则会限制管理者决策的选择余地。为了符合政府的政策法规和政府管理部门的要求，组织就必然要增加运行成本，例如为了取得消防管理部门的认可，企业必须按规定装设消防设备；某些政策法规规定了组织可以做什么和不可以做什么，从而限制了管理者的决策空间，如劳动保护条例等，对组织的招工、用人、辞退决策带来了一定的限制。

（五）社会特殊利益代表组织

社会特殊利益代表组织是指代表着社会上某一部分人的特殊利益的群众组织，如妇联、工会、消费者协会、环境保护组织等。它们虽然没有像政府部门那么大的权力，但却同样可以对各类组织施加相当大的影响。它们可以通过直接向政府主管部门反映情况，通过各种宣传工具制造舆论以引起人们的广泛注意，从而对各类组织的经营管理活动施加影响。事实上，有些政府法规的颁发，部分是对某些社会特殊利益代表组织所提出的要求的回应。

由上可见，任何组织都不是孤立的。组织把环境作为自己输入的来源和输出的接受者，组织必须遵守当地的法律，并对竞争作出反应。正因为如此，供应者、服务对象、政府机构、社会特殊利益代表组织等可以对某一个组织施加压力，而管理者也必须对这些环境因素的影响作出适当的反应。

第三节　管理者对待环境的方法

从以上对管理环境的论述中可以看到，环境对管理有着重大的影响。外部环境决定了一个组织可以做什么和不可以做什么，一方面限制了管理者的行动自由，另一方面又扩大了他们寻求外来资源与支持的机会。内部环境决定了该组织中的管理者能够做什么、可以怎么做以及做到何种程度等。在内外部环境允许的范围内，管理者才能有所作为。因此，管理者的工作成效通常取决于他们对环境影响的了解、认识和掌握的程度，取决于他们能否正确、及时和迅速地作出反应。为此，任何一个组织的管理者都必须学会如何对待其环境。

一、组织环境的管理

组织环境之所以对管理者如此重要，是因为不是所有的组织环境都是一样的。那么怎样衡量环境的不同呢？我们可采用著名组织理论家汤姆森（J. D. Thompson）所提出的方法，即用环境的变化程度和环境的复杂程度来反映。

根据环境的变化程度，可将组织环境分为动态环境和稳定环境两类。形成环境的各种因素变化大为动态环境，变化小则为稳定环境。稳定的环境可能是一个没有新的竞争者，现有的竞争对手也没有技术上的创新，没有公众对组织施加压力的环境。例如，在20世纪70年代，文字处理一般是用油印，那时竞争对手有限，业务对象稳定，是一个稳定的环境。但随着计算机文字处理系统的引入，到80年代，人们已可以随时、方便、高速地进行文字处理，机械打字印刷市场开始萎缩，从事文字处理的企业开始由稳定环境转入动态环境，其生存受到了威胁。在改革开放之前，我国的大多数企业处于稳定的环境之中，而在改革开放以后，企业所处的环境变化程度大大增加，企业开始步入动态环境。

在稳定的环境中，管理人员可以比较准确地进行计划和预测。例如，顾客对服装的需求一般是随季节而变化的，我们可以根据这个规律进行各季销量预测，并进而制订各季进货计划。因此，管理人员更关注的是动态环境，是不可预测的环境变化的大小，如果某种变化是可预测的，那么它不属于管理者要专门处理的对象。

跟环境的不确定性密切相关的是环境的复杂性。环境的复杂程度与组织环境的组成因素的多少及组织对其环境影响因素的了解程度有关。根据环境的复杂程度，组织环境可分为复杂环境和简单环境。一个组织需要接触的顾客、供应商、竞争对手、政府机构越少，其环境越简单，相应地就是处于简单环境。另一方面，当一个工厂只订出 10%的合同时，其环境复杂性增加，因为它还要与众多的用户接触以订出剩余的合同。

由环境的变化程度和复杂程度，可形成四种典型的组织环境，如表 4-1 所示。

表 4-1　　**组织环境分类**

<table>
<tr><th colspan="2" rowspan="2">环境
状态</th><th colspan="2">变化程度</th></tr>
<tr><th>稳　定</th><th>动　态</th></tr>
<tr><td rowspan="2">复杂程度</td><td>简单</td><td>状态 1：相对稳定和简单的环境
环境影响因素较少
环境因素变化不大
环境因素容易了解</td><td>状态 2：动荡而简单的环境
环境影响因素较少
在不断的变化之中
环境因素比较容易掌握</td></tr>
<tr><td>复杂</td><td>状态 3：相对稳定但极为复杂的环境
环境影响因素多
环境因素基本保持不变
掌握环境因素较难</td><td>状态 4：动荡而复杂的环境
环境影响因素多
且处于不断的变化之中
掌握环境因素困难</td></tr>
</table>

状态 1：相对稳定和简单的环境。在这种环境中的组织会处于相对稳定的状态。在这种情况下，管理者对内部可采用强有力的组织结构形式，通过计划、纪律、规章制度及标准化生产程序等来管理。一般的日用品生产企业大都处于此种环境。

状态 2：动荡而简单的环境。处于这种环境中的组织一般都处于相对缓和的不稳定状态之中。面临这种环境的组织一般都采用调整内部组织管理的方法来适应变化中的环境。纪律和规章制度仍占主要地位，但也可能在其他方面，如市场销售方面采取强有力的措施，以对付快速变化的市场形势。唱片制造公司等多属于这一环境中的组织，它们面临的竞争对手不多，材料供应商也只有固定的几个，销售渠道单一，涉及的政府管理部门也有限。尽管环境影响因素不多，但它也会因技术或市场需求的变动而改变。

状态 3：相对稳定但极为复杂的环境。一般来说，处于这种环境中的组织为了适应复杂的环境都采用非权力集中的形式，以根据不同的资源条件来组织各自的活动。无论如何，它们都必须面对复杂的竞争对手、资源供应者、政府部门和特殊利益代表组织等，作出相应的改变。汽车制造企业所处的基本上属于此种环境。

状态4：动荡而复杂的环境。宏观环境和微观环境因素的相互作用有时会形成极度动荡而复杂的环境。面对这样的环境，管理者就必须着重强调组织内部各方面及时有效的相互联络，并采用权力分散下放和各自相对独立决策的经营方式。一般而言，电器制造公司、高新技术企业面临的就是技术飞速发展、市场需求快速变化、竞争激烈的动荡而复杂的环境。

二、管理与环境的相互作用

（一）环境对管理的影响

外部环境是组织赖以生存的土壤。组织必须根据外部环境的条件和需要来决定是否提供以及提供何种产品或服务。比如一个企业是否应该兴建，以及生产什么产品，就必须根据市场的需求和外部的限制来决定。对于已经形成的外部环境，诸如社会风气、价值观等对社会组织中的每个人的思想和行为产生影响，组织就必须适应它。

外部环境对任何组织的管理都存在以下两个方面的影响：

1. 外部环境影响组织内部的各种管理工作

外部环境对组织中的各种管理活动都会产生不同程度的影响。比如，市场区域的扩大，要求企业采取新的授权机制，以适应市场的变化；市场竞争的加剧，要求企业加强各部门的控制和协调，以增强企业的竞争优势；政府提出建立现代企业制度，企业就必须按照新的要求建立适应市场机制的领导体制；国民素质的提高，对各种社会现象的认识更趋理性，就要求企业在组织各种活动时必须考虑到社会公众的反应；顾客需求的多样化，就要求企业根据需求调整自己的产品结构，等等。总之，组织管理者必须对可能影响到企业工作的各种因素加以明确评价，并作出反应。

2. 外部环境对于组织的管理工作质量、效益水平有重要的影响和制约作用

对于一个组织来说，外部环境对其管理工作质量、效益水平的影响和制约作用突出表现在两个方面：第一是外部环境本身是否良好，比如国家政局是否稳定，社会是否稳定，政策是否连贯，市场发育是否健全，法制建设是否完善等。如果有良好的外部环境，则有利于提高组织的管理工作质量和效益水平，否则，就会造成管理工作困难，效益低下。第二是组织管理者对外部环境的认识程度，如果管理者重视分析环境的变化，并依照其规律开展相应的工作，则有利于提高组织的管理工作质量和效益水平。

（二）管理对环境的能动作用

外部环境并不是游离于组织之外的超然之物。就社会环境来说，实际上也是人类劳动的产物。人类通过自身的劳动改造自然，创造了人类赖以生存的社会环境，这个社会环境又作用于人类的社会劳动过程，使人类创造出新的社会环境。在人类改造自然、创造人类社会文明的过程中，人类一方面要适应已经形成的外部环境，另一方面人类又不断地通过自身的活动改变着外部环境。对某一个组织来说，如果能处在一个良好的外部环境之中，组织就能更好地生存和发展。因此，组织的管理不但要适应环境而且还要反作用于外部环境，即通过自身的有效活动改变环境，使外部环境更加有利于组织的生存和发展。

管理对外部环境的影响可以通过许多途径实现。比如，企业为了扩大自己的知名度，可以通过广告向目标市场传递信息；企业为了减少竞争压力，可以通过兼并、收购和建立战略联盟的形式来消除对其经营造成威胁的企业和个人；企业为了影响政府和权力机关的决策，可以通过游说政府部门和权力机关来改变一定的政治法律环境。

总之，无论是从理论还是从实践方面，组织的管理都不是只能单纯被动地适应环境，而是还可以主动适应甚至影响和改变环境，以提高组织的管理绩效。

三、对待组织环境的方法

一般而言，除了某些实力雄厚的特大型组织能够对改变其环境施加一定影响外，大多数组织对于改变其外部环境是无能为力的，因而常常是环境制约着组织而不是相反。但这并不是说管理者对外部环境的影响就无能为力了。改变环境是困难的但又是可能的。说它困难是因为环境的组成因素是多变的、复杂的，环境的变化有时是不以主观意志为转移的，对组织的影响与作用有时是不可抗拒的；说它可能是因为不论环境是自然的还是社会的，都不是一成不变的，都有一定的规律可循。组织与环境都是自然的产物，它们是相辅相成、相互影响的，但环境对组织的生存发展起着决定性的作用。管理者若不去积极主动地研究和处理环境问题，就会导致组织的灭亡。因此，管理者必须学会怎样面对和管理其所处的环境。

（一）处理环境问题的一般步骤

1. 管理者要了解环境对组织的影响程度

由于环境的客观性、多变性、复杂性，管理者首先要随时随地利用各种渠道与方法去认识、了解、掌握环境，认真地研究其变化的规律，预测环境变化的趋势及其可能对组织产生的影响。一般而言，了解、认识和掌握外部环境变化因素是比较困难的。这就要求管理者花大量的精力收集各种信息，掌握第一手资料，了解在众多的因素中，哪些是对组织有利的，哪些会影响组织目标的实现。

2. 在了解和掌握各种环境因素的基础上，对其进行分析研究

管理者需要确定各环境因素对组织有什么影响，有多大的影响等。环境不断发生变化，研究工作也需保持连续性。

3. 管理者在对环境因素进行了一定的分析之后，要对各种环境影响作出相应的反应

充分利用环境对组织有利的方面，并努力使其继续朝着这个方向发展。对于环境中不利组织发展的因素，组织一方面可通过组织内部的改革使组织与环境相适应，另一方面可努力通过组织的行为去影响环境，使其朝着有利于组织的方向变化。

对不同的环境因素应采用不同的管理方法。前面我们已经介绍，外部环境根据其对组织的影响，分为宏观环境因素和微观环境因素。对于不同的环境因素，在管理上也应采取两种不同的方法。宏观环境不是管理者可以影响的，更不是管理者可以改变的，对于宏观环境主要是要去主动适应它。如 1993 年某房地产公司请省市一些专家对中国经济发展趋势和房地产形势作了一个宏观分析，得出结论是经济要滑坡，房子难出售，钢材将降价。据此，公司决定上半年抛出所有的可预售的房源，并暂停进钢材。结果下半年其他企业售不出房子时，该公司已全部预售完毕，钢材下半年也比上半年每吨便宜了 400 元左右。

对微观环境，管理者是可以而且应该通过努力加以管理的。如当商品房销售竞争日趋激烈时，可通过提高企业知名度，使银行放心贷款，顾客放心购买。在微观环境上是可以主动地改变自己，变被动为主动的。

(二) 对待环境的措施

一般地说，管理上常采用的用以减少环境压力的措施有：

1. 广告

广告可建立名牌忠诚，减少易变的服务对象的影响和竞争对手推出的新产品或新服务的影响。当一批顾客相信某公司的产品比其他公司的产品好时，该公司就拥有了一批稳定的顾客，并增加了该公司对其产品价格、经销商的决策选择余地，也增强了其与其他公司的竞争能力。

2. 联合

所谓联合，是指一个组织与其他组织为某一共同的目的而团结起来，包括合资、建立联合体等。当竞争对手很强时，可以联合起来对付。管理者还常用联合的方法控制其主要供应商以确保资源的稳定供应。

3. 舆论

当组织受到其他组织威胁或危害时，管理人员常采用舆论的力量对抗这些威胁。例如，当有关部门对企业乱摊派，主管部门随意撤换企业领导、强行改变企业性质时，管理者就常借助于舆论的力量来改变其不利的地位。

4. 制订战略

在稳定的环境中，组织可根据事先对环境变化趋势的分析和预测，提前做好应变计划。在动态环境中，管理者主要是通过保持策略的灵活性来对付复杂多变的环境，例如采用多样化经营策略以减少市场风险，采用提留风险基金的方式来应付资金的一时短缺等。

☞本章点评

管理的环境包括组织外部环境、组织内部环境，其中，组织外部环境包括宏观环境因素和微观环境因素。宏观环境因素是指可能对这个组织的活动产生影响但其影响的相关性却不清楚的各种因素，一般包括经济、政治、社会、文化、法律和科学技术等因素。微观环境因素是指对某一具体组织的组织目标的实现有直接影响的那些外部因素，如一个组织的微观环境包括资源供应者、竞争者、顾客、政府管理部门及社会上的各种利益代表组织。环境的不确定性主要由环境的稳定程度和复杂程度来衡量，环境的稳定程度由环境要素的变化程度来决定，而环境的复杂程度由环境要素的多少以及认识这些要素所需要的知识等来决定。管理既要适应环境，也要能动地作用于环境。适应环境就是要正确认识、分析组织的环境，并依照其发展规律办事；而能动地作用于环境就是通过组织的努力营造有利于组织发展的环境。对组织环境的分析研究是管理实践中不可缺少的重要工作。

☞复习思考

1. 组织环境与管理环境有何区别？
2. 举例说明，哪些组织受环境的影响较大，哪些组织受环境的影响较小。
3. 对一个企业而言，宏观环境和微观环境哪一个更重要？为什么？
4. 怎样确定一个组织的外部环境？
5. 一个组织如何才能对自身的环境作出正确的评估？

☞本章案例一

宏利量贩是一家经营规模较大、经营时间较长的店铺。在以前，这家店铺总是顾客盈门，人山人海，生意非常兴旺。但自从进入11月份以来，店铺的经营状况却发生了大的转折，顾客少了，生意淡了，店铺的营业额直线下降，竟比往年同期减少了十几个百分点，整个店铺备感冷清。

该店铺老板梁军仔细地分析了一下市场形势，最后他发现，店铺生意萧条的原因除了受到经济危机和气候寒冷的影响外，自身也存在三个方面的问题：一是店铺在建筑时没有铺设暖气管道，虽然店内有几台立式空调，但由于空间较大、外部气候寒冷等原因，店内的温度仍然不是太高，尤其是遇到停电的时候，店内就非常寒冷。这是导致顾客流失的主要因素之一。二是自己的店铺是个老店，外面墙壁上的广告牌、霓虹灯经过风吹日晒后，变形、变色较为严重，很影响美观。尤其是冬季大风较多，广告牌上一些附属的物品经常被风吹掉，在一定程度上也潜藏着安全隐患，给顾客造成心理恐惧。三是店铺员工的形象不够好。由于都是老店员，彼此之间比较熟悉，即使在工作中出现了小问题，也不好意思去教育管理，一些工作人员的服务质量和工作效率不高，造成顾客满意度较低。

找准了原因之后，梁老板开始对症下药。

首先，他投资近两万元对店铺进行了全面整修，使店铺的外部环境面貌一新。其次，他与供热公司协商，利用近两周的时间使店内全部通上了暖气。最后，他辞退了几名经常被顾客投诉的营业员，并重新招聘了几名营业员，同时组织了几次系统的业务培训。梁老板自信地说，“虽然经济危机会给我们的经营带来影响，但这毕竟是个大环境，谁也无法改变。面对这种状况，我们唯一要做的就是尽量从自身找原因，从自身抓起，在危机中为自己创造商机。为顾客着想就是为自己着想。我相信，随着节日销售旺季的到来，我这个店铺一定能够战胜危机和寒冬。”

案例思考

1. 经济危机突然爆发对零售业发展有何影响？
2. 梁老板的措施能否成功？为什么？
3. 梁老板的分析与措施对于零售业发展有何启示？

☞本章案例二

2004年，荷兰电子集团飞利浦总裁柯慈雷趁在中国参加活动之际，宣布了其最新的全球战略：飞利浦将发起一场全球营销战役，进入"加速变革"时期，公司将完成业务转型，完全转变为保健和生活用品品牌。

业务重整的难题

柯慈雷说："我们要对飞利浦的品牌进行重新定位，从以前的技术主导，转变为市场主导，让消费者的喜好来决定我们的产品。""经过调研，我们把目标客户确定为30~35岁、大学教育、收入良好、在一定范围内是重要的决策者，医生、建筑师等就是典型，我们需要医生决定使用我们的医疗设备，建筑师决定使用我们的照明系统，同时提供时尚生活所需要的产品。"此次飞利浦将业务重新定位成时尚生活、医疗保健和核心技术三大领域，而此前飞利浦主要有飞利浦消费电子（PCE）、飞利浦小家电（DAP）、飞利浦照明（PL）、飞利浦医疗系统（PMS）、飞利浦半导体五大产品部门。在五大产品部门中，小家电利润率最高，照明第二，半导体排第三，跟医疗差不多，消费电子利润率最低。从这次的业务重整可以看出，飞利浦的业务划分正从传统的按产业和产品划分，向按品牌定位和技术划分转移。新的业务重整的调整有利于企业的可持续盈利，转型也必然是为了这一点。

但是，有业内人士指出，此次业务重整对飞利浦来说有两点考验：第一，品牌形象和品牌内涵的转换。传统的飞利浦品牌形象已经占据了消费者的心智资源，突然转换成以时尚生活、医疗保健等业务范围为主的一个品牌形象，恐怕消费者很难接受。第二，由于业务的重整，必然导致飞利浦将继续发展自身的优势领域，同时"瘦身"其没有竞争优势的领域。如何将自身业务进行OEM或者外包，对飞利浦来说无疑是另一个考验。

中国区整合难题

飞利浦在华业务包括20家合资企业和15家合资子公司，截至2003年末投资总额为34亿美元。飞利浦在中国的发展并不是跨国公司通常所采取的做法，即先在中国成立一个投资总部，然后由总部来协调各个部门的业务，而是通过各个产品部门在中国寻找合适的合作伙伴。直到1996年，当飞利浦在上海成立跨国区总部后，飞利浦中国总部才开始接手统筹旗下综合业务，这种发展模式决定了飞利浦中国总部的薄弱地位。对飞利浦来说，未来在中国区的公司重整方面，无疑需要解决三大问题：一是强化飞利浦中国总部的地位；二是协调和管理中国区域的35家公司；三是整合营销渠道和营销体系。这样可以使飞利浦以前单兵作战的各个产品联合起来，统一控制渠道，同时扩大整个飞利浦产品渠道的容量，减少和节约与经销商的谈判成本，增大飞利浦品牌在经销商处的销售额比重。

营销困境

2004年，飞利浦电子设在广州的视听产品华南办事机构正式解散，飞利浦华南七省彩电销售业务转交国内彩电新霸主TCL公司代理，此举宣告飞利浦彩电市场新一轮转型的来临，由以前的厂商共同管理市场变成由TCL独立管理市场（渠道、促销员、销售）。这实际也反映了飞利浦彩电产品营销在华南市场的失败。飞利浦总裁柯慈雷最近也承认：飞利浦长期以来是一个以研发和制造为主的公司。此次飞利浦的转型就是要变成为一个营销驱动型的公司。对于飞利浦来说，必须解决六大方面的问题，即：定义市场驱动型公司，进行营销正规化建设，品牌管理，培训营销人才，培养抓住市场机会的能力以及将营销和研发相结合。

（案例来源：叶秉喜，庞亚辉．飞利浦战略转型路漫漫．中国经济时报，2004-09-22。）

案例思考

1. 企业战略的制订要考虑哪些因素？

2. 飞利浦此次的战略转型能否成功？如何解决以上各个难题？请谈谈你的看法。

第五章　管理道德与社会责任

学习目的与要求：通过对本章的学习，读者要明确什么是管理道德，理解影响管理者道德素质的因素；区分社会义务和社会责任；掌握两种社会责任观。

管理道德与社会责任是随着经济社会的发展，随着管理理论的成熟逐渐被提出的重大课题。这一课题的提出，在某种意义上是经济社会和管理理论走向成熟的标志，对管理道德与社会责任问题的自觉，同样是管理者走向成熟的重要标志之一。因而，在最新的管理理论中，它们应当成为重要的内容。

第一节　道德概述

管理活动中，包含着人际关系，如何处理这些人际关系，有一个道德的问题。管理道德就是对管理者提出的道德要求，即要求管理者具有与管理活动相适应的道德素质，要求管理者的行为是有道德的行为。

一、道德问题的提出

（一）道德的现状

在我国，随着经济体制与机制的转变，社会结构、价值观出现巨大变革，道德现状不容乐观。具体表现主要有：

1. 假冒伪劣成灾，食品安全缺乏保障

2008 年 10 月，四川广元柑橘生产中发生蛆虫疫情爆发。这次柑橘疫情导致柑橘价格的大幅下跌，并且出现严重的滞销状况。

自 2008 年 7 月始，全国各地陆续收治婴儿泌尿系统结石患者多达 1000 余人，9 月 11 日，卫生部调查证实这是由于三鹿集团生产的婴幼儿配方奶粉受三聚氰胺污染所致。2010 年 7 月，三聚氰胺超标奶粉事件“卷土重来”：在青海省一家乳制品厂，检测出三聚氰胺超标达 500 余倍，而原料来自河北等地。

2011年4月15日，湖北省宜昌市工商部门在一个蔬菜市场查获一批硫黄熏制过的“问题生姜”，共约1000公斤。据介绍，一些商贩把品相不好的生姜用水浸泡清洗，然后用化工原料硫黄进行烟熏。如此“问题生姜”若大量流入消费者的菜篮子，那么后果将不堪设想。

2. 走私、做假账、偷税漏税盛行，严重破坏经济秩序

据《北京晨报》2004年9月18日报道，国家审计署发布的审计公告，公布了对788户企业税收征管情况的审计调查结果。据介绍，这次审计调查的788户企业，大都是财务制度比较健全、管理相对较好的重点税源大户，年实现税收超过百万元的企业占90%以上。审计调查显示，788户企业2002年实现税收1173.47亿元，纳税1105.03亿元，少缴税68.44亿元；2003年1—9月实现税收1037.78亿元，纳税978.82亿元，少缴税58.96亿元。

3. 信用缺失

国内一些企业的信用缺失非常令人担忧。作为国内著名的火腿肠品牌，河南的“双汇”火腿肠可谓家喻户晓，但恰恰就是这个著名的品牌被央视报道发现了“瘦肉精”。2011年3月15日，河南“瘦肉精”事件被央视曝光后，一直到3月23日18时，河南全省共排查50头以上规模养殖场近6万个，确认“瘦肉精”呈阳性的生猪126头，涉及60多个养殖场；排查50头以下生猪散养户7万多个，确认“瘦肉精”呈阳性生猪8头；同时，还查获含“瘦肉精”的饲料若干批次。

实际上，除开“瘦肉精”事件，近些年接连出现了一系列损害消费者利益甚至是毒害消费者身体的事件，从更深层次看，在诚信道德缺失背后是道德文化的缺失。

在本该是一方净土的大学校园里，诚信问题也令人担忧。大学毕业生拖欠贷款的现象越来越普遍，据统计，至少有20%的学生在毕业后不能按计划偿还贷款，以至一些银行已在100多所高校里终止了向贫困生提供助学贷款。再如，考试中作弊现象严重；有的毕业生过分夸张推销自己，在简历里加入许多欺骗的成分；与多个用人单位签订就业协议，从中选择工资高、福利好的职位；校门外墙上随处可见“办证”广告，布告栏里堂而皇之“请枪手”；网上名目繁多的“论文售卖”。

4. 日益严重的资源破坏和环境恶化

如沙尘暴的发生，据有关部门统计，沙尘暴在20世纪50年代共发生过5次；60年代共发生过8次；70年代共发生过13次；80年代共发生过14次；90年代共发生过23次！

除上述情况外，在实际生活中我们也经常可以遇到这样的例子：出工不出

力，在其行为结果无法度量时，老板不在就偷懒；经理人员坐在办公室内不是办公事，而是打私人电话，思考的不是公司经营活动，而是个人的问题；牙医本来四次就可以把病人的牙齿补好，但是为了赚钱，却要治疗七次八次；推销员在推销商品的过程中给客户吃回扣，等等。

（二）管理理念的检讨

严峻的管理道德形势，与管理者的素质与组织品质有关，在深层上与目前中国的经济文化背景相联系，这个背景就是：经济转轨，社会转型，文化冲突。它不仅是经济体制和经济运行机制的转换，而且是社会结构与经济理念、价值观念的巨大变革。

变革时期的重要特点之一就是社会失序、行为失范、价值失衡。这种情况必然对管理产生巨大的影响，从而产生混乱的局面。不过，在深层上对现代中国管理道德产生重大影响的是关于经济与管理的几个哲学理念。

1. 企业是一个经济实体

这是经济转轨与企业改革初期提出的，是针对计划经济体制下把企业视为行政实体的理念而作出的定位。但当把“是一个经济实体”理解为“企业只是一个经济实体”的时候，就意味着可能会由此演绎出另一个结论：企业是一个经济动物，甚至是一台生产钞票的机器。长期以来，“企业是追求利润最大化的经济实体”被认为是天经地义，在此过程中不择手段也就顺理成章了。

实际上，“经济实体”只是对企业本性的一个方面的定位，是转轨时期关于企业本性的命题。企业不只是一个经济实体，而且应当也必须是一个道德实体。企业道德与社会责任都是管理的重要内容。

2. 市场经济是一只“看不见的手”

这是关于市场经济的哲学理念。在资源配置的意义上，在相对于计划经济的运行机制的意义上，这一命题有合理之处。然而，这一命题无论在理论上还是在实践上，都可能存在着严重的片面性。市场机制作为“看不见的手”并不能自动地解决经济运行中的一切问题。

“看不见的手”是亚当·斯密在《国富论》中提出的经济理论。值得注意的是，他在写《国富论》的同时，又在写《道德情操论》，经济和道德在他这里是合一的。同样值得注意的是，“看不见的手”只是西方古典经济学的理论。可见，“看不见的手”在当做经济与管理的理念时，就意味着经济本能的放任，意味着放弃道德对经济活动的引导与制约。应该说，这是导致目前中国管理道德沉沦的深层原因之一。

3. 市场经济是法制经济

这是从社会支撑的意义上对市场经济的理解。市场经济当然必须是法制经济，但市场经济不只是法制经济，还需要道德约束作为对法制规范的必要补充。并不是经济活动与管理过程中的一切方面都可以诉诸法律，如果仅仅把法制当做市场经济的唯一保障，事实上也就放弃了至少是忽视了道德对经济活动的作用，从而放弃了管理过程中的道德努力。

从理论上说，市场经济不仅是法制经济，而且也应当是道德经济，道德约束是对法制规范的必要补充。同时，社会现状也在呼唤必须建立新的道德体系。

20 世纪 70 年代的美国，由于通货膨胀，钢铁、石油涨价引起社会不满，人们纷纷指责哈佛商学院只会培养赚钱的机器。当时的解决办法就是，在企业管理中引入道德观，各社会组织纷纷建立自身的道德标准，道德教育被纳入工商管理教学大纲。

二、管理道德的定义

为了明确管理道德的含义，我们首先来看什么是道德。道德通常指用来明辨是非的规则或原则。它是一定社会用以调整人与人之间以及人与社会之间关系的行为准则和规范的总和。

管理道德是管理者行为准则与规范的总和，是在社会一般道德原则基础上建立起来的职业道德规范体系，它通过规范管理者的行为去实现调整管理关系的目的，并在管理关系和谐、稳定的前提下进一步实现管理系统的优化，提高管理效益。

根据这一定义，管理道德在本质上是规则或原则，这些规则或原则旨在帮助决策人判断某种行为是正确的或错误的，或这种行为是否为组织所接受。不同的组织，其道德标准可能不一样；即使是同一组织，也可能在不同的时期有不同的道德标准。此外，组织的道德标准要与社会的道德标准兼容，否则这个组织很难为社会所容纳。

管理道德主要涉及以下几个方面：

1. 管理理念

道德直接涉及管理理念与管理品质，具体体现为管理道德直接为管理目的服务，管理道德在深层上对管理活动进行价值导向。管理学对人的假设，已经从“经济人”、“社会人”、“自我实现人”，发展为“复杂人”，在这些不同的管理阶段，有着不同的管理文化背景，延伸出不同的管理方法和管理策略，贯穿着不同的管理道德。

任何管理理念都包含管理道德，或者说管理道德是管理理念的重要组成部分。有什么样的管理理念就有什么样的管理道德，有什么样的管理道德就有什么样的相应的管理理念。

道德不仅为管理提供价值理念和价值导向，而且其本身就应当是管理理念的重要组成部分，它对管理是如此的重要，以至形成一种特别的管理模式。

有“日本近代实业界之父”之称的涩泽荣一先生，以自己数十年亲身经历和直接体验，在《论语与算盘》一书中解析过“论语”与“算盘”的关系。在这里，“论语”代表仁义、伦理和道德，而“算盘”则是精打细算、斤斤计较的“利”的象征。涩泽荣一认为，传统观念总把“义”与“利”对立起来，这从中国古代到西方古代都有种种说法，如中国有“为富不仁”之说，古希腊的亚里士多德也有“所有的商业皆是罪恶”的论述。这些观念的形成当然是与一些不法商人的种种不当牟利有关，以至形成“无商不奸”的看法。但是，当把这种观念绝对化之后，对国家和社会的发展却产生了极大的害处。因此，他认为自己的工作就是要通过“论语”来提高商人的道德，使商人明晓“取之有道”的道理；同时又要让其他人知道“求利”其实并不违背“至圣先师”的古训，尽可以放手追求“阳光下的利益”，而不必以为与道德有亏。他说，“算盘”要靠“论语”来拨动；同时“论语”也要靠“算盘”才能从事真正的致富活动。因此，可以说“论语”与“算盘”的关系是远在天边，近在咫尺。

“论语”与“算盘”的结合，就是道德与经济的结合，这种模式，被一些日本学者称之为“道德经济合一论”。只要承认日本经济的巨大成功，只要承认日本管理模式所具有的世界意义，就不可否认这种道德经济合一的管理模式对现代中国管理的重要性。

对现代中国管理来说，道德问题已经不仅只是一个理念问题、管理模式问题，而且也是关系着管理的品质与中国经济社会发展前途的大问题。

2. 管理效益

效益最大化是任何企业必须追求的根本原则。管理道德与管理效益并不是绝对对立的，它们之间有着不可分割的联系。

管理道德问题与对管理中的各种伦理关系的处理、企业的道德形象和社会信誉相联，因而它与管理效益之间也就存在着某种必然的联系。

一些西方学者通过对西方七国的100多个企业的研究发现，文化价值体系才是创造财富的源泉，是企业竞争力、国家竞争力的源泉。在调查中他们发现，顾客挑选某种商品，实际上首先是对公司的道德观的肯定；对某种商品的评价事实上首先是对生产这种商品的公司的道德观的评价。

3. 管理者品质

管理道德直接受到管理者品质的影响。

一般来说，生意人与企业家是有区别的。企业家必须具备许多素质，人文素质，特别是道德素质，是企业家的最重要的特征之一。

台湾学者认为，并不是所有创造了利润的人都能称为企业家，企业家的桂冠并不能由钞票买得。从根本上说，它代表的是一种素质层次。如果经营者的道德败坏，他获得的利润越多，也许对社会造成的危害越大。企业家代表着一种素质和境界，以利润为唯一取向，永远只能是生意人，而不能成为企业家。

无论如何，赚钱不是企业家的唯一的乃至最重要的特征，这一点是肯定的。严格准确地区分生意人与企业家，对现代中国管理与中国经济社会发展都具有重大的意义。

三、三种道德观

在道德标准方面有三种不同的观点：

1. 道德的功利观

这种观点认为，决策要完全依据其后果或结果作出。功利主义的目标是为绝大多数人提供最大的利益。

例如，接受功利观的管理者会认为，解雇其企业中 20%的员工是正当的，因为这将增强企业的盈利能力，提高留下的 80%员工的工作保障，并使股东获得最好的收益。

一方面，功利主义对效率和生产率有促进作用，并符合利润最大化的目标；另一方面，它会造成资源的不合理配置，尤其是在那些受决策影响的人没有参与决策的情况下。同时，功利主义还会导致一些利益相关者的权利受到忽视。

2. 道德的权利观

这种观点认为，决策要在尊重和保护个人基本权利（如隐私权、言论自由和游行自由等）的前提下作出。

例如，当雇员揭发雇主违反法律时，应当对他们的言论自由加以保护。

权利观的积极一面是保护了个人的自由和隐私，但它在组织中也有消极的一面：接受这种观点的管理者把对个人权利的保护看得比工作的完成更加重要，从而在组织中会产生对生产率和效率有不利影响的工作氛围。

3. 道德的公正观

这种观点要求管理者公平和公正地实施规则。

例如，接受公平理论观的管理者可能会向新来的员工支付比最低工资高一些的工资，因为在他看来，最低工资不足以维持该员工的基本生活。

按公平原则行事，也会有得有失。一方面，它保护了那些权利未被充分体现或缺乏的相关者利益；另一方面，它不利于培养员工的风险意识和创新精神。

研究表明，大多数生意人对道德行为持功利主义态度。这不足为奇，因为功利主义与诸如效率、生产率和高额利润之类的目标相一致。例如，在追求利润最大化的过程中，管理者可以从容地争辩说他正在为尽可能多的人谋取尽可能多的好处。

管理领域正在发生变化，所以观点也需要改变。随着个人权利和社会公平的日益被重视，功利主义遭到了越来越多的非议，因为它在照顾多数人的利益的时候忽视了少数人的利益。强调个人权利和社会公平的新趋势，意味着管理者需要在是非功利标准的基础上建立道德准则。这对当今的管理者来说无疑是一个严峻的挑战，因为使用诸如个人权利、社会公平之类的标准来进行决策，要比使用诸如效率、利润之类的标准来进行决策，含有更多的模糊性。

第二节　影响管理者道德素质的因素

一个管理者的行为是否合乎道德，是管理者个人道德发展阶段与个人特征、结构变量、组织文化和道德问题强度之间复杂地相互作用的结果。其中，管理者个人道德发展阶段与个人特征、结构变量、组织文化和道德问题强度等都是管理者道德行为的调节因素。即使是缺乏强烈的道德感的人，如果他们受规则、工作规定或强文化准则的约束，他们做错事的可能性也很小。相反，非常有道德的人，也可以被一个组织的允许或鼓励非道德行为的文化所腐蚀。此外，管理者更可能对道德强度高的问题制订出符合道德的决策。

一、个人所处的道德阶段

研究表明，个人道德发展要经历三个层次，每个层次又分为两个阶段。它们代表道德发展的不同水平。随着道德发展阶段的上升，个人的道德判断越来越不受外部因素的影响。道德发展所经历的三个层次和六个阶段如表 5-1 所示。

表 5-1　　道德发展阶段

层　　次	阶　　段
前惯例层次 只受个人利益的影响。决策的依据是个人利益，由不同行为方式导致的奖赏和惩罚决定自己的利益	1. 严格遵守规则以避免物质惩罚 2. 只在符合其直接利益时才遵守规则
惯例层次 受他人期望的影响。包括遵守法律，对重要人物的期望作出反应，并保持对人们期望的一般感觉	3. 做周围的人所期望的事 4. 通过履行自己所赞同的义务来维持平常的秩序
原则层次 受自己认为正确的个人道德原则的影响。这些原则可能与社会准则或法律一致，也可能不一致	5. 尊重他人的权利，支持不相关的价值观和权利，而不管其是否符合大多数人的意见 6. 遵守自己选择的道德原则，即使这些原则违背了法律

1. 前惯例层次

道德发展的最低层次是前惯例层次。在这一层次，个人只有在其利益受到影响的情况下才会作出道德判断。前惯例层次的特点是按怎样对自己有利来制订决策，并按照什么样的行为方式会导致奖赏或处罚来确定自己的行动。

其行为特征是：

（1）严格遵守规则以避免物质惩罚；

（2）只在符合直接利益时才遵守规则。

2. 惯例层次

这是道德发展的中间层次。这一层次的道德判断受他人期望的影响，道德判断的标准是个人是否维持平常的秩序并满足他人的期望。

其行为特征是：

（1）做周围的人所期望的事；

（2）通过履行自己所赞同的义务来维持平常的秩序。

3. 原则层次

这是道德发展的最高层次。在这一层次，道德判断受自己认为是正确的个人道德原则的影响，个人试图在组织或社会的权威之外建立道德原则，这些原则可能与社会原则或法律一致，也可能不一致。个人的道德判断很少受或不受外界的影响，更具备道德的主体性。

其行为特征是：

（1）尊重他人的权利，支持不相关的价值观和权利，而不管其是否符合大多数人的意见；

(2) 遵守自己选择的道德原则，即使这些原则违背了法律。

有关道德发展阶段的研究表明：

第一，人们一步一步地依次通过这六个阶段，逐渐向上移动，而不是跳跃式地前进。

第二，道德发展可能中断，可能停留在任何一个阶段上。

第三，大多数成年人的道德水平处于第四阶段，他们被束缚于遵守社会准则和法律。其行为特征是通过履行自己所赞同的义务来维持平常秩序。

第四，一个管理者达到的阶段越高，就越倾向于采取符合道德的行为。

例如，一个处在第三阶段的管理者，可以制订将得到他周围的人们支持的决策；处于第四阶段上的管理者，将寻求制订尊重公司规则和程序的决策，以成为一名模范的员工；处于第五阶段的管理者，更有可能对他认为错误的组织行为提出挑战。

二、个人特征

一个成熟的人一般都有相对稳定的价值准则，这些准则是个人早年发展起来的，也是教育与训练的结果，它们是关于正确与错误、善与恶的基本信条。管理者通常有不同的个人准则，它构成道德行为的个人特征。

由于管理者的特殊地位，这些个人特征很可能转化为组织的道德理念与道德准则。这是管理者的个性特征影响组织行为的最典型的方面。

人们还发现有两个个性变量影响着个人行为，这两个变量是自我强度和控制中心。

1. 自我强度

自我强度用来度量一个人的信念强度。一个人的自我强度越高，克制冲动并遵守其信念的可能性越大。这就是说，自我强度高的人更加可能做他们认为正确的事。我们可以推断，对于自我强度高的管理者，其道德判断和道德行为会更加一致。

实验表明，自信心高的人比自信心低的人更能克制冲动，也更能遵循自己的判断，去做自己认为正确的事，从而在道德判断与道德行为之间表现出更大的一致性。

在管理过程中，管理者的谋与断、胆与识应当是统一的，但又并不总是统一的。寡断还是“立断”，能否把自己的认识转化为行动以及在多大程度上转化为行动，从个性品质上说，自信心的强度具有极为重要的意义。

2. 控制中心

控制中心用来衡量人们在多大程度上是自己命运的主宰。它实际上是管理者自我控制、自我决策的能力。

控制中心区分为内在与外在两个方面：

具有内在控制中心的人，自信能控制自己的命运。

从道德的角度看，具有内在控制中心的人，更可能对其行为后果负责任，并依据自己的内在标准指导行为，从而在道德判断与道德行为之间表现出更大的一致性。

具有外在控制中心的人则常常是听天由命。

从道德的角度看，具有外在控制中心的人不大可能对其行为后果负个人责任，更可能依赖外部的力量。

三、结构变量

1. 结构变量的核心

结构变量的核心是组织设计，其中最重要的内容是对个体道德行为是否具有明确的指导、评价、奖惩的原则。有些结构提供了强有力的指导，有一些却会让管理者感到困惑。

2. 结构变量的设计

(1) 结构变量的关键在于减少模糊性，因为模糊性最小的设计有助于促进管理者的道德行为。减少模糊性的最重要的要求是正式的规则和制度，明文规定的道德准则可以促进行为的一致性。

(2) 上级的行为具有很强的示范作用，上级行为对个人道德或不道德行为具有最强有力的影响，人们由此确定什么是可接受的和上级期望的行为标准。

(3) 合理的绩效评估系统也是结构变量的重要因素。一个以成果为唯一标准的系统，会使人们在指标的压力面前“不择手段”，从而加大违反道德的可能性。奖赏或惩罚越依赖于特定的结果，管理者所感到的取得结果和降低道德标准的压力越大。

(4) 报酬的分配方式、赏罚的标准是否合理也是影响管理道德行为的重要方面，因为它直接与道德的一个重要标准相联系，这就是公正。公正的程度关系着人们的道德选择，也关系着人们对道德的坚持。

此外，在不同的结构中，管理者在时间、竞争和成本等方面的压力也不同。压力越大，越可能降低道德标准。

四、组织文化

组织文化的内容和力量也会影响道德行为。

一种可以形成较高道德标准的组织文化，是一种具有高风险承受力，高度控制以及对冲突高度宽容的文化。处在这种文化中的管理者，将被鼓励进取和创新，将敏感地认识到不道德行为，并且会对他们认为不现实或不喜欢的期望进行公开地挑战。

与弱组织文化相比，强组织文化对管理者的影响更大。如果组织文化力量很强，并支持高道德标准，它就会对管理者的道德行为产生非常强烈和积极的影响；而在弱组织文化环境中，管理者更有可能以亚文化准则作为行动的指南。工作群体和部门准则将会对弱文化组织中的道德行为产生重要影响。

五、道德问题强度

影响管理者道德行为的最后一个因素是道德问题本身的特征，这些特征决定了问题的强度。与决定问题的强度有关的六个特征是：

（1）某种道德行为对受害者的伤害有多大或对受益者的利益有多大？例如，使1000人失业的行为比仅使10人失业的行为伤害更大。

（2）有多少人认为这种行为是邪恶的（或善良的）？例如，在盗版软件泛滥的情况下，很多人都会对使用盗版软件感到心安理得。

（3）行为实际发生后，将会引起的可预见的伤害（或利益）的可能性有多大？例如，把枪卖给武装起来的强盗，比卖给守法的公民更有可能带来危害。

（4）在该行为和其预期后果之间，时间间隔有多长？例如，减少目前退休人员的退休金，比减少目前年龄在40~50岁的雇员的退休金带来的直接后果更加严重。

（5）你觉得行为的受害者（或受益者）与你（在社会上、心理上或身体上）挨得多近？例如，自己工作单位的人被解雇，比远方城市的人被解雇对你内心造成的伤害更大。

（6）道德行为对有关人员的影响的集中程度如何？例如，担保政策的一种改变（拒绝给10人提供每人10000元的担保），比担保政策的另一种改变（拒绝给10000人提供每人10元的担保）的影响更加集中。

综上所述，受伤害的人数越多，越多的人认为一种行为是邪恶的；行为发生后造成实际伤害的可能性越高，行为的后果出现越早，观测者感到行为的受害者与自己挨得越近，问题强度就越大。这六个因素决定了道德问题的重要性。道德问题越重要，管理者越有可能采取道德行为。

第三节　管理道德行为的改善

道德约束包括管理者个人操守和企业道德行为两个方面。从主体上讲，管理道德包括管理者的道德和管理实体的道德，因此，管理行为的改善也就应该从管理者和管理实体这两个方面来进行。管理者道德的改善是管理实体改善的前提。从内容上来说，管理者道德的改善，包括减少不道德的行为和提高有道德的行为两个层次，而实体行为的改善也就可以从这两个方面来进行。具体来说，改善管理道德行为包括：

一、员工的甄选

组织在员工特别是管理人员的甄选过程中，就必须进行道德考察，剔除道德上不符合要求的求职者和候选人。甄选的过程，应当视为了解个人道德发展水平与道德品质的一个机会。

中国的用人制度一向以“德才兼备”为标准，然而真正实施起来有两个方面的困难。

一方面，在考查标准和考查办法上。在一些情况下，道德考查的标准是模糊的，到底如何把握是件很困难的事。现代中国的价值观念本来就处于一个多元的乃至是混乱的状态中，有时是非善恶标准很难统一。同时，中国考查人的办法，大多是通过调查与之相处的人。在此过程中，道德的考查，很容易变成人际关系的考查。由于传统的缘故，也由于许多复杂的因素，这种方法事实上很难真正对考查对象的道德品质作出实事求是的评价。

另一方面，中国正处于经济发展的起步阶段，在这一时期，需要许多“能人”，在使用的“能人”中，事实上许多是有很大毛病的。市场经济初期中国的企业承包家队伍的结构就是如此。在某些情况下，“能力”可以创造业绩，但如果缺少德性，创造罪恶的可能性也较大。

二、建立道德准则和决策规则

在一些组织中，员工对“道德是什么”认识不清，这显然于组织不利。建立道德准则可以缓解这一问题。

道德准则既要相当具体以便让员工明白以什么样的精神来从事工作，以什么样的态度来对待工作，也要相当宽泛以便让员工有判断的自由。

管理者对道德准则的态度（是支持还是反对）以及对违反者的处理办法对道德准则的效果有重要影响。如果管理者认为这些准则很重要，经常宣讲其内容，并当众给违反者指明，那么就能为道德准则提供坚实的基础。

现代中国的企业及其他管理组织也制定了自身的道德准则，如华为制定了《华为公司基本法》，不少高校也出台了研究生学术道德规范管理条例等。

目前，在管理的道德准则方面，我国存在着两个问题：

1. 规则和行为脱离

部分组织尤其是企业，把公司的道德准则当做是对外广告宣传的需要，或者是应付外来检查的需要，在公司的活动中并不真正或并不认真实行，因而它对组织行为和组织中个人的行为事实上没有有效的约束力。道德准则对于管理来说，最重要的是“知行合一”，也就是说，不仅要知，而且是在行为中落实，得到真正的实行。

2. 道德准则不合时宜

一般说来，组织的道德准则一旦制定以后，便相对稳定，越是对人的行为有约束力的准则，稳定性越强。

然而，在一些情况下，准则必须随着时代的变化而变化，或者赋予原有的准则以新的内涵。尤其是社会变革时期，这种变化更为重要。

三、管理者以身作则

道德准则要求管理者尤其是高层管理者以身作则。实际上，在组织中，是高层管理者建立了道德基调。这种基调主要从两个方面建立：

1. 言传身教

在言行方面，高层管理人员是表率，当然，他们所做的比所说的更为重要。他们作为组织的领导者要在道德方面起模范带头作用。如果高层管理者公车私用，无度挥霍，这等于向员工暗示，这些行为是被允许的；如果高层管理人员把公司资源据为己有、优待好友或虚报支出项目，那么这无疑向员工暗示，这些行为都是可接受的。

2. 管理者通过奖罚机制来影响员工的道德行为

选择什么人作为提升的对象，选择什么事作为奖赏的对象，将向员工传递有力的信息。靠拉关系能获得提升，这就表明这种不正当的方法不仅是可取的，而且是有效的，于是“关系文化”就可能盛行，人们的注意力就可能不集中于工作实绩的创造，而集中于人际方面的钻营。当众惩罚投机者，也就向员工传递了一个信息，投机是不受欢迎的，行为不道德是要付出代价的。

高层管理人员可以通过奖惩机制来影响员工的道德行为。选择什么人和什么事作为提薪和晋升的对象，会向员工传递强有力的信息。管理者通过不道德手段让人感到其成果惊人，从而获得晋升，这种行为本身向所有人表明，采取不道德手段是可接受的。鉴于此，管理人员在发现错误行为时，不仅要严惩当事人，而且要把事实公布于众，让组织中所有人都认清后果。这就传递了这样的信息：做错事要付出代价，不道德行为不是你的利益所在。

以上二者之中，高层管理者的以身作则更为重要。领导者必须在道德上严格要求自己，以自己的道德行为为员工作示范。所谓“上行下效”，道理就是如此。

四、设定合理的工作目标和评价标准

员工应该有既明确又现实的目标。如果目标对员工的要求不切实际，即使目标是明确的，也会产生道德问题。在不现实的目标的压力下，即使道德素质较高的员工也会感到迷惑，很难在道德和目标之间作出选择，有时为了达到目标而不得不牺牲道德。而明确和现实的目标可以减少员工的迷惑，并能激励员工而不是惩罚他们。

与此同时，还应建立合理的评价标准。比如对经营者，如果仅以经济成果来衡量绩效，人们为了取得结果，就会不择手段，从而有可能产生不道德行为。如果组织想让其管理者坚持高的道德标准，它在评价过程中就必须把道德方面的要求包括进去。例如，在对管理者的年度评价中，不仅要考查其决策带来的经济成果，还要考查其决策带来的道德后果。

五、独立的社会审计与监察

改善管理道德的重要手段，是进行独立的社会审计与社会监察。有不道德行为的人都有害怕被抓住的心理，被抓的可能性越大，产生不道德行为的可能性就越小。独立的社会审计与监察，会使发现不道德行为的可能性增大。

审计可以是例行的（如同财务审计），也可以是随机的，并不事先通知。有效的道德计划应该同时包括这两种形式的审计。审计员应该对公司的董事会负责，并把审计结果直接交给董事会，以确保客观、公正。

六、对员工进行道德教育，提供正式的保护机制

越来越多的组织意识到对员工进行适当的道德教育的重要性，它们积极采取各种方式（如开设研修班、组织专题讨论会等）来提高员工的道德素质。人们对这种做法意见不一。反对者认为，个人价值体系是在早年建立起来的，成年时的道德教育是徒劳无功的。而支持者指出，一些研究已发现价值准则可以在成年后建立。另外，他们也找出了一些证据，这些证据表明：第一，向员工讲授解决道德问题的方案，可以显著改变其道德行为；第二，这种教育提升

了个人的道德发展阶段；第三，道德教育至少可以增强有关人员对商业伦理问题的认识（即使没有其他作用）。

与此同时，组织应向员工提供正式的保护机制，使面临道德困境的员工在不用担心受到斥责的情况下自主行事。

例如，组织可以任命道德顾问，当员工面临道德困境时，可以从道德顾问那里得到指导。道德顾问首先要成为那些遇到道德问题的人的诉说对象，倾听他们陈述道德问题、产生这一问题的原因以及自己的解决方法。在各种解决方法变得清晰之后，道德顾问应该积极引导员工选择正确的方法。

另外，组织也可以建立专门的渠道，使员工能放心地举报道德问题或告发践踏道德准则的人。

综上所述，高层管理人员可以采取多种措施来提高员工的道德素质，这些措施包括：挑选高道德素质的员工，建立道德准则和决策规则，管理者以身作则，设定合理的工作目标和评价标准，独立的社会审计与监察以及对员工进行道德教育等。在这些措施中，单个措施的作用是极其有限的，但若把它们中的多数或全部结合起来，就很可能收到较好的效果。

第四节　社会责任

一、企业社会责任的概念

在20世纪60年代前，企业的社会责任问题很少引起人们的注意。后来，在美国，公众对诸如机会平等、污染控制、能源和自然资源消耗、消费者和员工保护等问题日益关注，企业发展的政治和社会环境问题变得越来越重要，由此提出企业社会责任的概念，认为作为社会的成员，组织应当在更大的环境中积极地、负责任地参与社会。也有些人认为，企业的社会责任行为能够为组织带来长远的利益，如改善公众印象，提供更多的商业机会。

时至今日，社会责任问题已引起人们的普遍关注。管理者在管理实践中经常会碰到与社会责任有关的决策，如是否为慈善事业出一份力，如何确定产品的价格，怎样处理好和员工的关系，是否以及怎样保护自然环境，如何保证产品的质量和安全等。

在正式讨论社会责任之前，有必要对它下一个较准确的定义。如果企业在承担法律上和经济上的义务（法律上的义务是指企业要遵守有关法律，经济上的义务是指企业要追求经济利益）的前提下，还承担追求对社会有利的长期目标的义务，那么，我们就说该企业是有社会责任的。

为了更好地理解“社会责任”这一概念，还有必要将它与另外两个概念作比较，这两个概念是社会义务和社会反应。

社会义务是对企业的最基本的要求，是企业参与社会活动的基础。如果一个企业仅仅履行了经济上和法律上的义务，我们就说该企业履行了它的社会义务，或达到了法律上的最低要求。仅履行社会义务的企业只追求对其经济目标有利的社会目标。

社会反应是企业适应不断变化的社会环境的能力，是企业对社会压力作出的反应。它需要对社会变化保持一种敏感，但却不是从长期的社会效益着眼，而更多是认识到流行的社会准则，然后改变其社会参与方式，从而对变化的社会状况作出积极的反应。

社会责任加入了一种道德规则，促使人们从事使社会变得更美好的事情，而不做那些有损于社会的事情。它要求企业明确地对善恶作出分辨，从而找出基本的道德真理。决策的依据是长期的效益而不是中短期的利益，因而对企业发展来说，具有更为重要的意义。

与社会义务相比，社会责任和社会反应超出了基本的经济和法律标准。有社会责任的企业受道德力量的驱动，去做对社会有利的事而不去做对社会不利的事。

二、两种社会责任观

在社会责任上，有两种截然相反的观点。

（一）古典经济观（或纯经济观）

古典经济观的代表人物是米尔顿·弗里德曼（Milton Friedman），他认为当今的大多数管理者是职业经理，即他们并不拥有他们所经营的企业。他们是员工，仅向股东负责，从而他们的主要责任就是最大限度地满足股东的利益。那么股东的利益是什么呢？弗里德曼认为股东只关心一件事，那就是财务收益率。

在弗里德曼看来，当管理者自行决定将公司的资源用于社会目的时，他们是在削弱市场机制的作用。有人必然为此付出代价。具体来说，如果社会责任行为使利润和股利下降，则它损害了股东的利益；如果必须降低工资和福利来支付社会责任行为，则它损害了员工的利益；如果用提价来补偿社会责任行为，则它损害了消费者的利益。如果顾客不愿支付或支付不起较高的价格，销售额就会下降，那么企业也许就不能生存，在这种情况下，企业的所有利益相关者都会遭受或多或少的损失。

除此之外，弗里德曼还认为，当职业管理者追求利润以外的其他目标时，他们其实是在扮演非选举产生的政策制定者的角色。他怀疑企业管理者是否具有决定社会应该怎样的专长。弗里德曼认为，这就是选举政治代表来决策的原因。

（二）社会经济观

持社会经济观的人提出了不同的看法，他们指出，时代发生了变化，社会对企业的期望也发生了变化，同时也日益依赖于社会。公司的法律形式可以很好地说明这一点。公司的设立和经营要经过政府的许可，政府也可以撤销许可。因此，公司不是一个仅对股东负责的独立实体，同时要对产生和支持它的社会负责。

在社会经济观的支持者们看来，古典观的主要缺陷在于其时间框架。社会经济观的支持者们认为，管理者应该关心长期财务收益的最大化。为此，他必须承担一些必要的社会义务及相应的成本。他们必须以不污染、不歧视、不发布欺骗性广告等方式来维护社会利益。他们还必须在增进社会利益方面发挥积极的作用，如参与所在社区的一些活动和捐钱给慈善组织等。

三、赞成和反对企业承担社会责任的依据

在“企业应不应该承担社会责任”这一问题上，有两种不同的意见，一种意见认为企业应该承担社会责任，另一种意见则认为企业不应该承担社会责任。

（一）赞成企业承担社会责任的依据

1. 满足公众期望，塑造良好的公众形象

自20世纪60年代以来，社会对企业的期望越来越多，现在有很多人支持企业追求经济和社会双重目标。同时，企业承担社会责任行为可以塑造良好的公众形象。企业在公众心目中的良好形象对企业的好处是多方面的，如使销售额上升，雇用到更多更好的员工，更容易筹集到资金等。由于公众通常认为社会目标是重要的，企业通过追求社会目标就能够产生一个良好的公众形象。

2. 增加长期利润

企业能够而且应该具有社会意识。企业承担社会责任不仅是道义上的要求，还符合自身的利益。有社会责任的企业能可靠地获取较多的长期利润，这在很大程度上归因于责任行为所带来的良好社区关系和企业形象。

社会责任行为也是符合股东利益的。从长期看，社会责任会使企业的股票价格上涨。在股票市场上，有社会责任的企业通常被看做风险较低的和透明度较高的，投资者认为持有该企业的股票会带来较高的收益。

3. 创造良好的经营环境

企业的社会责任行为还有助于解决比较棘手的社会问题，有助于提高生活质量和改善所在社区的状况，这种良好的环境适合企业的生存和发展。

政府管制会使经济成本上升并使管理者的决策缺乏一定的灵活性，而企业承担社会责任可以减少政府管制。

4. 其他

企业拥有财力资源、技术专家和管理才能，具备为那些需要援助的公共工程和慈善事业提供支持的条件。企业在社会中拥有很多权力，根据权力和责任对等的原则，企业也必须承担同样多的责任。预防胜于治疗，社会问题必须提早预防，不能等到问题已变得相当严重、处理起来较困难时才采取行动。

（二）反对企业承担社会责任的依据

1. 违反利润最大化原则

这些人认为，追求社会目标会冲淡企业的基本目标——提高生产率，而且许多社会责任行为会提高经营成本，必须有人为它们付出代价。所以，企业应只参加那些可带来经济利益的活动，而把其他活动让给其他机构去做。

2. 应各司其职

政治代表应追求社会目标并对其行为负责，而企业对公众没有直接的社会责任，对企业领导者来说，就不应该承担社会责任行为。况且企业在当今社会中权力已经很大了，如果让它追求社会目标，则其权力就更大了。就能力上来说，企业领导者的视角和能力基本上是经济方面的，不适合处理社会问题。

3. 缺乏广泛的公众支持

社会责任问题是一个极易引起激烈争论的话题，公众在这个问题上意见不一，社会上对企业处理社会问题的呼声也不是很高。如此，在缺乏一致支持的情况下采取行动，很可能会失败。

四、社会责任与经营业绩

有人担心企业承担社会责任会有损于其经营业绩，这种担心乍看起来似乎有点道理，因为在大多数情况下，社会责任活动确实不能补偿成本，这意味着有关企业要额外支付成本，从而损害了其短期利益。但由于承担社会责任改善了企业在公众心目中的形象，吸引了大量人才等，可以增加收益，并且所增加的收益足以抵补企业当初所额外支付的成本。从这种意义上讲，企业在利他的同时也在利己。

统计调查证明，在社会责任和经济绩效之间存在着某些正相关关系。承担社会责任为公司提供的利益，足以补偿其付出的成本。这些利益包括良好的企业形象，目标明确和更讲究奉献的员工队伍，政府更多的支持，等等。没有足够的证据表明，一个公司的社会责任行为明显降低了其长期的经济绩效。正因为如此，有人把社会责任行为说成是利润最大化行为，或者是乔装的利润最大化行为。社会责任与企业利润之间当然存在着内在的联系，但它至少不应该“仅仅”是利润最大化行为，况且，这里还存在着行为的动机问题。对现代中国企业来说，唤起社会责任的意识，建立起自觉的社会责任理念，并形成积极有效的社会责任行为，是最为紧迫的课题。

五、社会责任的具体体现

（一）企业对环境的责任

企业既受环境的影响又影响着环境。从自身的生存和发展角度看，企业有承担保护环境的责任。企业对环境的责任主要体现在：

1. 企业要在保护环境方面发挥主导作用，特别要在推动环保技术的应用方面发挥示范作用

有社会责任的企业有着强烈的环境保护意识，它们积极采用生态生产技术。生态生产技术利用生态系统的物质循环和能量流动原理，以闭路循环的形式在生态过程中实现资源合理而充分的利用，使整个生产过程保持高度的生态效率和环境的零污染。企业要紧密跟踪生态生产技术的研究进展，在条件许可的情况下，将最新的生态生产技术应用到生产中去，使研究出来的生态生产技术能尽快转化为生产力，造福于人类。在这样做的过程中，企业自身的发展也得到了有力的保证。

2. 企业要以“绿色产品”为研究和开发的主要对象

企业研制并生产绿色产品既体现了企业的社会责任，推动了“绿色市场”的发育，也推动着环保宣传教育，提高了整个社会的生态意识。

3. 企业要治理环境

污染环境的企业要采取切实有效的措施来治理环境，“谁污染谁治理”，不能推诿，更不能采取转嫁生态危机的不道德行为。

（二）企业对员工的责任

员工是企业最宝贵的财富。企业对员工的责任主要体现在：

1. 不歧视员工

现代企业的一个显著特征是员工队伍的多元化。为了调动各方面的积极性，企业要同等对待所有员工，不搞三六九等。

2. 定期或不定期培训员工

决定员工（尤其是高素质员工）去留的一个关键因素是员工能否在本企业中得到锻炼和发展的机会。有社会责任的企业不仅要根据员工的综合素质，

将其安排在合适的工作岗位上，做到人尽其才，才尽其用，而且在工作过程中，要根据情况的需要，对员工进行培训。这样做既满足了员工自身的需要，也满足了企业的需要。因为通常情况下，经过培训后的员工能胜任更具挑战性的工作。

3. 营造一个良好的工作环境

工作环境的好坏直接影响到员工的身心健康和工作效率。企业不仅要为员工营造一个安全、关系融洽、压力适中的工作环境，而且要根据本单位的实际情况为员工配备必要的设施。

4. 善待员工的其他举措

例如，推行民主管理，提高员工的物质待遇，对工作表现好的员工予以奖励，等等。

(三) 企业对顾客的责任

“顾客是上帝”，忠诚顾客的数量以及顾客的忠诚程度往往决定着企业的成败得失。企业对顾客的责任主要体现在：

1. 提供安全的产品

安全的权利是顾客的一项基本权利，产品的安全越来越受到企业（尤其是知名企业）的重视。企业不仅要让顾客得到所需的产品，还要让他们得到安全的产品。

2. 赢得顾客信赖

企业要想赢得顾客的信赖，必须提供正确的产品信息，不能弄虚作假，欺骗顾客，同时，还要赋予顾客自主选择的权利，企业不能限制竞争，以防止垄断或限制的出现给顾客带来的不利影响。在顾客使用产品前或过程中，企业要尽可能为顾客提供培训或指导，帮助他们正确使用企业的产品。

3. 完善售后服务

企业要重视售后服务，要把售后服务看做产品的下一道工序，看做是对顾客的承诺和责任。企业应建立起与顾客沟通的有效渠道，及时解决顾客在使用本企业产品时遇到的问题和困难。

(四) 企业对竞争对手的责任

在市场经济条件下，竞争是一种有序竞争。企业不能压制竞争，也不能搞恶意竞争。企业要处理好与竞争对手的关系，在竞争中合作，在合作中竞争。有社会责任的企业不会为了暂时之利，通过不正当手段挤垮对手。

(五) 企业对投资者的责任

企业首先要为投资者带来有吸引力的投资报酬。那种只想从投资者手中获取资金，却不愿或无力给投资者以合理报酬的企业是对投资者极不负责的企业，这种企业注定被投资者抛弃。

此外，企业还要将其财务状况及时、准确地报告给投资者。企业错报或假报财务状况，是对投资者的欺骗。

（六）企业对所在社区的责任

企业不仅要为所在社区提供就业机会和创造财富，还要尽可能为所在社区作出贡献。有社会责任的企业意识到通过适当的方式把利润中的一部分回报给所在社区是其应尽的义务，它们积极寻找途径参与各种社会行动，通过此类活动，不仅回报了社区和社会，还为企业树立了良好的公众形象。

☞本章点评

管理道德在本质上是规则或原则。不同的组织，其道德标准可能不一样；即使是同一组织，也可能在不同的时期有不同的道德标准。此外，组织的道德标准要与社会的道德标准兼容，否则这个组织很难为社会所容纳。

在道德标准方面存在三种不同的观点：道德的功处观、道德的权利观和道德的公正观。

管理者的行为是否合乎道德，是管理者个人道德阶段与个人特征、组织结构设计、组织文化和道德问题强度的调节之间复杂地相互作用的结果。

在社会责任上，有两种截然相反的观点：古典经济观（或纯经济观）和社会经济观。

☞复习思考

1. 道德的含义是什么？比较分析三种不同的道德观。
2. 影响管理者道德素质的因素有哪些？
3. 可以从哪些方面来促进管理者道德行为的改善？
4. 什么是社会责任？有哪两种社会责任观？
5. 企业是否应当承担社会责任？请谈谈你的理由。

☞本章案例一

企业的责任

1995 年 1 月 25 日，顾客徐某在海南乐普生商厦购买一台索尼电视机。1996 年 11 月 1 日晚打开电视机约 20 分钟后，突然“啪、啪”两声，声像全无。次日晨，徐某找到商厦，经检测认定，是显像管烧坏。而按国家规定，显像管作为彩电的最大部件，生产厂家在商品售出三年内要对质量负责。为此，乐普生商厦多次与索尼公司广州办事处联系，但对方均推诿而未予处理。

时值年尾，乐普生商厦为使顾客在节日看到电视，决定先出资更换修理。但索尼海口维修站却不愿以出厂价出售显像管。最后，乐普生维修部只好通过熟人从广州买到显像管，将电视机修好后送到顾客徐某手中。

之后，乐普生又先后多次向索尼方面提出索赔要求，都没有得到答复。为此，商厦于 1997 年 3 月 15 日举行了新闻发布会，向媒体透露了这一事件，并毅然决定，宁可损失经营索尼产品每月可带来的 80 万~100 万元的营业额，而把索尼的所有产品毫不留情地“请”出了商场。

在经过近 40 天的波折以后，索尼（香港）有限公司广州办事处主任高木卓及其两位代表于4 月 22 日到乐普生商厦递交了《致徐××先生及海南乐普生商厦有限公司的歉意书》，并接受乐普生提出的三项条件，即公开道歉，赔偿有关费用损失，承诺今后加强售后服务。4 月 23 日，《海南日报》刊登了歉意书，乐普生也随即恢复销售所有索尼产品。

（案例来源：乐普生取义逐索尼．温州大学管理学原理精品课程，http：//sxy.wzu.edu.cn/glx/. 2008-03-15。）

案例思考

1. 企业是否应履行社会责任？怎样履行？
2. 如何处理好企业行为的商业性与社会性之间的关系？
3. 怎样发动企业或组织的全体人员来塑造企业的良好形象？

☞**本章案例二**

科创公司的发展困境

苏北某市是江苏最贫困的市之一。该市只有极个别的具有高技术含量的企业，科创公司就是其中之一。它原是一家国有企业，主要生产变压器，但经营不佳，亏损严重。为了加快经济发展，市政府决定以比较低的价格将科创公司让民营企业家王某买断产权，组建股份有限公司。买断的条件是在原有的 400 多个工人中，保留 100 多人。

王某是一位十分精明能干且具有优良素质的企业家，受过高等教育，在特区搞过经营。接手后，他进行两项改革：一是提高科技开发的投入比重；二是提高销售成本比例。前者由1%提高到5%，后者由3%提高到12%。两项措施都比较有力地推动了企业的经营。不过，这些高比例的销售费用中相当一部分被产品推销人员用来作为回扣或向有关人员送礼打开市场。王某认为，现在该企业的产品虽然在同行业中市场占有率不算最高，但前景很乐观。另外，在改制后的第二年，他解雇了原企业留下的部分工人。估计不需要多长时间，保留的100多个工人中还有很多要被解雇。

王某认为，他已陷入经济与道德、企业自身发展与履行社会责任的困境。首先，作为本地的窗口企业，它的发展必将推动地域经济的发展，然而，提高销售成本会滋长企业经营中的一些不道德现象，形成不正当的竞争。其次，低价买断产权时，承诺接受100多名工人，实践证明，相当一部分人难以达到他的管理要求。于是，要么花大量经费培训这些工人，要么解雇他们。为了本企业的发展，王某选择了后者。

案例思考

1. 你认为，在这种困境中，经营者应当如何抉择？
2. 是否存在两全其美的措施？如果不行，解决问题的侧重点应在哪里？

第三编　计　　划

第六章 决 策

学习目的与要求： 深刻认识决策的含义；掌握决策的分类方法；充分认识决策的重要意义；把握影响决策有效性的各个因素，提高决策的科学水平；掌握决策的主要方法。

决策是人类活动的固有行为之一，其历史和人类社会一样悠久。在现代社会中决策越来越重要，它是管理者的主要的管理内容。在跨入 21 世纪后，组织所面临的环境日渐纷繁复杂，瞬息万变。市场风云的急剧变化，直接影响着组织的生存与发展。管理者必须审时度势，善于从组织内外多种关系的联系及其综合作用中，发现对组织有利的契机，作出正确的决策，以保证和促进组织的长期稳定发展。决策已成为企业管理中的核心问题，决定着企业的兴衰成败。本章着重介绍决策的基本理论和基本方法。

第一节 决策的含义和分类

一、决策的概念、特征

回顾人类社会发展的历史，决策经历了由小生产方式下的经验决策到社会化大生产条件下的科学决策的转变。经验决策是凭借决策者的知识、智慧、阅历和感觉对问题进行分析、判断和选择方案的过程。它是最低级的决策形式，也是社会活动中最基本的决策形式。进行这种决策，是人类生存和发展的基本保证，也是一切高级决策形式赖以产生的前提条件和重要基础。科学决策正是以这种最基本的决策形式为基础发展而来的。

科学决策是人类社会实践发展的必然产物，是当代决策理论研究的重要内容，也是现代管理理论的重要组成部分，它诞生于 20 世纪。20 世纪 30 年代，美国学者巴纳德和斯特恩最早将决策的概念引入管理理论。后来，美国的西蒙和马奇等人在巴纳德理论的基础上，创立了现代决策理论。决策理论是以社会系统理论为基础，吸收了行为科学、系统理论、运筹学等知识而发展起来的一门管理理论。科学决策是建立在严密的理论分析和计算基础上，遵从严格的决策程序所作出的有相当成功把握的决策。在现代组织的经营管理活动中，只有运用科学的决策方法和手段，才能保证组织的活动达到预期的目标，才能在竞争中得以生存与发展。就企业而言，企业经营的每一环节、每个层次，都存在着决策问题。决策的目的是使企业在未来的发展过程中更符合决策者的意愿和要求；使企业充分利用有利条件，克服不利因素的影响，取得良好的经济效益。因此，所谓决策是指决策者在拥有大量信息和个人丰富经验的基础上，对未来行为确定目标，并借助一定的计算手段、方法和技巧，对影响决策的因素进行分析研究后，从两个以上备选方案中选择一个合理方案的分析判断过程。这一定义包含以下几个方面的特征：

1. 目标性

任何组织决策都必须首先确定组织的活动目标。目标是组织在未来特定时间内完成任务程度的标志。没有目标，人们就难以拟定未来的活动方案，评价和比较这些方案就没有了标准，对未来活动效果的检查也就失去了依据。

2. 可行性

决策的目的是为了指导组织未来的活动。组织的任何活动都需要利用一定资源。缺乏必要的人力、物力和技术条件，理论上非常完善的方案也只能是空中楼阁。因此，决策方案的拟订和选择，不仅要考察采取某种行动的必要性，而且要注意实施条件的限制。

3. 选择性

决策的实质是选择，没有选择就没有决策。而要能有所选择，就必须提供可以相互替代的多种方案。事实上，为了实现相同的目标，组织总是可以从事多种不同的活动。这些活动在资源要求以及风险程度等方面均有所不同。因此，不仅有选择的可能，而且有选择的必要。

4. 动态性

决策是建立在大量的组织内外信息的基础上的，而且通过决策使组织和外部环境保持平衡。但外部环境和自身条件是变化的，因此应与时俱进，不断掌握新情况，不断解决新问题。

二、决策的分类

决策所涉及的范围相当广泛，且各有特点。为了便于决策者从不同管理层次上掌握各类决策的特点，根据管理工作的需要，这里介绍几种较为普遍的决策分类。

(一) 按决策层次划分，决策可分为战略决策、管理决策和业务决策

1. 战略决策

它是指事关组织未来发展的全局性、长期性的重大决策。战略决策一般由组织的最高管理层制订，故又称之为高层决策。进行战略决策的目的在于提高组织的管理效能，使组织的业务活动与外部环境的变化保持良好的动态平衡。企业的战略决策主要包括企业经营目标和方针的决策、新产品开发决策、投资决策、市场开发决策等。

2. 管理决策

它是指组织为实施战略决策，在人、财、物等方面作出的战术性决策。管理决策一般由组织的中间管理层作出，故又称为中层决策。进行管理决策的目的在于提高组织的管理效能，以实现组织内部各环节的高度协调平衡和资源的充分利用。管理决策具有指令性和定量化的特点，其正确与否，关系到战略决策的顺利实施。企业的管理决策主要包括生产计划决策、设备更新改造决策等。

3. 业务决策

它是指在组织的日常工作和活动当中，为提高工作效率和合理开展活动而进行的决策。这种决策一般由组织的基层管理层作出，故又称为基层决策。在企业中属于这种决策的有生产作业方法的决策、库存物资发放方式的决策等。

战略决策、管理决策和业务决策之间没有绝对的界限之分，尤其是管理决策和业务决策在不少小企业往往很难截然分开。制定决策的各级管理层次也并非不可逾越。一般来说，为了调动各级管理人员的积极性，提高决策的质量，各管理层在重点抓好本层次决策的同时，三个层次的决策者都应或多或少地参与相邻管理层的决策方案的制订工作（如图 6-1 所示）。

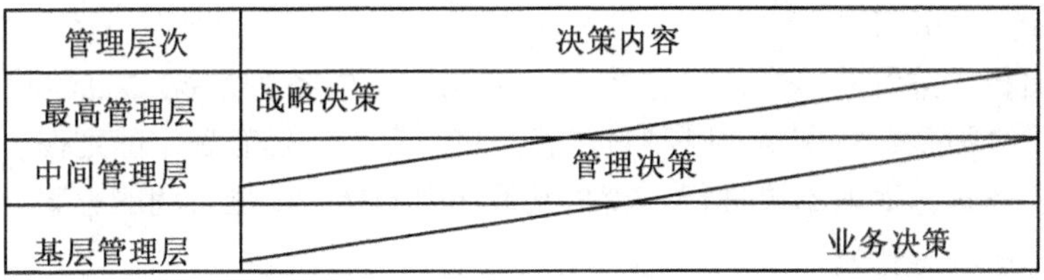

管理层次	决策内容
最高管理层	战略决策
中间管理层	管理决策
基层管理层	业务决策

图 6-1 各管理层次从事决策示意图

(二) 按决策事件发生的频率划分，决策可分为程序化决策和非程序化决策

1. 程序化决策

它是指在日常管理工作中以相同或基本相同的形式重复多次出现的决策。由于这类决策问题产生的背景、特点及其规律较为相似，且易被决策者所掌握，所以，决策者可根据以往的经验或惯例来作出决策。这种决策具有常规性、例行性的特点。如生产决策、采购决策、设备选择决策等均属于此类决策。

2. 非程序化决策

它是指由于大量随机因素的影响，很少重复出现，常常无先例可循的决策。这种决策由于缺乏可借鉴的资料和较准确的统计数据，决策者大多对处理此类决策问题感到经验不足，所以，在决策时没有固定的模式和现成的规律可循。这样就需要充分发挥决策者及其智囊机构的主观能动性，通过他们敏锐的洞察力、科学的思维方式、丰富的知识积累和处理此类问题的经验，来解决好这类决策问题。如经营方向及经营目标决策、新产品开发决策、新市场的开拓决策等均属于此类决策。

（三）按决策的时间跨度长短划分，决策可分为长期决策与短期决策

1. 长期决策

它是指 1 年以上，一般是 3～10 年的决策，关系到企业发展的前途和方向，属于长期性的、全局性的战略决策。如企业的长期投资决策、市场开拓、技术改造、产品开发、人力资源开发、组织革新等方面的决策均属于此类决策。

2. 短期决策

它是指 1 年和 1 年以内的战术性决策，如日常的营销策略、广告策略等。短期决策应该服从和服务于长期决策。

（四）按决策的确定性程度划分，决策可分为确定型决策、风险型决策和不确定型决策

1. 确定型决策

它是指决策者对每个备选方案未来可能发生的各种情况（自然状态）及其后果十分清楚，特别是对哪种自然状态将会发生，已有确定的把握，此时只需要对各备选方案的结果进行比较，就可从中选择一个最有利的方案。此种决策在组织中较为普遍。

2. 风险型决策

它是指决策事件未来多种自然状态的发生是随机的，决策者可根据类似事件的历史统计资料或实验测试等估计出各种自然状态所发生的概率，计算各备选方案的期望损益值，然后根据计算的结果作出决策。此种决策带有一定风险，主要源于自然状态的概率是估计值。

3. 不确定型决策

它是指决策者无法确定事件未来多种自然状态的概率，只是凭借决策者的经验、感觉和估计所作出的决策。此类决策在企业外部环境变化较大时，也是经常发生的。

（五）按决策的时态划分，决策可分为静态决策和动态决策

1. 静态决策

静态决策又称单项决策，它是仅根据某一时点的状态所作出的一次性决策，其内容比较单一。

2. 动态决策

动态决策又称序贯决策，它是随着时间的推移，针对在执行过程中可能会顺次发生的不同情况，而采取相应对策的一系列相互联系的多个决策。比如，在作出某一产品的销售决策时，要同时考虑到以下一些因素：假如市场需求量变大怎么办？市场萎缩又该怎么办？在销售过程中如果遇到强硬竞争对手，该采取何种对策与之抗衡？当某种对策失效后又应该采取何种补救策略？这需要制定一系列的决策。它可以一次把一系列决策制定出来，也可以分阶段作出决策。

（六）按决策主体的不同划分，决策可分为个人决策和群体决策

1. 个人决策

个人决策是指决策机构的主要领导成员通过个人决定的方式，按照个人的判断力、知识、经验和意志所进行的决策。个人决策一般用于日常工作中程序化的决策和管理者职责范围内的事情的决策，它具有合理性和局限性。

2. 群体决策

环境信息、个人偏好、方案评价方法是决定一个决策好坏的关键，而这些又与个人的经验和对问题的理解有关，特别是对于复杂的决策问题，不仅涉及多目标、不确定性、时间动态性、竞争性，而且个人的能力已远远达不到要求，为此需要发挥集体的智慧，由多人参与决策分析，这些参与决策的人，我们称之为决策群体，群体成员制订决策的整个过程就称为群体决策。

为了使组织在决策中能达到预期的目的，科学地划分决策的类型，合理地采用不同的科学决策方法和手段十分必要。以上是对决策的一般分类。实际上，各种类型的决策常常相互影响和交叉。在决策工作中，主要研究的是战略决策、非程序化决策、风险型决策和不确定型决策等。

第二节　提高决策有效性的要素

随着社会化大生产的不断进行，决策经历了从经验判断到科学决策的长期发展演变过程。科学地进行决策，不仅是当代管理理论和实践提出的迫切要求，也是任何组织工作顺利开展并获得成功的根本保证。从一般意义上讲，有效的决策包括四个方面的内容，即有效的决策标准、充分的决策依据、科学的决策程序和优秀的决策者。

一、有效的决策标准

决策必须有一个科学、有效的标准，这个标准就是确保组织目标的实现。由于组织活动的复杂性和客观环境的多变性，决策者很难用微积分求极值的方法来使二者达到最佳平衡状态。管理实践表明，用最优化作为决策的标准是十分困难的，因而西蒙提出用“令人满意”原则代替“最优化”原则。以往的经济学家和管理学家往往把人看成是以“绝对的理性”为指导，按“最优化准则”行动的“经济人”或“理性人”。事实上，这是一种理想状态。因为要做到完全合理地进行决策，需要具备几个前提条件：

（1）决策者对各种方案及其执行结果要无所不知；

（2）决策者有超凡的预测能力，能对预测对象今后的发展趋势作出准确无误的推测；

（3）决策者对各种期望目标能按照事先规定的顺序贯彻始终；

（4）决策可在无时间限制的条件下进行；

（5）决策约束条件是固定不变或同步变化的。

这一切实际上都是不可能的。在企业的管理工作中，西蒙提出的“令人满意”原则就是拥有适当的市场份额、适当的利润、公平的价格等。企业要达到足够满意化，应该是在对社会无害的前提下，选择经济上合理和技术上先进的方案，使企业的外部环境、内部条件和经营目标达到令人满意的平衡。因此，“令人满意”的标准，就是合理和有效的决策标准。

二、充分的决策依据

管理者在决策时离不开信息。信息的数量和质量直接影响决策水平。这要求管理者在决策之前以及决策过程中尽可能地通过多种渠道收集信息，作为决策的依据。但这并不是说管理者要不计成本地收集各方面的信息。管理者在决定收集什么样的信息、收集多少信息以及从何处收集信息等问题时，要进行成本-收益分析。只有在收集的信息所带来的收益（因决策水平提高而给组织带来的利益）超过因此而付出的成本时，才应该收集信息。

三、科学的决策程序

科学的决策程序是一个动态的系统反馈过程。在经济决策过程中，人们为了使决策能达到预期的效果，提高决策的水平，减少决策的失误，除了要采用有效的决策标准外，还必须严格地按照决策的程序进行。各个组织在活动中所面临的决策类型不同，决策内容的复杂程度也不一样，所以不可能有一个普遍适用的决策程序来解决所有的决策问题。但就其各类决策问题的一般规律而言，进行科学决策时，有其一般的程序，这些共同的程序并不排除各类决策问题的具体步骤上的差异性。决策程序的划分方法很多，有三阶段法、四阶段法、六阶段法、八阶段法等，且表述也各不相同。这里，我们将决策程序划分为四个阶段：发现问题/识别机会，确定决策目标；设定可行的备选方案；对备选方案进行评价和选择；实施方案与方案追踪。决策过程的前三个阶段，其实跟人类的逻辑思维过程是相一致的，即：问题是什么？有哪些解决方案？哪一个方案最好？最后一阶段是实施情况的一个总结，它往往是下一轮决策的一个起点。

（一）发现问题/识别机会，确定决策目标

通过调查、收集和整理有关信息，找出差距，发现问题（或识别机会），明确奋斗目标，是决策的起点。没有问题就不需要决策；问题不明，难以作出正确的决策；问题判断错了，则决策不可能正确。所以说，决策的正确与否首先取决于对问题判断的准确程度，发现问题（或识别机会）是决策制定过程中一个非常重要的初始环节。

具体来讲，发现问题（或识别机会）并确定决策目标的过程可以分为以下几个基本步骤：通过对外部环境和组织自身状况的调查分析，找出应达到的状况同实际状态之间的差距；根据存在的差距，找出主要问题及其产生的原因；根据主要问题确定初步目标；对初步目标进行可行性分析，遇到有多个目标时，认真搞好多目标处理；在可行性分析的基础上，确定决策目标。具体过程如图 6-2 所示。

1. 发现问题/识别机会

决策是为了解决现实中提出的、需要解决的问题。确定决策的目标，必须对需要解决的问题从性质到产生的原因进行认真、全面的分析。找出组织在活动中存在的问题就是从实际出发，分析在特定环境下实际达到的现实状况与应达到的理想状况有多大的差距。因为理想状况在很大程度上受客观条件的影

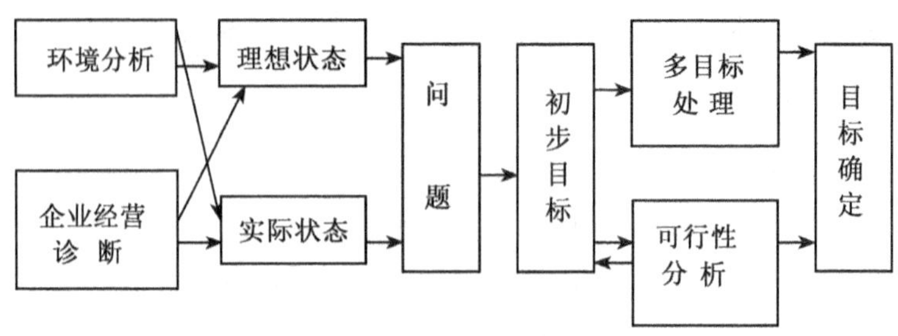

图 6-2 确定决策目标过程图

响，所以，要找出差距首先要对组织活动的客观条件进行科学的分析。而现实状况主要是由主观条件决定的。一个企业的主观条件包括经营战略与策略、经营管理水平等。一般找差距有两种基本方法：一是横向分析法，即同国内外同类型的组织的现实状况进行对照，经过比较，发现存在的问题，寻找差距；二是纵向分析法，即通过对组织活动的各项指标的变化趋势及幅度的分析比较，总结经验教训，以利于认清组织所面临的形势及需要进一步完善和改进的工作。

值得一提的是，问题的发现和判断往往带有主观的色彩，它依赖于管理人员的知识、经验、洞察力、分析判断能力等主观条件。同一个事实或现象，在某个管理人员看来是“问题”，而另一个管理人员可能认为是“事物的正常状态”，即使都认为是问题的两个管理人员，对于造成问题的起因的判断也是不一样的。因而，要想提高发现问题的准确性，就必须进行科学的调查研究，排除可能的偶然性和主观因素的影响，把握客观事实。现代调查研究工作已经有了一系列可行有效的方法，全面的社会调查、抽样调查、典型调查、专家集体咨询等都是科学调查时常采纳的。

2. 确定决策目标

发现问题（或识别机会）之后就要确定决策目标。决策目标必须明确，不能含糊不清，否则，在以后制订、评价和选择备选方案时，就会感到无所适从，难以遵循。决策目标应当具体、详细，有具体衡量组织现实状况的标准，不能抽象空洞。有些无法直接用量化指标表示的目标，可以采取间接表示的方式使其量化，如用评分法、百分比法等。值得注意的是，许多较复杂的决策问题，往往有多个目标，有时各个目标之间还存在一些矛盾。目标的多重性，造成决策标准的多元化，给决策带来一定的困难。此时，处理好多目标的问题非常重要。处理此类问题要遵循三条原则：一是尽可能减少目标数量；二是根据目标的重要程度进行合理排序，分清主次，抓住主要目标；三是保持各目标之间的相互配合与衔接。对其中减少目标数量原则来讲，可采用以下几种方法：

（1）剔除从属性目标和不必要的目标；

（2）将类似的目标进行合并；

（3）把次要目标降为约束条件；

（4）利用综合指标代替单项指标。

经过相应处理后，若仍然存在若干个目标，那么就要按各目标的重要程度排列出一个顺序，确定各自的重要系数，以便在择优决策时可以遵循。在多目标情况下，如果有互相矛盾的目标存在，则应以组织总目标为依据进行协调。在协调过程中，有时为了顾全大局可以降低某些目标，甚至放弃某些目标。

（二）设计可行的备选方案

决策过程中应探索和设计多种备选方案，以便决策时选择。决策的基本含义就是抉择，如果只有一个方案，没有选择的余地，也就无所谓决策。因而，需要尽可能地多列几个方案，力争做到不漏掉方案，特别是那些可能是最好的方案。备选方案应该具备三个基本条件：（1）能够有利于组织目标的实现；（2）在组织外部环境和内部条件下都具有可行性；（3）方案必须具有明显的排他性。其中，方案可行性的重要性毋庸置疑，如果一个方案不可行，就失去了意义。方案的可行性取决于实施方案时所必须具备的条件、所需的资源。决策的分析人员必须知道决策方案需要哪些条件；这些条件中哪些已具备，哪些还应争取；人、财、物、信息等资源量能否充足；未来的不确定因素对方案可行性的影响有多大；有没有预防性的对策、紧急应付的措施等。

设计备选方案可分为以下四个步骤：（1）方案的初步设想阶段；（2）方案设计阶段；（3）方案的可行性研究阶段；（4）改进设计，修正并确定备选方案阶段。设计可行备选方案的过程如图 6-3 所示。

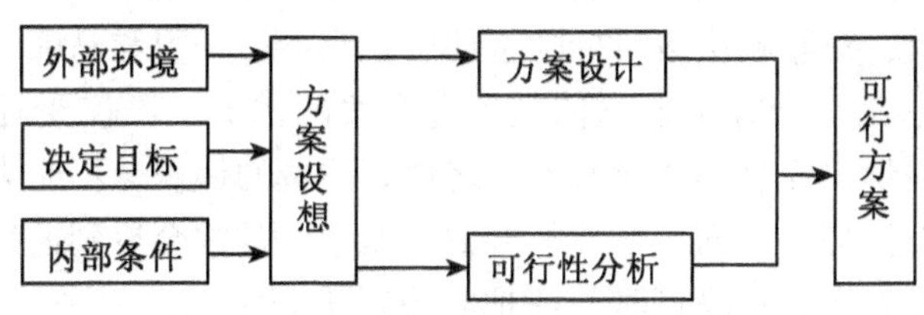

图 6-3　可行备选方案探索设计过程图

设计过程中，在保证实现决策目标的前提下，备选方案数量越多，质量越高，选择的余地就越大，对决策就越有利。因此，备选方案的设计，必须充分发挥创造性，广泛探求，尽量将一切可能的方案都设计出来。发挥创造性是探索与设计备选方案取得成功的关键。在这个阶段，最好能把各方面专家集中起来进行讨论，以便互相启发，集思广益，提高方案质量。

（三）对备选方案进行评价与选择

备选方案拟订出来之后，选择其中的哪一个方案？此时，需要对每一个备选方案进行分析、评价。客观上来说，应选择哪些能最大实现所有目标且最经济的方案，即“最优”方案，当“最优”方案很难找到或者根本不存在时，只好退而求其次寻找“满意”方案。

1. 评价备选方案

人们在拟订方案的时候，总要千方百计地多设计出一些方案，唯恐遗漏了可能的方案，因此设计出来的方案往往较多，但其中肯定有一些不符合要求、需要淘汰的方案；而且，决策者在过多的方案面前往往会感到眼花缭乱，很难决断。这就需要在分析评估阶段，对各备选方案进行可行性与效果两个方面的研究。既要分析其可行性的程度，又要对实施后的效果进行估计。通过方案比较，淘汰那些可行性程度较低和效果较差的方案，留下可行性程度较高和有良好效果的方案，以便更进一步的分析选择。同时，各备选方案也可以在这个阶段进行综合，取长补短，把众多的方案综合成少数几个比较好的方案。这些方案比起原有方案具有更多的优势，决策者就可以在这几个比较好的方案中较容易地选择出一个理想方案。

在分析评估方案时应该注意以下几点：

（1）充分估计影响决策目标的所有后果。主要目标的关键后果一般是不容易遗漏的，但长远后果、无形后果、间接后果、社会后果等却往往被忽略或遗忘，这些后果也会影响决策目标的实现，应特别引起注意。对后果估计得越全面，越深入，下一步选择方案就越有把握，更可靠。有时候忽略的似乎只是一个不重要的方面，但后来的执行结果却出乎意料，所谓“功亏一篑”就是这个道理。因此，对影响决策目标的全部后果都不能轻视和马虎。

（2）实事求是、全方位地评估各备选方案的优劣。不仅要对方案的长处充分地估计和评价，而且还要对其不足之处有清醒的认识，不能为了夸大某一方面，而有意贬低另一方面。在评估方案工作中，常常会遇到这种情况，人们为了想推行某个方案，在决策时往往把它说得天花乱坠，似乎是完美无缺的，可是执行起来却困难重重，问题成堆。因此，既不能“报喜不报忧”，也不能以偏概全。与其相反的情况也时有发生，有时人们从主观上贬低某个方案，把它说得一无是处，可是过了一段时间后，再回头来审视，才发现原来并非如此。在分析评估时，尤其要注意方案实施过程中可能出现的不利情况，便于事先考虑预防措施，掌握解决问题的主动权，这样才能把可能产生的危害降低到最低限度。

（3）不仅要进行技术上的论证，还应当充分估计人的因素所发挥的作用。任何决策方案的执行都离不开人，发挥人的主观能动性，往往会有力地推动决策方案的实施，使决策方案的执行结果符合事先的估计，甚至比人们的预料还要好。常常有这种情况，一些方案从技术论证上看并非是无懈可击的，可是它符合人们当前的认识，且易于接受和采纳，因此，执行起来就得心应手，结果可能会相当理想。相反，有些方案从理论上看不仅是正确的，而且是较为理想的，可是由于种种原因，人们一时很难接受，执行起来就会处处受挫，其结果就很难尽如人意了。

2. 择优选择方案

评价备选方案后就要进行优选抉择。方案评选的方法通常有：经验判断法，即根据决策者的经验来对方案进行评选；数学分析法，即通过建立各种数学模型和采用数学分析手段，求出最优解，从而对方案进行评选；试验法，即在缺乏资料和经验、无法做定量分析时，通过典型试验取得经验和数据，然后对方案进行评选。在方案优选时只应有一种态度，即科学、严谨的态度；也只应有一种标准，即科学、有效的决策标准。在优选过程中应考虑代价、效益和风险三个因素，选择代价较小、效益较高、风险较小的方案作为决策方案。但是，这三个因素有时也会发生矛盾，所以只能进行综合分析和考虑，在多项比较中选出满意的方案，或以一个方案为主，同时吸取其他方案优点后综合出满意方案。

在优选阶段应注意以下两个方面的问题：

（1）领导者是决策人，决策行为应由领导者个人来完成。在此，要区别两个不同的概念，一个是“决策工作”，一个是“决策行为”。决策工作是指从发现问题（或识别机会）、确定决策目标开始，包括探索设计可行方案，一直到分析评估备选方案，它是在领导者主持下，主要由智囊人员共同完成的；而决策行为就是方案选择，是一个抉择行为，即通常所说的“拍板定案”，它是领导者的职责，应该由领导者个人去独立完成。现代决策必须由专家从事各项决策工作，但他们是在领导者的委托、指导或主持下参与决策的，他们决不能代替领导者去“拍板定案”。

（2）领导者一定要用科学的思维方法和谨慎的态度进行决断。当专家把各种方案及其背景材料提供给领导者时，领导者要用系统观念，认真仔细地判别各种方案的优劣利弊，从中选出优化方案，适时地进行决断。在选择方案的时候，领导者切不可随心所欲，草率从事，头脑一热就想当然地“拍板”，那样前面所做的一系列工作就失去了意义，不仅前功尽弃，而且还会后患无穷。

为了确保决策方案的可操作性和实施中的稳定性，在确定满意方案后，还应对其作一次最后的审定。其主要内容包括：检查情报信息的真实性，发现其中失真的或有较大变动的情报；检查方案分析时被抽象掉的某些因素对决策方案有无明显影响及其影响程度；对决策方案进行可靠性分析，测试影响决策的主要条件变化所带来的误差和变化幅度，制订应变措施。经过最后审定，认为方案切实可行，方能付诸实施。

（四）实施方案与方案追踪

这是决策的实现阶段。方案一旦选定，就应当进行试验，在试验的基础上组织实施，并且在执行过程中，要随时掌握实施情况，及时采取措施或对方案加以调整，以最终达到预期的效果。

1. 局部试验

方案选定以后，一般要进行局部试验，以验证其方案的实施是否稳定、可靠，通常我们称之为试点。试点是科学和务实态度的体现，必须科学地进行，才能得出科学、真实的结论。在选择试点单位时，必须考虑试点单位应具有广泛的代表性，而且局部试点必须严格地按照决策的方案实施。同时，最好有和试点单位各种条件相同或相似的单位来做对照，这样才可能在比较中得出科学的结论，以利于方案的全面执行。

2. 全面实施

决策方案的全面实施是决策程序的最终阶段。由于已通过局部试验的检验，决策实施的稳定、可靠程度一般是比较高的。然而，决策只有通过全面实施才能最后证实决策是否能取得成功。

在决策实施过程中，由于主客观条件的不断变化，或者由于决策方案还不完全符合实际情况的要求，产生贯彻执行结果和目标出现偏差的情况是常有的。因此，做好检查、反馈和控制工作十分必要。通过信息系统和其他渠道，准确而迅速地把决策实施中发生的问题，反馈到组织的决策层，使得决策层能够及时依据客观情况的变化，对决策方案进行相应的修正或补充，最终实现目标。

在决策全面实施的过程中，可能会碰到以下三种情况，应视不同情况采取不同的对策：

（1）决策正确，但由于执行不力，在实施过程中出现了一些问题。碰到此种情况一定要慎重从事，切忌轻易改变决策，而应该加强管理，克服工作中的困难和阻力，把决策坚定不移地实施到底。

（2）决策目标正确，决策方案总体上合理，但也存在局部性错误和不够完善的地方。这时就需要采取必要措施，调整实施方案，进行决策修正，使决策实施方案日臻完善，更加符合实际，更具有科学性和可操作性。

(3) 决策目标有问题，或整个决策的出发点有问题，或原来赖以决策的主客观条件均发生了明显变化。此时，就必须重新决策。因为这种情况说明决策目标或决策方案出现了根本性错误，唯一的办法就是否定过去的决策方案，重新决策。

总之，科学的决策应该按照以上四个相互联系的步骤来进行，前一步骤是后一步骤的基础，后一步骤是前一步骤的结果，可以反复多次，但不能超越。科学的决策程序是有效决策的基本要素。

四、优秀的决策者

组织的决策是通过决策者的工作来进行的。决策者可能是一个人，也可能是一个群体。决策者是进行科学决策的最基本要素，也是诸要素中的核心要素和最积极、最能动的要素，是决策成功的关键所在。现代社会中，组织的管理活动面临着一个多元的、庞大的、错综复杂的局面，这就使决策中的不确定因素增多，给正确地进行决策带来较大的困难。为此，在进行决策时，不仅要依靠决策者个人的知识、经验和决策能力，而且要发挥决策的群体效应，提供科学的思维方式，同时要求决策者具备良好的品德修养。

(一) 决策者应具有坚强的意志

通过对决策活动的内容、分类的研究分析，我们发现，决策是一种通过人脑进行逻辑选择和分析推理的活动，本质上是一种技术性较强的活动。因此，要求决策者具有与复杂的决策活动相适应的良好的意志品质，这些都会对决策者的决策活动产生直接影响。

意志是人们有能力去实现既定的目标和约束自己的行为的表现。一个心理健全的人，他的一切有目的活动都是意志的体现。在存在巨大的障碍和困难需要去克服的情况下，意志的作用是非常重要的。决策在某种意义上讲，也是一种复杂的意志活动，每个决策者都应该具有坚强的意志。坚定不移的目的性、果断性和顽强性，是科学决策的必备积极因素。

当然，坚强的意志并不等于方案一经确定，决策一旦作出，就无论在什么情况下都不作变动。恰恰相反，意志坚强的决策能够随时根据客观情况的变化，对已确定的方案进行必要的修正和补充，甚至改变原有方案。决策者之所以要改变或修正原定方案，是因为要使作出的决策更符合客观实际，以便更有效地实现预期目的，那么这种改变或修正，正好充分说明了决策者具有坚强的意志，具有不达目的决不罢休的锲而不舍的精神。如果是为了逃避困难和害怕风险而改变原定方案，则是决策者意志薄弱的表现。因此，决策者必须具有较强的决策动机和卓有成效地拟定方案的思维，及时果断地作出决断，通过自己的不懈努力，保证决策方案的实施和完善。

（二）决策者应具备良好的修养

一个有效的决策者必须具备现代决策应有的修养，这是科学决策的基础和前提。决策者的现代决策修养主要有以下几个方面：

1. 勇于创新，敢担风险

决策是一项创造性活动，从某种意义上讲，没有创新就没有决策。在变化迅速、竞争激烈的当今社会，没有勇于进取、敢于创新的精神，就有可能被社会所淘汰。要创新，就要走前人没有走过的路，就要敢为人先，敢于冒险。因而在决策工作中可能会犯点错误，甚至会得罪和冒犯一些人，这些都是在所难免的。任何决策都是在一定时间内作出，并在一定时期内发挥作用的。而传统习惯、老规矩、老套路，这些都是以往的决策模式，可以采取“扬弃”的态度，有选择地继承。同时，在继承的时候，必须要有所发挥，没有发挥和创新，走人家走过的和自己过去走过的老路，是搞不好科学决策的。即使是一位才华出众、成绩卓著的决策者，也永远不能满足现状，他需要不断探索，不断创新。

2. 博学多识，深谋远虑

现代决策要求决策者应具有广博和综合的知识结构，他除了要掌握现代科学基本知识，精通有关的方针政策及管理业务外，还应有扎实的专业知识。特别是为了应付变化莫测、错综复杂的局面，决策者应该做到高瞻远瞩，深谋远虑，居安思危，不仅要能对组织近期的发展作出准确的决策，而且还要能对今后一个较长时期内的发展战略作出科学、合理的选择。博学多识、足智多谋乃是现代企业高层决策者的基本素质，是一个企业兴衰成败的关键。

3. 作风民主，善于决断

决策者应该认识到民主作风在决策工作中的作用，因为科学决策绝不是个人的主观武断。要真正做到正确决策，就一定要发扬民主，集思广益，虚心听取各方面的意见，尤其要注意听取有关专家智囊的意见，并善于从中吸取有价值、有见解的内容。只有真正发挥集体的力量，才能使决策更加科学、完备。决策者还必须具有不失时机的决断魄力，拖延时间就会在决策过程中产生新的、更大的风险，因为时间是现代管理的一大资源，是现代决策的一个重要影响因素。时间就是效益，时间就是组织的生命，争取了时间就争取了主动，争取了主动就会赢得组织事业的成功。决策者的决断魄力除了能及时果断决策外，还在于能够动员全体员工，充满必胜信心地去实施决策，否则，决策也是没有任何意义的。

4. 尊重事实，敢于修正

如果决策出现失误，决策者应主动承担责任，这是决策者优秀品质和素养的表现，也是实事求是精神在决策中的具体体现。实践是检验真理的唯一标准。决策是否正确，最终要通过实践来检验。如果实践检验证明决策存在一定问题，决策者就应该勇敢地去修正错误。因为决策往往受主观条件的影响，不可能是完美无缺的，总会有这样或那样不完善的地方，甚至出现重大错误也是不足为奇的。高水平、务实的决策不在于追求决策的尽善尽美，而在于尊重事实，注重信息反馈，不断总结经验教训，及时调整和完善决策方案。无视事实、知错不改的决策者不是优秀的决策者。

（三）决策者应具有的决策能力

决策能力是对某事出主意、想办法、作出合理抉择的能力。决策能力是领导者重要的能力，不能决策的人就不能从事领导工作。决策能力是一种综合能力，它由四种要素构成。

1. 分析问题的能力

决策者要能够透过现象看到事物的本质，善于抓主要矛盾，善于辨别主流和支流，分清轻重缓急，权衡利弊得失，识别真假是非，提出正确方案。

2. 逻辑判断能力

决策者能够准确判断事物的前因后果，能够对事物发展的可能性作出较确切的判断，具有远见卓识的水平，善于从大量复杂的管理活动中，发现最关键、最急切需要解决的问题，做到站得高，看得远。

3. 开拓创新能力

决策者应对新事物反应敏锐，具有丰富的想象力，思路开阔，有较强的开拓创新能力，善于提出新思想、新方案、新方法，能用意义深远的新目标鼓励组织员工不断进取，不断追求。决策者应努力成为理智的冒险家。

4. 直觉能力

决策者应对实际问题具有直接感应、敏于判断的能力。在问题无法从容商讨时，能凭直觉及时作出决断，以紧急应变。

一个优秀的决策者应该具备以上优良的素质和能力。在决策中，除了要充分发挥决策者个人的聪明才智以外，同时还应十分重视发挥决策群体的作用。为了实现科学决策，决策群体的智力结构是十分重要的。智力结构是指具有不同智力的人有机组合起来所形成的结构。一个具有合理智力结构的决策群体，不仅能使每个决策者人尽其才，而且通过有效的结构组合，能产生巨大的群体能量。智力结构的主要内容包括专业结构、年龄结构、知识结构、智能结构和素质结构等。合理的智力结构应符合知识互补、能力叠加、性格包容、年龄梯形的要求。

第三节　决策方法

随着决策实践和决策理论的不断发展，决策的方法也在不断地增多。决策中最古老的办法是凭习惯和决策者个人经验，因此缺乏科学性和系统性。自从工厂制度诞生以后，决策方法开始有了较大改进，其一表现在按常规办事，不必事事重新决策，而“例外原则”充分利用了这一点，提高了管理的效率；其二是建立和健全专门处理某类决策的组织机构，分工明确，并赋予它们相应的权力，这是决策得以进行的组织保证。从 20 世纪中叶以来，决策方法的发展速度明显加快，而且发生了质的改变。在决策工作数学化、模型化、计算机化的同时，十分注重人在决策中的作用。我们可将众多的决策方法概括为两大类，即定性分析法和定量决策法。

定性分析法是建立在人们的经验、知识、智慧等基础上，对决策方案进行评价和判断的一种方法。在管理工作中，有许多问题有时很难用定量分析法处理，往往要依靠经验进行判断，因而它是一种常用的不可缺少的方法。但经验判断不是依靠某一个人作判断，而是在集思广益，依靠一定的组织形式，发挥各方面人员的知识与经验的基础上进行的。因此，这里的关键在于决策民主化，以避免决策的主观随意性和片面性。此类方法尤其注重发挥人的主观能动性，且简便灵活。但它也存在一定的局限性，决策是建立在个人主观判断基础上的，因此主观成分大，缺乏严格的科学论证，而且易受传统观念的影响。此类方法主要适用于受社会因素影响较大、所含因素错综复杂的战略决策。

定量决策法是根据已有的实际数据以及各个变量的相互关系，建立一定的数学模型，然后通过运算，取得结果，进行判断。它可以解决单靠经验很难精确判断的复杂问题，同时能把大量的程序化决策工作计算机化，减轻了决策工作量，使决策者能集中时间和主要精力去解决更重要的问题，提高决策的效率。但定量决策法也有其局限性，尤其是许多社会因素无法估量，使此类方法的使用受到限制。此类方法主要适用于常规决策、程序化或规范化决策等。

由于定性分析法和定量决策法各有所长，也各自存在一定局限性，在决策中应根据决策问题的性质和决策过程各个阶段的情况，灵活应用各种方法。人们往往把两类方法结合起来，以便进一步提高决策的科学化水平。下面就定量决策法中的一些主要决策方法，按不同的决策类型分别予以介绍。

一、定性决策方法

（一）头脑风暴法

头脑风暴法又称智力激励法或自由思考法（畅谈法，畅谈会，集思法），出自“头脑风暴（Brain Storming）”一词。所谓头脑风暴，最早是精神病理学上的用语，指精神病患者的精神错乱状态，而现在则成为无限制的自由联想和讨论的代名词，其目的在于产生新观念或激发创新设想。头脑风暴法是由美国创造学家奥斯本于1939年首次提出、1953年正式发表的一种激发性思维的方法。在群体决策中，由于群体成员心理相互作用影响，易屈于权威或大多数人意见，形成所谓的群体思维。群体思维削弱了群体的批判精神和创造力，损害了决策的质量。为了保证群体决策的创造性，提高决策质量，管理上发展了一系列改善群体决策的方法，头脑风暴法是较为典型的一个。

头脑风暴法主要用于收集新设想，它鼓励提出任何种类的方案设计思想，但禁止提出任何批评。它把人类的思维和观点的产生比喻为像狂风暴雨一样的迅猛。典型的头脑风暴会议中，一些人围桌而坐，群体领导者以一种明确的方式向所有参与者阐明问题，然后成员在“一定”的时间内“自由”地提出尽可能多的方案。在没有讲完所有的意见和建议之前，不允许提出批评。另外还欢迎对别人的原建议作出改进，特别是一些新思想，并把所有的方案都当场记录下来，留待以后讨论或分析。

（二）德尔菲法

德尔菲法也称专家调查法。传统的专家意见法是采用开讨论会的形式，将一些见识广博、学有专长的专家召集起来，向他们提出要决策的问题，让这些专家提出各种方案，并进行讨论，最终决定最佳方案。这种方法有一定的效果，但也存在着一些严重的缺陷，例如，与会者可能会受到专家间的相互影响和对权威的迷信导致“从众”现象，或是因为“面子”问题而固执己见。

鉴于传统的专家意见法的缺点，美国兰德公司发展了一种新的专家意见法，取名为德尔菲法（Delphi Method）。此种方法的特点是采取参加决策的专家互不见面，意见的发表和交流采取匿名书面方式进行。其一般过程为：先向有关专家提出相关的情况或问题，请专家分别写出书面意见；然后，主持人把各人的意见再交换寄给那些专家，作出分析意见后再收集起来，进行综合、整理，再反馈给每个人；各人在修改和增添后再寄给主持人，如此反复多次，直到各专家的意见大体趋于一致为止。德尔菲法隔绝了群体成员间可能的相互影响，它还无须参与者到场。比如，一个跨国公司可以用此法询问它在世界各地的销售经理有关公司的一项新产品在世界范围内的合理的价格水平。这样做既避免了召集主管人的花费，又可获得各地市场的信息。当然，德尔菲法不是没有缺点的，它太耗费时间了，不适于需要作快速决策的场合。

（三）名义群体法

名义群体法（Nominal Group Technique，NGT），又称名义团体技术、名义群体技术、名义小组法。名义群体法是指在决策过程中对群体成员的讨论或人际沟通加以限制，但群体成员是独立思考的。像召开传统会议一样，群体成员都出席会议，但群体成员首先进行个体决策。具体方法是，在问题提出之后，采取以下几个步骤：

(1) 成员集合成一个群体，但在进行任何讨论之前，每个成员独立地写下他对问题的看法。

(2) 经过一段沉默后，每个成员将自己的想法提交给群体；然后一个接一个地向大家说明自己的想法，直到每个人的想法都表达完并记录下来为止(通常记在一张活动挂图或黑板上)。所有的想法都记录下来之前不进行讨论。

(3) 群体开始讨论，以便把每个想法搞清楚，并作出评价。

(4) 每一个群体成员独立地把各种想法排出次序，最后的决策是综合排序最前的想法。

名义群体法的主要优点在于，使群体成员正式开会但不限制每个人的独立思考，但是又不像互动群体那样限制个体的思维，而传统的会议方式往往做不到这一点。

二、定量决策方法

（一）确定型决策

确定型决策是指决策的影响因素和结果都是明确的、肯定的。因此，对于此类问题一般可根据已知条件，直接计算出各个方案的损益值，通过比较，选出比较满意的方案。企业中有相当数量的决策问题属于此种情况，均可采用这种方法。

1. 单纯择优法

它是根据已掌握的每一个备选方案的确切结果，直接进行比较，从中择优，确定理想方案的方法。

例如，某服装厂拟向三个备选工厂购买质量相当的布料，单价分别为：甲厂35元/米，乙厂42元/米，丙厂50元/米，则该服装厂应选购甲厂的布料，因为其价格最便宜。

2. 线性规划的图解法

在企业的决策工作中，应将有限的人、财、物合理地运用，在生产出更多符合市场需求的物美价廉的产品的同时，使企业取得良好的经济效益。当各种限制（约束）条件表现为线性等式或不等式，目标函数表示为线性函数时，就形成了线性规划问题。线性规划的图解法是先确定线性规划模型的可行解区，然后从中找到最优解。此方法简单、直观，特别适合只有两个变量的线性规划问题。

［例 1］某企业经过市场预测，发现 A、B 两产品有较大市场需求，拟生产这两种产品，但生产受到甲、乙两种设备有效台时的限制（设备的有效台时及 A、B 两产品的台时定额如表 6-1 所示），根据市场行情和企业现状，A 产品每件获利 50 元，B 产品每件获利 40 元。如何进行产品品种的最佳组合，才能获得最大盈利?

解：设 A、B 产品产量分别为 x，y：

约束条件 $\begin{cases} 4x+8y\leqslant 800 \\ 6x+4y\leqslant 600 \\ x,\ y\geqslant 0 \end{cases}$

目标函数 $Z=50x+40y\rightarrow \max$

表 6-1 **甲、乙设备有效台时和 A、B 产品台时定额表**

设备 \ 台时定额 \ 产品	A	B	有效台时
甲	4	8	800
乙	6	4	600

以 X 为横坐标，Y 为纵坐标，画出直角坐标图。因 x，$y\geqslant 0$，解区在第一象限（如图 6-4 所示）。

可行域的各点坐标为 O（0，0），A（0，100），B（50，75），C（100，0）。将其代入目标函数，得：

$Z_0=50\times 0+40\times 0=0$（元）

$Z_A=50\times 0+40\times 100=4\ 000$（元）

$Z_B=50\times 50+40\times 75=5\ 500$（元）

$Z_C=50\times 100+40\times 0=5\ 000$（元）

最优解为生产 A 产品 50 件，生产 B 产品 75 件，可获得最大利润5 500元。

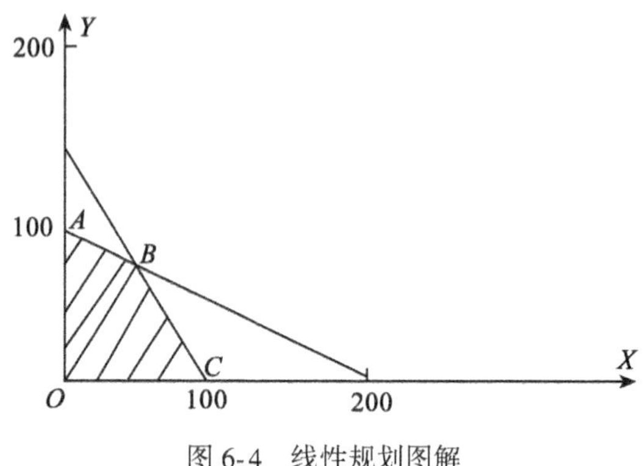

图 6-4　线性规划图解

（二）风险型决策

风险型决策一般是先预测方案在实施过程中可能会出现的各种自然状态（即可能出现的情况），并估计各种自然状态可能出现的概率。然后，根据决策目的提出各备选方案，并计算出在不同的自然状态下各备选方案的损益值，称为条件损益。最后，按照下式计算出每个备选方案的损益期望值，并进行比较，择优决断。

$$\mathrm{EVM}_j = \sum_{i=1}^{m} P_i Q_{ij}$$

式中：EVM_j 为第 j 个方案的期望损益值，$j=1, 2, 3, \cdots, n$

P_i 为第 i 种自然状态出现的概率，$i=1, 2, 3, \cdots, n$

Q_{ij} 为第 j 个方案在 i 种自然状态下的条件损益值。

风险型决策主要采用决策树法。

决策树法是利用树枝状图形表示各备选方案、自然状态、自然状态所发生的概率及其条件损益，然后计算各备选方案的损益期望值，最后进行比较抉择。

1. 决策树的构成

决策树是由决策点、方案枝、状态结点、概率枝、损益点等要素构成（见图 6-5）。

决策树是以决策点为出发点，引出若干条方案枝，每一条方案枝代表一个备选方案。方案枝的末端有一个状态结点，从状态结点引出若干条概率枝，每一条概率枝代表一种自然状态，概率枝上标明每种自然状态下的概率损益值。这样层层展开，形同树状，由此而得名。

2. 决策树的操作步骤

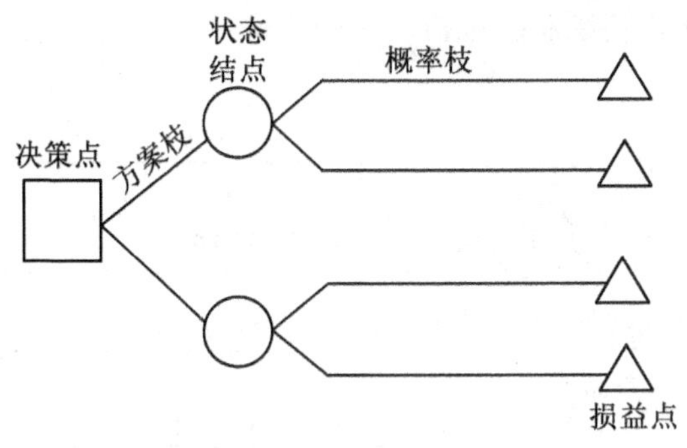

图 6-5　决策树

（1）绘制树枝图。

绘制程序是从左向右分层展开。在进行决策条件分析的基础上，确定有哪些方案可供决策的选择，估计各种备选方案实施后可能产生哪几种自然状态及各自的概率。如果是多级决策，则应确定是几级决策，并逐级展开其方案枝、状态结点和概率枝。

（2）计算损益期望值。

损益期望值的计算要由右向左逐步进行。首先将各种自然状态下的损益值分别乘上各自概率枝上的概率，再乘上方案使用的期限，最后将各概率枝上的值相加，将其标在状态结点的上方。

（3）剪枝。

比较各备选方案的损益期望值（如方案实施过程中有费用发生，还应将状态结点值减去方案费用后再进行比较），剪掉损益期望值小的方案，最后只保留损益期望值最大的那一条方案枝，在剪掉的方案枝上标上“‖”记号，将最大的损益期望值标在决策点上方。

［例 2］某企业为进一步占领市场，拟对产品进行更新换代，经分析研究，有三种备选方案可供挑选：甲方案：为生产换代新产品 A，引进一条流水生产线，需投资 1 000 万元，未来 5 年如果销路好，每年可获利 750 万元；如销路不好，每年将亏损 90 万元。销路好的概率为 0.65，销路不好的概率为 0.35。乙方案：为生产换代新产品 B，对原有生产线进行改造，需投资 450 万元，未来 5 年如果销路好，每年可获利 400 万元；如果销路不好，每年只能获利 50 万元。销路好的概率为 0.7，销路不好的概率为 0.3。丙方案：继续生产老产品，如果销路好，仍可维持 5 年，每年可获利 150 万元；如果销路不好，只能维持 2 年，每年可获利 30 万元。根据市场预测，销路好的概率为 0.4，销路

不好的概率为 0.6（为运算简捷，不考虑货币的时间价值）。

解：根据上述资料绘制决策树，见图 6-6。

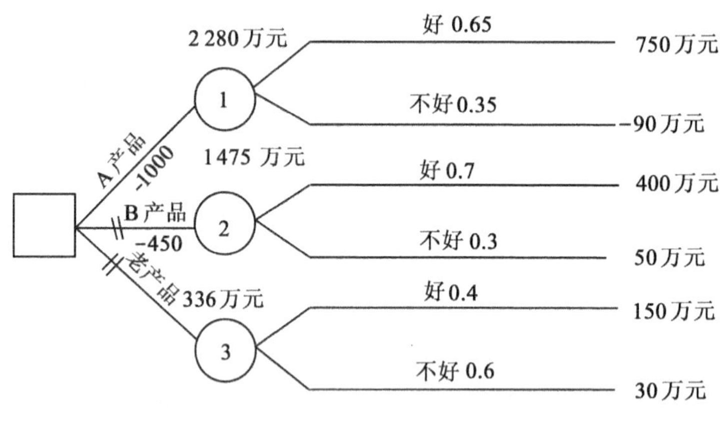

图 6-6　决策树图

计算各备选方案的损益期望值，并标在图上。

$EVM_{甲}=[750\times0.65+(-90)\times0.35]\times5=2\ 280$(万元)

$EVM_{乙}=(400\times0.7+50\times0.3)\times5=1\ 475$(万元)

$EVM_{丙}=150\times0.4\times5+30\times0.6\times2=336$(万元)

比较三个方案的净收益(E)

$E_{甲}=2\ 280-1\ 000=1\ 280$（万元）

$E_{乙}=1\ 475-450=1\ 025$（万元）

$E_{丙}=336$（万元）

由此可见，将乙、丙两方案剪掉，选择甲方案。

3. 多级决策问题

上面所述的是单级决策的例子。企业经营决策时遇到的问题往往错综复杂，不是一次决策就能解决的，如上例，如果不仅要考虑近五年的经济效益，而且还要考虑后几年可能发生的变化，此时就需要进行两次（或两次以上）决策活动，才能选出理想方案。这种分阶段进行的决策被称为多阶段决策或多级决策。

［例 3］某企业为攻克技术上的一道难题，有两种方案可供选择：一方案为自行研制，其成功概率为 0.7，失败的概率为 0.3，需投资 130 万元；另一方案为技术引进，其成功概率为 0.8，失败概率为 0.2，需投资 140 万元。若研制成功或引进成功，该技术生产换代新产品的规模有两种选择，一为产量不变，另

一为增加产量。若研制或引进失败，则继续生产原有产品。该产品的市场销售情况有好、中、坏三种情况，其概率与损益值见表 6-2。

表 6-2 **市场销售情况与损益值** 单位：万元

市场销售情况	概率	生产原有产品	自行研制成功		技术引进成功	
			产量不变	产量增加	产量不变	产量增加
好	0.3	180	400	600	350	500
中	0. 5	0	80	300	80	200
差	0. 2	-150	-300	-350	-280	-320

解：根据已知条件，绘制决策树，见图 6-7 所示。

结点⑦：EVM = 400×0.3+80×0.5+(−300)×0.2 = 100(万元)

结点⑧：EVM = 600×0.3+300×0.5+(−350)×0.2 = 260(万元)

结点③：EVM = 260(万元)

结点④：EVM = 180×0.3+0×0.5+(−150)×0.2 = 24(万元)

结点①：EVM = 260×0.7+24×0.3 = 189.2(万元)

结点⑨：EVM = 350×0.3+80×0.5+(−280)×0.2 = 89(万元)

结点⑩：EVM = 500×0.3+200×0.5+(−320)×0.2 = 186(万元)

结点⑤：EVM = 186(万元)

结点⑥：EVM = 180×0.3+0×0.5+(−150)×0.2 = 24(万元)

结点②：EVM = 186×0.8+24×0.2 = 153.6(万元)

扣除投资后：

自行研制方案的净收益(E_1) = 189.2−130 = 59.2(万元)

技术引进方案的净收益(E_2) = 153.6−140 = 13.6(万元)

由此可见，企业应采取自行研制方案，并在成功后应扩大生产规模，以期获得规模效益。

4. 决策树法的优点

(1) 可以明确地比较决策问题的各种备选方案的优劣。

(2) 对与某一方案有关的自然状态一目了然。

(3) 可以表明每一方案实现的概率。

(4) 每一备选方案的实施结果都可以算出预期的损益值。

(5) 适合较复杂的多级决策的分析。

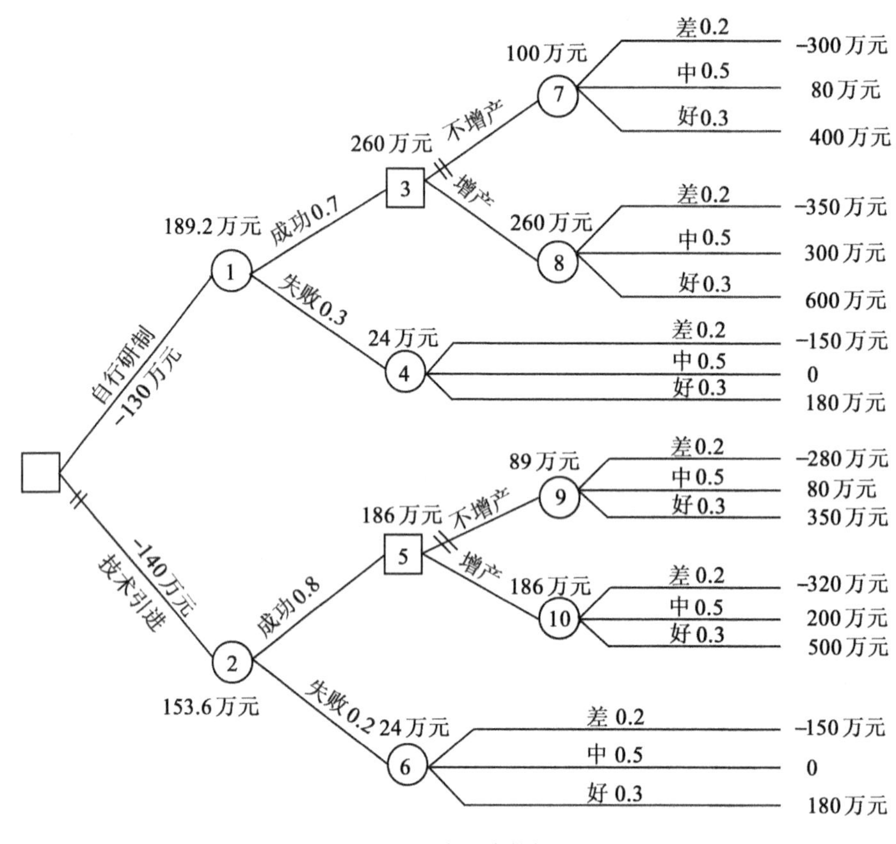

图 6-7　多级决策树

(三）不确定型决策

不确定型决策无法估计风险概率，因而不能采用风险型决策。这种类型的决策主要取决于决策者的经验和编好，以及审时度势的胆略，并可以用下列各种决策方法进行分析和衡量，以帮助决策者进行判断和选择。现将其具体方案分别予以介绍。

1. 悲观法

其抉择标准的基本思想是对客观情况的发展持悲观态度，把不利因素看得较重，小心谨慎，力求从最坏的情况下寻找较好的方案，即小中取大，坏中求好。

［例4］某企业准备开发一种新产品，有三种方案供选择，经过研究，8年内这三个方案的损益值估计如表 6-3 所示。

表 6-3 **8 年内三个方案损益预测值** 单位：万元

自然状态 / 条件损益 / 方案	高需求	中需求	低需求
Ⅰ：生产甲产品	60	30	-2
Ⅱ：生产乙产品	30	20	10
Ⅲ：生产丙产品	40	25	11

坏中求好，先从每个备选方案中找出最小损益值，再从中选出最大值作为决策依据。三个方案中最小损益值分别为-2、10、11，其中 11 为最大，即应选择方案Ⅲ，生产丙产品为宜。决策者实际上是持悲观态度，按低需求来选择利益最大方案。如果今后销售形势变好，也不会吃大亏，但无法获得最大收益。

2. 乐观法

与悲观法相反，其抉择标准的基本思想是对未来持乐观态度，获最大收益。它是先从各备选方案中找出最大损益值，然后从中选其最大值，即大中取大，好中求好。如上例中，三个方案的最大值分别为 60、30、40，以 60 为最大，故应选择方案Ⅰ，以生产甲产品最为适宜。但这个方法要冒较大风险，如果万一销路不畅，就会损失 2 万元。

3. “后悔值”法

由于不确定型问题中各方案的自然状态出现的概率未予估计，在各种不同的自然状态下，可能有不同的理想方案。当选择了某一自然状态下的理想方案，而实际出现另一种自然状态时，就会产生“后悔”感觉。因此，这个方法是假定因失误而“后悔”，那么，就应当把“后悔”的损失控制在最低限度。采用这个方法时，先计算同一自然状态下各方案比较的“后悔值”。

后悔值=该自然状态下最优方案的效益值-该自然状态下其他方案效益值

然后，按每一个备选方案取其最大的“后悔值”。最后，从这些最大“后悔值”中找出最小的作为决策方案（如表 6-4 所示）。

表 6-4　　　　**“后悔值”计算表**　　　　单位：万元

自然状态 “后悔值” 方案	高需求	中需求	低需求	最大“后悔值”
生产甲产品	60−60＝0	30−30＝0	11−(−2)＝13	13(最小)
生产乙产品	60−30＝30	30−20＝10	11−10＝1	30
生产丙产品	60−40＝20	30−25＝5	11−11＝0	20

按此法，应采用方案Ⅰ。其思路是：采用方案Ⅰ，如果需求量较大时可获得最大收益，如果决策失误，市场出现低需求情况，本应采用方案Ⅲ，可获利 11 万元，但现在因已采用方案Ⅰ，损失掉 2 万元，故总的损失是 13 万元，但这是最低值。如果采用方案Ⅱ或方案Ⅲ，一旦出现高需求，则损失将会更大，就会更加“后悔”。此方法从总体来看仍是一种较保守的方法。

上述三种方法，可以独立采用，也可以同时计算出它的结果，经过相互比较分析，最后作出综合判断。如上例：悲观法采用方案Ⅲ；乐观法采用方案Ⅰ；“后悔值”法采用方案Ⅰ。由此可见，方案Ⅱ完全可以舍弃。

☞本章点评

决策是组织决策者在拥有大量信息和丰富经验的基础上，对未来行为确定目标，并借助一定的计算手段、方法和技巧，对影响决策的因素进行分析研究后，从两个以上备选方案中选择一个合理方案的分析判断过程。决策具有目标性、可行性、选择性和动态性等特点。

决策可根据不同划分标准分类为：战略决策、管理决策、业务决策；程序化决策、非程序化决策；长期决策、短期决策；确定型决策、风险型决策、不确定型决策；静态决策、动态决策；个人决策、群体决策，等等。

决策的正确与否关系着组织的兴衰和存亡，科学决策是市场经济的客观要求，是完成现代化建设任务的根本保证。

提高决策有效性的要素包括有效的决策标准、充分的决策依据、科学的决策程序和优秀的决策者。

决策的方法有定性分析法和定量决策法两类。定量决策法包括确定型决策、风险型决策、不确定型决策（悲观法、乐观法和“后悔值”法）等。

☞复习思考

1. 决策有哪些主要特征？
2. 为什么要对决策进行分类？
3. 风险型决策有哪几种？
4. 如何把握决策的标准？
5. 优秀的决策者应该具备哪些基本素质和能力？
6. 决策要经过哪些步骤？各步骤的工作重点是什么？
7. 追踪决策和一般决策有哪些区别？如何看待追踪决策？
8. 如何看待决策在组织管理中的重要作用？

☞练习题

1. 某企业计划开发一新产品，预计该产品销路好的概率为 0.6，销路差的概率为 0.4，有三个备选方案可供选择：方案 1，新建一车间，组成新产品生产线，使用期八年；方案 2，改进设备，既维持原生产，又组成新产品生产线，使用期八年；方案 3，先按方案 1 进行，如果效果好，三年后可扩建，扩建部分使用期为五年。其有关资料如下表所示。

方案	投资额（万元）		每年收益（万元）			
	当 前	三年后	前三年		后五年	
			销路好	销路差	销路好	销路差
方案 1	380	0	140	-40	140	-40
方案 2	180	0	60	50	60	50
方案 3	180	220	60	50	140	60

试用决策树法进行决策。

2. 某厂拟生产易变质产品，该产品每袋成本 20 元，售价 35 元，若当天售不出去，则需削价销售，每袋仅售 15 元，问该厂每天生产多少袋时才能获得最大收益？并对此决策进行可靠性分析。现有去年同期该产品销售统计资料如下表所示。

日销售量(袋)	完成每日销售量的天数	概率
4 400	15	0.15
5 000	32	0.32
5 500	42	0.42
6 000	11	0.11
总计	100	1.0

3. 某企业在采用市场转移战略时，由于资料尚不充足，对这种产品在新市场上的需求量只能大致估计为四种情况：较高、一般、较低、很低，而对这四种自然状态下发生的概率无法预测。在采用市场转移战略时有五种备选方案，各方案的损益情况如表所示（$\alpha=0.7$）。

方案	在各种自然状态下年收益值（万元）			
	较高	一般	较低	很低
A	600	300	-100	-350
B	850	420	-150	-400
C	280	200	50	-100
D	400	250	90	50
E	720	600	150	70

试采用不同的方法对此不确定型决策问题进行方案选择。

☞本章案例一

王厂长的会议

王厂长是佳迪饮料厂的厂长，回顾八年的创业历程，真可谓是艰苦创业、勇于探索。王厂长为饮料厂的发展立下了汗马功劳，但最令全厂上下佩服的还数四年前王厂长决定购买二手设备（国外淘汰生产设备）的举措。饮料厂也因此挤入国内同行业强手之林，令同类企业刮目相看。今天王厂长又通知各部门主管及负责人晚上八点在厂部会议室开会。部门领导们都清楚地记得四年前在同一时间、同一地点召开会议，王厂长作出了购买进口二手设备这一关键性的决定。在他们看来，又有一项新举措即将出台。

晚上八点，会议准时召开，王厂长庄重地讲道："我有一个新的想法，我将大家召集到这里是想听听大家的意见或看法。我们厂比起四年前已经发展了很多，可是，比起国外同类行业的生产技术、生产设备来，还差得很远。我想，我们不能满足于现状，应该力争世界一流水平。当然，我们的技术、我们的人员等诸多条件还差得很远，但是我想，为了达到这一目标，我们必须从硬件条件入手——即引进世界一流的先进设备，这样一来，就会带动我们的人员、我们的技术等一起前进。我想这也并非不可能。四年前我们不就是这样做的吗？现在我厂的规模扩大了，厂内外事务也相应增多了，大家都是各部门的领导及主要负责人，我想听听大家的意见，然后再做决定。"

会场一片肃静，大家都清楚记得，四年前王厂长宣布引进二手设备的决定时，有近70%成员反对，即使后来王长厂谈了他对市场、政策、全厂技术人员、工厂资金等厂内外环境的一系列调查研究结果后，仍有半数以上的人持反对意见，10%的人持保留态度。因为当时很多厂家引进设备后，由于不配套和技术难以达到等因素，均使高价引进设备成了一堆闲置的废铁。但是，王厂长在这种情况下仍采取了引进二手设备的做法。事实表明这一举措使佳迪饮料厂摆脱了企业由于当时设备落后、资金短缺所陷入的困境。二手设备那时价格已经很低，但在我国尚未被淘汰，佳迪厂由此走上了发展的道路。

王厂长见大家心有余悸的样子，便说道："大家不必顾虑，今天这一项决定完全由大家来作出，我想这也是民主决策的体现，如果大部分人同意，我们就宣布实施这一决定；如果大部分人反对，我们就取消这一决定。现在大家举手表决吧。"

于是，会场上有近70%的人投了赞成票。

案例思考

1. 王厂长的这两次决策过程合理吗？为什么？
2. 如果你是王厂长，在两次决策过程中应做哪些工作？
3. 影响决策的主要因素是什么？

☞本章案例二

李经理的决策

新民钟表公司位于W市城乡结合部，约有固定资产1亿元，是一个拥有1000人的国有小型企业。公司成立以来，有过辉煌的历史，但随着时间推移，公司经营状况每况愈下。就全国情况看，手表行业中除飞亚达、罗西尼等少数几个企业经营情况尚好外，大多数企业经营状况都不好，新民钟表公司也出现了经济效益恶化的局面。市轻工局撤换了企业原有领导班子，经过竞选，李茂盛担任了公司总经理。李茂盛一上任就大刀阔斧地精简机构，把公司科室人员由80人精简到40人，加强了现场管理和质量管理。

新民钟表公司的主要产品是机械表和机芯。经市场调查，机械表在国内市场已不受欢迎，全行业销售额呈逐年下降趋势。公司年产机芯100万只，主要卖给中国香港地区的中间商，每个机芯的售价在12.6~12.7元。由于没有达到约1000万只的生产规模，每个机芯的成本为12.5元左右，比同行业厂家高出许多。公司生产的低档机械表在省外根本卖不出去，在本省的市场占有率已由前几年的10%下降到了5%，并且其主要购买对象在农村。

目前企业实际上已处于亏损状态。李经理担心，一旦中国香港地区中间商停止订货，企业将陷入更大的困境。公司经过多次研究，认为必须搞多角化经营。为此，公司在厂区外租了几间房和一块空地，开设了餐厅与卡拉OK厅，建造了钓鱼池和游泳池，并办起了一个“新民度假村”。另外，公司还办了养猪场、养鸡场、养兔场。

公司了解到在距公司100多公里的山区，许多农民开采铁矿砂非常赚钱。李经理通过亲自考察，并经全体员工讨论，决定开办新民铁矿砂厂。在征得有关金融部门同意后，公司召开了全体职工大会，李经理在会上说：“当前公司严重亏损，机芯和机械表的销售情况不好，资金极为短缺。我们每个职工一定要认清形势，团结一心，黄土也能变成金。今天我动员大家集资自救，自力更生。我本人愿出1万元。希望同志们在保证生活不受影响的情况下，自愿集资，不要勉强。我们保证集资款的利率高于银行利息率。将来铁矿砂厂盈利后，再按资分红。尽快把铁矿砂厂办起来，就可以帮助公司解决当前发展的难题。”

在李经理的号召和带动下，仅两周时间，公司就集资300余万元。再从各车间抽调了得力人员，经过紧张的筹备，半年后新民铁矿砂厂就土法上马了。开工第一个月盈利40万元。李经理非常兴奋地说：“我们现在是一二三产业并举，农工商齐上，照这样的势头发展下去，我们的公司是大有希望的。”

但是好景不长，过了不久，土法上马的铁矿砂厂出了事故，山坡上的废泥浆由于堆放过多，流进了农民的庭院，冲毁了几间民房。环保部门勒令新民铁矿砂厂停产并处以罚款。由于地理位置不好，游客不多，再加上经营不善，“新民度假村”也出现了亏损。公司的养殖业原来是由一个农大毕业生管理，但他认为公司没有发展前途，不久前离职而去。这些使李经理及公司陷入了极度困境之中。

案例思考

1. 根据案例中给出的背景资料，你认为新民钟表公司还要不要继续生产机械表，并为其进行决策，说出你的决策根据。

2. 新民钟表公司上马铁矿砂厂属于什么类型的决策？这个决策是否正确？为什么？

3. 你认为新民钟表公司对度假村、养殖业和铁矿砂厂的决策在哪些方面存在着共同性？为什么三个决策都不成功？

第七章 计 划

学习目的与要求：通过本章学习，读者要明确认识计划的概念与分类，系统把握计划的编制、执行与调整工作的主要内容，了解主要的计划方法。

计划是一项重要的不可或缺的管理职能，它存在于组织各个层次的管理活动中。计划促发了各种沟通、思考、预测等行为，使人们就组织的目标、当前的现状以及由现实过渡到目标状态的途径作出事先的安排，因而计划是面向未来的，它有助于提高组织应变未来风险的能力。

第一节 计划的概念与分类

一、计划的概念

（一）计划有广义和狭义之分

它是组织在未来一定时期内的行动目标和方式在时间和空间上的进一步展开，它告诉组织成员未来的目标是什么，要采取什么样的活动、在什么时间范围内来达到目标，由谁来执行活动任务。计划同时也是组织、领导、控制等管理活动的基础。

一般情况下，计划在制订出来以后多数是不变的。这样有助于计划执行者“依计而行”去开展卓有成效的工作，同时也有助于发挥计划的激励作用。但是在某些情况下，当制订计划的条件和情况发生变化以后，就必须调整计划，尤其是在发生了“计划跟不上变化”的情况下，计划已失去了指导作用，此时就必须修订原计划。因此，计划具有两种特性，其一是它的严肃性，即一旦计划出台，在条件不变或变化不大的情况下，必须严格执行计划；其二是它的灵活性，即当计划条件发生较大变化时，必须调整计划，以适应变化了的条件。

广义的计划是指人们编制、执行计划，以及检查计划执行情况等一系列计划管理工作，简称为计划工作。确切地说，计划工作包括从分析预测未来的情况与条件，确定目标，决定行动方针与行动方案，并依据计划去配置各种资源，进而执行任务，最终实现既定目标的整个管理过程。计划工作是一项既广泛又复杂的管理工作，它涉及组织的每一项活动，需要深入细致的分析研究和非常高的技术技能。

制订计划即在时间和空间两个维度上进一步分解任务和目标；执行计划包括实现任务和目标的方式、进度规定；检查计划是对行为结果的检查与控制等。

管理大师孔茨曾形象地把计划工作比喻成一座桥梁，指出计划可以把我们所处的此岸和我们要去的彼岸连接起来，以克服这一天堑。

（二）计划的内容

可以简明扼要地将计划工作的任务和内容概括为六个方面，即：做什么（What to do it）？为什么做（Why to do it）？何时做（When to do it）？何地做（Where to do it）？谁去做（Who to do it）？怎么做（How to do it）？简称为“5W1H”。这六个方面的具体含义如下：

“做什么”，要明确计划工作的具体任务和要求，明确组织每一个时期的中心任务和工作重点。

“为什么做”，要明确计划工作的宗旨、目标和战略，并论证可行性。实践表明，计划工作人员对组织和企业的宗旨、目标和战略了解得越清楚，认识得越深刻，就越有助于人员在计划工作中发挥主动性和创造性。

“何时做”，规定计划中各项工作的开始和完成的进度，以便进行有效的控制和对能力及资源进行平衡。

“何地做”，规定计划的实施地点或场所，了解计划实施的环境条件和限制，以便合理安排计划实施的空间组织和布局。

“谁去做”，计划不仅要明确规定目标、任务、地点和进度，还应规定由哪个主管部门负责。

“怎么做”，是制定实现计划的措施，以及相应的政策和规则。如对资源进行合理分配和集中使用，对人力、生产能力进行平衡，对各种派生计划进行综合平衡等。

（三）决策与计划的关系

决策是计划的前提，为计划提供依据；计划是决策的逻辑延续，为决策所选择的目标活动的实施提供了组织保证。在实际工作中，决策与计划相互渗透，有时甚至是不可分割地交织在一起的。

二、计划的特征和意义

（一）计划的特征

1. 目的性

计划工作是为实现组织目标服务，组织是通过精心安排的合作实现目标而得以生存的。计划作为管理的一项基本活动，应有助于完成组织的目的和目标，从时间上和空间上对决策作进一步的展开和细化。

各种计划及其所有支持性计划，都是旨在促使组织的总目标和各个时期目标的实现。在为集体里一起工作的每个人设计环境，使每个人有效地完成任务时，管理人员最主要的任务，就是努力使每个人理解集体的总目标和一定时期的目标。如果要使集体的努力有成效，组织成员一定要明白期望他们完成的是什么。这种计划工作的职能在所有管理职能中是最基本的。

2. 普遍性

组织中所有的管理人员都要定计划，做计划工作。通常计划工作的特点和范围会因各级主管人员职权的不同而不同，但开展好这项工作却是各级主管人员的一个共同职能，管理人员都要有一定程度的自主权，并必须为此承担制订计划的责任。

所有管理人员，从总经理到第一线的基本主管都要订计划，做计划工作。有意思的是，人们发现基层主管在工作中取得成绩的主要因素，就是他们有从事计划工作的能力。

3. 效率性

计划工作追求效率，计划的效率可以用计划对组织目标的贡献来衡量。对一个企业组织来说，制订合理的计划是否会带来更大的绩效呢？衡量一个计划的效率，就是要看这个计划对目的和目标的贡献。许多检验计划与绩效关系的研究使我们可以得出下述结论。首先，一般情况表明，正式计划通常与更高的利润、更高的资产报酬率及其他积极的财务成果相联系。其次，高质量的计划过程和适当的实施过程比泛泛的计划可以创造较高的绩效。最后，在这些研究中，凡是正式计划未能创造高绩效的情况，一般都是因为环境的原因。因此，一项好的计划，可以使企业以合理的代价实现目标，这样的计划才是有效率的。

4. 创造性

计划工作是一项创造性工作，是对管理活动的设计，如对新产品或新项目的设计、战略目标的创新等。

（二）计划工作的意义

1. 为组织成员指明方向，协调组织活动

良好的计划可以通过明确组织目标和开发组织各个层次的计划体系，将组织内成员的力量凝聚成一股朝着同一目标方向的合力，从而减少内耗，降低成本，提高效率。

计划的目标在于促使目标的实现，计划给管理者和非管理者指明了方向，使行动对准既定的目标。计划工作使得各部门协调它们的活动，互相合作，结成团队，最终实现目标。这样主管人员可以从日常事务中解放出来，而将主要精力放在对未来不确定因素的研究上。

2. 预测变化，减少冲击

计划是面向未来的，而在未来，无论是组织生存的环境还是组织自身，都具有一定的不确定性和变化性。而计划工作可以让组织通过周密细致的预测，预见变化，考虑变化的冲击，以及制订适当的对策。计划工作可以减小不确定性，它还使管理者能够预见到行动的结果，从而尽可能地变"意料之外的变化"为"意料之内的变化"，用对变化的深思熟虑的决策来代替草率的判断，从而面对变化也能变被动为主动，变不利为有利，减少变化带来的冲击。

3. 减少重叠和浪费性的活动

组织在实现目标的过程中，各种活动会出现前后协调不一、联系脱节等现象，同样在多项活动并行的过程中也往往会出现不协调现象。良好的计划能通过设计好的协调一致、有条不紊的工作流程来避免上述现象的发生，从而减少重复和浪费性的活动。计划工作可以使组织的经营活动的费用降至最低限度，从而实现对各种生产要素的合理分配，使人力、物力、财力紧密结合，取得更好的经济效益。

4. 有利于进行控制

计划和控制是一个事物的两个方面。组织在实现目标的过程中离不开控制，而计划则是控制的基础。控制即纠偏。在计划中我们设立目标，将实际的绩效与目标进行比较，发现可能发生的重大偏差，采取必要的校正行为。没有计划，就没有控制。控制中几乎所有的标准来自于计划。

此外，计划还可通过对各种方案详细的技术分析来选择最佳的活动方案，从而能够大大减少由于仓促决策而造成的损失。计划工作还有助于在最短的时间内完成工作，减少迟滞和等待，促使各项工作能够均衡稳定地进行。

计划工作对组织的经营管理工作起着直接的指导作用。

三、计划体系

（一）计划类型

依照不同的标准，可将计划分为不同的类型，各种类型的计划不是彼此割裂的，而是由分别适用于不同条件下的计划组成的一个计划体系。划分计划类型的最普遍的方法，是根据计划的时间框架、广度、明确性和所涉及内容对计划进行分类。表 7-1 列出了按不同方法分类的计划类型。

表 7-1 **计划的类型**

分类标准	时间框架	广度	明确性	涉及内容
类　　型	长期计划	战略计划	指导性计划	综合计划
	中期计划	战术计划	具体计划	专业计划
	短期计划	作业计划		项目计划

1. 长期计划、中期计划和短期计划

计划可以按照时间期限的长短分成长期、中期和短期计划。现有的习惯是将 1 年及其以内的计划称为短期计划，1 年以上到 5 年以内的计划称为中期计划，5 年以上（含 5 年）的计划称为长期计划。但是对一些环境条件变化很快，本身节奏很快的组织活动，其计划分类也可能 1 年计划就是长期计划，季度计划就是中期计划，而月度计划就是短期计划。

这三种计划中，长期计划描述了组织在较长时期的发展目标和方针，规定了组织的各个部门在较长时间内从事某种活动应达到的目标和要求，绘制了组织长期发展的蓝图，是组织长期发展的纲领性文件。中期计划是根据长远计划制订的，它比长期计划要详细具体，是考虑了组织内部与外部的条件与环境变化情况后制订的可执行计划。短期计划则比中期计划更加详细具体，它是指导组织具体活动的行动计划，具体规定组织各部门在目前到未来的各个较短的时期阶段，特别是最近的时段中，应该从事何种活动及相应的要求，从而为组织成员近期内的行动提供依据。它一般是中期计划的分解与落实。

在管理实践中，长期计划、中期计划和短期计划必须有机地衔接起来，长期的计划要对中、短期计划具有指导作用，而中、短期计划的实施要有助于长期计划的实现。

2. 战略计划、战术计划和作业计划

计划可以按照所涉及的组织活动范围分成战略、战术和作业计划。在这三种计划中，战略计划是对组织全部活动所作的战略安排，为组织设立总体目标和寻求组织在所对应的环境中的地位的计划。需要通盘考虑各种确定性与不确定性条件，谨慎制订，以指导组织的全面活动。战术计划一般是一种局部性的、阶段性的计划，它多用于指导组织内部某些部门的共同行动，以完成某些具体的任务，实现某些具体的阶段性目标。作业计划则是部门或个人的具体行动计划。作业计划通常具有个体性、可重复性和较大的刚性，一般情况下是必须执行的命令性计划。战略计划、战术计划和作业计划强调的是组织纵向层次的指导和衔接。

具体来说，战略计划往往由高层管理人员负责，战术计划和作业计划往往由中层、基层管理人员甚至是具体作业人员负责。战略计划对战术计划、作业计划具有指导作用，而战术计划和作业计划的实施要确保战略计划的实施。

战略计划与作业计划在时间跨度上，在范围上和在是否包含已知的一套组织目标方面是不同的。作业计划趋向于覆盖较短的时间间隔，如月度计划、周计划、日计划就属于作业计划；战略计划趋向于包含持久的时间间隔，通常为5年甚至更长时间，它覆盖较广的领域。就确立目标而言，两者完全不同。设定目标是战略计划的一个重要任务。而作业计划是在目标已确定的条件下制订的，它只是提供实现目标的方法。

3. 指导性计划和具体计划

计划按明确性程度可划分为指导性计划和具体计划。指导性计划只规定一些重大方针，而不局限于明确的特定目标或特定的活动方案上。这种计划可为组织指明方向，统一认识，但并不提供实际的操作指南。具体计划则恰恰相反，要求必须具有明确的可衡量目标以及一套可操作的行动方案。具体计划不存在模棱两可，没有容易引起误解的问题。

指导性计划具有内在的灵活性，而具体计划便于及时、有效地完成特定的程序、方案和各类活动目标。组织通常根据面临的环境的不确定性和可预见性程度的不同，选择制订这两种不同类型的计划。

4. 综合计划、专业计划和项目计划

计划也可以按照其所涉及的活动内容分成综合计划、专业计划与项目计划。其中综合计划一般会涉及组织内部的许多部门和许多方面的活动，是一种总体性的计划。专业计划则是涉及组织内部某个方面或某些方面活动的活动计划，例如企业的生产计划、销售计划、财务计划等，它是一种单方面的职能性计划。项目计划通常是组织针对某个特定课题所制订的计划，例如某种新产品的开发计划、某项工程的建设计划、某项具体组织活动的计划等，它是针对某项具体任务的事务性计划。

在一个组织中，每个部门都需要制订计划，也都会有自身的计划目标。因此，在一个组织中可能同时存在很多个专业和项目计划。综合平衡法有助于将这些计划衔接成为一个整体。

（二）计划的表现形式

一个计划包含组织将来行动的目标和方式。计划是面向未来的，而不是过去的总结，也不是现状的描述；计划与行动有关，是面向行动的，而不是空泛的议论，也不是学术的见解。面向未来和面向行动是计划的两大显著特征。认识这一点，我们能够理解计划是多种多样的。哈罗德·孔茨和海因茨·韦里克从抽象到具体，把计划分为一种层次体系：宗旨使命；目标；战略；政策；程序；规则；方案；预算，① 如图 7-1 所示。

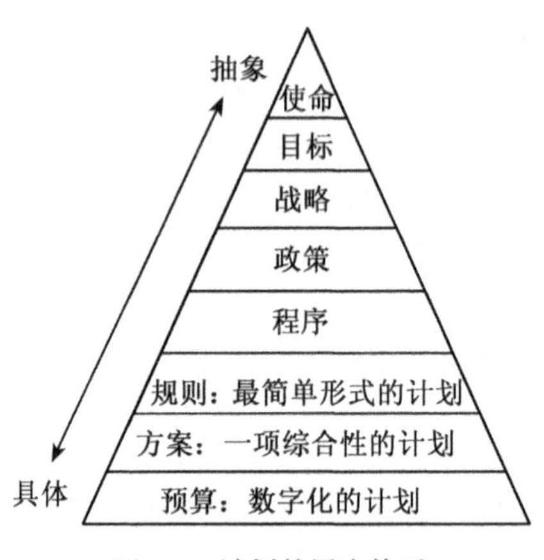

图 7-1　计划的层次体系

孔茨和韦里克的分类对于我们理解计划及其计划工作是有裨益的。下面简要分析各种形式的计划。

1. 宗旨或使命

它指明一定的组织机构在社会上应起的作用，所处的地位。它决定组织的性质，决定此组织区别于彼组织的标志。各种有组织的活动，如果要使它有意义的话，至少应该有自己的目的或使命。

一个组织的宗旨可以看做一个组织的最基本的目标，也即是一个组织何以存在的基本理由。一个组织的宗旨无非有两类：要么是寻求贡献于组织以外的

① 哈罗德·孔茨，海因茨·韦里克著，赫国华等译．管理学．北京：经济科学出版社，1993.

自然、社会；要么是寻求贡献于组织内部的成员的生存和发展。这两类宗旨是彼此相连、相辅相成的。组织是为其宗旨而存在，而不是相反。

确立了组织的宗旨以后，为了实现它，组织就可以为自己选择一项使命。这项使命的内容就是组织选择的服务领域或事业。例如，大学的使命是教书育人和科学研究；企业的目的是生产和分配商品和服务。这里应该强调的是，使命只是组织实现宗旨的手段，而不是组织存在的理由。组织为了自己的宗旨，可以选择这种事业，也可以选择那种事业。

2. 目标

组织的使命说明了组织要从事的事业，它往往太抽象，太原则化，需要进一步具体为组织一定时期内的目标和各部门的目标。而组织的目标则更加具体地说明了组织从事这项事业的预期结果。组织的使命支配着组织各个时期的目标和各部门的目标，而且组织各个时期的目标和各部门的目标是围绕组织存在的使命所制订的，并为完成组织使命而努力。虽然教书育人和科学研究是一所大学的使命，但一所大学在完成自己使命时会有进一步的具体的不同时期的目标和各院系的目标，比如最近 3 年培养多少人才，发表多少论文等。对一家工商企业来说，在一定时期内的目标通常表现在两个方面，即企业对社会作出贡献的目标和自身价值实现的目标。在通常情况下，人们可以把组织目标进一步细化，从而得出多方面的目标，形成一个互相联系的目标体系。美国学者对 80 家美国最大的公司的一次研究结果表明，每家公司设立的目标的数量从 1 个到 18 个不等，平均是 5~6 个。

组织的目标包括组织在一定时期内的目标以及组织各个部门的具体目标等两个方面的内容。

3. 战略

清楚了组织的宗旨、使命和目标之后，人们还是不能清晰地描绘出一个组织的形象。一个组织的方向应该是非常实际和具体的，而上述内容都非常抽象。因此，还要为实现组织的目标去选择一个发展方向、行动方针以及各类资源分配方案的总纲。只有在战略制订和实施之后，组织才能由一个抽象的概念变成具体的形态。战略是为了达到组织总目标而采取的行动和利用资源的总计划，其目的是通过一系列的主要目标和政策去决定和传达一个组织期望自己成为什么样的组织。

当然，战略还不是具体说明组织如何去实现目标的，它的重点是要指明方向和资源分配的优先次序。“战略”一词来自于军事用语，引用到管理学中来，它仍然含有对抗的含义。所以，组织在制定战略时不可能是“闭门造车”，而要仔细研究其他相关组织，特别是竞争对手的情况，以取得优势地位获得竞争胜利。例如“百年竞争”中的两个主角——可口可乐公司和百事可乐公司，它们在制订各自的战略时必定要研究对方的战略。

4. 政策

政策是指导或沟通决策思想的全面的陈述书或理解书，如改革开放政策、关税政策等。但不是所有政策都是陈述书，政策也常常会从主管人员的行动中含蓄地反映出来。比如，主管人员处理某问题的习惯方式往往会被下属作为处理该类问题的模式，这也许是一种含蓄的、潜在的政策。

政策能帮助决定问题的处理方法，这一方面减少对某些例行事件处理的成本，另一方面把其他计划统一起来了。政策支持了分权，同时也支持上级主管对该项分权的控制。政策允许对某些事情有酌情处理的自由，一方面我们切不可把政策当做规则，另一方面我们又必须把这种自由限制在一定的范围内。自由处理的权限大小一方面取决于政策自身，另一方面取决于主管人员的管理艺术。

5. 程序

程序也是一种计划，它规定了某些经常发生的问题的解决方法和步骤。程序直接指导行动本身，而不是对行动的思考。程序是一种经过优化的计划，是通过对大量经验事实的总结而形成的规范化的日常工作过程和方法，并以此来提高工作的效果和效率。程序往往还能较好地体现政策的内容。

程序与战略不同，它是行动的指南，而非思想指南；它与政策也不同，它没有给行动者自由处理的权力。出于理论研究的考虑，我们可以把政策与程序区分开来，但在实践工作中，程序往往表现为组织的政策。比如，一家制造业企业的处理订单的程序、财务部门批准给客户信用的程序、会计部门记载往来业务的程序等，都表现为企业的政策。组织中每个部门都有程序，并且在基层，程序会更加具体化，数量更多。

6. 规则

规则通常是最简单形式的计划。它规定了某种情况下采取或不能采取某种具体行动。例如，“上班不允许迟到”，“销售人员规定范围外的费用开支需由副总经理核准”，等等。

规则不同于程序。其一，规则指导行动但不说明时间顺序。其二，可以把程序看做是一系列的规则，但是一条规则可能是也可能不是程序的组成部分。比如，“禁止吸烟”是一条规则，但和程序没有任何联系。而一个规定为顾客服务的程序可能表现为一些规则，如“在接到顾客需要服务的信息后30分钟内必须给予答复”。

规则和政策的最大区别在于前者是一种没有回旋余地的规定，不允许有斟酌的自由，不再需要进行任何决策，而后者却正好相反。

7. 方案（规划）

方案是一个综合性的计划，它包括目标、政策、程序、规则、任务分配、要采取的步骤、要使用的资源以及为完成既定行动方针所需的其他因素。一项方案可能很大，也可能很小。通常情况下，一个主要方案（规划）可能需要很多支持计划。在主要计划进行之前，必须把这些支持计划制订出来，并付诸实施。所有这些计划都必须加以协调和安排时间。

8. 预算

预算是一种“数字化”的计划，把预期的结果用数字化的方式表示出来就形成了预算。一般来说，财务预算是组织最重要的预算，因为组织的各项经营活动几乎都可以用数字化、货币化的方式在财务预算表上体现出来。预算作为一种计划，勾勒出未来一段时期的现金流量、费用收入、资本支出等的具体安排。预算还是一种主要的控制手段，是计划和控制工作的联结点，计划的数字化产生预算，而预算又将作为控制的衡量基准。

第二节 计划的编制、执行与调整

一、计划编制的程序

计划编制本身也是一个过程。当管理人员在编制任何完整计划时，实际却要遵循同样的程序，这不仅仅是指大型的计划，小型计划也是如此，只是小型计划相对更加简单，其中的一些步骤更为容易完成而已。图 7-2 所列出的计划编制的程序是可以普遍应用的。

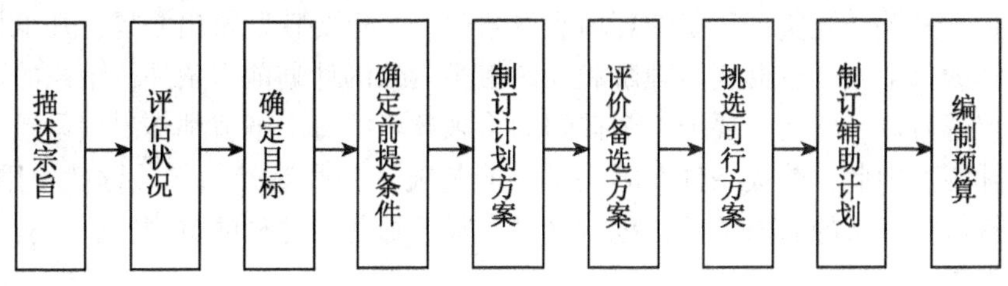

图 7-2 计划编制的程序

1. 描述宗旨

计划编制工作起源于组织的使命和宗旨，鉴于以下两种情况，使得对宗旨的描述至关重要。一是组织并不存在明确的宗旨，界定并描述组织的宗旨便成为计划工作的重要内容。这通常出现在新创办的组织或处于重大变革时期的组织计划工作中；二是有既定宗旨，需要的是正确地理解组织的宗旨，并将其贯彻到计划的制订和实施工作中。在正确理解组织的使命和宗旨的基础上，还要把组织的使命和宗旨传播给组织成员、顾客及多种多样的相关利益群体，让与计划的制订与实施工作有关的人们了解并接受组织的使命和宗旨，这有利于计划的快速有效实施。

2. 评估状况

计划工作的一个重要的工作环节是对组织的当前状况作出评估，这是制订和实施计划工作方案的前提。评估主要是对组织自身的优势和劣势、外部环境的机会和威胁进行综合分析，即 SWOT 分析。对于那些局部的作业性质的计划工作，往往并不需要特别复杂和综合的内外部环境分析，只要对内部的资源与外部关系作出基本的判断。

与此同时，还应分析组织的外部关系，如与供应者之间的关系，与顾客之间的关系，与银行等公共群体之间的关系，等等。分析外部关系可展示出计划工作必须予以关注的潜在机会和限制因素。

3. 确定目标

目标是组织期望达到的最终结果，在这一步，要说明基本的方针和要达到的目标，说明制定战略、政策、规则、程序、规划和预算的任务，指出工作重点。组织目标指明主要计划的方向，这些主要计划根据反映组织目标的方式，规定各个主要部门的目标，而主要部门的目标，又依次控制下属各部门的目标，如此等等，依此类推。

4. 确定前提条件

把握和利用关键性的计划前提条件，有助于编制计划人员取得一致意见。前提条件是关于要实现计划的环境假设条件。这里要特别指出的是，凡承担编制计划的每个人，越彻底地理解和同意使用一致的计划前提条件，组织的计划工作就越协调。然而，要把一个计划的将来环境的每个细节都作出假设是不切合实际的。因此，前提条件实际上讲只能是限于那些对计划起关键性作用的，或具有策略意义的假设条件，也就是说，限于那些对计划的贯彻实施最有影响的假设条件。

5. 制订计划方案

计划方案类似于行动路线图，是指挥和协调组织活动的工作文件，通过它可以清楚地告诉组织管理人员和员工要做什么、何时做、由谁做、何处做以及如何做等。

编制计划时，没有可供选择的合理方案的情况是不多见的，但更加常见的问题并非是寻求过多的可供选择的方案，而是减少可供选择方案的数量，以便可以分析最为合理的方案。

6. 评价备选方案

本步骤是根据前提和目标来权衡各种因素，比较各个方案的利弊，对各个方案进行评价。评价所得出的结论，一方面取决于评价者所采用的标准，另一方面取决于评价者对各个标准所赋予的权数。在多数情况下，存在很多可供选择的方案，而且有很多可考虑的可变因素和限制条件，评估会极其困难。由于存在这些复杂因素，我们将借助于运筹学、数学方法和电脑计算技术等评价方案，这对于可供选择方案的评估是有帮助的。

7. 挑选可行方案

这是采用计划的关键一步，也是作出决策的紧要环节。有时候，可供选择方案的分析和评估表明两个或两个以上的方案是合适的。在这种情况下，管理人员在确定首先采取的方案的同时，可以决定把其他几个方案作为后备方案，这样可以加大计划工作的弹性，使之更好地适应未来环境。

8. 制订辅助计划

辅助计划就是总计划下的分计划，例如一个企业组织发展战略中的投资计划、生产计划、采购计划、培训计划等。总计划要靠辅助计划来支持，而辅助计划又是总计划的基础。

9. 编制预算

这是计划工作的最后一步，即把计划转变成预算，使之数字化。组织的全面预算体现收入和支出的总额，所获得的利润或者盈余，以及主要资产负债项目的预算。如果预算编得好，则可以成为汇总各种计划的一种手段，也可以成为衡量计划完成进度的重要标准。

二、计划的执行

计划工作的目的是通过计划的制订和组织实施来实现决策目标。因此，编制计划只是计划工作的开始，更重要、更大量的工作，还在于计划的执行。

组织计划执行的基本要求是：保证全面地、均衡地完成计划。所谓全面地完成计划，是指组织整体、组织内的各个部门要按一切主要指标完成计划，而不能有所偏废；所谓均衡地完成计划，则是指要根据时段的具体要求，做好各项工作，按年、季、月，甚至旬、周、日完成计划，以建立正常的活动秩序，保证组织稳步地发展。

如果说决策与计划的制订主要是专业工作者的事的话，计划的执行则需要依靠组织全体成员的努力，因此，能否全面、均衡地完成计划，在很大程度上取决于在计划执行中能否充分调动全体组织成员的工作积极性。

为了调动组织成员在计划执行中的积极性，我国一些企业于20世纪80年代初开始引进目标管理，并取得了一定的成效。

（一）目标管理

1. 目标管理的由来

目标管理（Management by Objectives，MBO）是美国管理学界20世纪50年代提出的。它是在泰勒的科学管理理论和行为科学理论基础上形成的一套管理制度。德鲁克对目标管理的形成和发展作出了重大贡献。1954年，德鲁克在他所著的《管理的实践》一书中首先提出了"目标管理和自我控制"的主张，并对目标管理的原理作了较全面的概括。与此同时，还有许多先驱者对目标管理也同样作出了重大贡献，在此基础上，形成了目标管理制度。由于这种制度在产生的初期主要用于对主管人员的管理，所以它被称为"管理中的管理"，后来推广到企业的所有人员的各项工作中。MBO在强化企业素质，实现有效管理方面，取得较好的效果。50年代末，MBO在美国、日本、西欧各国广泛流传起来。现在，它已成为世界上普遍流行的一种组织管理体制。

2. 目标管理基本思想

目标管理是指组织的最高领导层根据组织所面临的形势和社会需要，制定出一定时期内组织经营活动所要达到的总目标，然后层层落实，要求下属各部门管理者直至每个员工根据上级制定的目标制定出自己工作的目标和相应的保证措施，形成一个目标体系，并把目标完成的情况作为各部门和个人工作绩效评定的依据。

目标管理基本思想主要为：

(1) 组织的任务必须转化为目标，各级管理人员必须通过目标对下级进行领导并以此来保证企业总目标的实现。

(2) 目标管理是一种程序，使一个组织中的各级管理人员共同来制订目标，并确定彼此的责任。如果没有方向一致的目标来指导每个人的工作，则企业规划越大，人员越多时，发生冲突和浪费的可能性就越大。

(3) 每个主管人员和员工的分目标就是组织总目标对他（她）的要求，同时也是这个员工对组织总目标的贡献。只有每个人的目标都完成了，组织的总目标才有完成的希望。

(4) 组织管理人员对下级进行考核也是依据这些分目标。由组织的最高管理层出发，经过层层分解和转换后，由各级主管和全体员工共同参与制订出各自的目标，通过这样一整套自上而下的目标体系和自我激励过程，来保证总目标的实现。

(5) 管理人员和员工是由目标来管理的，以所要达到的目标为依据，进行自我指挥、自我控制，而不是由他的上级来指挥和控制的。

3. 特点

(1) MBO 是参与管理的一种形式。员工参与决策，有利于目标的实现，形成总目标—层次目标—下一层次目标—下下一层次目标的“目标条链”，总目标指导分目标，分目标保证总目标。

(2) MBO 既重视科学管理，又重视人的因素，强调“自我控制”方法，并在工作中发挥聪明才智，实现自我控制、自我管理。

(3) MBO 促使权力下放，授权下级是提高目标管理效果的关键。

(4) MBO 注重成果。实行 MBO 后，由于有了一整套的目标考核体系，能根据员工实际贡献的大小如实地评价员工的表现，克服了以往凭印象、主观判断等传统管理方法的不足。

（二）目标管理的过程

实行目标管理一般要开展以下步骤的工作：

1. 制定目标

制定目标包括确定组织的总体目标和各部门的分目标。总目标是组织在未来从事活动要达到的状况和水平，其实现有赖于全体成员的共同努力。为了协调这些成员在不同时空的努力，各个部门的各个成员都要建立与组织目标相结合的分目标。这样，就形成了一个以组织目标为中心的一贯到底的目标体系。在制定每个部门和每个成员的目标时，上级要向下级提出自己的方针和目标，下级要根据上级的方针和目标制订自己的目标方案，在此基础上进行协商，最后由上级综合考虑后作出决定。

2. 执行目标

组织中各层次、各部门的成员为达到分目标，必须从事一定的活动，活动中必然会利用一定的资源。为了保证他们有条件组织目标活动的开展，必须授予相应的权力，使之有能力调动和利用必要的资源。有了目标，组织成员便会明确努力的方向；有了权力，他们便会产生强烈的与权力使用相应的责任心，从而能充分发挥他们的判断能力和创造能力，使目标执行活动有效地进行。

3. 评价成果

成果评价既是实行奖惩的依据，也是上下左右沟通的机会，同时还是自我控制和自我激励的手段。成果评价既包括上级对下级的评价，也包括下级对上级、同级关系部门相互之间以及各层次自我的评价。上下级之间的相互评价，有利于信息、意见的沟通，从而实现对组织活动的控制；横向的关系部门相互之间的评价，有利于保证不同环节的活动协调进行；而各层次组织成员的自我评价，则利于促进他们的自我激励、自我控制以及自我完善。

4. 实行奖惩

组织对不同成员的奖惩是以上述各种评价的综合结果为依据的。奖惩可以是物质的，也可以是精神的。公平合理的奖惩有利于维持和调动组织成员饱满的工作热情和积极性，奖惩有失公正，则会影响这些成员行为的改善。

5. 制订新目标并开始新的目标管理循环

成果评价与成员行为奖惩，既是对某一阶段组织活动效果以及组织成员贡献的总结，也为下一阶段的工作提供参考和借鉴。在此基础上，为组织及其各个层次、部门的活动制订新的目标并组织实施，展开目标管理的新一轮循环。

管理者可以通过一些方法来保证目标管理项目的成功。首先，目标应当被量化、具体化，同时应当确保目标的现实性和挑战性。其次，应当定期评估和更新目标，并要求有一定的灵活性，以便在条件允许的情况下进行变更。

然而，一个有效的目标管理项目并不仅仅是设定目标。目标管理的主要目的是要将个人目标、部门目标以及组织目标整合成一个有机的整体。事实上，目标管理方法的发明人德鲁克认为，目标管理不是一系列僵化的步骤，它更是一种管理哲学。就像他所说的，每一位管理者的目标必须被设定为他需要为其所在组织的成功作出的贡献。因此，目标管理可以使得企业管理者清楚地看到各层次目标以及各部门目标之间的联系，并由此制定出公司的目标层级结构。

三、计划的调整

计划在执行过程中，有时需要根据情况进行调整。这不仅因为计划活动所处的客观环境可能发生了变化，而且可能因为人们对客观环境的主观认识有了改变。为了使组织活动更加符合环境特点的要求，必须对计划进行适时的调整。

滚动计划是保证计划在执行过程中能够根据情况变化适时修正和调整的一种现代计划方法。

滚动计划的基本做法是，制订好组织在一个时期的行动计划后，在执行过程中根据组织内外条件的变化定期加以修改，使计划期不断延伸，滚动向前。

滚动计划法是一种动态方法。它不像静态分析那样，等计划全部执行完了之后再重新编制下一个时期的计划，而是在每次编制或调整计划时，均将计划按时间顺序向前推进一个计划期，即向前滚动一次。依据此方法，对于距离现在较远的时期的计划编制得较粗，只是概括性的，以便以后根据计划因素的变化而调整和修正，而对时期较近的计划要求则比较详细和具体（见图 7-3）。

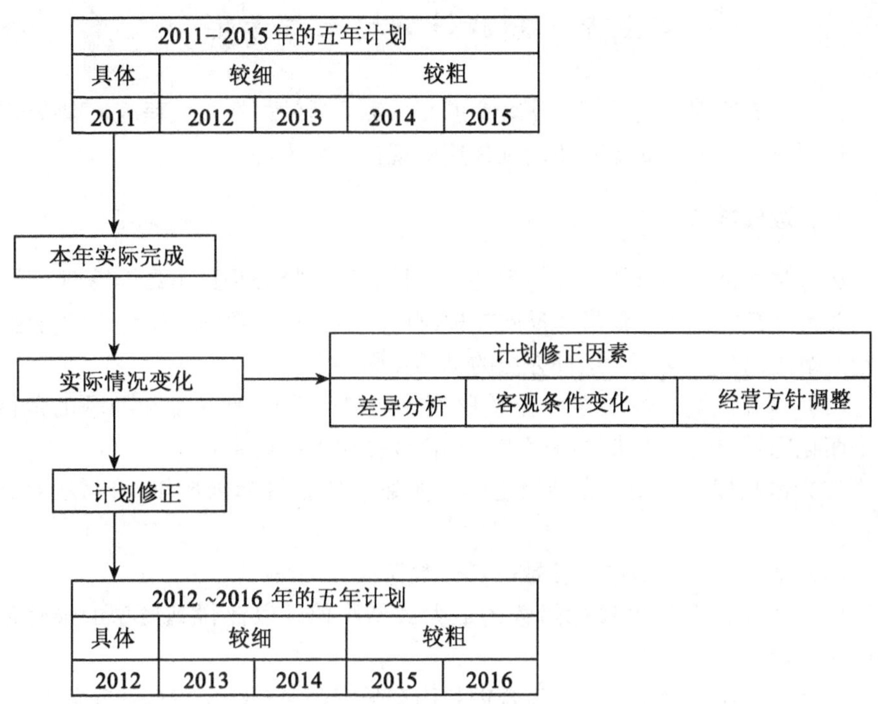

图 7-3　滚动计划法图示

滚动计划法能够根据变化了的组织环境及时调整和修正组织计划，体现了计划的动态适应性。而且，它可使中长期计划与年度计划紧密衔接起来。滚动式计划法还可用于编制年度计划或月度作业计划。采用滚动式计划法编制年度计划时，一般将计划期向前推进一个季度，计划年度中第一季度的任务比较具体，到第一季度末，编制第二季度的计划时，要根据第一季度计划的执行结果和客观情况的变化以及经营方针的调整，对原先制订的年度计划做相应的调整，并在此基础上将计划期向前推进一个季度。采用滚动式计划法编制月度（旬）计划，一般可将计划期向前推进 10 天，这样可省去每月月末预计、月初修改计划等工作，有利于提高计划的准确性。

这种方法的缺点在于加大了计划的工作量。但其优点也是很明显的，这种计划方法推迟了对远期计划的决策，增加了计划的准确性，提高了计划工作的质量；同时这种计划方法使长、中、短期计划能够相互衔接，既保证了长期计划的指导作用，使得各期计划能够基本保持一致，也保证了计划应具有的基本弹性，特别是在环境剧烈变化的今天，有助于提高组织的应变能力。

第三节　现代计划技术与方法

计划的方法很多，计划工作效率的高低和质量的好坏很大程度上取决于采用的计划方法。下面简要介绍两种常用的现代计划方法。

一、运筹学法

运筹学法是一种有效的计划方法。这种方法的核心是运用数学模型，力求将相关因素都转化为变量形式反映在模型中，然后通过数学和统计学的方法在一定的范围内解决问题。这种方法的具体步骤如下：

(1) 根据问题的性质建立数学模型，同时界定主要变量和问题的范围。为了简化问题和突出重点影响因素，还需要作出各种假定；

(2) 根据模型中变量和结果之间的关系，建立目标函数作为比较结果的工具；

(3) 确定目标函数中各参数的具体数值；

(4) 求解，即找出目标函数的最大或最小值，以此得到模型的最优解，即问题的最佳解决方法。

运筹学法在运用于解决如何合理利用有限资源实现既定目标的问题上，收到了很好的效果。但也有一批管理学家对运筹学法提出了怀疑，主要集中在两点：一是针对模型的假设条件。为了建立模型的方便或降低模型的复杂程度，运筹学方法往往需要对原始问题进行若干的假设和抽象，以适合数理计算，这样的做法可能会有“削足适履”之嫌，过多的假设将使结果高度失真而失去解决实际问题的意义。二是关于目标函数的结果问题。运筹学法最终要得到问题的最优解。而在管理实践中，决策目标往往有多个，最终方案可能是多个目标的折中。管理者追求的往往是从多个角度来看均为“满意的解”，而非附着各种条件的“最优的解”。

目前，随着计算技术的不断发展，数学模型允许的复杂程度不断提高，以上的疑虑已有部分得到了解决。虽然运筹学法远远不是一种最完美的方法，但这无疑要比简单地依靠经验推断和定性方法来作出计划要科学得多。在某些领域中，运筹学法还是一种不可替代的有效的计划方法。

二、计划评审技术

计划评审技术（Program Evaluation and Review Technique，PERT）也称网络计划技术，于20世纪50年代后期在美国产生和发展。1958年，美国海军特别项目局负责大型军事开发计划中性能动向的探索，在北极星武器系统中首次采用了原先已被创造出来，并经汉密尔顿管理咨询公司协助改进的计划评审技术。此后，这项技术很快扩展到全美的国防和航天工业。大约在海军发展此技术的同时，杜邦公司为了解决新产品从研究投入到生产时间日益增长的时间和成本问题，使用了一套类似的技术，叫做关键路线法（Critical Path Method，CPM）。

网络计划技术是运用网络图的形式来组织生产和进行计划管理的一种科学方法。

它的基本原理是：利用网络图表示计划任务的进度安排，并反映出组成计划任务的各项活动（或各道工序）之间的相互关系；在此基础上进行网络分析，计算网络时间，确定关键工序和关键线路；利用时差，不断改善网络计划，求得工期、资源与成本的综合优化方案。在计划执行过程中，通过信息反馈进行监督和控制，以保证预定计划目标的实现。

（一）网络图及其构成要素

网络图是网络计划技术的基础。任何一项任务都可分解成许多步骤的工作，根据这些工作在时间上的衔接关系，用箭线表示他们的先后顺序，画出一个各项工作相互关联、并注明所需时间的箭线图，这个箭线图就称做网络图。图 7-4 便是一个简单的网络图形。

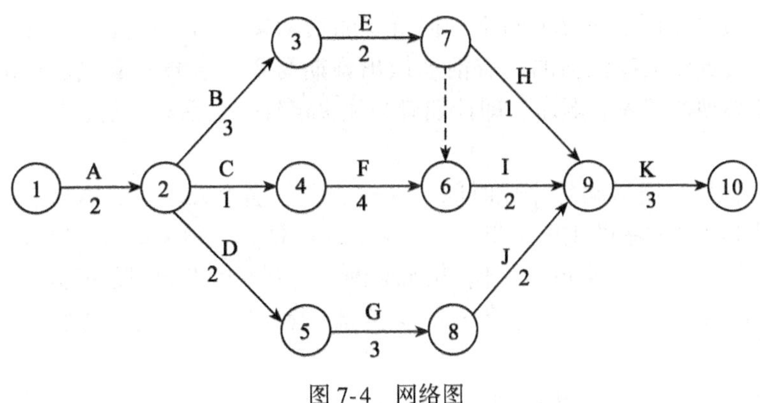

图 7-4　网络图

分析图 7-4，可以发现，网络图由以下部分构成：

1. “⟶”，工序

工序是一项工作的过程，有人力、物力参加，经过一段时间才能完成。该工序的名称标在箭线的上方，完成该项工作所需的时间标在箭线的下方。此外，还有一些工序既不占用时间，也不消耗资源，是虚设的，叫虚工序，在图中用“------→”表示。网络图中应用虚工序的目的是为了避免工序之间关系的含混不清，以正确表明工序之间先后衔接的逻辑关系。

2. “○”，事项

事项是两个工序间的连接点。

事项既不消耗资源，也不占用时间，只表示前道工序结束、后道工序开始的瞬间。一个网络图中只有一个始点事项、一个终点事项。

3. 路线

路线是网络图中由始点事项出发，沿箭线方向前进，连续不断地到达终点事项为止的一条通道。一个网络图中往往存在多条路线，例如图 7-4 从始点①连续不断地走到终点⑩的路线有四条。比较各路线的路长，可以找出一条或几条最长的路线。这种路线被称为关键路线。关键路线上的工序被称为关键工序。关键路线的路长决定了整个计划任务所需要的时间。关键路线上各工序的完工时间提前或推迟都直接影响着整个活动能否按时完工。确定关键路线，据此合理地安排各种资源，对各工序活动进行进度控制，是利用网络计划技术的主要目的。

（二）网络计划技术的步骤

进行一个 PERT 网络分析包括四个步骤：

（1）为完成工程对所有必要的活动进行准备。

（2）设计实际的 PERT 网络，把所有的活动按照适当的先后顺序联系起来。对一项重要工程包括的所有活动做出预期需要很多技巧和判断能力。另外，活动必须按照先后顺序，即计划者必须决定哪一个活动在前，哪一个活动在后。

（3）估算每项活动的完成时间。这一步必须谨慎处理，因为该工程所需总时间是 PERT 方法的主要结果之一。因为时间估算是很关键的，所以应该有几个人分别处理三种不同的估计：乐观时间、悲观时间和最可能时间。

乐观时间（O）是指如果所有的事情都顺利进行，一项活动所需的最短时间。

悲观时间（P）是指如果所有的事情都很不顺利，完成一项活动所需要的时间。因为有时候要处理一项复杂的工程（例如建设一个新的公路系统）常常会遇到很多问题。

最可能的时间（M）是指对一项活动所需时间的最实际的估算。一项活动的最可能时间也可以采用其他工程中类似活动的估计时间。例如，建造一架飞机上的驾驶员座舱所需的时间，可能是基于过去建造类似飞机驾驶员座舱的平均时间。

当计划者收集了全部的估计时间之后，他就会运用一个公式来计算期望时间。期望时间是指完成一项活动所必需的时间。如以下的公式所示，期望时间是对以上三种时间的“平均”，其中最可能时间的权重比乐观时间和悲观时间的权重都大。

$$期望时间=(O+4M+P)/6$$

假设建设办公楼时选择地点的估计时间如下：乐观时间（O）是2周，最可能时间（M）是5周，而悲观时间（P）是8周，那么：

$$期望时间=(2+4\times5+8)/6=30/6=5(周)$$

（4）计算关键路径。

关键路径是PERT网络中花费时间最长的事件和活动的序列。整个工程的时间长度取决于花费最长时间的线路。关键路径的基本原理是：对于某一项工程来说，只有当其中所需时间最长的组成部分完成了，才能认为完成了整个工程。

在实施PERT图上列出的活动时，控制手段就扮演了一个很重要的角色。项目经理必须保证所有的关键事件都按时完成。如果关键路径上的活动需要花太多的时间来完成的话，整个工程就无法按时完成。有必要的话，管理者还必须采取正确的行动使活动向前推进，例如增雇员工，解雇不称职的员工或者购买更多生产设备等。

因此，利用网络技术制订计划，主要包括三个阶段的工作：首先分解任务，即把整个计划活动分成若干个数目的具体工序，并确定各工序的时间，并在此基础上分析并明确各工序时间的相互关系；其次是绘制网络图，根据各工序之间的相互关系及一定规则（如两个事项之间只能由一条箭线相连）绘制出包括所有工序的网络图；最后根据各工序所需作业时间，计算网络图中各路线的路长，找出关键线路，并对此进行优化。

☞本章点评

计划之所以重要，是因为它对组织成功有重要贡献，计划常常可以提高生产效率和质量，改善财务状况。有很多研究证明了计划的价值，计划的价值在于过程本身。计划是一个复杂而全面的过程，包括一系列重叠的、相互关联的因素和阶段。计划是一座桥梁，连接起现在和将来要达到的目标。虽然我们很难预知确切的将来，虽然那些超出我们控制的因素可能干扰制订最佳的计划，但是没有计划，我们就只能任其自然。没有计划，就没有控制。

计划是一个确定目标和评估实现目标最佳方式的过程。计划指明方向，减少因变化所带来的影响，使浪费和冗余减至最少，以及设立标准以利于控制。计划工作的性质主要体现在目的性、普遍性、效率性、创造性几个方面。计划的类型多种多样，可划分为战略计划、战术计划与作业计划，长期计划、中期计划与短期计划，指导性计划与具体计划等几大类。计划工作的步骤一般有：①描述宗旨；②评估状况；③确定目标；④确定前提条件；⑤制订计划方案；⑥评价备选方案；⑦挑选可行方案；⑧制订辅助计划；⑨编制预算。典型的MBO过程包括制订目标、执行目标、评价成果、实行奖惩四个阶段。滚动计划法使计划既保持稳定性，又具有适应性和现实性。在目前广泛应用的现代计划技术与方法中，运筹学法和网络计划技术等为较常用的技术和方法。

☞复习思考

1. 解释计划内容的5W1H。
2. 计划的性质是什么？
3. 简述计划的编制过程。
4. 孔茨和韦里克的计划层次体系各包括哪些内容？
5. 网络计划技术的原理是什么？
6. 什么叫目标管理？目标管理的基本思想是什么？简述目标管理的过程。
7. 何谓滚动计划法，它具有哪些特点？

☞本章案例一

华为2011年新战略计划

作为中国通信设备解决方案供应商，华为力争通过公司重大战略调整重组，使公司在10年内，也就是计划在2020年达到1000亿美元的营业收入预期。

2010年，华为创造了274亿美元的营业收入，有分析指出，公司2011年营业收入将达到310亿美元。华为海外销售市场和中国国内市场一样正快速扩张着。该公司营业收入在过去4年内增长了3倍，从2006年的85亿美元大幅攀升至2010年的274亿美元。

为了确保下一阶段的增长，华为将专注于企业中的设备和云计算各部门。至2020年，在公司60%销售额中，这些部门将为公司贡献20%营业收入。剩下的40%营业收入将由公司传统电信设备业务构成。

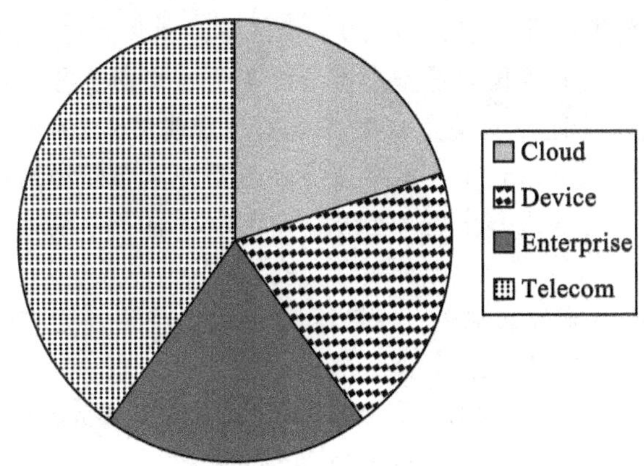

华为未来 1000 亿美元收益构成图

华为新架构

按照公司新商业策略，华为主要将其业务重组为四大块：电信运营部门、企业部门、设备部门和其他部门。

在经过每年 20% 的增长后，华为重新定位了其在通信领域被动的战略，从而为企业部门和设备部门获取在信息、通讯和技术（ICT）市场领域中的先机。ICT 领域孕育着数十亿美元新兴市场机遇，这主要来自于企业 IT 消费。

随着 ICT 业务的爆发性增长，云计算和设备部门对现有领域继续保持增长显得尤其重要。在这些新兴的商业领域为客户创造价值，华为也一样能够顺利拓展到新的领域空间并赢得新的收入来源。

前者的全球服务和华为电信网络部门现在合并为一个新的部门，称为电信运营网络。它主要专注于产品附加的售后技术服务，提供产品价值最优化和最佳客户体验。

海外增长

华为财务绩效表　　（单位：10 亿美元）

	2010	2009	2008	2007	2006	CAGR
Revenue	27.40	21.80	18.10	12.00	8.50	34.00%
Operating Profit	4.30	3.10	2.30	1.20	0.60	62.50%
Net Profit	3.50	2.70	1.10	1.00	0.50	61.50%
Operation Cash Flow	4.20	2.20	0.90	1.00	0.70	54.20%

在北美市场，华为 2010 年收益达到 8.207 亿美元，约占全球销售额的 3%，比 2009 年翻了一番，增长 100.9%。目前，加拿大成为华为在北美地区主要增长驱动力，受到美国贸易壁垒影响，华为在该国贸易一直无甚起色。

华为或许应该通过企业垂直方案在美国站稳脚跟。2011 年 2 月份，华为赛门铁克技术有限公司通过十大网络业务渗透到安全存储和网络，从而瞄准美国的垂直市场。从这里透露出一个信号，华为软化自身一级运营商从而获取更大的利润。

IHS 预测华为将会通过它的“云”和企业战略渗透美国市场，目标主要放在中小企业的私有“云”上。

（案例来源：华为 2011 新战略：计划 2020 年达 1000 亿美元营收．维库电子市场 http：//www.dzsc.com/news/html/2011-7-8/130118.html。）

案例思考

1. 结合本案例谈谈战略计划包含的主要内容是什么。
2. 华为公司为确保战略计划成功实现应重点关注哪些因素？

☞本章案例二

联想手机的 V 计划

2003 年 12 月初，在手机市场上突然传出联想手机秘密策动“联想手机 V 计划，新年真情行动”的消息。这是联想手机自 2002 年 2 月成立以来最大规模的一次行动。早在正式进军手机业务之前两年，联想即开始秘密组建手机研发团队，此次“V 计划”则是将联想近四年来的研发成果通过产品、服务、价格及渠道呈现在消费者面前。

什么是“V 计划”呢？“V”有三个含义：一是“Various”，指为消费者提供丰富多样的选择；二是“Value”，指为消费者提供最佳性能价格比的产品；三是“Vision”，指与消费者共同实现美好的新年愿景。

2003 年 12 月 12 日，联想手机向市场投下重磅炸弹：先是一款中端折叠高清彩屏手机 G620C 以 1299 元的低端价格杀入市场，对那些利用年终促销高峰急于清理低端库存手机的厂商形成了强有力阻击。同时上市的还有内存 13000 个英文词汇、号称“懂英语的手机”的 G860，“会说话的手机”G880，“会弹琴的手机”G828 以及此前已在时尚数码媒体评测中广受好评的经典滑翼手机 G800，共五款新品，带给消费者更多个性化的选择。在随后的几个月内，联想最新研发的智能手机、摄像手机等十余款新品还将陆续上市。

与此同时，联想主流彩屏手机 G811 价格降至 1699 元，并免费赠送价值 58 元空中网的彩信内容服务，创下了中高端彩信手机的价格新低。而在一个月前，超大彩屏 G820 和灵动风尚 G620 的价格下调 15%，提前掀起了年终“换彩屏手机”的热潮。最让人关注的是 G620C、G800 分别以 1299 元、2499 元的惊喜价上市。市场上与 G620C 同类的机型大都在 1600 元以上，而 G800 同类的机型报价也在 3000 元以上，的确是让消费者获得了超值的产品。

此外，一场代号为“真情行动”的促销活动也在新年之际为更多的人带去关爱和祝福。在联想“V 计划”的真情活动中，联想在为消费者送去最诚挚祝福的同时，还向消费者提供一个机会。购机的消费者可以为自己的亲友选择新年愿望，如为父母送健身器材，为爱人送玫瑰，为敬老院的老人送温暖等。

2003 年是联想做手机的第二年。根据手机厂商发展规律，第二年往往是一个手机厂商成败的“拐点”，同时也是联想移动能否实现创立之初提出的“三年主流，五年一流”目标的关键时刻。因此，在渠道建设、服务完善尤其是在技术研发上积蓄已久的联想手机突然发力，应是情理之中。

（案例来源：谢蓝．手机技术之后是什么？联想“V 计划”全面揭秘．中国经营报，2003-12-20。）

案例思考

1. 联想的“V 计划”通过哪些行动来实现？一个好的计划应包括哪些内容？

2. 有评价说，联想的“V 计划”行动是国产手机全面进入新发展阶段的重要标志，你怎样认为？

第四编　组　　织

第八章 组织设计

学习目的与要求：通过本章学习，学生应明确基本的组织理论，组织设计的主要任务；认识组织结构设计的影响因素和组织结构设计的原则；了解组织结构的主要形式以及组织的运作机制。

科学合理的组织结构是确保管理效率的基础，是组织实现短期目标和长期战略目标的制度平台。在本章中，将着重讨论基本的组织理论、组织结构的设计及组织的运作机制。

第一节 组织概述

人们在确定了目标以后，为保证组织目标顺利实现，任务圆满完成，就必须将实现目标所必须完成的工作进行合理的分配，并将各类任务交给合适的人选来负责完成。

人们在完成各种任务时，互相之间如何分工和协调，这是组织必须统筹解决的问题。这些问题处理得好，组织才能高效率运行。组织实际上为决策和计划的有效实施创造条件。

一、组织与分工、协作

（一）组织

我们通常说的组织有两种含义，一种指的是人的集合组成的机构，是静态的组织；另一种是指按照一定的目的、任务和形式予以编制，是动态的组织。作为管理工作的一项职能的组织，指的是动态的组织。管理学所指的组织，是指为了实现组织的共同目标而确定组织内各要素及其相互关系的活动过程，也即设计一种组织结构，并使之运转的过程。

从组织的概念中，我们可以看出组织具有以下特点：

第一，组织是一个过程，包括为适应环境而创造和维持组织结构，并使组织结构发挥作用的过程。

第二，组织工作是动态的。组织内、外环境的变化，都要求对组织结构进行调整和变革，以适应变化。组织工作不可能一劳永逸。

（二）分工与协作

专业分工理论是组织结构的基本理论，也是传统分工理论的基本点。一个完整的管理系统有了内部分工才能形成组织结构，横向的分部门就形成了横向结构，纵向的分层形成了纵向结构。

专业分工理论在传统理论阶段比较简单，主要强调专业分工的优点。18世纪英国的古典经济学家亚当·斯密在其主要著作《国富论》中，首先把分工理论运用到生产过程。亚当·斯密认为专业分工有利于提高劳动生产率，增加国家的财富。泰勒进一步地把分工理论引入到管理工作中，提出了管理工作内部应该进行分工以利于提高管理的效率。其理由在于专业分工不但可以提高管理人员的劳动熟练程度，而且有利于进行更深入、更细致的管理工作。泰勒在强调专业分工的同时，也注意了协作配合。但是，泰勒所提出的专业分工还较为简单。

分工是一把双刃剑，它一方面有利于提高管理效率，另一方面过细的分工也会带来弊病。其具体的表现：一是过细的分工导致管理程序和手续的复杂性；二是过细的分工增加了协调的工作量；三是过细的分工助长了管理工作中的分散主义，使各管理部门缺乏宏观意识，而过多考虑局部问题。

总之，过细的分工会导致管理效率的下降。分工程度与生产率的关系可以通过图 8-1 来表示。

如图 8-1 所示，在第一区段，分工开始并逐渐增加时，管理效率相应得到了迅速提高；但在第二区段，随着分工程度的继续增加，管理效率却逐渐降低。只有在中点位置，分工和管理效率才达到了最适当的结合。

传统理论强调分工的重要性，但对协作的重要性重视不够。分工和协作是一对矛盾的统一体，现代组织理论强调分工，但更重视分工基础上的协作。这是一种管理优化，有利于提高整体的效率。

二、组织结构

组织结构（Organizational Structure）是指组织的基本架构，是对完成组织目标的人员、工作、技术和信息所作的制度性安排。管理幅度和管理层级是组织结构的两个决定因素。

（一）管理幅度

1. 管理幅度

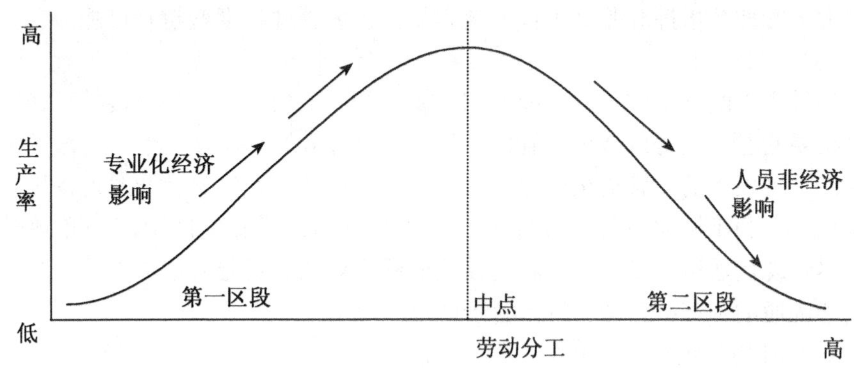

图 8-1 分工程度与生产率的关系

一个管理者直接有效领导下属的数量称为管理幅度或管理跨度。

由于受到个体精力、能力、时间以及环境条件等多方面因素的制约，任何一名管理者直接有效指挥和监督下级的人数总是有限的。

影响管理幅度的因素很多，很难有统一的标准。但是，就一般而言，许多管理学者认为：高层主管的管理幅度应小些，以 2~7 人为宜，中层主管为 8~15 人，基层主管的管理幅度可大些，可增至 20~30 人。

2. 管理幅度设计的影响因素

在实际的管理工作中，影响管理幅度的因素是非常多的，主要有以下几个方面：

（1）工作能力

主管的综合能力、理解能力、表达能力强，则可以迅速地把握问题的关键，就下属的请示提出恰当的指导建议，并使下属明确理解，从而可以缩短与下属在沟通中占用的时间。同样，如果下属具备符合要求的能力，受过良好的系统培训，则可以用符合组织要求的主动去解决很多问题，从而减少向上司请示的频率和占用自己和上司的时间。

管理人员和下属都具有较强的工作能力，管理人员就能够准确而迅速地把握问题的关键，及时提出指导性的建议和方法，而下属也同样能够准确领会上级的命令和意图，从而有效扩大管理幅度。

（2）工作内容和性质

主管所处的管理层次越高，决策工作量越大，用于指导、协调下属的时间就越少，管理幅度就小；管理工作内容越多，上下左右之间的联系就越多，需要花费的工作时间也就越多；管理工作越是复杂多变，管理人员需要耗费的时间和精力就越多，组织就越是需要缩小控制幅度；另外，下属人员工作的相似性越大，管理的指挥和监督工作就越容易，扩大管理幅度就越有可能。

(3) 工作条件

如果主管配备了助手，由助手和下属进行一般的联络，并直接处理一些明显的次要问题，则可以减少主管的工作量，增加其管理幅度；信息手段的配备条件好，可以帮助主管更早、更全面地了解下属的工作情况，及时地提出忠告和建议，有利于扩大主管的管理幅度；如果下属人员在空间上的分布比较分散，尽管现代通讯手段提供了较为便捷的联系渠道，还是会增加上下左右之间协调和沟通的困难，影响主管的管理幅度。

(4) 环境稳定性

组织环境的变化直接会影响到组织内容和政策的变化。所以，如果环境变化速度快，变化程度大，新问题就越多，下属向上级的请示就越多，上级一方面要经常考虑应变措施，一方面要指导下级，管理幅度就受到限制。相反，环境稳定，政策就较稳定，管理幅度可大一些。

(二) 管理层级

由于组织任务存在递减性，从最高的直接主管到最低的基层具体工作人员之间就形成了一定的层次，这种层次便称为组织层级。

当一名主管人员的下属数量超过了他能够有效管辖的限度时，为了保证组织的正常运转和协调有序，他会委托一些人来分担其工作，从而增加一个新的管理层次。层次是一个组织纵向结构扩展的表现。依次类推，直到基层主管能够有效地安排、指导和协调一线作业人员的具体业务活动，整个组织便形成了由最高主管到一线员工间的等级层次结构。

管理的实践和研究都表明，如果一个组织增加其纵向的管理层级数，其纵向管理层级之间沟通的困难就增大，层级之间信息传递失真的可能性也就增加，纵向层级间的协调也就更加困难。因此，一个组织中纵向管理层级数的增加，其纵向组织结构之间的差异性就扩大，亦即其纵向组织结构越复杂。

在管理幅度给定的条件下，管理层次与组织的规模大小成正比，组织规模越大，包括的成员数越多，需要的管理层次就越多。

(三) 两种基本的组织形态

显然，组织结构形态受管理幅度的影响很大。当组织规模一定时，管理幅度越大，管理的层次就越少；相反，管理幅度越小，管理层级就越多。管理幅度一般决定了组织的横向结构，而管理层级决定了组织的纵向结构。管理层级与管理幅度的反比例关系决定了两种基本的组织形态：扁平结构形态和锥形结构形态。

(1) 扁平结构是指组织规模已定时，管理幅度较大而管理层级较少的一种组织结构形态。其优点是：

由于管理层级较少，信息的传递速度快，从而高层可以尽快发现信息所反映的问题，并及时采取相应的措施；同时，由于信息传递经过的层次少，传递过程中失真的可能性也较小。

由于管理幅度较大，相应管理费用降低；主管人员对下属不可能控制得过多过死，有利于下属主动性和首创精神的发挥，会使其满足感增加。

但过大的管理幅度也会带来一些局限性：主管不能对每位下属进行充分、有效的指导和监督；每个主管从较多的下属那里取得信息，众多的信息量可能淹没了其中最重要、最有价值者，从而可能影响信息的及时利用等。

(2) 锥形结构是指管理幅度较小，从而管理层次多的高、尖、细的金字塔组织结构形态。其优点与局限性正好与扁平结构相反：

较小的管理幅度可以使每位主管仔细地研究从每个下属那儿得到的有限信息，并对每个下属进行详尽的指导。

过多的管理层次，不仅影响信息的纵向传递速度，而且由于经过的层次太多，从而使信息在传递过程中失真。由于管理层级较多，增加了管理费用。另外，由于管理严密，易降低下属成员的满意感和创造性。

三、组织结构的特性和基本模式

(一) 组织结构的特性

组织结构可以用复杂性、规范性、集权性三种特性来描述。

1. 复杂性

复杂性指的是组织分化的程度。一个组织愈是进行细致的劳动分工，具有愈多的纵向等级层次；组织单位的地理分布愈是广泛，则协调人员及其活动就愈困难。所以，我们使用“复杂性”这一词汇。大型组织的高度复杂性是显而易见的，由于横向和纵向关系的复杂性，大型组织经常需要构建新的部门来应对由于规模扩大所带来的新问题。同时，随着组织中部门规模的扩大，部门管理者的控制力也会不断减弱，部门又会产生新的再细分压力，结果造成部门林立的臃肿格局。另外，随着员工数量的增加，在控制幅度条件下，管理的层级数也必然增多，会大大增加管理的成本，降低管理的效率。

2. 规范性

规范性指的是组织依靠规则和程序引导员工行为的程度。有些组织仅以很少的规范准则运作，另一些组织，却有各种规定指示员工可以做什么和不可以做什么。一个组织使用的规章条例越多，其组织结构的规范性就越高。研究表明，大型组织可以通过制定和实施严格的规章制度，并按照一定的工作程序来控制和实现标准化作业，员工和部门的业绩也容易考核，因而组织的规范性程度比较高；相反，小型组织可以凭借管理者的能力来对组织进行控制，组织显得比较松散而富有活力，因而规范性程度比较低。值得注意的是，规范性与组织的规模没有必然的联系，小型组织也可以是具有高度规范性的，但它受组织文化及领导者风格影响较大。

3. 集权性

集权性指的是组织内的决策权在管理层中的分散与集中程度。集权性考虑决策制定权力的分布。在一些组织中，决策权是高度集中的，问题自下而上传递给高级经理人员，由他们选择合适的行动方案。而另外一些组织，其决策制定权力则授予下层人员，这被称做分权。在大型的官僚型组织中，决策往往是由那些具有完全控制权的高层主管做出的，因而组织的集权性程度也比较高。事实上，为了快速响应日趋复杂的环境变化，组织规模越大就越是需要分权；而在分权程度较高的组织中，决策更多的是在较低的层级上做出的，决策速度越快，信息反馈也就越及时。

（二）组织结构的基本模式

管理者有多种方式来搭配组织复杂性、规范性及集权性这三个结构要素，而任何组织结构都可归类为两种基本的模式，即机械式组织结构和有机式组织结构。

1. 机械式结构

它是具有高度复杂性、规范性与集权性的结构。特点是高度复杂化（特别是水平分化）、高度规范性、有限的资讯网路（沟通多是由上往下）以及低层员工很少能参与决策。典型的机械式结构以严密的金字塔形组织为代表。机械式结构较严密，依赖职权及界定明确的层级来协调组织活动。

2. 有机式结构

其复杂性及正式化程度低，资讯网路通畅（除了向下外，还可向上或横向沟通），允许较多员工参与决策。有机式结构较具弹性与适应力，通过频繁的沟通来协调组织活动。

第二节　组织结构设计

管理人员一旦确定了组织的基本目标和方向，并制订了明确的实施计划和步骤之后，就必须通过组织结构设计为计划的有效实施创造条件。

一、组织结构设计的必要性分析

既然管理是对人们从事活动的计划、组织、协调和控制，那么，组织设计就成为管理过程中不可或缺的手段，在组织目标明确之后，就必须考虑进行有效的组织设计以保证组织目标的实现。

组织结构设计是为了有效地实现组织目标而对组织结构的规划。个体劳动者和作坊式的手工业组织不存在组织结构设计的问题。个体劳动者完全可以根据自己的情况来安排简单的活动，而作坊式的手工业组织者也完全可以根据组织规模较小的特点，直接管理每一项具体的活动。然而，面对一个现代化的大型组织，管理者由于能力和精力的有限性，根本无法直接安排组织内部所有的活动，无法安排组织中每一个人的每一项具体工作。这就必须通过组织设计对组织的活动进行细分，通过进一步区分管理工作的类型和相互关系，确定有效的组合方法。

传统的组织结构设计建立在劳动分工的基础上，在外部环境相对比较稳定的条件下，为了圆满地完成组织任务，组织设计者只需要把工作任务按其复杂、难易的程度进行分解，然后委托一定数量的管理者负责具体的劳动管理，并授之以一定的权力，就能够保证工作任务的顺利进行。

然而，随着外部环境条件的日趋复杂，单一封闭式的组织设计模式往往会导致组织的僵化和本位主义的盛行，就必须以系统、动态权变式的观点来理解和重新设计新的组织。在权变思想的指导下，组织被设计成了一个开放系统，它不断地与外部环境进行资源和信息的交换，不断地进行组织内部各种关系的调整，也只有这样才能保持组织的灵活性和适应性。

二、组织结构设计的任务和原则

（一）组织结构设计的任务

组织结构设计的任务是设计清晰的结构系统图，规划和设计组织中各部门的职能和职权，确定组织中职能职权、参谋职权、直线职权的活动范围并编制职务说明书。

如图 8-2 所示，图中的方框表示各种管理职务或相应的部门，箭线则表示不同职权的指向。通过直线将各方框进行连接，虽然没有表示出各种职权与职责的具体内容以及在哪一个阶段哪一个部门最为重要，但却清晰地廓清了组织内正式职位系统的决策层级和联系网络，同时也标明了各种管理职务或各个部门在组织结构中的地位以及它们之间的相互关系。比如，副总经理 A 必须服从总经理的指示，并向总经理汇报工作情况，同时，他又直接领导着部门经理

A1、部门经理 A2 和部门经理 A3 的工作。

从图中我们还可以看出，组织的活动可以分解为横向和纵向两种结构形式。组织横向结构设计的结果是组织的部门化，即确定了每一部门的基本职能、每一位主管的控制幅度、部门划分的标准以及各部门之间的工作关系。组织纵向结构设计的结果是决策的层级化，即确定了由上到下的指挥链，以及链上每一级的权责关系。显然，这种关系具有明确的方向性和连续性。

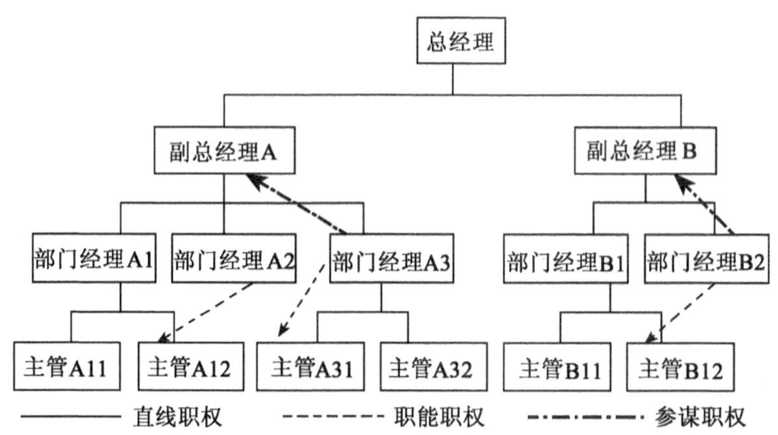

图 8-2　典型的组织结构系统图

职务说明书要求能简单而明确地指出：该管理职务的工作内容、职责与权力，组织中该职务与其他职务之间的区别与联系，职务当事人所应具备的专业背景、知识结构、工作经验、管理能力等基本条件。

为了达到组织设计的理想效果，组织设计者需要完成以下几项工作：

1. 职能与职务的分析与设计

组织首先需要将总的任务目标进行层层分解，分析并确定为完成组织任务究竟需要哪些基本的职能与职务，然后设计和确定组织内从事具体管理工作所需的各类职能部门以及各项管理职务的类别和数量，分析每个职位应具备的资格条件、应享有的权力范围和应负的职责。

组织系统图是自上而下绘制的。在创构组织时，可以根据组织的宗旨、任务目标以及组织内外环境的变化，自上而下地确定组织运行所需要的部门、职位及相应的权责。另外，组织设计也可以根据组织内部的资源条件，在组织目标层层分解的基础上从基层开始自下而上地进行。

2. 部门划分

根据各职位间的区别和联系，可以按照组织职能相似、活动相似或关系紧密的原则，将各个职位聚集在“部门”这一基本管理单位内。组织活动的特点、环境和条件不同，划分部门所依据的标准也是不一样的。对同一组织来说，在不同时期、不同的战略目标指导下，划分部门的标准可以根据需要进行动态调整。

3. 结构形成

在职能与职位设计以及部门划分的基础上，必须根据组织内外能够获取的现有人力资源情况，对初步设计的职能和职位进行调整和平衡，同时要根据每项工作的性质和内容，确定管理层级并规定相应的职责、权限以及相互关系，使各部门形成一个有机的整体。于是，组织结构就形成了。

（二）组织结构设计的原则

在组织设计的过程中，还应该遵循一些最基本的原则，这些原则都是在长期管理实践中的经验积累的结果，应该为组织设计者所重视。

1. 因事设职与因人设职相结合的原则

为了保证组织目标的实现，必须将组织活动落实到每一个具体的部门和岗位上去，确保“事事有人做”。此外，组织中的每一项活动最终需要人去完成，组织部门设计就必须考虑人员的配置情况，使得“人尽其能”，“人尽其用”。特别是组织需要根据外部环境的变化进一步调整和再设计组织结构时，必须贯彻因事设职和因人设职相结合的原则，及时调整与组织环境不相适应的部门和人员，使得组织内的人力资源能够得到有效的整合和优化。

2. 统一指挥原则

有效的组织必须有统一的指挥。根据统一指挥原则，每个岗位都应有人负责，做到各行其职，各尽其责。上下级之间的上传下达，要形成一个“指挥链”，分清层次，不要混乱。执行机构应做到自司其职，自负其责。这样才能避免和消除责任不明、办事推诿的现象，克服“多头领导”和“政出多门”的弊病。

3. 权责对等原则

组织中的每个部门和部门中的每个人员都有责任按照工作目标的要求保质保量地完成工作任务，同时，组织也必须委之以自主完成任务所必需的权力。职权与职责要对等。如果有责无权，或者权力范围过于狭小，责任方就有可能会因缺乏主动性、积极性而导致无法履行责任，甚至无法完成任务；如果有权而无责或者权力不明确，权力人就有可能不负责任地滥用权力，甚至助长官僚主义习气，这势必会影响到整个组织系统的健康运行。

4. 柔性经济原则

柔性经济原则即企业的组织结构对环境变化有足够的柔性，能及时地、低成本地对外界变化（市场需求、技术变革）做出能动的反应，具备及时解决新问题的应变能力。

三、组织结构设计的依据

组织的职务和结构设计都是在一定的环境下，根据组织自身的条件而进行的，是为有效地实现组织战略目标服务的，所以组织设计必须受组织的战略、环境、规模及其技术等因素的制约。根据美国的伯顿和奥贝尔两位教授的长期研究，影响组织结构的要素有六类，包括：领导和管理模式、组织及文化氛围、组织规模及组织技能、组织的外部环境、组织的技术水平和组织的战略发展。

（一）战略的影响

组织战略是企业为了适应未来环境的变化，寻求长期生存和稳定发展而制订的总体性和长远性的谋划，是根据组织环境、国家政策、组织自身条件等经过深思熟虑而制订的。组织战略一旦制订，就必须调动组织的一切因素为之奋斗。在这一切因素中组织结构极为重要，因为组织结构如果不与组织战略相适应，组织战略的实现就没有保证。因此，组织结构必须服从于组织战略，为战略服务。战略选择不同，组织的工作内容就不同，组织结构就不同。

迈尔斯（R. E. Miles）和斯诺（C. C. Snow）在考虑到外部环境中不确定因素对决策的影响后，形象地总结了四种战略类型以及相关的组织结构类型。

1. 防御者型

采用这种战略类型的组织一般都是处于比较稳定的环境之中，决策者通过高度的集权和专业化分工以及程序化、标准化作业活动使组织稳固地发展，并据此防御竞争对手。这类组织由于具有严密的层级控制系统和高度的部门分工差异性，组织的目标稳定而富有效率。

2. 探险者型

采用这种战略类型的组织一般都处于动荡变化的环境之中。决策者需要不断地开发新产品，寻找新市场，组织的目标可以灵活地加以调整，这必然使得组织又要冒更大的市场风险。组织必须依靠建构更为柔性、分权化的组织结构，使各类人才和各个部门都有充分的决策自主权，最终能够对市场的最新需求做出灵活的反应。

3. 分析者型

采用这种战略类型的组织所处的环境也是动荡不定的，但决策者的目标比较灵活，尽可能使风险最小而收益最大。这类组织一方面要稳定现有产品的市场份额，即需要实行规范化、标准化、程序化的作业保证市场供给；另一方面，组织又需要跟踪分析更富有市场竞争力的新产品，及时跟进，这时，需要通过建构柔性灵活、分权化的组织结构，随时对外在环境的变化做出反应。

4. 反应者型

采用这种战略类型的组织一般也是处于动荡变化的环境之中，但限于决策者的市场判断能力、内部管理能力、主动应变能力，组织者很难及时对外在环境变化做出反应，只好采用被动反应的战略以应付环境的不确定性。这种战略很明显是低效率的，组织往往面临强大的变革压力。

（二）环境的影响

环境特征是组织结构选择必须考虑的因素。外部环境的迅速变化和复杂性程度的增强加剧了环境的不确定性。在不确定性环境中，组织必须保持灵活性，保持一种随时对环境变化做出反应的状态。

早在20世纪60年代，一些学者就指出组织结构深受其所处环境的影响，即受到环境构成要素本身的变动以及要素之间关系变动的影响。其中，汤姆森认为可以从两个方面，即环境的复杂性程度（环境构成要素是简单还是复杂）和环境的变化程度（环境构成因素是少变还是多变），把组织环境按照其特性分成平稳而简单的环境、相对平稳而复杂的环境、相对动荡而简单的环境以及动荡而复杂的环境。

组织设计者可以通过以下几种原则性方法提高组织对环境的应变性。

1. 对传统的职位和职能部门进行相应的调整

当外部环境的复杂性提高时，传统的应变方法是增设必要的职位和缓冲部门。这些职位和缓冲部门主要是围绕核心能力设立的，其目的是促使组织资源和环境之间更好地交流和平衡。随着外部竞争的不断加剧，信息变得愈加重要，组织设计者还要能够跨越组织边界聘用一些外部专家或建构信息情报部门来搜集必要的信息，以使决策者能够及时了解外部环境的动态变化，防止组织的僵化。

2. 根据外部环境的不确定程度设计不同类型的组织结构

伯恩斯（Tom Burns）和斯托克（G. M. Stalker）通过研究发现，外部环境与组织内部结构具有关联性。当外部环境较为稳定时，内部组织为了提高组织运行的效率，往往需要制定明确的规章制度、工作程序和权力层级，组织的规范化、集权化程度比较高，其组织结构的设计可以采用机械式的层级结构形式；而在环境较为不确定时，内部组织比较松散，决策权力分散并下移，权力层级不明确，组织结构设计可以采用柔性灵活的有机结构形式。

3. 根据组织的差别性、整合性程度设计不同的组织结构

劳伦斯（Paul Lawrence）和洛奇（Jay Lorch）通过对塑料、食品及容器三种产业共十家企业的实证分析，证实了组织的差别性、整合性与有效组织结构之间密不可分的关系。组织差别性是指不同职能部门管理人员在组织目标与价值取向上的差别程度。组织整合性，是指各个部门努力的方向趋于一致性的程度。

两位学者认为，一个企业中不同的部门有着不同的外部环境，因此必须采用不同的组织结构与之相匹配。如研究与开发部门，因为面临的是动荡的市场环境，选择有机性结构较为妥当，而生产性部门面临的是相对稳定的环境，选择层级结构或许更为合适。另外，他们得出结论，在不同产业里各个企业内部的差别性程度和面临的环境有关，而高度差别化的一个后果是组织内各部门之间的协作变得更为困难。各个部门面临的环境越不确定，其结构的差别性就越高，也就越需要花费时间、精力和资源进行部门间的整合；越是成功的企业，整合程度越高，即这些企业能够有效协调好各个部门，使之统一于组织的整体目标。

4. 通过加强计划和对环境的预测减少不确定性

在一个相对稳定的环境条件下，组织考虑的是如何集中精力去解决当前的主要问题，对组织本身来讲，制订长期计划并预测未来似乎意义不大，因为，未来环境的要求与当前是一致的，组织的效率似乎体现在对一些现实问题的有效处理上。而在一个相对动态、不确定的环境条件下，加强计划和对环境的预测可以大大减轻外部环境变化对组织所造成的负面影响，当然，计划需要随时加以更新，计划部门的活动也不能替代其他部门的活动。

5. 通过组织间合作尽量减小组织自身要素资源对环境的过度依赖性

组织存在的一个重要前提是能够确保从外部环境中连续不断地获取关键的组织要素资源，如原材料、资金、劳动力等。如果组织中的这些资源被其他组织所控制，组织活动将会变得十分被动。为此，组织需要通过与其他组织建立广泛的合作关系来确保这些资源的及时供给。合作的方式可以是多种多样的，例如，通过并购来获取对关联组织的控制，通过与其他组织建立战略联盟实现资源的共享和互补，选择有重要影响力的人士加入董事会，通过广告和公共关系树立组织形象等。当然，组织也可以通过并购或剥离等方式彻底改变组织所依存的环境，这样，组织可以保持相对的自主性和独立性。

（三）技术的影响

任何组织都需要采用技术，那么，组织的设计就需要因技术的变化而变

化，特别是技术范式的重大转变，往往要求组织结构做出相应的改变和调整。琼·伍德沃德（Joan Woodward）曾收集英国100家制造企业的数据，来分析不同类型企业间是否在控制幅度、集权性、规范性等结构特征方面存在显著差异。她将这些生产性企业划分为三种类型：

（1）小批量单一产品生产（Small Batch and Unit Production）：小批量生产（Small Batch Production）企业提供的产品是小批量的，这些产品是为特定的客户而设计和制作的。每个客户订购的产品是不相同的。这种技术同样可以用于大宗的、单一品种产品的生产。小批量生产接近于工匠活。典型的小批量生产如专门定制的服装、专门设备、太空舱、卫星等。

（2）大批量生产（Large Batch and Mass Production）：大批量生产的典型特征是生产的标准化。消费者接受相同的产品。这种方式较小批量生产更能有效利用生产设备。典型的大批量生产如汽车流水线、计算机、烟草产品和纺织品等。

（3）连续生产（Continuous Process Production）：连续生产其全部工作流程都是机械化的。这是生产技术的一种最复杂形式。因为生产是连续的，它没有开始和终止。全部工作都是由机械完成的，操作者只是简单地读取数据、紧固松脱的机器部件或管理生产程序。典型的连续生产如化工厂、酒厂、石油提纯以及核电站等。

以上三种生产技术的差异称为技术复杂性。技术复杂性指生产过程中将人排除在外的程度。在复杂的技术中，除了监视机器设备外很少需要工人的直接参与。

研究发现，对于大规模生产技术而言，其规范性和集权性程度较高。由于技术的复杂性，相应地，高级管理人员比例和间接工人（如维修人员）比例也相应上升。间接人员比例上升是因为机器设备的复杂性。在流水线上，工作具有很强的常规性，因此监工可以平均管理48个雇员。

而对于小批量生产或连续性流程而言，则恰恰相反。其控制幅度相应较小。从总体上看，小批量生产和连续性流程企业有着有机式的组织结构，而大批量生产企业则有着机械式的组织结构。

琼·伍德沃德的结论是："所采用的技术不同，对个人和组织的要求也是不同的。组织结构也应与这种要求相适应。"她发现组织结构与生产技术间的关系同公司绩效直接相关，绩效低的公司趋向于偏离合适的组织结构。

值得注意的是，随着计算机革命和信息技术的发展，制造业技术有了质的飞跃。包括机器人、计算机数控（CNC）、计算机辅助制造（CAM）、计算机辅助设计（CAD）、管理自动化等技术在内的计算机集成制造系统（CIMS）或柔性制造系统（FMS）的运用，使得生产部门能够以较低的成本、在较短的时间内大量生产出高质量的各种定制产品来，从而改变了琼·伍德沃德所描述的大批量生产技术无法实现定制生产的传统格局。拥有 CIMS 或 FMS 技术的企业组织具有管理幅度较小、层级较少、专业化程度较低、高度分权的结构特点，容易实现理想中的规模经济和范围经济。

（四）组织规模与生命周期的影响

组织规模通常用雇员数目来衡量。研究发现，大型组织的结构形式远远不同于小型组织。小型组织通常是非正式的，劳动分工少，规章制度较少（规范性程度低），专业人员和办公人员少，甚至不存在正式的预算和业绩考核系统。而大型组织则有着较多的分工，庞大的专业人员，大量的规章制度，以及控制、业绩考核等内部系统。

组织由小型组织向大型组织的发展过程需要经过若干阶段。虽然不同组织的生命周期各有自己的速度，但是总体看来，任何组织都要经过如下几个阶段：

诞生期：这一阶段，组织被创造出来。其缔造者是一位企业家，他与少数雇员一起完成组织的所有活动。组织非常不正规，任务是重叠的。没有专业人员，没有规章制度，也没有横向系统来进行计划、考核和协调。决策权集中于业主手中。

成长期：在这一阶段，组织雇员增多，产品增加，并在市场上获得成功。因此，组织持续迅速增长。业主不再单独控制一切。虽然控制仍是相对集中的，但是，若干被业主所信任的同僚参与决策制定。在这一阶段劳动分工出现了，并由粗略而变得日益细密。横向部门出现了，但仍是非正式的。这时也出现了规则与制度，并开始出现少量的专业人员和管理人员。

成熟期：在这一阶段，组织繁荣昌盛，并且已发展得非常庞大。这时，组织开始正规化。劳动分工几近完善，权责明确，政策配套。大量的规则、制度、工作说明书被用来指导雇员的活动。为支持生产与营销，组织雇用大量专业人员和办公人员来处理专业活动。组织设立了健全的业绩评估、预算、会计控制系统。高层管理者将许多职权下放到职能部门，但是组织的灵活性开始下降。

衰退期：在这一阶段，组织极为庞大，而且是机械式的。组织的垂直结构过于强大，决策是集权性的。这时，组织面临着停滞不前的危险。这种状况经常地出现在经历了一个阶段的成功与辉煌的大企业里，许多大企业的领导人会感觉到成熟的垂直系统抑制了组织灵活地对环境变化做出迅速反应的能力。为了避免这种危险，他们组织鼓励创新，竭力消除部门之间的界限，并开始对组织业务流程进行重组。组织再造也可能导致组织的缩减——裁减一些职位、工作、职能、管理层级或业务单元。

当然，并非所有组织都是整齐划一地按照一个一致的时间框架经过这些阶段的。组织战略可能推动也可能延缓某一组织的发展。组织由一个阶段向下一个阶段的转换是很困难的，而且往往会有危机出现。某些公司之所以失败，就是因为在公司逐渐成长起来以后，其高层管理者仍然推行非正规化的管理，而没有采取强大的垂直结构。

除了以上四个因素外，组织结构还受到企业家的领导风格和驾驭能力、组织文化及组织规模等自身条件的影响。

四、组织结构类型

就本质而言，组织结构是反映组织成员之间的分工协作关系。组织结构设计的目的是为了更有效和更合理地把组织成员组织起来，即把一个个组织成员为组织贡献的力量有效地形成组织的合力，让他们有可能为实现组织目标而协同努力。每个社会组织内部都有一套自身的组织结构，它们既是组织存在的形式，本身还是组织内部分工与合作关系的集中体现。所有组织成员都将在此结构中充当一定的角色，承担一定的工作，否则就没有资格待在组织之中。由于组织内外部环境的不同，组织结构的类型也不尽相同。一般来说，组织结构的形式有以下几种：

（一）直线型组织结构

直线型组织结构是一种最早也是最简单的组织形式。它的特点是企业各级行政单位从上到下实行垂直领导，下属部门只接受一个上级的指令，各级主管负责人对所属单位的一切问题负责。厂部不再另设职能机构（可设职能人员协助主管工作），一切管理职能基本上都由行政主管自己执行。其结构如图8-3所示。

直线型组织结构的优点是：结构比较简单，责任分明，命令统一。缺点是：它要求行政负责人通晓多种知识和技能，亲自处理各种业务。这在业务比较复杂、企业规模比较大的情况下，把所有管理职能都集中到最高主管一个人身上，显然他是难以胜任的。因此，直线型组织结构只适用于规模较小，生产技术比较简单的企业，对生产技术和经营管理比较复杂的企业并不适宜。

（二）直线—职能型结构

直线—职能型结构，也叫直线参谋型结构。目前，绝大多数企业都采用这种组织结构形式。这种组织结构形式是把企业管理机构和人员分为两类，一类是直线领导机构和人员，按命令统一原则对各级组织行使指挥权；另一类是职

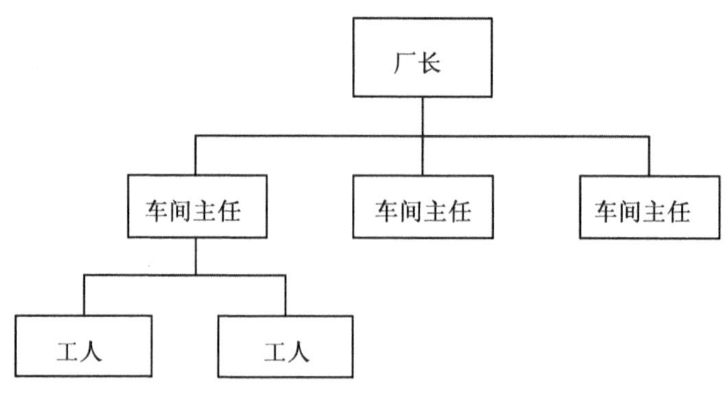

图 8-3　直线型组织结构

能机构和人员，按专业化原则，从事组织的各项职能管理工作。直线领导机构和人员在自己的职责范围内有一定的决定权和对所属下级的指挥权，并对自己部门的工作负全部责任。而职能机构和人员，则是直线指挥人员的参谋，不能对直线部门发号施令，只能进行业务指导。直线—职能型组织结构如图 8-4 所示。

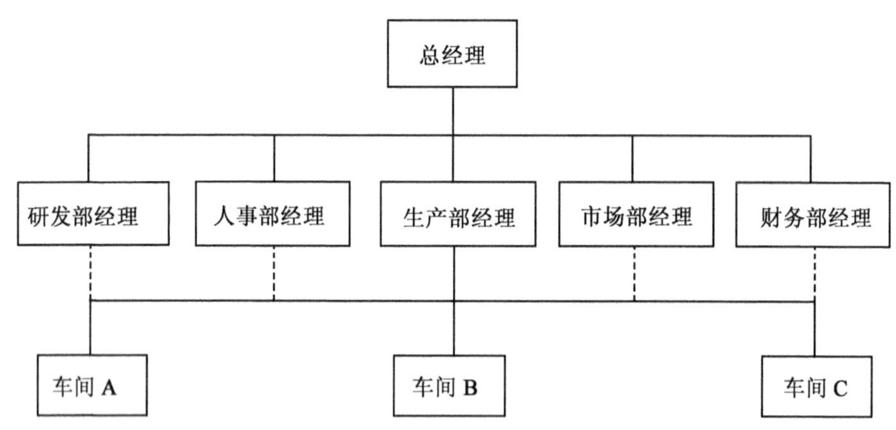

图 8-4　直线—职能型组织结构

直线—职能型结构的优点是：既保证了企业管理体系的集中统一，又可以在各级行政负责人的领导下，充分发挥各专业管理机构的作用。其缺点是：职能部门之间的协作和配合性较差，职能部门的许多工作要直接向上层领导报告请示才能处理，这一方面加重了上层领导的工作负担，另一方面也造成办事效率低。为了克服这些缺点，可以设立各种综合委员会，或建立各种会议制度，以协调各方面的工作，起到沟通作用，帮助高层领导出谋划策。

（三）分部型结构

分部型结构也称为事业部型组织结构。它是指组织面对不确定的环境，按照产品或类别、市场用户、地域以及流程等不同的业务单位分别成立若干事业部，并由这些事业部进行独立业务经营和分权管理的一种分权式结构类型。分部型结构必须具备三个基本的要素（独立的市场、独立的利益、独立的自主权），执行“集中决策，分散经营”的管理原则。

分部型结构包括以下两种基本的组织形态：

1. 战略事业单位（SBU）

战略事业单位是一种独立的产品或业务经营单位。如同设在大企业中的小企业，SBU 需要全面负责产品的研发、生产、营销等一系列工作的组织、规划和实施。SBU 的标准是：要有自己的、能够与其他事业单位有所区别的任务使命和总体规划；要有明确的竞争对象；能够在关键的领域内安排好自己的资源；规模适度。通用公司是最早采用这种组织形态的企业。

2. 独立事业单位（IBU）

独立事业单位是一种更为彻底分权型的分部式事业单位。这种类型的分部是作为母公司的一个具有独立法人地位的事业部形式存在的，它有着独立的经营机构和独立的经营自主权，不管其业务活动是否与母公司战略性业务相关联，独立事业单位必须对母公司承担利益责任。两者往往是以财产形式相联系的，钱得勒称之为 H 型结构，或称控股型结构。对于这种结构形式的存在，科斯的解释是，企业是对市场的替代，以独立法人地位形式存在的组织可以更为直接地面向市场，并且具有较低的交易费用和较强的市场力量。大型跨国公司多采用此种组织形态。

分部型结构的优点是：它使高层管理部门摆脱了日常繁杂的行政事务，可以专注于公司的战略决策事务。各事业部独立经营，充分自主，可以更好地以顾客为中心促进资源的有效整合。从发展角度看，一方面，这种结构有利于调动经营者的积极性，培养“多面手”式的管理通才；另一方面，又能发挥经营者的灵活性和主动性，提高对市场竞争环境的敏捷适应性，使公司较早适应未来的竞争与挑战。其缺点是：由于每个事业部都有完备的职能部门，这种机构重复带来了管理人员的增多和管理成本的增高。另外，各事业部之间的相互支持与协调比较困难，限制了组织资源的共享，容易出现各自为政的部门主义倾向，这势必导致组织总体利益受损，并影响到组织长期目标的实现。图 8-5 是一个典型的分部型结构示意图。

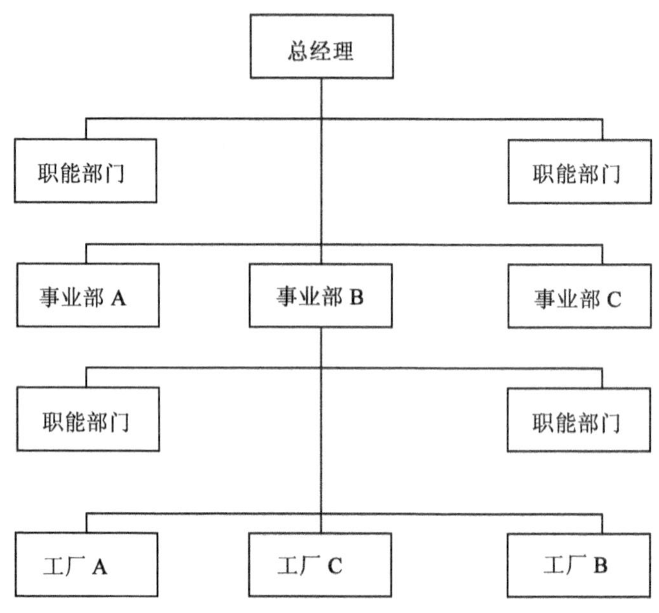

图 8-5　分部型组织结构

近几年来，西方国家大型企业所出现的超事业部制组织形式是对 SBU 式分部型结构的一种改进。这主要是企业规模过于庞大、事业部过多而导致管理幅度过大，因而在总公司与各个事业部之间又增加了一层管理组织机构——超事业部。其目的是加强对各事业部组织活动的协调，进一步减轻最高管理层的繁杂行政事务，使其能够集中于企业更重要的战略决策与指挥。

（四）矩阵型结构

矩阵型组织结构是由纵横两套管理系统组成的矩形组织结构，一套是纵向的职能管理系统，另一套是为完成某项任务而组成的横向项目系统，横向和纵向的职权具有平衡对等性。矩阵型结构打破了统一指挥的传统原则，它有多重指挥线。当组织面临较高的环境不确定性，组织目标需要同时反映技术和产品双重要求时，矩阵型结构应该是一种理想的组织形式。

矩阵型结构的优点是：由不同背景、不同技能、不同专业知识所组成的项目人员为某个特定项目共同工作，一方面可以取得专业分工的好处，另一方面可以跨越各职能部门获取他们所需要的各种支持活动，资源可以在不同产品之间灵活分配。通过加强不同部门之间的配合和信息交流，可以有效地克服职能部门之间相互脱节的弱点，同时，增强职能人员直接参与项目管理的积极性。其缺点是：组织中的信息和权力等资源一旦不能共享，项目经理与职能经理之间势必会为争取有限的资源或权力不平衡而发生矛盾，协调处理这些矛盾必然要牵扯管理者更多的精力，并付出更多的组织成本。另外，一些项目成员需要接受双重领导，他们要具备较好的人际沟通能力和平衡协调矛盾的技能，这同样会影响到组织效率的发挥。

从实践中看，双重平衡式的矩阵型结构的局限性还是比较明显的，实践中衍生出了以职能主管职权为主要权力的职能式矩阵结构和以项目主管职权为主要权力的项目式矩阵结构。这两种矩阵结构方式都取得了明显的成效。图 8-6 是一个典型的矩阵型结构示意图。

(五) 动态网络型结构

动态网络型结构是一种以项目为中心，通过与其他组织建立研发、生产制造、营销等业务合同网，有效发挥核心业务专长的协作型组织形式。动态网络组织形式的形成、发展应当归功于信息网络的发展。鲍威尔认为，网络型结构是一种既非市场又非层级制度的独特的组织结构形式。它代表的是市场与层级制度之间的可行的组织形式。他认为，网络结构形式带来的联系比市场带来的联系更为持久且分散，又会比层级制度带来的设置更互惠而平等。它以市场的组合方式替代了传统的纵向层级组织，实现了组织内在核心优势与市场外部资源优势的动态有机结合，因而更具敏捷性和快速应变能力，可视为组织结构扁平化趋势的一个极端例子。在理论上，目前国内外对网络组织形式的研究，主要依赖于组织经济理论或资源基础理论的分析框架，尚未形成相对独立的理论体系。但网络组织确实是一种新的组织形式，近些年各种网络组织的蓬勃发展，充分显示了这种组织形式的生命力。

动态网络型结构的优点是：组织结构具有更大的灵活性和柔性，以项目为中心的合作可以更好地结合市场需求来整合各项资源，而且容易操作，网络中的各个价值链部分也随时可以根据市场需求的变动情况增加、调整或撤并；另外，这种组织结构简单、精练，由于组织中的大多数活动实现了外包，而这些活动更多的是靠电子商务来协调处理的，组织结构可以进一步扁平化，效率也更高了。其缺点是：组织的可控性差。这种组织的有效动作是靠与独立的供应商广泛而密切的合作来实现的，由于存在着道德风险和逆向选择性，一旦组织所依存的外部资源出现问题，如质量问题、提价问题、及时交货问题等，组织将陷于非常被动的境地。另外，外部合作组织都是临时的，如果网络中的某一合作单位因故退出且不可替代，组织将面临解体的危险。网络组织还要求建立强有力的组织文化以保持一定的凝聚力，然而，项目是临时的，员工随时都有

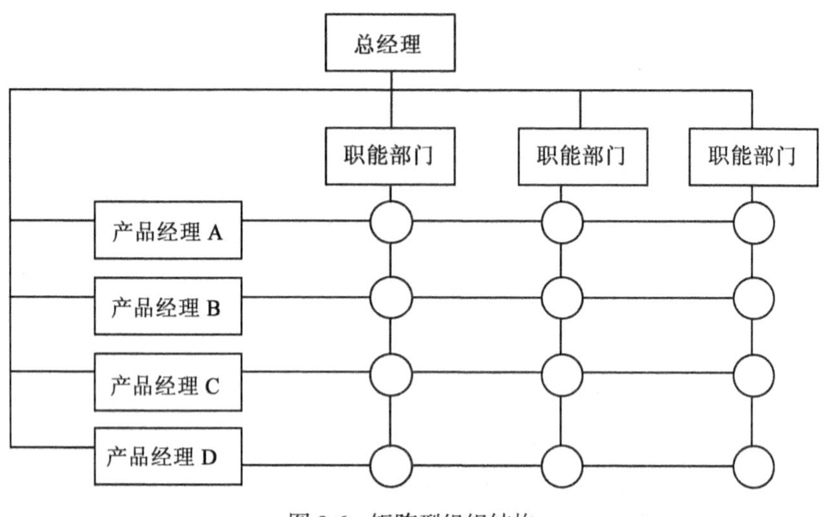

图 8-6 矩阵型组织结构

被解雇的可能，因而，员工的组织忠诚度也比较低。图 8-7 是一个典型的动态网络型结构示意图。

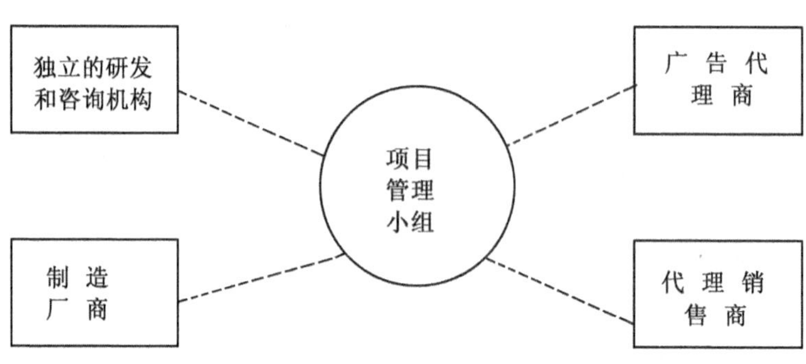

图 8-7 动态网络组织结构

动态网络型组织有时也被称为“虚拟组织”，即组织中的许多部门是虚拟存在的，企业依靠信息技术手段，将供应商、顾客甚至竞争对手等独立企业联结成网络，目的是互享对方的技术、分担成本以及市场渗透。这就使得虚拟化组织构造下的企业可以获得诸如设计、生产、营销等具体的功能，但却不一定拥有与上述功能相对应的实体组织。企业仅保留最为关键的功能而将其他功能虚拟化，从而突破企业有形的界限，弱化具体的组织结构方式，达到全方位借用外力、创造出超常竞争优势的效果。

耐克公司是利用虚拟组织抢占市场成功的公司之一。耐克公司是世界上最大的一家旅游鞋供应商和制造商，公司将主要的财力、物力、人力投入产品的设计和销售上，甚至样鞋也不靠自己生产。

近几年来，随着电子商务的发展以及外部合作竞争的加强，更多的知识型企业依靠 Internet 等信息技术手段，并以代为加工（OEM）、代为设计（ODM）等网络合作方式取得了快速响应市场变化的经营绩效。

第三节 组织的运行机制

任何一个组织，单有一个良好的结构设计是不够的，还须有一套系统的运行机制来保证原定的组织目标得到顺利实现。组织结构要由运行机制来强化，蕴藏于组织结构框架之中的运行机制则赋予组织机构体系以内容和活力。组织运行机制的核心就是组织运行过程中的集权、分权和授权。

一、职权及其形式

（一）职权的概念

职权是指设计中赋予某一管理职位做出决策、发布命令和希望命令得到执行而进行奖惩的权力。职权与组织内的一定职位相关，而与占据这个职位的人无关，所以它通常也被称做制度权或法定权力。

职权是权力的一种。职权来源于职位的权力，是一种制度化的权力。它是上级正式授予的，来源于上级的委任，与其他权力相比具有以下特征：

（1）它是职位产生的权力，具有相应的职责和义务；

（2）它是一种合理合法的权力，职权是由制度或法律所赋予的，所以有人称职权是“正式的权力”；

（3）拥有奖罚权利以维护权力的有效性。

（二）职权的分类

职权分为三种形式：直线职权（Line Authority）、参谋职权（Staff Authority）和职能职权（Functional Authority）。

1. 直线职权

直线职权是直线人员所拥有的包括发布命令及执行决策等的权力，也就是通常所说的指挥权。这种职权由组织的顶端开始，延伸向下至最低层，形成所谓的指挥链。在指挥链上，拥有直线职权的管理者有权领导和指挥其下属工作。显然，每一管理层的主管人员都应具有这种职权，只不过每一管理层级的功能不同，其职权的大小及范围各有不同而已。

2. 参谋职权

当组织规模逐渐增大且日渐复杂时，直线主管将发现他们在时间、技术知识、精力、能力和资源等各个方面都不足以圆满完成任务，这就必须创造出参谋职权，以支持和弥补直线主管在能力方面的缺陷和障碍。所谓参谋职权，是指参谋所拥有的辅助性职权。参谋的种类有个人与专业之分，前者即参谋人员，他是直线人员的咨询人，协助直线人员执行职责；专业参谋通常是一个单独的组织或部门，就是一般的“智囊团”。需要说明的是，参谋和直线之间的界限有时是模糊的。作为一名主管人员，他既可以是直线人员，又可以是参谋人员，这取决于他所起的作用及行使的职权。当他处在自己所领导的部门中，他行使直线职权；当他同上级或别的部门打交道时，他又成为参谋人员。

3. 职能职权

职能职权是指参谋人员或某部门的主管人员所拥有的原属直线主管的那部分权力。在纯粹参谋的情形下，参谋人员所具有的仅仅是辅助性职权，并无指挥权，但是，随着管理活动的日益复杂，主管人员仅依靠参谋的建议还很难做出最后的决定，为了改善和提高管理效率，主管人员就可能将职权关系作某些变动，把一部分原属自己的直线职权授予参谋人员或某个部门的主管人员，这便产生了职能职权。

需要指出的是，一个人获取权力的同时就必须负担起责任，这种责任就叫做职责。职责与职权是有区别的。职权是一种权力，其合法性来自于组织中的职位，职权需要围绕工作而展开。另外，职权意味着下属必须完成被指派的任务，而职责则意味着下属所完成的任务必须能符合上级所规定的标准。因此，权责必须一致，权责必须分明。有职权而无职责必然会导致职权的滥用，而有职责无职权也必然会导致执行者无所适从。

二、集权、分权与授权

（一）集权与分权

1. 集权与分析

集权和分权是组织层级化设计中的两种相反的权力分配方式。

集权是指决策指挥权在组织层级系统中较高层次上的集中，也就是说，下级部门和机构只能依据上级的决定、命令和指示办事，一切行动必须服从上级指挥。组织管理的实践告诉我们，组织目标的一致性必然要求组织行动的统一性，所以，组织实行一定程度的集权是十分必要的。

分权是指决策指挥权在组织层级系统中较低管理层级上的分散。组织高层将其中一部分决策指挥权分配给下级组织机构和部门的负责人，可以使他们充分行使这些权力，支配组织的某些资源，并在其工作职责范围内自主地解决某些问题。一个组织内部要实行专业化分工，就必须分权。否则，组织便无法运转。

集权和分权是一个相对的概念。绝对的集权意味着组织中的全部权力集中在一个主管手中，组织活动的所有决策均由主管做出，主管直接面对所有的命令执行者，中间没有任何管理人员，也没有任何中层管理机构。这在现代社会经济组织中几乎是不可能的，也是做不到的。而绝对的分权则意味着将全部权力分散下放到各个管理部门中去，甚至分散至各个执行、操作层，这时，主管的职位就是多余的，一个统一的组织也不复存在。因此，将集权和分权有效地结合起来是组织存在的基本条件，也是组织既保持目标统一性又具有柔性、灵活性的基本要求。戴尔曾提出判断一个组织分权程度的四条标准：

其一，较低的管理层次做出的决策数量越多，分权程度就越大。

其二，较低的管理层次担任的决策重要性越大，分权程度就越大。

其三，较低的管理层次担任的决策影响面越大，分权程度就越大。

其四，较低的管理层次所作的决策审核越少，分权程度就越大。在根本不需要审核决策的情况下，则分权程度最大。若做出决策后还必须上报上级领导，则分权程度就较小。如果在决策之前必须请示上级领导，则分权程度就更小。

2. 影响分析的因素

在组织层级化设计中，影响组织分权程度的主要因素有：

（1）组织规模的大小。组织规模增大，管理的层级和部门数量就会增多，信息的传递速度和准确性就会降低，因此，当组织规模扩大之后，组织需要及时分权，以减缓决策层的工作压力，使其能够集中精力于最重要的事务。

（2）政策的统一性。如果组织内部各个方面的政策是统一的，集权最容易达到管理目标的一致性。然而，一个组织所面临的环境是复杂多变的，为了灵活应对这种局面，组织必须分权，在不同的阶段、不同的场合采取不同的政策，这虽然会破坏组织政策的统一性，却可能有利于激发下属的工作热情和创新精神。

（3）员工的数量和基本素质。如果员工的数量和基本素质能够保证组织任务的完成，组织可以更多地分权；组织如果缺乏足够受过良好训练的管理人员，其基本素质不能符合分权式管理的基本要求，分权将会受到很大的限制。

（4）组织的可控性。组织中各个部门的工作性质大多不同，有些关键的职能部门，如财务会计等部门往往需要相对地集权，而有些业务部门，如研发、市场营销等部门，或者是区域性部门却需要相对地分权。组织需要考虑的是围绕任务目标的实现，如何对分散的各类活动进行有效的控制。

（5）组织所处的成长阶段。在组织成长的初始阶段，为了有效管理和控制组织的运行，组织往往采取集权的管理方式，随着组织的成长，管理的复杂性逐渐增强，组织分权的压力也就比较大，管理者对权力的偏好就会减弱。

（二）分权与授权

权力的分散可以通过两个途径来实现：组织设计中的权力分配（制度分权）与主管人员在工作中的授权。虽然制度分权与授权，都是使较低层次的管理人员行使较多的决策权，即权力的分散化，然而实际上，这两者是有重要区别的。

制度分权，是在组织设计时，考虑到组织规模和组织活动的特征，在工作分析，进而在职务和部门设计的基础上，根据各管理岗位工作任务的要求，规定必要的职责和权限。而授权则是担任一定管理职务的领导者在实际工作中，为充分利用专门人才的知识和技能，或出现新增业务的情况下，将部分解决问题、处理新增业务的权力委任给某个或某些下属。

制度分权与授权的含义不同，决定了它们具有下述区别：

（1）制度分权是在详细分析、认真论证的基础上进行的，因此具有一定的必然性；而工作中的授权则往往与管理者个人的能力和精力、下属的特长、业务发展情况相联系，因此具有很大的随机性。

（2）制度分权是将权力分配给某个职位，因此，权力的性质、应用范围和程度的确定，需符合整个组织结构的要求；而授权是将权力委任给某个下属，因此，委任何种权力，委任后应作何种控制，不仅要考虑工作的要求，而且要考虑下属的工作能力。

（3）制度分权是相对稳定的。如果调整某个管理职位的权力，不仅影响该职位或部门，而且会影响与其他部门的关系。除非整个组织结构重新调整，否则制度分权不会收回。相反，授权是主管将自己职务所拥有的权限，因某项具体工作的需要而委任给某个下属，这种委任可以是长期的，也可以是临时的。长期的授权虽然可能制度化，在组织结构调整时成为制度分权，但由于授权不意味着放弃权力，在组织再设计之前，不管是长期的授权，还是临时授权的权力，授权者都可以重新收回，使之重新集中在自己手中。

（4）制度分权主要是一条组织工作的原则，以及在此原则指导下的组织设计中的纵向分工；而授权则主要是领导者在管理工作中的一种领导艺术，一种调动下属积极性、充分发挥下属作用的方法。

另外，有必要指出，作为分权的两种途径，制度分权与授权是互相补充的：组织设计中难以详细规定每项职权的运用，难以预料每个管理岗位上工作人员的能力，同时也难以预测每个管理部门可能出现的新问题，因此，需要各层次领导者在工作中的授权来补充。

授权使管理人员从执行日常事务中摆脱出来，以专注于更重要的工作。然而，虽然权力可以授予他人，但是责任却不能，许多身居权位的人员发现授权是一项困难的工作。有时是因为他们发现下属不适合，有时是因为他们自己感到不安全，不愿意让出任何权力；还有的时候是因为他们认为这样做有可能被排斥在日常性事务之外。不管怎么说，有效的管理依赖于适当的授权，有能力的管理者或经理也认同这一点。然而，管理者或经理仅仅授权他人，然后坐等结果是不够的，授权须经适当的策划，同时还必须进行足够的监督。

因此授权者必须明确：

第一，确定哪些任务最适合授权，既从自身的工作责任考虑，也应兼顾组织利益。

第二，慎重选择被授予权力的下属人选，要充分考虑该代理人的能力和个人素质。

第三，对代理人所承担的义务以及所拥有的权限进行明确的说明，并确保下放的权力和代理人所承担的责任完全相称。

第四，只要确定了代理人有能力完成指派给他的任务，就要允许他自主地完成此项工作，干涉要尽可能少。同时，代理人承担的责任应当能够使其增强信心和发挥潜力。

第五，要确保建立某种形式的检查制度以保证代理人有效地工作。正如已经指出的那样，授权行为并未免除授权者对委派工作所承担的责任。有人说检查是授权的必然结果，这有一定的道理。采用什么样的检查形式取决于代理人的地位。在较低级的管理层次上，公开检查不仅是最简便的方式，而且也是所期望的形式。然而，越接近最高管理层，越需要暗中进行检查，也可以采取报告的形式。

☞本章点评

劳动分工与协作是密切相关、不可分割的两个方面。有效的分工与协作，是设计组织的职位时首先要考虑的两个基本要素。管理幅度与管理层级是相互联系的，它们受制于组织的规模。影响管理幅度的因素是多种多样的。在确定了组织内的职务划分和等级层次之后，明确规定每个职位的职权职责便是必不可少的工作，也是整个组织得以运转的基础。组织结构设计是为了有效地实现经营目的而实际探索应该如何设计组织结构。其任务是设计清晰的组织结构，规划和设计组织中各部门的职能和职权，确定组织中职能职权、参谋职权、直线职权的活动范围并编制职务说明书。企业组织结构主要的形式有：直线型组织结构、职能型组织结构、直线—职能型组织结构、事业部制组织结构、矩阵制组织结构和动态网络组织结构。分权和集权是用来描述组织中职权分布状况的两个概念。在现实中，既不存在绝对的分权，也不存在绝对的集权，组织必须正确把握分权和集权的度，合理地分权并有效地授权。

☞复习思考

1. 什么是管理幅度？影响管理幅度的主要因素有哪些？
2. 为什么要进行组织结构设计？组织结构设计要遵循哪些原则？
3. 什么是职权？它有哪几种表现形式？
4. 试述组织结构设计的影响因素。
5. 试述各种组织结构的特征与优缺点。
6. 实践中如何处理集权与分权的关系？

☞本章案例一

海尔集团组织结构的变革

20世纪80年代，海尔同其他企业一样，实行的是“工厂制”。随着企业做大做强，业务不断发展，其组织结构经历了从直线职能型结构到矩阵型结构再到市场链结构的三次大变迁：

第一阶段是直线职能型组织管理。直线职能型结构就像一个金字塔，下面是最普通的员工，最上面是厂长、总经理。它的好处就是比较容易控制终端。直线职能在企业小的时候，“一竿子到底”，反应非常快。但企业大了这样就不行了。最大的弱点就是对市场反应太慢。

第二阶段是进入产品多元化战略阶段以后，实行矩阵型管理、事业部制管理。横坐标是职能部门，如财务、计划、供应等，纵坐标是项目，如洗衣机项目、空调项目等。以项目为中心，很多项目可同时展开。对职能部门来讲，横、纵坐标相互的连接点就是要抓的工作。这种组织形式的企业发展多元化的阶段可以比较迅速地动员所有的力量来推进新项目。

海尔1996年开始实行事业部制。这是在组织领导方式上由集权向分权制转化的一种改革，最初首创于20世纪20年代美国通用公司和杜邦公司。事业部制高度分权，对市场销售具有有效刺激。但是，这种个体户式的拼杀，会造成各专业部之间的盲目竞争，不利于集团内部重点使用力量，去支持有发展前途的产业。因此，海尔对分权大小有自己的考虑。对“夕阳型”的产品尽可能分权划小经营单位，让其随行就市；对“朝阳型”的产业，则集中人力、财力，做大规模，确保竞争力。

经过第二阶段的调整，海尔集团的组织结构可以描述为：海尔的集团总部是决策的发源地，管辖一些职能中心，下边是事业部。事业部是一个利润中心，是市场竞争的主体。

第三阶段是市场链管理模式。1999年8月，为适应国际化发展，海尔对企业内部组织机构进行了重大调查，成立了物流、商流、资金流三个推进本部以及海外推进本部。

物流、商流和资金流是把原来各事业部的职能部门剥离出来：物流，使海尔实现在全球范围内采购零部件和原材料，为全球生产线配送物资，为销售中心配送成品，降低了成本，提高了产品的竞争力；商流，通过整合资源降低费用提高效益；资金流，保证资金流转顺畅。海尔本部物流、商流、资金流的建立，使整个企业管理与国际接轨。三流推动，是海尔创业以来组织结构调整幅度最大的一次。这种模式已列入欧盟高等学院的管理案例。

在企业的运作方式上，海尔集团采取“联合舰队”的运行机制。集团总部作为“旗舰”以“计划经济”的方式协调下属企业。下属企业在集团内部是事业部，对外则是独立法人，独立进入市场经营，发展“市场经济”，但在企业文化、人事调配、项目投资、财务预决算、技术开发、质量认证及管理、市场网络及服务等方面须听从集团的统一协调。用海尔人人都熟悉的话说，各公司可以“各自为战”，不能“各自为政”。张瑞敏说，集团所要求的，你必须执行，有问题我来负责，我来订正。你可以提出建议，但绝不许阳奉阴违。

在论述海尔组织结构的变迁时，海尔的领导人强调了“有序的非平衡结构”：整个组织结构的变化缘自组织创新的观点，就是企业要建立一个有序的非平衡结构。一个企业如果是有序的平衡结构，这个企业就是稳定的结构，是没有活力的。但如果一个企业是无序的非平衡，肯定就是混乱的。在建立一个新的平衡时就要打破原来的平衡，在非平衡时再建立一个平衡。

（案例来源：海尔集团网，http：//www. haier. cn。）

案例思考

1. 试绘出海尔不同阶段的组织结构图。

2. 分析海尔组织结构演变主要历程，试谈企业组织结构体系在企业生存中占有什么样的重要地位。

☞**本章案例二**

泉源公司的权力调整

泉源公司是一家成立于1985年的计算机和设备公司，由于其性能卓越而又款式新颖的产品、富有想象力的销售方法和给公司客户提供的优质服务，已经发展为国内该经营领域的前列企业。销售额逐年上升，利润率也比较高。2006年，该公司股票上市，上市之后股票价格就节节上升，为此该公司获得了投资者的青睐。

然而，公司总裁不久发现，一向运行良好的组织结构，现在已经不能适应该公司的需要。多年来，公司是按照职能系列组织起来的，由几位副总裁分管财务、销售、生产、人事、采购、工程以及研发。随着公司的发展，公司已把其产品系列扩大，从商用计算机扩展到电动打字机、复印机、电影摄影机和放映机、机床计算机控制设备等。

随着时间的推移，人们注意到企业存在以下不良情况：该公司的组织结构使总裁办公室以下的人员和机构无法对公司的利润负责，无法适应目前在海外许多国家进行的业务，而且还加重了销售、生产和工程各职能部门之间的壁垒，使它们难以进行有效协调。此外，有许多决策似乎除了总裁办公室之外，其他任何低于这一级的都不能作出。

因此，2007年，总裁将公司分为15个各自独立经营的分公司，每个分公司对利润负有全部的责任。然而，在实行公司重组和人事职能方面出现了大量的重复，各分公司经理无视总公司的方针和策略，各自经营自己的业务，显示出公司正在瓦解成一些独立部门。

在此情况下，总裁意识到自己在分权的道路上走得太远了。于是，他撤回了分公司经理的某些职权，并要求他们就下述一些重要事项的决策应征得公司最高管理部门的批准：超过10万元的资本支出，新产品的开发和推广，销售和价格策略的制定，人事政策改变等。当分公司经理看到他们的这些自主权被收回时，非常生气，并且公开抱怨公司的方针摇摆不定，一会儿分权，一会儿集权。总裁对于自己处于这种情况感到忧虑。

案例思考

1. 泉源公司2007年进行的组织结构调整，采用的是什么类型的组织结构形式？这种结构有何优缺点？

2. 对于公司总裁从分权到集权的做法，你如何评价。

第九章　组织力量的整合

学习目的与要求： 学习本章的目的主要是通过了解现代组织中所设置的机构以及它们的职能、作用和相互关系，弄清正式组织与非正式组织、直线人员与参谋人员、委员会与其他职能机构之间的区别和相互关系；掌握处理这些关系的途径和措施。

本章主要是介绍现代组织中所设置的机构以及它们的职能、作用和相互关系，重点阐述如何通过多种途径和措施整合组织内各种力量，使之协调一致，为高效率实现组织目标而努力。

第一节　正式组织与非正式组织

组织的分类方式多种多样，划分为正式组织与非正式组织是其中一种划分方法。

一、正式组织及其活动

正式组织（Formal Organization）是指为实现一定目标并按照一定程序建立起来的有明确职责结构的组织。

正式组织具有四个基本特征：

1. 目的性

正式组织有明确的目标。它是经过设计、规划，为了实现组织目标而有意识建立的，因此，正式组织要采取什么样的结构形态，从本质上说应该服从于实现组织目标和落实战略计划的需要。这种目的性决定了组织工作通常是在计划工作之后进行的。

2. 合法性

正式组织是经过政府认可的实体，不是自发形成的。

3. 正规性

正式组织是一个系统，它建立不同层次机构并配备相应的人员、职务、权力与责任，其成员在各自岗位上为实现目标而分工合作。正式组织通过其所制定的严格规章制度来规范成员行动，规章制度对成员具有强制性作用。正式组织还建立了考核和奖惩制度，对所属单位和个人有显著贡献者给予表彰或奖励；对于工作任务完成不好或违反纪律者，视情况给予必要的处分。

4. 稳定性

正式组织一经建立，通常会维持一段时间相对不变，只有在内外环境条件发生了较大变化而使原有组织形式显露出不适应时，才会提出进行组织重组和变革的要求。

正式组织按在管理中所处的地位分，有高层管理组织、中层管理组织、基层管理组织；按不同职能分，有生产和业务经营组织（如车间、供销部、门市部、储运部等）、参谋组织（如策划、财务、统计、人事、技术开发和监督、业务管理等）和行政事务组织（如办公室、总务等）。它们纵横交叉，各司专职。

合理、健康的正式组织无疑为提高组织活动的效率提供了基本的保证。

二、非正式组织的形成及特点

无论正式组织设计的理论如何完善，设计人员如何努力，人们都无法规范组织成员在活动中的所有联系，都无法将所有这些联系都纳入正式的组织结构系统。一般在社会经济单位中，还都存在着非正式组织（Informal Organization）。

非正式组织是伴随着正式组织的运转而形成的。在正式组织展开活动的过程中，组织成员必然发生业务上的联系。这种工作上的接触会促进成员之间的相互认识和了解。他们会渐渐发现在其他同事身上也存在一些自己所具有、所欣赏、所喜爱的东西，从而相互吸引和接受，并开始工作以外的联系。频繁的非正式联系又促进了他们之间的相互了解。这样，久而久之，一些正式组织的成员之间的私人关系从相互接受、了解逐步上升为友谊，一些无形的、与正式组织有联系但又独立于正式组织之外的小群体便慢慢地形成了。

非正式组织具有如下特点：

第一，它是不受正式组织制度束缚的自发性群体。

第二，它是以情感为纽带、有弹性的团体。非正式组织的成员不是固定的，由于“感情”缺乏外在的固定模式，所以非正式组织的进入和退出不需要履行正式组织那样的手续。正式组织为提高效率需要，可以将两个互有敌意的人安排在一个单位，而在非正式组织中，这种现象是根本不可能出现的。也由于以感情为联系纽带，使得非正式组织比正式组织具有更强的凝聚力。

第三，非正式组织内的活动是自愿的，对于其成员来说是没有任何报酬的，他们所得到的只是感情上的需要和心理上的满足。

第四，非正式组织的行为规范是非制度化的。正式组织中一切都制度化了，每一个正式组织都有明文规定的纪律和守则，以作为成员必须遵守的行为规范。非正式组织虽在形成过程中会逐步形成成员一致认同和接受的不成文的规范，而且非正式组织的成员也会自觉地遵守，但这些行为规范不可能采取制度化的形式，因此，非正式组织的行为规范，缺乏强制约束力，要靠其成员自觉地遵守，互相默认。在正式组织中出现违反纪律行为时，组织将会采取强制性的惩罚措施，但非正式组织中的行为规范被违反时，所采取的只能是孤立、疏远等拉开感情的措施。

第五，非正式组织经常会有一位核心人物，但大多不是正式组织中的领导。在正式组织中，领导者可以通过上级任命取得职务所规定的权力。非正式组织的领袖人物没有制度化的权力，他们发挥作用的唯一基础是个人影响力。

由此可见，正式组织与非正式组织由于形成过程和目的的不同，决定了它们的存在条件也不一样，二者的区别在于：正式组织是以效率逻辑为其行为规范的，而非正式组织则是以感情逻辑为其行为规范的。

正式组织与非正式组织两者相互依存、相互影响，后者因前者而产生，两者的成员交叉混合。人们感情的影响在许多情况下要胜于理性的作用，因此，非正式组织的存在必然要对正式组织的活动及其效率产生影响，有时甚至是较大的影响。只有对非正式组织进行缜密地分析并予以正确引导，才能为正式组织的目标实现产生积极的作用，从而最大限度地提高工作质量和工作效率。

三、非正式组织的类型及作用

（一）非正式组织的类型

非正式组织的类型包括：情感型，即以深厚的感情和友谊为基础而形成非正式组织；爱好型，即出于共同爱好和兴趣而形成非正式组织；利益型，即以成员的共同利益为基础形成的非正式组织；亲缘型，即以亲戚、血统等关系形成的非正式组织。

非正式组织的存在及其活动既可对正式组织目标的实现起到积极促进的作用，也可能对后者产生消极的影响。

（二）非正式组织的积极作用

1. 可以满足成员的多层次需要

非正式组织是自愿性质的，其成员甚至是无意识地加入进来的。人们之所以愿意成为非正式组织的成员，是因为这类组织可以给他们带来某些需要的满足。例如，工作中的频繁接触以及在此基础上产生的友谊，可以帮助他们消除孤独的感觉，满足他们“被爱”及“施爱于他人”的需要；基于共同的认识或兴趣，对一些共同关心的问题进行谈论甚至争论，可以帮助他们满足“自我表现”的需要；从属于某个非正式团体这个事实本身，可以满足他们“安全”、“归属”的需要。正式组织成员的许多心理需要是在非正式组织中得到满足的。而且我们已经知道，这类需要能否得到满足，对人们在工作中的情绪，对工作的效率有着非常深刻的影响。

2. 能形成较强的凝聚力和向心力

人们在非正式组织中的频繁接触会使相互之间的关系更加和谐、融洽，从而易于产生和加强合作的精神。这种非正式的协作关系和团队精神若能带到正式组织中来，则无疑有利于促进正式组织的活动协调顺利地进行。非正式组织能弥补正式组织对其成员精神需求的不足。非正式组织成员具有相同的兴趣爱好、观念和价值取向，能自觉地维护非正式组织的文化价值标准，容易对管理问题形成较为一致的意见，减少成员对正式组织的不满，降低成员的离心倾向，从而在工作中同心同德、配合默契，形成对正式组织的较强的凝聚力和向心力。

3. 能促进工作技能水平的提高

非正式组织虽然主要是发展一种业余的、非工作性的关系，但是对其成员在正式组织中的工作情况也往往是非常重视的。对于那些工作中的困难者、技能不熟练者，非正式组织中的成员往往会给予自觉的指导和帮助。同伴的这种自觉、善意的帮助，可以促进他们技能水平的提高，从而可以帮助正式组织起到一定的培训作用。

4. 具有有效的控制作用

非正式组织也是在某种社会环境中存在的，就像对环境的评价会影响个人的行为一样，社会的认可或拒绝也会左右非正式组织的行为。非正式组织为了团体的利益，为了在正式组织中树立良好的形象，往往会自觉或自发地帮助正式组织维护正常的活动秩序。虽然有时也会出现非正式组织的成员犯了错误互相掩饰的情况，但为了不使团体在公众中留下不受欢迎的印象，非正式组织对那些严重违反正式组织纪律的害群之马，通常会根据自己的规范，利用特殊的形式予以惩罚。与正式组织通过指令方式实行层层控制、要求下级无条件服从的刚性不同，非正式组织对其成员的控制，能迎合成员的心理，富有人情味，对成员的行为实行内在控制。由于成员对其所属的非正式组织是出自内心的认同和服从，其控制的效果比正式组织的强力控制更好。

5. 具有高度弹性和应变能力

正式组织的工作多为事前计划，由于缺乏弹性，在工作过程中出现事先未预测到的问题和困难时，往往在请示和等待指示中耽误时间，扩大损失。而非正式组织通过其迅速的沟通，柔情的人格控制，更便于对临时发生的紧急问题予以及时有效地处理。

但是，非正式组织毕竟是自发的，具有随意性和非稳定性，并且其存在的错误观念和思想也会感染其成员，形成消极的团体意识。正由于此，非正式组织也可能对正式组织的权威性和正常工作产生干扰甚至破坏。

（三）非正式组织可能造成的危害

1. 易拉帮结派，形成利益团伙，分裂正式组织，破坏正常的工作秩序

非正式组织的目标如果与正式组织相冲突，则可能对正式组织的工作产生极为不利的影响。例如，正式组织力图利用成员之间的竞争以达到调动积极性、提高工作效率和经济效益的目的，而非正式组织则可能认为竞争会造成非正式组织成员的不和，从而会抵制竞争，设法阻碍和破坏竞争的展开，其结果必然是影响正式组织内积极向上的气氛。或者基于狭隘的团伙利益，与正式组织或其他非正式组织发生分歧，形成对立甚至对抗，最终分裂正式组织，形成旷日持久的内耗。

2. 抑制人才能力的发挥，造成人才流失

非正式组织对成员在立场、观念、行为上一致性的约束和控制，往往也会束缚成员的个人发展。有些人虽然有过人的才华和能力，但非正式组织一致性的要求可能不允许他冒尖，抹杀其个性和创新精神，从而使个人才智不能得到充分施展，对正式组织的贡献不能增加，这样便会影响正式组织工作效率的提高。与此同时，非正式组织成员对业绩突出同事的冷落、孤立，会迫使其离去，造成正式组织所需人才的流失。

3. 干扰和反对变革

非正式组织的压力还会影响正式组织的变革，造成正式组织的惰性。这并不是因为所有非正式组织的成员都不希望变革，而是因为其中大部分人害怕变革会改变非正式组织赖以生存的正式组织的结构，从而威胁非正式组织的存在。如正式组织的变革可能触及非正式组织的经济利益，或人事调整破坏了原来的人际关系网，或技术革新影响到其工作机会等，这些均可能成为非正式组织抵制正式组织改革方案的理由。

4. 易传播谣言，拨弄是非，泄露机密

非正式组织成员之间常常传递一些非正规渠道流传出来的小道消息，以联络彼此之间友情。由于非正式组织的沟通方式的灵活多样，且不受多少制约，

一些信息经辗转相传，加入个人的主观想法，有时甚至是有目的的刻意篡改，而变成了谣言。似真还假的信息，轻则使正式组织人心涣散，重则导致内部分裂。更有些人为一己私利，利用非正式组织的情感联系和人际关系挑拨离间，流言飞语如瘟疫般四处蔓延，造成整个正式组织人际关系紧张，破坏力极大。正式组织中需要保密的专利、专有技术、营销战略和策略通过非正式组织广为传播，不胫而走，使所属正式组织与其他正式组织竞争时丧失优势，处于被动局面，有时甚至对正式组织的生存形成严重的威胁。

四、正确对待非正式组织的策略

无论正式组织承认与否，允许与否，愿意与否，非正式组织的存在及其影响都是不以人的意志为转移的客观存在。正式组织目标的顺利实现，要求积极利用非正式组织的贡献，努力克服和消除它的不利影响。

1. 承认并尊重非正式组织

要利用非正式组织，首先应正视非正式组织存在的客观必然性和必要性，允许、乃至鼓励非正式组织的存在，为非正式组织的形成提供条件，并努力使之与正式组织目标吻合。例如，正式组织在进行人员配备时，可以考虑把性格相投、有共同语言和兴趣的人安排在同一部门或相邻的工作岗位上，使他们有频繁接触的机会，这样就容易使两种组织的成员基本吻合。又如，在正式组织开始运转以后，注意开展一些必要的、促进组织成员间感情交流的联欢会、茶话会、聚餐、旅游等联谊活动，为他们提供业余活动的健身游戏场所，在客观上为非正式组织的形成创造条件。

促进非正式组织的形成，有利于正式组织效率的提高。人们通常都有社交的需要。如果一个人在工作中或工作之余与其他人没有接触的机会，则可能心情烦闷，感觉压抑，对工作不满，从而影响工作效率。相反，如果能有机会经常与谈得来的人聊聊对某些事情的看法，摆摆自己生活或工作中的障碍和困难，乃至发发牢骚，那么就容易卸掉精神上的包袱，以轻松、愉快、舒畅的心态投身到工作中去。

2. 尊重非正式组织领袖并与之保持良好关系

每一个非正式组织都有一个核心人物，多为其精神领袖，他的影响力甚至可能超过同级正式组织的负责人。因此，对待非正式组织的核心人物，首先要尊重并肯定他在非正式组织中的地位和威信，这是取得其信任并与之合作的前提。通过与其合作，利用其威信高、能力较强、影响力较大等特点，及时了解并影响非正式组织的动向，疏通上下的信息沟通渠道，便于管理层对决策的调整补充。通过与非正式组织核心人物的交流，也易于发掘为正式组织所需的异质型人才。在情况允许的条件下，可授予相应的权力，从而把整个非正式组织纳入正式组织的目标轨道。

3. 加强组织文化的建设

通过建立和宣传正确的组织文化来影响非正式组织的行为规范，引导其发挥积极作用，提供有益的贡献。非正式组织形成以后，正式组织不能用行政方法或其他强制手段来干涉其合法的活动，也不能任其自由泛滥，这样有产生消极影响的危险。因此，对非正式组织的活动应该加以引导，可以通过借助共同认可的组织文化，影响和约束非正式组织的活动。

许多管理学者在研究中发现，不少组织在管理结构上并无特殊的优势，但却获得了超常的成功，成功的奥秘在于有一种符合组织性质及其活动特征的组织文化。所谓组织文化是指被组织成员共同接受的价值观念、工作作风、行为准则等群体意识的总称，属于管理的软件范畴。正式组织通过有意识地培养、树立和宣传某种文化来影响成员的工作态度，使他们的个人目标与组织的共同目标尽量吻合，从而引导他们自觉地为组织目标的实现积极工作。

如果说合理的结构、严格的等级关系是正式组织的特征的话，那么组织文化则可能易于被非正式组织所接受。正确的组织文化可以帮助每个成员树立正确的价值观念和良好的工作生活态度，从而有利于产生符合正式组织要求的非正式组织的行为规范。

4. 坚决清除对正式组织不利的人物

非正式组织中的个别人抱着极端个人主义，违背组织原则，严重阻碍组织的发展，损害组织和其他人的利益，对这类害群之马要坚决处理。还有一种非正式组织的核心人物，人品不错，威信很高，但就是不能认同正式组织的价值取向和共同利益，这种人也必须劝其退职，劝退不成，也要除名。不管是开除，还是劝退，务必向非正式组织的成员说明理由，澄清事实，避免误解，稳定人心。必要时通过心灵交流使非正式组织成员情感外移，或通过人事调整分化其组织，以确保正式组织各项工作的顺利进行。

第二节　直线与参谋

处理好直线（Beeline）与参谋（Staff）之间的关系，对整合组织力量具有十分重要的意义。而要做到这一点，就必须清楚地知道它们在现代组织中各自所处的位置。随着社会经济的发展和理论研究与实践的不断进步，组织结构发展出了直线式、直线-职能式、事业部式等多种基本形式。这些形式中，除直线式仍存在于小型工商企业或家庭作坊，没有设置参谋机构外，其他形式都根据需要，在不同层次设置参谋部门。目前我们在机关、企业、学校、医院和科研部门中最常见和最为普遍采用的是直线-职能式和事业部式。

一、直线、参谋及其相互关系

企业中的最高主管，由于时间和精力的限制，不可能直接地、面对面地安排和协调每一个成员的活动，需要委托若干副手来分担管理的职能，各个副手又需委托若干部门经理或车间主任，后者再委托若干科长或工段长。依此类推，直至组织中的基层管理人员能直接安排和控制员工的具体活动。这种由于管理幅度的限制，而产生的管理层次之间的关系便是所谓的直线关系。

从直线关系形成的过程来看，低层次的主管是受高层次主管的委托来进行工作的，因此，必须接受高层次主管的指挥和命令。所以说，直线关系是一种命令关系，是上级指挥下级的关系。这种命令关系自上而下，从组织的最高层，经过中间层，一直延伸到最基层，形成一种等级链。链中每一个环节的管理人员都有指挥下级工作的权力，同时又必须接受上级管理人员的指挥，这种指挥和命令的关系越明确，即各管理层次直线主管的权限越清楚，就越能保证整个组织的统一指挥。直线关系是组织中管理人员之间的主要关系。组织设计的重要内容，便是规定和规范这种关系。

参谋关系是伴随着直线关系而产生的。组织的规模越大，活动越复杂，参谋人员的作用就越重要，参谋的数量就越多，参谋与直线的关系就越复杂。

随着先进的科学技术和现代化的生产方法和手段在企业中的运用，企业活动的过程越来越复杂，组织和协调这个活动过程的管理人员，特别是高层次的主管人员越来越感到知识的缺乏。由于企业很难找到精通各种业务的“全才”，直线主管也很难使自己拥有组织本部门活动所需的各种知识，人们常借助设置一些助手，利用不同助手的专业知识向直线主管提供信息、咨询、建议来协助其工作。随着组织规模的扩大，参谋人员的数量会不断增加，参谋机构会逐渐规范化。为了方便这些机构的工作，直线主管也许会授予他们部分职能权力，但是，他们的主要职责和特征，仍然是同层次直线主管的助手，主要任务仍然是提供某些专业服务，进行某些专项研究，以提供对策、建议。

从上面的分析中可以看出，直线与参谋主要是两类不同的职权关系。直线关系是一种指挥和命令的关系，授予直线人员的是决策和行动的权力；而参谋关系则是一种服务和协助的关系，授予参谋人员的是思考、筹划和建议的权力。

区分直线与参谋的另一个标准是分析不同管理部门和管理人员在组织目标实现中的作用。人们把那些对组织目标的实现负有直线责任的部门称为直线机构，而把那些为协助直线人员有效工作所设置的部门称为参谋机构。根据这个标准，人们通常会把企业中致力于生产或销售产品与劳动的部门称为直线，而把采购、人事、会计等列为参谋部门。这种分类方法显然有直观明确的好处，而且在一定程度上与职权关系角度的分类有某种吻合。比如，在企业中，生产、销售部门的主管，他们的主要工作内容是组织所辖部门的生产或销售活动，因此，其主要精力是处理部门内与直线下属的关系；而会计、人事等部门及其相应主管的主要活动内容，则是记录生产与销售部门的资金运转或制定指导这些部门活动中的财务、人事政策，因此，其主要精力是处理与这些直线部门发生的关系，为它们提供建议或服务。

但是，完全根据在组织目标实现中的作用来分类，有时可能会引起某些混乱。比如，企业中的物资采购、仓库保管、设备维修以及后勤、食堂等部门，显然不是企业的主要部门，不直接参与企业的产品制造或销售服务活动，根据在目标实现中的作用的标准来衡量，它们不能列为直线部门；毫无疑问，这些部门是为直线部门服务的，但把它们列为参谋部门也是不适宜的，因为它们只是提供工作或生活上的服务，并无参谋与建议的任务。为了避免这种混乱，我们以为应该主要从职权关系的角度来理解直线与参谋。直线管理人员拥有指挥和命令的权力，而参谋则是作为直线的助手来进行工作的。

二、直线与参谋的矛盾

（一）直线与参谋矛盾的表现形式

组织中的直线人员与参谋人员在一起工作、生活和相互交往中，由于性格、品质、知识、经验、职务、价值观念等差异，或者由于职责规定不明确，信息出现障碍等这样或那样的原因，发生意见分歧和矛盾是不可避免的，关键是如何化解，最终协调一致。就工作而言，分歧和矛盾最初直接表现的形式通常为：

（1）直线主管布置任务，参谋人员未能完成或完成得不理想；

（2）参谋提出的建议未被采纳；

（3）参谋与下一级直线发生分歧，而直线主管支持下级；

（4）同级参谋部门间发生分歧未得到合理解决；

（5）参谋部门应有的职权未得到尊重，或参谋部门在没有得到授权的情况下超越职权处理事务。

上述问题的出现原因很多，就第一项来说，可能是主管布置任务不明确、不具体，也可能是参谋未领会精神；可能是主管要求太高，也可能是参谋水平太低；或者二者意见不一致，参谋不愿完成。例如，参谋认为不符合国家政策和组织内部规章制度等。其他几项，也可以从矛盾的两个侧面，提出许多问题。

由此可见，矛盾原因是多种的、复杂的，需要正确认识，冷静分析，及时和妥善处理。延误或疏忽就可能使矛盾加深并扩大化，甚至形成对抗，给团体带来不利，影响组织目标的实现。

（二）对待直线与参谋矛盾的态度

1. 正确认识

所谓正确认识，首先就是要区别对待，不能把出现的意见分歧和矛盾统统都看成是有害的。有些矛盾和冲突的确是有害的，具有破坏性的，其大都是由于双方目标不一致造成的；有些分歧和冲突则是具有建设性的，双方目标一致而方法不同的分歧大都是建设性的，对实现组织目标是有利的，在一定范围内、一定条件下，还应当鼓励提倡。其次，要看到上述各种矛盾有时可能交织在一起，甚至还可能相互转化，处理不好就会成为工作中的阻力，处理得好则是前进中的动力，使员工的积极性比原来更高。最后，为了建设和谐、协调的工作环境，对待矛盾和分歧应加以引导和限制其扩大化，因为过多的纷争会影响组织的正常运转和效率的提高。

2. 冷静分析

所谓冷静分析，就是矛盾双方应当“换位思考”，反思自己的意见是否正确，方法态度是否妥当，考虑能否采纳和接受对方正确的一面，对对方不足之处找出说服的理由并建立有效的沟通方式。

3. 及时和妥善处理

所谓及时和妥善处理，就是要分清实际情况，属于个人之间的最好是以谈心的方式来沟通；属于单位之间的应由组织出面来协调；属于技术性问题看法不一致，而又拿不准的，应采取“专家会诊”的办法来解决；属于职权规定不明的，应修改规章制度以重新确定；属于一时难以解决而又不影响工作的，可以采取“冷处理”的办法，放一放也许会找到解决问题的新途径。总之，要通过矛盾的处理和转化，进一步增加组织的凝聚力，进一步为实现组织目标而增强动力。

三、正确发挥参谋的作用

解决直线与参谋的矛盾，综合直线与参谋的力量，要在保证统一指挥与充分利用专业人员的知识这两者之间实现某种平衡。

解决这对矛盾的关键是要合理利用参谋，参谋的作用发挥不够或过分，都有可能影响直线以至整个组织活动的效率。总之，要想合理利用参谋，必须明确直线与参谋的关系，授予参谋机构必要的职能权力，同时，直线经理为了取得参谋人员的帮助首先必须向参谋人员提供必要的信息条件。

(一) 明确职权关系

无论是直线经理还是参谋人员，都应认识到，设置参谋职务、利用参谋人员的专业知识是管理现代组织的复杂活动所必需的。

但是，直线与参谋的职责、权限以及工作目的是不同的。直线经理需要制订决策，安排所辖部门的活动，并对活动的结果负责；而参谋人员则是在直线经理的决策过程中进行研究，提供建议，指明采用不同方案可能得到的不同结果，以供直线经理在运用决策权力的过程中参考。

只有明确了各自工作的性质与职权关系的特点，直线与参谋才有可能防止相互之间矛盾的产生或以积极的态度去解决已产生的矛盾。

对直线经理来说，只有了解参谋工作，才有可能认真对待参谋的建议，充分吸收其中合理的内容，并勇于对这种吸收以及据此采取的行动的结果负责，而不是在行动中出现了问题后去责怪参谋人员缺乏经验、制订了理论脱离实际的计划。对参谋人员来说，只有明确了自己工作的特点，认识到参谋存在的价值在于协助和改善直线的工作，而不是去削弱直线经理的职权，才有可能在工作中不越权争权，而是努力地提供好的建议，推荐自己的主张，宣传自己的观点，以说服直线经理乐于接受自己的方案，并在方案实施、取得成绩以后不居功自傲；要认识到没有直线经理的接受，再好的方案也只能是纸上谈兵，而直线经理采纳何种方案，采取何种行动，是要担负一定的风险的，因此活动的成绩应首先归功于直线的经营管理人员。

总之，直线与参谋，越是明确各自的工作性质，了解两者的职权关系，就越有可能重视对方的价值，从而自觉尊重对方，处理好相互之间的关系。

(二) 授予必要的职能权力

直线主管为了集中精力处理全局性工作，充分利用参谋的专业知识和作用，确保参谋人员作用的合理发挥，授予他们必要的职能权力往往是必需的。授予职能权力是指直线主管把原本属于自己的指挥和命令直线下属的某些权力，授给有关的参谋部门或参谋人员行使，从而使这些参谋部门不仅具有研究、咨询和服务的责任，而且在某种职责范围内具有一定的决策、监督和控制权。

组织中参谋人员发挥作用的方式主要有以下四种：

(1) 参谋专家向他们的直线上司提出意见或建议，由后者把建议或意见作为指示传达到下级直线机构。这是纯粹的参谋形式，参谋与低层次的直线机构不发生任何联系。

(2) 直线上司授权参谋直接向自己的下级传达建议和意见，取消自己的中介作用，以减少自己不必要的时间和精力消耗，并加快信息传递的速度。

（3）参谋不仅向直线下属传达信息、提出建议，还要告诉后者如何利用这些信息，应采取何种行动。这时，参谋与直线的关系仍然没有发生本质的变化。参谋仍然无权直接向直线下属下命令，只是就有关问题与他们商量，提出行动建议。如果直线下属不予理睬或不予重视，则需要由直线上司来发出行动指示。

（4）上级直线主管把某些方面的决策权和命令权直接授予参谋部门，即参谋部门不仅建议下级直线主管应该怎么做，而且要求他们在某些方面必须怎么做。这时，参谋的作用发生了质的变化，参谋部门不仅要研究政策、建议或行动方案，而且要布置方案的实施，组织政策的执行。这些职能权力通常涉及人事、财务等领域。必须指出，参谋部门职能权力的增加虽然可以保证参谋人员专业知识和作用的发挥，但也有带来多头领导、破坏指令统一性的危险。参谋部门有了职能权力以后，企业中的分厂厂长或事业部经理除了有一个直线上司（总经理或副总经理）以外，可能同时还要接受好几个职能部门负责人的指导甚至是领导。这些职能上司的存在虽然是由其解决复杂问题所必需的专业知识所决定的，但同样不可忽视的是，多头领导往往会造成组织关系的混乱和职责不清。因此，组织中要谨慎地授予职能权力。

谨慎地使用职能权力，包括两个方面的含义：首先要认真地分析授予职能权力的必要性，只在必要的领域中使用它，以避免削弱直线主管的地位；其次要明确职能权力的性质，限制职能权力的应用范围，规定职能权力主要用来指导组织中较低层次的直线经理怎么干，而不是用于决定干什么。为了避免命令的多重性，组织中较高层次的直线主管还应注意，在授予某些职能权力后，要让相应的参谋人员放手开展工作，而不能仍然频繁地使用已经授予的权力。

（三）为参谋人员提供必要的条件

直线与参谋的矛盾往往是由于参谋人员急功近利所造成的，因此缓和他们之间的关系首先要求参谋人员经常提醒自己“不要越权”，“不要篡权”，但同时直线经理也应认识到，参谋人员拥有的专业知识正是自己所缺乏的，因此必须自觉地利用他们的工作。要取得参谋人员的帮助，必须首先帮助参谋人员工作，为参谋人员提供必要的工作条件，特别是有关的信息情报，使他们能及时地了解直线部门的活动进展情况，从而能够提出有针对性和可操作性的建议。

第三节　委员会

委员会（Committee）是一种常见的目的性很强的组织机构。委员会中各个委员的权力是平等的，并依据少数服从多数的原则决定问题，它的特点是集体决策，集体行动。

一、委员会的形式

1. 按存在的时间分，有临时委员会和常设委员会（又称永久委员会）

临时委员会通常等于任务小组，是专为某一特定目的而成立的，任务完成即行解散；而常设委员会是为了促进协调、沟通和合作而设立的，具有行使、制定和执行重大决策的职能。

2. 按其行使的不同职能分，有直线式和参谋式

直线式的如董事会，它的决策下级必须执行；参谋式的委员会主要是为直线人员提供咨询和建议。

3. 按是否授予特定职权分，有正式委员会和非正式委员会

正式委员会是作为组织机构的一部分而设立的，具有特定的义务和职权，永久性的委员会多属此类；非正式委员会常常是由于某种专题需要人们集思广益或集体作出决策而组织起来的。

作为集体工作的一种形式，委员会随处可见，如董事会、理事会、监事会、学术委员会、评委会等，这些委员会的存在，为综合各种知识，促进信息沟通，加强操作人员与管理人员之间以及管理人员（特别是高层管理人员）之间的协调，发挥着重要的作用。

二、运用委员会的理由

虽然我们在本章结构的逻辑中是把委员会当做整合组织力量的手段来研究的，但是由于委员会的性质和形式是多种多样的，它们存在的理由也往往各自相异。概括起来，利用委员会的方式进行工作的理由主要有以下几种。

1. 集思广益，提高决策的正确性

这是采用委员会的工作方式的主要理由。集体决策的质量要优于个人决策，这是由多种因素所决定的。其一是集体讨论可以产生数量更多的方案。个人的知识、经验和判断能力总是有限的，因而能够提出解决特定问题的方案数量也是有限的，而集体讨论则可增加方案的数量。可供选择的方案数量越多，被选方案的正确程度或满意程度就可能越高。其二是委员会工作可以综合利用各种不同的专业知识。组织中需要解决的问题往往很少只涉及单一方面的职能。例如，企业的经营决策通常同时需要研发、生产、营销、财务、人事等各个方面的专业知识。决策的层次越高，对知识的要求越广，越宜于采用集体的方式，因为集体决策能够运用比个人更多、更广泛的经验和知识。其三是集体

讨论，思想交锋，可以完善各种设想，提高决策的质量。通过交流，可以启发和活跃人的思维，开阔人的思路，促进人们思考，使新设想不断产生并得到补充和完善。委员会在讨论中，无论是讲述和说理，还是争论和辩驳，都会促进每一个与会者认真思索赞同或反对、坚持或修正的理由，从而使他们及时地放弃自己不合理的设想，或在充分吸收他人意见的基础上不断完善自己的方案。委员会最终选择的方案，不论是谁最初提出的，都可以说充分体现了集体的智慧。

2. 协调各种职能，加强部门间的合作

组织内的许多工作都要打破部门的界限，部门主管的决策不仅会影响到本部门的工作，也会对其他部门的活动产生影响。例如，企业的销售部门与客户商定的交货日期，要求制造部门在生产进度上予以配合；同时，销售部门对市场情况的了解又会为制造部门的任务安排或设计部门的产品开发提供指导性意见。各职能部门的活动相互影响，相互依存，而组织目标的实现有赖于不同职能部门的共同努力，所以，组织中常通过建立由主要职能部门主管组成的执行委员会来协调不同部门的活动，加强信息的交流。通过委员会的定期或不定期会议，让各个部门主管交换情报，了解关联部门的工作计划、存在的问题以及相互要求，以保证相互间的必要配合。

3. 表达各方利益，造就利益共同体

组织是由不同成员构成的，它们分属于不同的利益集团。如果各利益集团在组织的决策机构中没有自己的代表，不能及时反映自己的诉求，或者认为组织目标没有考虑到其集团的利益，那么，它们对这些目标和政策就会采取抵制的态度。委员会的设立，往往也是为了使组织内的不同利益集团能够派出自己的代表，发出自己的呼声。例如，企业中的最高决策机构——董事会，就是各利益集团的代表所构成的。董事会原来主要是代表股东来行使资本所有权的，但企业活动离不开管理人员和员工的努力，而且，还应承担相应的社会责任，因此，在当今企业董事会的构成中，通常都有这两个方面的代表以及独立董事。组织在处理涉及不同部门的关系或同一部门内部的各种纠纷时，往往也是根据这个标准来选择委员会成员的。只有使各个利益集团在决策过程中都有代表，才能使组织的所有成员对组织目标和政策产生认同和责任感。

4. 鼓励参与管理，调动参与者的积极性

委员会工作不仅有利于决策的制订，而且有利于决策的执行。通过委员会来研究和决定解决问题的方案，不仅可以使更多的人（下级干部乃至普通员工）参与整个决策过程，使他们了解信息，增长知识，从而为决策的执行提供更好的条件，而且参与本身就是一种重要的激励方式，能够推动人们在执行过程中更好的合作。大家知道，上级的权威在很大程度上取决于下级的接受。仅仅担任单纯执行职能的组织成员，在组织活动中对上级制定的决策并不总是积极响应的，有时甚至采取抵制的态度。在下属没有参与决策制订的情况下，为了取得他们在执行过程中的合作和贡献，上级决策者需要去解释和说服，但这种解释或说服并不总是有效的。下属也许会被迫地、勉强地去执行决策，但同时会在执行过程中找出一大堆不能达到目标要求的理由。相反，人们通常愿意接受自己参与制订的决策，决策过程中考虑了自己建设性或批评性的意见，即使最终没有被接受，人们也有可能以积极的态度去执行这种决定。

三、委员会的局限性

由于委员会是由一组人来执行某种管理职能的，委员会的决策要在这一组人的意见基本一致的基础上才能制订，所以运用委员会的工作方式也有可能带来时间上的迟误、决策的折中以及职责不清等问题。

1. 时间上的延误

为了取得大体一致的意见，制定出各方面基本上都能接受的决策，委员会需要召开多次会议。这些会议通常要消费大量的时间。委员会是一个讲坛，所有成员都有权得到发言的机会，发表自己的观点，说服别人，或向别人提出质询。只有在充分讨论的基础上，才有可能得到基本一致的集体决议。综合了各种知识和意见的集体决策的正确性往往伴随着时间上的迟缓性。这种时间上的延误，往往需要组织付出极大的代价，因为行动的最好时机可能在委员会进行无休止的争论时已悄悄溜去。也正是由于这个原因，有人认为，当组织不打算实质性地解决某个问题，而又需要作出某种表示时，最好的方法就是就这个问题成立一个由尽可能多的方面的代表组成的委员会。

2. 决策的折中性

由于委员会的工作方式，降低决策质量的可能性几乎与促进决策完善的机会一样多。委员会的成员既是不同利益集团的代表，同时也是其个人利益的代表，他们往往把委员会视为充分表现自己、实现个人或集团目标的手段。在这种情况下，委员会难以发挥积极的促进合作的功能。只要某个利益集团或其代表的利益未能得到满足，委员会就难以作出任何决策，因为任何一方的代表都能以拒绝支持将要实施的计划来破坏委员会的统一行动。充分考虑了各个方面的利益，满足了各个委员的要求后，委员会也许最终能得到全体一致的决策，那么这种决策与其说是集体的意见，不如说是各种利益冲突的结果，是各种势力妥协、折中的产物，决策的质量是有限的，甚至没有实质性的内容。

3. 权力和责任的分离

同组织中任何其他机构或职务一样，当委员会被授予一定的权限时，必须对相应的权力使用的结果负责。因此，从理论上来说，作为集体中的每个成员都必须对委员会的每项决策及其执行情况负责。然而，当进行了上面的分析，了解到委员会决策可能是各种利益集团相互妥协的结果后，应该可以认识到，这种“集体决策”是没有任何意义的：委员会的决策可能反映了每个人的意见，但并未反映任何人的所有意见，而任何人都不会愿意对那些只代表了自己部分利益和观点的决策及其行动负完全的责任——委员会的普通成员如此，对委员会的工作只起协调作用的委员会主席也如此。职权与责任的分离是委员会的主要缺陷之一，它可能导致没有任何委员会成员去关心委员会的工作效率。

四、提高委员会的工作效率

上面的分析表明，委员会的工作形式对于协调不同利益集团的关系，调动各方面的积极性，促进不同职能部门和管理层次的沟通和协作是非常重要的，但是，如果应用不当，则有可能影响决策的速度和质量，增加决策的成本。因此，要求我们不断探索改进这些缺点，寻找提高委员会工作效率的方法。

1. 审慎使用委员会工作形式

由于委员会的工作需要消耗大量的时间和费用，所以对于那些琐碎、繁杂、具体的日常事务，不宜采用委员会的形式去处理。这些日常业务，不仅数量多，而且时间要求往往非常高，如果利用委员会去处理则可能经常产生决策迟误的危险。相反，处理那些对组织的全局影响更重要、更长远，从而对时间要求往往不是很严格，组织可以而且必须进行详细论证的问题，则可利用作为提供咨询的参谋机构、作为制定政策的决策机构的委员会等工作方式。

另外，委员会通常可用来作为协调的工具，因此，当处理的问题只涉及一个职能或一个利益群体时，利用委员会的工作似乎是多余的，而对于处理那些涉及不同部门的利益和权限的问题，委员会的形式往往是比较有效的。

2. 选择合格的委员会成员

选择委员会成员要取决于运用委员会的目的，根据委员会的性质来选择恰当的委员。如果运用委员会的目的在于进行专门研究，提供咨询意见和建议，那么，委员会成员应具有问题所涉及的不同专业的理论和实际知识；如果运用委员会的目的是协调各方面的利益和权限，那么委员会的成员就应是相关职能部门的负责人或利益群体的代表；如果委员会作为一个决策机构来工作，那么委员会的成员就不仅要能掌握必要的专门知识，能够代表不同方面的利益，而且应具备相当的综合分析能力和合作精神。在任何性质的委员会中，成员都应具有较强的表达能力和理解能力，不仅要善于表达自己的观点，而且要能正确把握其他成员的思想。因为决定委员会工作效率的一个重要因素是成员间的相互沟通，而改善沟通的必要前提是这些在一起工作的人具有较强的沟通能力。

3. 确定适当的委员会规模

委员会的规模主要受到两个因素的影响，即沟通的效果以及委员会的性质。

委员会是利用开会、讨论的方式来展开工作的。参加讨论的人数过多，要使每一个与会者都有足够的机会去正确理解别人的观点或充分阐述自己的意见是比较困难的。信息沟通的质量与参加会议的人数成反比：委员会的成员越少，沟通的效果越好；成员越多，沟通的难度越大。因此，从信息沟通这个角度去考察，似乎倾向于较小的委员会规模。但是，如果委员会规模很小，那么就有可能与这种工作方式的逻辑使命相违背。只有少数人组成的委员会，不可能“综合各种知识”、“代表各方面利益”、“使执行者有足够的参与机会”。为了在保证代表性的同时，取得较好的沟通效果，有人把所需讨论的问题细分为若干方面，然后成立小组委员会，从而使相关部门或群体的代表都有足够的机会去发表自己的意见。

总之，在确定委员会的规模时，要努力在追求“沟通效果”与“代表性”这两者之间取得适当的平衡。

五、发挥委员会主席的作用

委员会的主席是一个重要的角色，委员会的工作成效无疑在很大程度上受到它的主席的领导才能的影响。为了避免时间的浪费和无聊的争论，委员会主席应在每次会议之前制订详细的工作计划，选择恰当的会议主题，安排好议事日程，为与会者准备必要的、能够帮助他们熟悉情况的有关议题的背景材料。在讨论过程中，要善于组织引导，既能公正地对待每一种意见，不偏袒任何一种观点，尊重每一个成员，给他们以平等的自由发表意见的机会，同时，也能从总体的角度出发，综合各种意见，提出能够代表多方利益，从而易于被大部分成员所接受的新观点。

六、考核委员会的工作

要提高委员会的工作效率，首先必须了解委员会的工作情况，对委员会的工作效率进行考核。由于委员会主要是通过会议来进行工作的，考核委员会的工作必须检查它的会议效率。会议的效率与召开会议所得到的有用结果以及为取得该有用结果而支付的费用有关。虽然我们难以计算委员会的决策带来的直接的货币收益，特别是难以对会议本身带来的协调、沟通和激励的好处进行量化处理，但是我们可以很方便地利用下述公式来计算委员会召开的会议的直接成本。

$$O=A\times B\times T$$

式中，O 表示会议的直接成本，A 表示与会者平均小时工资率，B 表示与会人数，T 表示会议延续的时间。显然，在委员会成员数量与工资水平不变的情况下，减少为取得特定结果所需的会议时间，是减少会议直接成本，提高委员会工作效率的重要途径。

☞本章点评

整合组织内各种力量，使之协调一致，为高效率实现组织目标而努力，是组织管理工作中的重要内容。能否做到这一点，除机构设计合理和规章制度明确外，更为重要的就是要根据实际情况（包括外部环境的变化，事业的发展，内部财力、物质、人力、信息资源的变更等）适时整合和调整组织中的各种力量，处理好组织的不同成员之间、直线主管与参谋之间以及高层管理人员之间的各种关系，使分散在不同层次、不同部门、不同岗位的组织成员的工作，朝同一方向、同一目标努力，真正形成组织的指挥系统，使全体成员能够协调地、和谐一致地进行工作。

本章根据现代组织的设置和它们之间的关系，重点阐述了正式组织与非正式组织、直线与参谋以及委员会的特征功能和作用，其中以较大的篇幅来说明如何正确认识非正式组织并发挥它的作用，如何正确处理参谋与直线的关系，发挥参谋作用，以及如何运用委员会形式来提高工作效率，而这几个方面，正是整合组织力量中人们最关心而又迫切需要处理好的问题。

☞复习思考

1. 正式组织和非正式组织有何区别？非正式组织的存在及其活动对组织目标的实现可能会产生哪些影响？如何利用非正式组织开展好组织的各项工作？

2. 组织中为什么会存在参谋关系？直线关系和参谋关系的角色是什么？如何合理处理直线与参谋之间的矛盾，从而有效地开展工作？

3. 委员会的主要作用是什么？

4. 根据委员会本身的作用和局限性，你认为在什么样的情况下需要成立临时委员会？

☞本章案例一

员工为何不满意?

红阳公司是一家中外合资的高科技企业，其技术在国内同行业中居于领先水平。公司拥有员工100人左右，其中的技术、业务人员绝大部分为近几年毕业的大学生，其余为高中学历的操作人员。目前，公司员工当中普遍存在着对公司的不满情绪，辞职率也相当高。

员工对公司的不满始于公司筹建初期，当时公司曾派遣一批技术人员出国培训，这批技术人员在培训期间结下了深厚的友谊，回国后也经常聚会。在出国期间，他们合法获得了出国人员的学习补助金，但在回国后公司领导要求他们将补助金交给公司所有，于是矛盾出现了。技术人员据理不交，双方僵持不下，公司领导便找这些人逐个反复谈话，言辞激烈，并采取一些行政制裁措施给他们施加压力。少数几个人曾经出现了犹豫，却遭到其他人员的强烈批评，最终这批人员当中没有一个人按领导的意图行事，这导致双方矛盾日趋激化。最后，公司领导不得不承认这些人已形成了一个非正式组织团体。

这件事造成公司内耗相当大，公司领导因为这批技术人员“不服从”上级而非常气恼，对他们有了一些成见，而这些技术人员也知道领导对他们的看法，于是陆续有人开始寻找机会“跳槽”。一次，公司领导得知一家同行业的公司来“挖人”，公司内部也有不少技术人员前去应聘，为了准确地知道公司内部有哪些人去应聘，公司领导特意安排两个心腹装作应聘人员前去打探，并得到了应聘人员的名单。谁知这个秘密不胫而走，应聘人员都知道自己已经上了“黑名单”，于是在后来都相继辞职而去。

由于人员频繁离职，公司不得不从外面招聘以补足空缺。为了能吸引招聘人员，公司向求职人员许诺住房、高薪等一系列优惠条件，但被招人员进入公司后，却发现当初的许诺难以条条兑现，非常不满，不少人干了不久就“另谋高就”了。

在工资奖金制度方面，公司也一再进行调整，工资和奖金的结构变得越来越复杂，但大多数员工的收入水平并没有多大变化。公司本想通过调整，使员工的工作绩效与收入挂起钩来，从而调动员工的积极性，但频繁的工资调整使大家越来越注重工资奖金收入，而每次的调整又没有明显的改善，于是大家产生了失望情绪。此外，大家发现在几次调整过程中，真正受益的只有领导和个别职能部门的人员，如人事部门。这样一来，原本公平的措施却产生了更不公平的效果，员工们怨气颇多，认为公司调整工资奖金制度，不过是为了使一些人得到好处，完全没有起到调动员工积极性的作用。

公司人员岗位的安排也存在一定的问题。本可以由本、专科毕业生做的工作却由硕士、博士来干，大家普遍觉得自己是大材小用，工作缺乏挑战性和成就感。

公司的考勤制度只是针对一般员工，却给了主管人员以很大的自由度。如规定一般员工每天上下班必须打卡，迟到1分钟就要扣除全月奖金的30%；而主管以上人员上下班不需打卡，即使迟到也没有任何惩罚措施。普通员工对此十分不满，于是他们也想出了一些办法来对付这种严格的考勤制度，如不请假、找人代替打卡或有意制造加班机会等。

为了留住人才，公司购买了两栋商品房分给部分骨干员工，同时规定，该住房不得出售。员工离开公司时，需将住房退给公司。这一规定的本意是想借住房留住人才，但却使大家觉得没有安全感。另外，公司强调住房只分给骨干人员，剩下将近一半的房子宁肯空着也不给那些急需住房的员工。这极大地打击了其他员工的积极性，导致他们情绪低落，甚至有消极怠工的现象。

员工们非常关心企业的经营与发展情况。特别是近来整个行业不景气，大家更是关心企业的下一步发展和对策，但公司领导在这方面很少与员工沟通。公司员工已经无心工作，上班时间经常聚在一起议论公司的各种做法以及前景问题。

案例思考

1. 对于公司中存在的非正式组织，红阳公司的处理方法是否得当？如果是你，你会怎么做？

2. 你认为可以采取什么措施来改善该企业目前的状况？

☞本章案例二

华信公司的组织变革

华信公司是一家生产家用电器的企业。近年来，由于外部环境变化较快，市场竞争日趋激烈，企业经营状况不断恶化，经济效益下降明显。2000年，企业出现亏损。为此，企业负责人在组织专家论证、多方咨询的基础上，对企业经营症结和企业组织结构、决策结构等方面进行全面分析。尽管2000年出现账面亏损，但部分分厂与车间的盈利指标和其他综合经济指标却遥遥领先，其生产的产品也具有相对独立性和巨大的市场前景，只是由于多年受传统的工厂式组织结构和管理方式的局限，这部分适销对路产品生产的规模和经济效益难以得到发展，其经营业绩一直得不到充分的体现。

认识到问题以后，公司决策层提出了调整企业内部组织结构、进行资产分离组合的改革设想，并积极加以实施。主要开展了以下工作：

1. 实行股份制改造，对原有企业进行重新整合与裂变，将有发展前景、有市场的部分分厂和车间通过资产评估、折价入股的方式，组成股份有限公司，原有的企业部分车间及后勤服务系统在局部调整的基础上，保留整体框架，精简部分科室与人员，以保持企业外部及上下对口联系。新组建的股份有限公司以适销对路的产品为龙头，集团化经营，发展规模经济，扩展市场份额。

2. 对组织结构进行重新设计，打破原有的以职能划分为主的机构设置，建立以市场部为主体，以产品开发部、资金核算部为两翼的扁平组织结构。只有决策层和实施层，公司各个单位是平等的，管理权全部下放到各单位。

3. 企业分为集团公司总部和下属工厂、子公司两个层次。集团公司是一级法人，下属各工厂、子公司对外也是独立法人，且实行混合所有制，但生产经营活动都由集团公司统一管理，集团公司掌握决策权和资本经营实施权。这种结构吸收了事业部制和直线制结构的优点，形式上没有事业部一级机构，但通过总部对下属单位进行直线管理，使下属单位基本上发挥事业部功能。

4. 集团公司总部作为公司最高决策机构非常精干，由15人组成，即总经理、副总经理、总会计师、工会主席等，指挥下属单位的生产和经营。处于扁平式双层结构第二层的是各工厂和子公司，各工厂内部的组织机构设置也是高效精干的，均实行厂长负责制，最大限度地减少非生产性人员，以提高劳动生产率。

5. 通过股东会、监事会、董事会三者制衡机制的建立以及上述企业组织的重新整合，形成了具有较强竞争实力的企业集团。

至2003年底，新组建的股份有限公司利税比上年同期提高了1.5倍，原有企业亏损有所减少，两者相抵后企业仍略有盈利。同时，新组建公司的产品覆盖率也由原来的4%提高到7%，大大提高了企业产品的竞争力。

为了充分发挥职工积极性，企业还通过企业文化的培育，树立与市场经济相适应的企业精神，以此来增强企业的凝聚力，激发广大职工生产经营的积极性；充分发挥非正式组织的积极作用；提出了“今天不努力找市场，明天就到市场找工作”的口号，还提出了“我为新厂作贡献，新厂兴盛我光荣”的倡议，鼓励职工为企业发展出谋划策。

新厂在发展规模经济的同时，也从资金、技术、人才等各个方面为老厂提供扶持与帮助，从而形成了新公司和老企业共同发展的新局面。

案例思考

1. 华信公司进行了哪些方面的改革？其理论依据是什么？
2. 华信公司的组织变革为什么促进了企业的进一步发展？
3. 你认为华信公司在改革中应如何发挥非正式组织的积极作用。

第十章　组织变革、发展与组织文化

学习目的与要求：本章学习的目的主要是掌握组织变革与组织发展的含义、征候，组织变革的步骤、过程和类型，组织变革、发展的动力和阻力，组织文化的概念和基本特点、结构及基本要素、性质和功能；重点把握如何消除对变革、发展的抵制，塑造组织文化的主要途径。

现代社会组织是个开放的社会技术系统。它与整个社会环境相互作用、相互影响。处在动态的环境与结构之中，组织的规模不断扩大，技术、设备、产品不断更新，市场不断开拓，组织之间以及组织内部的竞争机制不断加强，因此，现代社会组织必然要进行变革和发展，否则将失去活力，难以适应不断变化的形势。

第一节　组织变革与组织发展概述

一、组织变革与组织发展的含义

组织变革是指根据内外环境变化的要求，组织不断进行调整与完善的过程。组织变革不仅指技术、结构方面的改革，而且包括组织成员思想上和心理上的变革。

组织发展是指通过有计划的、长期的努力来改进和更新组织，从而实现更协调、更有效管理职能的过程。换言之，组织发展是一个动态的概念，它是一个长期的组织变革和协调的过程。

组织发展实质上也是一种组织变革，只不过是一种动态的组织变革。组织发展需要通过组织变革来实现，组织变革是组织发展的手段。组织变革的目的是使组织得到完善与发展，能更有效地行使组织的各种管理职能。

和组织变革相比较，组织发展更重视两点：强调调整和改变组织成员的态度和行为活动，强调改变组织本身对成员行为活动的影响方式。它们的共同着眼点，就是通过改变组织成员的行为活动来达到提高组织效益的目的。因此，组织发展的具体形式是以人为中心的发展、以组织为中心的发展和系统化的发展。

二、需要进行组织变革与发展的征候

一般来讲，社会组织在下列四种征候下进行组织变革与发展：

（1）企业组织的主要功能显得无效率，或不能发挥其真正的作用；

（2）企业组织的决策太缓慢，效率低或常常失误，以致经常发生坐失良机的情况；

（3）组织内部的意见沟通渠道被阻塞，信息传递不灵或失真；

（4）企业组织缺乏创新，组织的管理人员缺乏开拓精神。

三、组织变革的步骤和过程

（一）组织变革的步骤

对于组织变革的过程有多种认识，勒温认为变革是“解冻、改革、再冻结”；夏恩提出了“适应、循环”的方法；罗希认为变革的程序包括“知觉、分析、沟通、监视”；凯利认为变革的过程包括“诊断、执行、评估”，等等。这里综合各家的意见，提出组织变革过程的几个基本步骤。

（1）分析研究组织的内外环境因素，找出需要变革的问题。

（2）组织人员要认识变革的必要性、紧迫性和可能性。

（3）通过组织诊断，确定组织目前状况能否应付外界环境的变化，并进一步明确组织中问题的关键。

（4）提出解决问题的方案，经过讨论，从多种方案中作出优化选择。

（5）根据选定的方案实施改革。

（6）评定变革的效果。通过反馈，了解变革的实际情况。如果是正反馈，则说明变革成功；如果是负反馈，则说明变革碰到了问题，这时需要诊断问题之所在，调整变革，再次实施变革。

（二）组织变革的过程

组织变革的过程包括打破平衡、进行变革和消除抵制三个阶段。

1. 打破平衡阶段

当组织中某些人或某些小组认识到需改变办事方式时，这一阶段便开始了。一般来讲，组织中经常出现问题便标志着有变革的必要。变革者之间会对这些问题进行讨论，并向专业管理咨询公司咨询，表示该组织进入了变革的第一阶段：打破现有平衡。

在这个阶段中，一般要对解决问题所需进行的变革内容作详细研究，如是否改变组织的活动方向，是否改变组织的结构形式，是否改变组织的决策过程，是否进行高级管理人员的变动，等等。总之，要改变那些已经成为常规的模式。

2. 进行变革阶段

当采取第一个变革行动时，变革阶段就开始了。在该阶段中，在个人行为或组织过程方面会发生一些改变。例如，授予下属更大的权力；对组织中的管理人员进行计算机操作培训，以使用计算机处理日常文件等。有时，在变革初期需要对某些变革内容进行试验，以确定这些变革内容是否会产生所需效果，必要时还需对某些变革内容进行调整，以使变革能朝计划方向发展。

3. 消除抵制阶段

组织中的人员对变革会持不同态度，有些人愿意试试看，也有很多人会墨守成规，抵制变革。因此，变革一经实施，便需着手消除人们对变革的抵制。对变革进行抵制的不仅有一般职工，还会有管理人员。抵制变革的原因也多种多样，如果能了解这些原因，并采取适当措施，就能有效地消除抵制行为。

四、组织变革的类型

按不同的划分标准，可以将组织变革划分为不同的类型。了解变革的类型，有助于我们采取适当的变革模式。

（一）局部性变革和根本性变革

局部性变革是在组织现有的基本功能不变的基础上对组织状态进行的改变。它是通过经常地和系统地在技术、人员和结构等方面朝着既定方向改变，使组织的活动达到新的更高的水平。由于在局部性变革过程中，每一次的改变幅度都不是很大，遇到的抵制较小，变革也较为容易。但在许多情况下，环境的变化会使组织维持原有功能的机会成本加大，或者使组织原有的业务逐渐被市场淘汰，从而促使组织主动或者被迫进行根本性的变革。

根本性变革是指在一段时期内对组织的基本功能所进行的变革或者创新。由于变革的幅度大、影响广，根本性变革往往会遇到很强的抵制，有时甚至会造成对组织某一部分的极大伤害。因此，没有哪个组织能在短期内承受频繁的根本性变革。1993 年，我国的格兰仕公司通过大规模的产业结构调整，从一家以轻纺为主的企业转变为一家以微波炉家电为龙头产业的集团公司。该公司的这一变革就是一次根本性的变革。

（二）主动性变革和被动性变革

主动性变革又称为有计划变革，是人们预见到环境变化的可能性而主动对组织进行的系统变革。主动性变革一般集中于工艺、人员及技术等方面，其对象可以是个人、工作小组、部门或整个组织。例如，改变企业内的授权范围，使下级得到更大的自主权；从劳动密集型工艺改变为完全机械化的生产工艺等，都是主动性变革的例子。格兰仕公司在原来经营的羽绒、毛纺产品规模逐步扩大，并走向了多种经营、集团化发展道路的时候，发现国内的微波炉市场有着诱人的发展前景，于是先后五次主动到上海，请来了全国著名的微波炉专家帮助创业，从而转变为一家家电公司，也是一种主动性变革。

被动性变革又称为反应变革，它是由于一些重大事件的出现而使组织被迫进行的变革。例如 1987 年 10 月 19 日，道-琼斯工业指数突然大幅下跌，西方很多大型股票交易所对其操作系统进行了调整，解雇了成千上万名职员，并改进了计算机买卖股票的程式。这就是被动性变革的一例。在经济下滑时期，一些企业纷纷因生产萎缩而裁员，也是被动性变革的措施之一。

（三）组织的任务、技术、人员和结构变革

按组织变革的内容划分，有任务变革、技术变革、人员变革和结构变革四种类型，这四种变革是互相牵制的，某一种变革常常会诱发另一种变革。例如技术的进步会要求人的素质提高，而人的素质的提高又会反过来推动技术的进步、管理的改善、结构的优化、运行方式乃至运行方向和目标的改变。

1. 任务变革

组织的任务是指组织的运行方向和目标。任务变革是对组织的任务即组织的运行方向和目标等方面的改革。当组织对其运行方向和目标进行调整时，组织的结构往往要随之进行调整。在复杂的组织系统内，尚有许多亚层次任务存在，它们是为总任务服务的，这些亚层次任务实际上就是各个部门的具体工作方向和目标，这些具体任务的改变同样会引起各级部门机构设置等的调整。

2. 技术变革

技术变革是与生产工艺有关的变革，其结果是生产效率的提高。这里提到的技术包括组织生产产品和服务所必需的工具、设备、工艺、活动和有关知识。技术变革就是对这些要素中的任何一个或几个的改变。例如某企业由以人为主进行生产改为以机器人为主进行生产就是一种技术变革，这一变革不但要求改变生产设备，而且要对人员进行培训，对人员构成进行调整。

改变生产的组织方式会引起技术变革。例如由装配线生产方式改为由一个工作小组完成全部工序的方式，就会引起技术上的改变。改变企业的产出也会引起技术变革。任何新产品的投产，或是对现有产品进行较大的改进，都会在工艺流程方面引起变动。技术变革和结构变革往往是同时发生的，例如改变组织的工序或工艺属于技术变革，与此相应的改变工作单位组成及关系则是结构变革。

3. 人员变革

人员变革是指在组织成员行为、态度、技巧、期望等方面的改变。人员变革一般可以通过对人员进行再培训、改变组织中的人员构成等几种途径实现。

4. 结构变革

结构变革包括组织设计、权力分散层次、组织沟通渠道等方面的变化。如美国苹果公司曾因其九个分部的自主权太大，影响了公司的整体利益，进行过一次较大规模的结构变革，将分部结构形式改变为直线职能结构形式。

结构变革可以从以下四个方面进行：

(1) 改变各组织机构之间的责权关系，即改变原有的直接领导关系。如将由某一副总裁直接领导几个工厂的形式，改变为将工厂分类后由几个副总裁分别领导的形式。通过这一变化，使每一副总裁的管理幅度缩小，组织内的管理层次增加，各管理层上的决策范围及权力、责任都相应发生变化。

(2) 重新安排信息沟通渠道。信息沟通的目的是促使组织中有关部门能相互了解，培养合作精神。信息渠道的畅通，能将组织中独立的个人活动和群体活动、群体活动之间沟通起来，成为一个整体。因此，在组织规模逐步扩大和实现多样化经营的过程中，如出现了内部横向信息障碍，各部门之间互不相关、毫不了解的局面，组织负责人应尽量通过组织结构的重新安排，恢复组织内单位和个人的相互联系。矩阵式组织结构就属于有助于加强组织内部横向信息沟通的一种形式。

(3) 改变工作流程。工作流程是完成企业各项工作任务的过程，体现着企业的工作方式。工作流程在时间上有先后顺序。改变工作流程，就是指按工作的规律，撤除不必要的迂回和重复运动，从而提高工作效率。日本企业在改变工作流程方面做了大量的努力。过去，日本企业比较追求完整的生产流程体系，建立了具有特色的多层供应商——制造商——批发商——零售商的供产销体系。而在泡沫经济破灭后，企业纷纷缩短流程，以求降低成本，寻找再生之路。20 世纪 90 年代，在计算机技术和国际互联网的广泛应用以及全球化空前激烈的竞争的推动下，掀起了一股企业流程再造的热潮。

(4) 改变责权不明和机构重叠现象。责权不明、机构重叠是大型组织普遍存在的弊病，几乎成为大企业的特征。传统的改变方式是制定各种规章制度，详细规定每个人的工作、责权及与他人的关系。采用分部型结构就是一种分权管理。还有些组织采取目标管理的方法来明确组织中个人和各部门的工作目标以及其相应的责任和权利。例如德国大型制药公司——郝希斯特公司，在1995年初将公司数十年执行的集中责任制度改变为分散责任制度，将公司的15个经营部门减少到7个，同时将这些经营部门的报酬与它们的工作绩效挂钩。这次改组带来了公司内部气氛的彻底改变。

组织的变革是一项复杂的系统工程，有时可能是针对其中一个变量，有时是借助其中一个变量的变革来影响其他变量，还有的时候可能是对组织中的几个变量同时实施变革。这就要求不能孤立地、简单地、片面地看待组织的变革，而应该系统地开展这项工作。

第二节　组织变革、发展的动力和阻力

一、组织变革、发展的动力

组织变革、发展的动力，主要来自于组织的外环境系统与内环境系统两个方面。

（一）组织外环境

组织变革与发展往往是由组织外环境中的某些因素变化所引起并推动的。

1. 社会政治经济因素

通常情况下，社会进步、政治民主、法制健全、社会风气良好、社会安定等，都会推动组织的变革与发展。

其中，社会的经济发展对组织变革的推动作用更为直接。社会生产力水平的提高、生产方式的变化会推动组织的改革；经济结构的发展也会推动各种社会组织的改革与调整；经济的发展会影响人们思想观念的变化，从而对组织的变革与发展带来影响。

就目前来讲，世界经济一体化的趋势已经十分明显。各国合作生产已经成为新的全球模式，全球相互依赖的经济格局已经形成。组织的变革方式也相应地发生了变化。第一，引起组织发展战略的变化。伴随着国际化经营的进程，社会组织往往要修正甚至制订新的发展战略，这必然会导致组织变革。第二，世界经济一体化的事实使得远程协调控制工作变得越来越重要。如何将一个组织内相距遥远的员工很好地协调起来，使他们能够围绕着企业共同的目标展开工作，遵循企业共同的价值观，维持和强化企业文化，是社会组织工作所面临的新任务。这也需要组织变革来完成。

2. 科学技术因素

知识经济给现代组织的活动带来了持续而深远的影响。计算机的应用、新

技术的推广和使用、信息技术的发展以及新的机器和生产过程的应用，使生产与办公更加自动化，对人员素质要求更高，这些都要求组织不得不变革，以适应时代的需要。

21世纪，信息知识取代资本成为社会发展的决定因素，价值增长将主要靠增加知识来实现。知识生产力已经成为组织竞争力的关键，传统的以装备为基础的组织正转变为现代的以信息或知识技术为基础的组织。在这样的组织中，晋升制度、奖惩制度等都将发生变化，组织管理工作的重要任务是战略性地开发和利用知识资源。在这种情况下，权力高度集中、内部沟通缓慢、决策迟缓的组织结构将无法适应竞争的需要，甚至会成为组织生存的障碍。

同时，信息技术的普遍运用正在改变传统的组织管理模式。例如，计算机的某些工作取代了组织的大量中层管理人员的工作，减少了组织层次。由于信息技术的进步，计算机网络越来越多地应用于组织的各类活动中，使组织的高层管理者可以随时随地了解内部各个部门的运作情况。

3. 市场环境因素

市场环境的变化要求各类社会组织必须作出相应的反应，否则将会使企业的效益遭受巨大的损失。

审视当今企业面临的市场环境，会发现一些明显的变化。第一，消费者及消费市场越来越多地制约和引导着生产者，甚至影响组织变革和发展的指导思想。第二，消费者需求越来越多样化，人们的消费观念发生了变化，强调突出个性的消费，购买行为和消费方式越来越多样化，这些必然促使生产组织按照市场的要求进行组织变革和发展。

（二）组织内环境

外部环境的变化必然影响到组织内部环境的变化。而组织内环境的变化也是组织变革和发展的动力。

1. 组织结构的变化

组织内部部门的划分或联合，新的结构形式的创建，非正式组织的变化及其他结构的变化，都会使组织结构不断调整与完善。

2. 管理体系的变化

组织的领导者与管理者是组织变革的中心人物和最终决定变革的关键人物，如果领导风格、领导观念等发生了变化，必将导致组织结构的变革与发展。

3. 社会心理系统的变化

组织内部的群体动力状态、人际关系、信息的交流与意见的沟通、团体的凝聚力与士气等，都会对组织的整个变革与发展带来重要的影响。缺乏必要的社会心理气氛，组织的任何改革都很难进行。

二、组织变革、发展的阻力

阻碍组织变革、发展的力量主要有以下三个方面：

（一）个人性的阻力

1. 职业心向的障碍

职业心向是指经常性的工作和长期从事的职业使职工形成的心理上的定势。在改革过程中，新的工作、新的技术与方法、新的组织结构同职工原有的职业心向发生冲突，会产生心理压力和负担，进而导致抵触情绪，阻碍变革。

2. 保守心理的障碍

保守心理是相对于创新改革来讲的。在长期不变的环境中，人们容易产生保守心理，而具有保守心理的人往往迷恋传统，并以此为借口去反对变革。

3. 习惯心理的障碍

习惯是长期养成的心理和行为特性。人们通常按自己的习惯对外部环境的刺激作出反应。一旦打破常规，人们就会在心理上感到不安，会出现抵制生活变化的行为。

4. 嫉妒心理的障碍

嫉妒是一种心理上的病态。具有嫉妒心理的人可能会对改革者取得的成绩心怀不满，用流言飞语攻击改革者、中伤改革者。

5. 求全责备心理的障碍

变革是一个新生事物，开始是不完善的。有的人常用机械主义的观点，对变革百般挑剔，横加指责。

6. 人际关系变动的障碍

当组织变革时，组织的结构要作出适当的调整，人际关系要发生变化，人的地位与权力也将随着变动。某些人会因此产生不安全的心理反应，阻碍变革。

7. 经济原因的障碍

组织变革会触动某些人的利益，部分人担心改革会影响自己的经济收入，从而抵制变革。

（二）组织性的阻力

1. 对权力和地位威胁的障碍

不论是人事上的还是技术上的变革，都涉及组织中人的权力和地位的变化。居于一定地位、享受一定权力的管理者或领导者，会以各种形式抵制对其地位和权力有威胁的变革。

2. 组织结构的障碍

组织结构的改变会对整个组织系统产生影响，因此来自组织结构方面的阻力对组织变革的影响也是很大的。任何一个新主意和对资源的新用法都会触犯组织的某些权力，触犯某一层的利益，使更多信息沟通渠道不畅。

3. 资本限制的障碍

任何企业想维持现状或继续发展，都离不开一定的资本作基础，没有足够的资本，企业不可能生存，更谈不上发展。

4. 组织气氛的障碍

组织气氛的优劣直接影响着组织的生存与发展。良好的组织气氛是组织赖以生存与发展的心理基础。如果没有良好的组织气氛，任何变革都将失去广大组织成员的理解和支持。

5. 组织规范的障碍

组织规范约束着个人或组织的行为。如果组织规范的方向与变革的目标不一致，则直接影响组织变革的顺利进行。

（三）社会性的阻力

1. 缺乏变革的社会环境的障碍

社会的政治环境与经济环境决定着组织能否变革，影响着组织的变革方向和变革力度。良好的社会环境是企业变革的动力，不良的社会环境则阻碍企业的变革。

2. 相关系统变革不同步或相抵触的障碍

组织的变革与发展不可能是封闭的，与组织相关的系统配套改革措施是否完善对组织的变革与发展有着直接的影响。

3. 传统习惯性阻力

传统习惯性阻力是指人们在一种模式下生活习惯了以后，迷信传统，对变革有一种本能的顾虑。所以，要想使人们对变革有认同感，支持变革，必须改变人们久已习惯了的传统观念。

三、消除对变革、发展的抵制

组织变革、发展涉及组织中的所有人员，在变革、发展的过程中，他们的利益或多或少会受到影响，因此，对变革、发展不理解，进而进行抵制是情有可原的。

（一）抵制变革、发展的原因

组织成员中常见的抵制变革、发展的原因有以下几个：

1. 不确定感

对变革、发展进行抵制的最常见原因是组织成员无法预计变革、发展可能会对自己带来的影响。他们会担心自己的就业保障，担心自己能不能适应新的要求等。如许多组织中的办公室人员一开始总是反对办公室自动化，因为他们担心自己会被计算机所取代，不知道自己能不能摆弄那些复杂的机器。

2. 缺乏理解和信任

有些人抵制变革、发展，是因为他们认识不到变革、发展的必要性，或是他们对变革、发展的真正目的有所怀疑。例如，当管理人员决定改变工作小组中某些人的任务分配时，便会遭到一些小组成员的抵制，他们会认为这是管理人员意图增加自己的工作量，或是暗示自己的工作不合格，或是管理人员在排除异己。

3. 害怕失去某些既得利益

这是管理人员对某些变革、发展进行抵制的主要原因。组织结构变革和技术变革会使人们产生这样的担心。

4. 对变革、发展的认识不同

不同的人对变革、发展的评价及对变革、发展内容的选择会有不同。参加变革、发展设计的人员如果在这些方面不一致，将会导致一些人对变革、发展持消极态度。

（二）消除抵制的方法

虽然对变革、发展会产生这样或那样的抵制，但我们也没有必要就此失去信心。我们应认识到，变革的阻力是客观存在的，管理中的一个重要课题就是克服与消除变革的阻力。克服变革与发展中的阻力的具体方法有以下几种：

1. 宣传教育

如果能在变革实施之前，让组织成员对变革、发展的目的、内容、过程、方式等有所了解，可以在很大程度上减少其对变革、发展的抵制。例如，某公司在采取自主工作小组方式之前，用了三个月的时间对员工进行宣传教育，解释变革、发展的目的和实施步骤，以及不变革的危害。虽然该公司的这一变革彻底改变了组织结构和权力体系，但由于事先教育而使变革中遇到的抵制大大减少，变革进行得相当顺利。

2. 增强心理适应

组织变革将在某些方面破坏人们已有的心理习惯，人们对新事物有个逐步认识、熟悉和习惯的过程。因此，变革需要时间和时机，不能操之过急。如果人们对变革尚未建立新的心理适应，就会对组织变革产生抵制情绪。为了使变革成功，并使其得到巩固，领导者要恰当地安排变革的时间。

3. 采取参与制

鼓励员工积极参与制订变革计划，执行变革计划。当人们参与某项活动时，就会产生责任感，参与的程度越深，承担责任的压力也就越大，从而自然会把它当做自己分内的事去看待，这样可以减少变革的阻力，促进变革的实施。如果能让与变革、发展有关的人参加变革、发展的设计过程，使他们对变革、发展的必要性加深了解，认识到自己从一开始就是变革、发展的一个主动部分，他们对自己生活及在组织中地位改变的担心便会减少。

4. 委任有威信的领导

群众选举或经群众反复酝酿推荐而产生的领导，其领导行为易被群众接受。由这种领导实行变革时，受到的抵制就较少。另外，个人威信高的领导，会增强组织的影响力。所以，可以借助领导者的威信，强化群众对组织的认同感、归属感、集体荣誉感，共同采取有效措施，建立新的行为规范，促进变革的顺利进行。

5. 必要的妥协

通过与受变革、发展影响的人进行协商，可以减少他们的抵触情绪。特别是预计到组织中一些重要人物、工作小组或部门有可能会对变革进行强烈抵制时，不妨与这些人、小组和部门进行正式谈判，以取得他们对变革、发展的首肯，其中也不妨进行一定的妥协。例如，福特汽车公司就曾以“特别利润分享制”来换取自动线上工人对工艺及报酬方面变革的支持。

6. 行政强制

当变革、发展势在必行，而上述方法又不奏效时，管理人员就不得不利用自己的权力，强迫实施变革。例如改换工种、开除、改变薪金、不给予提升等都是强迫他人接受变革、发展的方式。行政强制方法会使变革、发展的实施和稳定工作变得较为困难，因此，在采用前需慎重考虑。

7. 高层管理部门的支持

组织中的大部分人都能认识到，组织的权力最终来自于高层管理部门，因此，会本能地服从高层管理部门的决定。如果高级经理人员对变革、发展计划持明确的支持态度，组织中对变革、发展的抵制就会少些。特别是当变革、发展将涉及组织中一个以上的部门时，高层管理部门的支持对于克服来自于各部门的阻力尤为重要。

8. 利用群体动力

第一，形成共同的认识。当群体成员迫切需要变革时，就会产生一种强大的要求变革的力量，这种力量产生于群体内部，它会成为推动变革的动力。第二，建立组织的归属感。这是缩小要求变革者和抵制变革者之间心理距离的重要手段。管理者要通过各种形式在组织中形成一种“大家都是变革者”，“变革是我们大家自己的事”的归属感，这样，人们才会对变革产生共鸣。第三，重视群体规范。群体的规范能约束或改变个人的行为，因此，群体规范的行为方式与变革目标是否一致将直接影响到变革能否顺利进行。一方面，尽可能地不要因为变革的措施，使一部分人的行为偏离群体规范而遭排斥，产生变革的阻力；另一方面，要采取各种手段，改变群体中陈旧的行为规范，使之形成适应变革措施的新规范。

第三节 组织文化

组织具有自己的各种构成要素，把这些要素有机地整合起来，除了要有一定的正式组织和非正式组织以及“硬性”的规章制度之外，还要有一种“软性”的协调力和凝合剂，它以无形的“软约束”力量构成组织有效运行的内在驱动力。这种力量就是被称为管理之魂的组织文化。

一、组织文化的概念和基本特点

一般而言，文化有广义和狭义两种理解。广义的文化是指人类在社会历史实践过程中所创造的物质财富和精神财富的总和。狭义的文化是指社会的意识形态，以及与之相适应的礼仪制度、组织机构、行为方式等物化的精神。文化具有民族性、多样性、相对性、积淀性、延续性和整体性等特点。

对于任何一种组织来说，它都有自己特殊的环境条件和历史传统，从而也就形成了自己独特的哲学信仰、意识形态、价值取向和行为方式，因此，每种组织也都具有自己特定的组织文化。就组织特定的内涵而言，组织是按照一定的目的和形式建构起来的社会群体。为了满足组织自身运作的要求，必须要有共同的目标、共同的理想、共同的追求、共同的行为准则以及相适应的机构和制度，否则组织就会是一盘散沙。组织文化的任务就是努力创造这些共同的价值观念体系和共同的行为准则。

组织文化是指组织在长期的实践活动中所形成的并且为组织成员普遍认可和遵循的具有本组织特色的价值观念、团体意识、行为规范和思维模式的总和。

组织文化本质上属于“软文化”管理的范畴，是组织的自我意识所构成的精神文化体系。组织文化是整个社会文化的重要组成部分，既具有社会文化和民族文化的共同属性，又具有自己的不同特点。它的基本特点包括以下四个方面：

1. 独特性

每个组织都有其独特的组织文化，这是由不同的国家和民族、不同的地域、不同的时代背景以及不同的行业特点所形成的。如美国的组织文化强调能力主义、个人奋斗和不断进取；日本文化深受儒家文化的影响，强调团队合作、家族精神。

2. 相对稳定性

组织文化是组织在长期的发展中逐渐积累而成的，具有较强的稳定性，不会因组织结构的改变、战略的转移或产品与服务的调整而改变。在一个组织中，精神文化比物质文化具有更多的稳定性。

3. 融合继承性

每一个组织都是在特定的文化背景之下形成的，必然会接受和继承其国家和民族的文化传统和价值体系。但是，组织文化在发展过程中，也必须注意吸收其他组织的优秀文化，融合世界上最新的文明成果，不断地充实和发展自我。也正是这种融合继承性使得组织文化能够更加适应时代的要求，并且能形成历史性与时代性相统一的组织文化。

4. 发展性

组织文化随着历史的积累、社会的进步、环境的变迁以及组织的变革逐步演进和发展。科学健康的组织文化有助于组织适应外部环境和变革，而不科学、不健康的文化则可能导致组织的不良发展。改革现有的组织文化，重新设计和塑造科学健康的组织文化过程就是组织适应外部环境变化、改变员工价值观念的过程。

二、组织文化的结构及基本要素

（一）组织文化的结构和表现形态

一般认为，组织文化有三个层次结构，即表层文化、中介文化、深层文化。

1. 表层文化

表层文化又称物质层文化，是指凝聚着组织文化抽象内容的物质体的外在显现，它包括组织实体性的文化设备、设施等，如带有本组织色彩的工作环境、作业方式、图书馆、俱乐部等。表层文化是组织文化最直观的部分，也是人们最易于感知的部分。

2. 中介文化

中介文化指体现具体组织文化特色的各种规章制度、道德规范和员工行为准则的总和，也包括组织体内的分工协作关系的组织结构。它是组织文化核心层（内隐部分）与显现层的中间层，是由深层文化向表层文化转化的中介。

3. 深层文化

深层文化是潜层次的精神层，是指组织文化中的核心和主体，包括组织的精神、价值观念、道德观念等。组织文化的表现形态有：物化文化、制度文化、管理文化、生活文化、观念文化等。

（二）组织文化的基本要素

组织文化的构成要素有：组织精神、组织理念、组织价值观、组织道德、组织素养、组织行为、组织制度、组织形象等。

从最能体现组织文化特征的内涵的角度来看，组织文化的基本要素包括：

1. 组织精神

作为组织灵魂的组织精神，一般是指组织经过共同努力奋斗和长期培养所逐步形成的认识和看待事物的共同心理趋势、价值取向和主导意识。组织精神是一个组织的精神支柱，是组织文化的核心，它反映了组织成员对本组织的地位、形象和风气的理解和认同，也蕴含着对本组织的发展、命运和未来所抱有的理想和希望，折射出一个组织的整体素质和精神风格，是凝聚组织成员的无形的共同理念和精神力量。组织精神一般是以高度概括的语言来表达的。如美国国际商业机器公司的精神——“IBM 就是服务”，南京汽车集团有限公司的“四创精神——创业、创新、创优、创名牌”，南京商厦股份有限公司的“三自精神——自豪之情、自知之明、自立之能”。

2. 组织价值观

组织价值观是指组织内部管理层和全体员工对该组织的生产经营、服务等活动以及指导这些活动的行为的一般看法或基本观点。它包括组织存在的意义和目的，组织中各项规章制度的必要性与作用，组织中各层级和各部门中各种不同岗位的人们的行为与组织利益之间的关系等。

组织价值观一旦形成就会成为组织评判事物和指导行为的基本信念观点和选择方针。每一个组织的价值观都会有不同的层次和内容。成功的组织总是会不断地创造和更新组织的信念，不断地追求新的、更高的目标。

组织价值观的基本特征包括：

（1）调节性。组织价值观以鲜明的感召力和强烈的凝聚力，有效地协调、组合、规范、影响和调整组织的各种实践活动。

（2）评判性。组织价值观一旦成为固定的思维模式，就会对现实事物和社会生活作出好坏优劣的衡量和评判，或者肯定与否定的取舍选择。

（3）驱动性。组织价值观可以持久地促使组织去追求某种价值目标，这种由强烈的欲望所形成的内在驱动力往往构成推动组织行为的动力机制和激励机制。

组织价值观具有不同的层次和类型，优秀的组织总会追求崇高的目标、高尚的社会责任和卓越、创新的信念。如美国百事可乐公司认为“顺利是最重要的”；日本三菱公司主张“顾客第一”。

3. 组织道德

组织道德是通过组织道德伦理规范表现出来的。它由组织向组织成员提出应当遵守的行为准则，通过组织群体舆论和行为压力规范人们的行为。组织文化内容结构中的伦理规范既体现组织自下而上环境中社会文化的一般性要求，又体现着本组织各项管理的特殊需求。因此，如果高层主管不能设定并维持高标准的伦理规范，那么，正式的伦理准则和相关的培训计划将会流于形式。由此可见，以组织道德为内容与基础的员工伦理行为准则是传统的组织管理规章制度的补充、完善和发展。正是这种补充、完善和发展，使组织的价值观融入了新的文化力量。

4. 组织素养

组织素养包括组织中各层级员工的基本思想素养、科技和文化教育水平、工作能力、精力以及身体状况等。其中，基本思想素养的水平越高，组织中的组织精神、价值观念、道德修养的基础就越深厚，组织文化的内容也就越充实、丰富。可以想象，当一个行为或一项选择不容易判定对与错时，基本思想素养水平较高的管理者容易帮助组织作出正确决策。组织文化必须包含组织运作成功所需的组织素养。

5. 组织形象

组织形象是指社会公众和组织成员对组织、组织行为与组织各种活动成果的总体印象和总体评价，反映的是社会公众对组织的承认程度，体现了组织的声誉和知名度。

组织形象包括人员素质、组织风格、人文环境、发展战略、文化氛围、服务设施、工作场合和组织外貌等内容，其中对组织形象影响较大的有五个因素。

(1) 服务（产品）形象。对于企业来说，社会公众主要是通过产品和服务来了解企业的，并在使用产品和享受服务的过程中不断形成对企业的感性化和形象化的认识。因此，那些能够提供品质优良、造型美观的产品和优质服务的企业，总是能够赢得良好的社会形象。

(2) 环境形象。这主要是指组织的工作场所、办公环境、组织外貌和社区环境等，它反映了整个组织的管理水平、经济实力和精神风貌。整洁、舒适的环境条件不仅能够保证组织工作效率的有效提高，而且也有助于强化组织的知名度和美誉度。

（3）成员形象。这是指组织的成员在职业道德、价值观念、文化修养、精神风貌、举止言谈、装束仪表和服务态度等方面的综合表现，是组织形象人格化的体现。组织成员整洁美观的仪容、优雅良好的气质、热情服务的态度，再加上统一鲜明的服饰，既反映了个人的不俗风貌，也反映了组织的高雅素质，有利于组织在社会公众之中树立良好的组织形象。

（4）组织领导者形象。组织领导者形象体现为组织领导人的领导管理、待人接物、决策规划、指导监督、人际交往行为乃至言谈举止之中的文化素质、管理能力等。那些富有领导能力、公正可靠、气度恢弘、勇于创新、正直成熟、忠诚勤奋的组织领导者不仅能以无形的示范能力潜移默化地影响组织中的每个成员，而且也会争取到社会公众对组织的信赖和支持，有利于不断扩大和巩固组织的知名度。

（5）社会形象。社会形象是指组织对公众负责和对社会贡献的表现。组织要树立良好的社会形象，既有赖于与社会广泛的交往和沟通，实事求是地宣扬自己的社会形象，又要在力所能及的条件下积极参与社会公益活动，例如支持教育科研文体事业，支援受灾地区，开展社区文明共建等。这样，良好的社会形象就会使组织在社会公众的心目中更加完美，使之增加对组织的认同理解。

组织文化的结构层次、表现形态和基本要素之间有着不可分割的内在联系，我们可以用组织文化复合网络图来表明，如图 10-1 所示。

三、组织文化的性质

1. 组织文化的核心是组织价值观

任何一个组织都会将自己认为最有价值的对象作为本组织追求的最高目标、最高理想或最高宗旨。一旦这种最高目标和基本信念成为统一本组织成员行为的共同价值观，就会构成组织内部强烈的凝聚力和整合力，成为组织成员共同遵守的行动指南。因此，组织价值观制约和支配着组织的宗旨、信念、行为规范和追求目的。从这个意义上来说，组织价值观是组织文化的核心。

2. 组织文化的中心是以人为主体的人本文化

人是整个组织中最宝贵的资源和财富，也是组织活动的中心和主旋律。因此，组织只有充分重视人的价值，最大限度地尊重人、关心人、依靠人、理解人、凝聚人、培养人和造就人，充分调动人的积极性，发挥人的主观能动性，努力提高组织全体成员的社会责任感和使命感，使组织和成员成为真正的命运共同体和利益共同体，这样才能不断增强组织的内在活力和实现组织的既定目标。

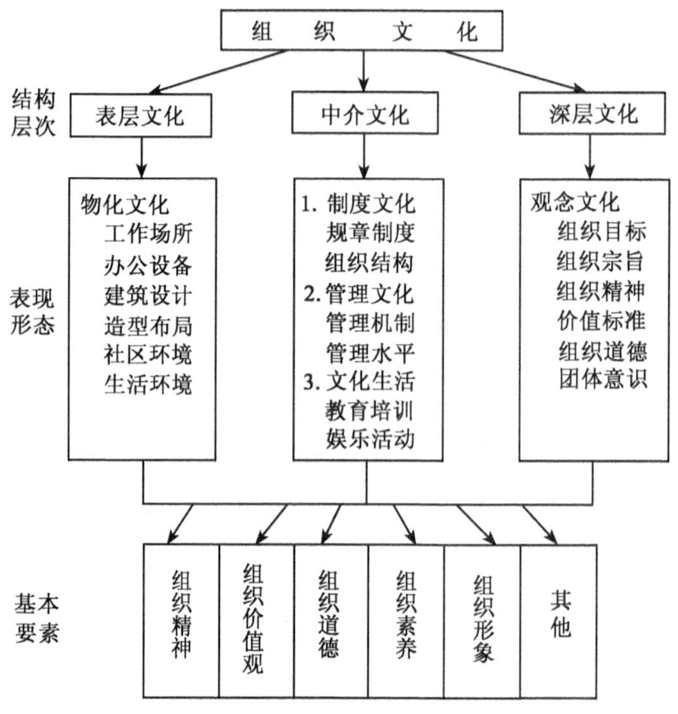

图 10-1 组织文化复合网络图

3. 组织文化的管理方式是以软性管理为主

组织文化是以一种文化的形式出现的现代管理方式。也就是说，它通过柔性的而非刚性的文化引导，建立起组织内部合作、友爱、奋进的文化心理环境，以及协调、和睦的人群氛围，自动地调节组织成员的心态和行动，并通过对这种文化氛围的心理认同，逐渐地内化为组织成员的主体文化，使组织的共同目标转化为成员的自觉行动，使群体产生最大的协同合力。事实证明，这种由软性管理所产生的协同力比组织的刚性管理制度有着更为强烈的控制力和持久力。

4. 组织文化的重要任务是增强群体凝聚力

组织中的成员来自于五湖四海，不同的风俗习惯、文化传统、工作态度、行为方式、目的愿望等都会导致成员之间的摩擦、排斥、对立、冲突乃至对抗，这就往往不利于组织目标的顺利实现。而组织文化通过建立共同的价值观和寻找观念共同点，不断强化组织成员之间的合作、信任和团结，使之产生亲近感、信任感和归属感，实现文化的认同和融合，在达成共识的基础上，使组织具有一种巨大的向心力和凝聚力，这样才有利于组织共同行动的齐心协力和整齐划一。

四、组织文化的功能

组织文化作为一种自组织系统，也存在许多独特的功能，其中突出的功能有以下几点：

1. 整合凝聚功能

组织文化通过培育组织成员的认同感和归属感，建立起成员与组织之间的相互信任和依存关系，使个人的行为、思想、感情、信念、习惯以及沟通方式与整个组织有机地整合在一起，形成相对稳固的文化氛围，凝聚成一种无形的合力和整体趋向，以此激发出组织成员的主观能动性。正是组织文化这种自我凝聚、自我向心、自我激励的作用，才构成组织生存发展的基础和不断成功的动力。

2. 约束适应功能

组织文化能从根本上改变员工的旧有价值观念，建立起新的价值观念，使之适应组织正常实践活动的需要和外部环境的变化要求。一旦组织文化所提倡的价值观念和行为规范被成员接受和认同，成员就会自觉不自觉地作出符合组织要求的行为选择，倘若违反，则会感到内疚、不安或自责，从而自动修正自己的行为。尤其对于刚刚进入组织的员工来说，为了减少他们本身带有的在家庭、学校、社会所养成的心理习惯、思维方式、行为方式与整个组织的不和谐或者矛盾冲突，就必须接受组织文化的改造、教化的约束，使他们的行为趋向组织的一致和谐。在这个意义上说，组织文化具有一定程度的强制性和改造性。这种约束适应功能可以帮助组织指导员工的日常活动，使其能快速地适应各种因素的变化。

3. 激励导向功能

组织文化作为团体共同价值观，并不对组织成员具有明文规定的具体硬性要求，与组织成员必须强行遵守的、以明文规定的制度规范不同。从总体上来讲，组织文化只是一种软性的理智约束，通过组织的共同价值观不断地向个人价值观渗透和内化，使组织自动生成一套自我调控机制，以一种适应性文化引导组织个体成员的行为和活动，以“看不见的手”协调组织的管理行为和实务活动。组织文化这种激励导向功能以尊重个人思想、感情为基础，形成一种无形的非正式控制，使组织目标自动地转化为个体成员的自觉行动，达到个人目标与组织目标在较高层次上的统一。组织文化激励导向功能具有的这种软性约束和自我协调的控制机制，往往比正式的硬性激励规定有着更强的控制力、持久力，并且，某些方面的激励作用是硬性激励无法比拟的。

4. 自我完善功能

组织文化的形成是一个复杂的过程，往往会受到政治、社会、人文和自然环境等诸多因素的影响，因此，它的形成需要经过长期的倡导和培育。正如任何文化都有历史继承性一样，组织文化一经形成，便会具有持续性，并不会因为组织战略或领导层的人事变动而立即消失。组织文化不断深化和完善的行为一旦形成良性循环，就会持续地推动组织本身发展，反过来，组织的进步和提高又会促进组织文化的丰富、完善和升华。

组织在不断地发展过程中所形成的文化积淀，通过反复地反馈和强化，随着实践的发展而不断创新和优化，推动组织文化从一个高度向另一个高度迈进。

五、塑造组织文化的主要途径

组织文化的塑造是个长期的过程，同时也是组织发展过程中的一项艰巨的、细致的系统工程。许多组织致力于导入 CIS 系统，颇有成效，这种系统已成为一种直观的、便于理解和操作的组织文化塑造方法。一般来讲，组织文化的塑造需要经过以下几个过程：

（一）选择价值标准

组织价值观是整个组织文化的核心和灵魂，因此选择正确的组织价值观是塑造组织文化的首要战略问题。

选择组织价值观有两个前提：

（1）要立足于本组织的具体特点。不同的组织有不同的目的、环境、习惯和组成方式，由此构成千差万别的组织类型，因此必须准确地把握本组织的特点，选择适合自身发展的组织文化模式，否则就不会得到广大员工和社会公众的认同与理解。

（2）要把握住组织价值观与组织文化各要素之间的相互协调，因为各要素只有经过科学地组合与匹配才能实现系统整体优化。

在此基础上，选择正确的组织价值标准要抓住四点：

（1）组织价值标准要正确、明晰、科学，具有鲜明特点。

（2）组织价值观和组织文化要体现组织的宗旨、管理战略和发展方向。

（3）要切实调查清楚本组织员工的认可程度和接纳程度，使之与本组织员工的基本素质相和谐，过高或过低的标准都很难奏实效。

（4）选择组织价值观要坚持群众路线，充分发挥群众的创造精神，认真听取群众的各种意见，经过自上而下和自下而上的多次反复后，审慎地筛选出既符合本组织特点，又反映员工心态的组织价值观和组织文化模式。

（二）强化员工认同

一旦选择和确立组织价值观和组织文化模式之后，就把基本认可的方案通过一定的强化灌输方法使其深入人心，具体做法包括：

1. 重点宣传

充分利用一切宣传工具和手段，大张旗鼓地宣传组织文化的内容和要求，使之家喻户晓、人人皆知，以创造浓厚的环境氛围。

2. 树立典型榜样

典型榜样和英雄人物是组织精神和组织文化的人格化身与形象缩影，能够以其特有的感染力、影响力和号召力为组织成员提供可以仿效的具体榜样，而组织成员也正是从英雄人物和典型榜样的精神风貌、价值追求、工作态度和言行表现之中深刻理解到组织文化的实质和意义。尤其是组织发展的关键时刻，组织成员总是以英雄人物的言行作为自己的行为导向。

3. 培训教育

有目的的培训与教育，能够使组织成员系统接受和强化认同组织所倡导的组织精神和组织文化。培训教育的形式可以多种多样。

（三）提炼定格

1. 精心分析

在经过群众的初步认同、实践之后，应当将反馈回来的意见加以分析和评价，详细分析和深入比较实践结果和规划方案的差距。

2. 全面归纳

在系统分析的基础上，综合地整理、归纳、总结和反思，采取去粗取精、去伪存真、由此及彼、由表及里的方法，去掉那些落后的、不为员工所认可的内容与形式，保留那些进步的、卓有成效的、为员工所接受的内容与形式。

3. 精练定格

把经过科学论证的经过实践检验的组织精神、组织价值观、组织文化等予以条理化、完善化、格式化，再加以必要的理论加工和文字处理，用精练的语言表述出来。

（四）巩固落实

建构完善的组织文化还需要经过长时间的巩固落实。在巩固落实阶段要做以下工作：

1. 必要的制度保障

在组织文化演变为全体员工的习惯行为之前，要使每一位成员都能自觉主动地按照组织文化和组织精神的标准行事是几乎不可能的。即使在组织文化已经很成熟的组织中，个别成员背离组织宗旨的行为也是经常发生的。因此，建立某种奖优罚劣的规章制度还是有一定的必要性的。

2. 领导的率先垂范

培育和巩固优秀的组织文化都是非常困难的。这就要求组织领导者观念更新、作风正派、率先垂范。

(五) 丰富发展

任何一种组织文化都是特定历史的产物，当组织的内外环境条件发生变化时，应不失时机地调整、更新、丰富和发展组织文化的内容和形式。正是在这种组织文化不断地调整、更新、丰富和发展的过程中，我们的组织管理才能达到更高的层次。

以上塑造组织文化的途径如图 10-2 所示。

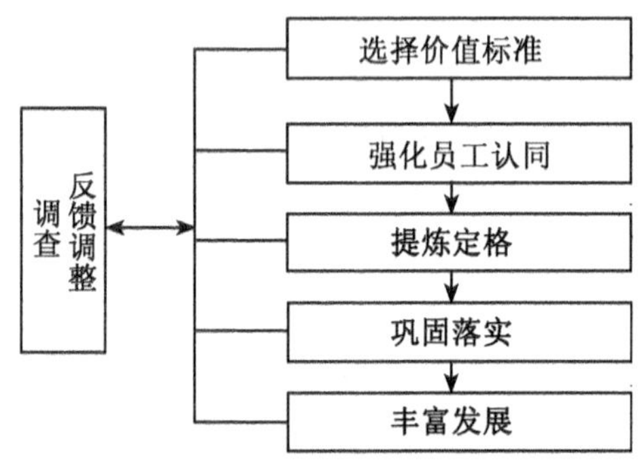

图 10-2　塑造组织文化的途径

☞本章点评

组织变革是指根据内外环境变化的要求，组织不断地进行调整与完善的过程。组织变革不仅指技术、结构方面的改革，而且包括组织成员思想上和心理上的变革。

组织发展是指通过有计划的、长期的努力来改进和更新组织，从而实现更协调、更有效管理职能的过程。

组织变革的步骤有：分析内外环境因素和问题，认识变革的必要性和可能性，诊断问题，提出解决问题的方案并选优，实施变革，评定变革效果并反馈等。

组织变革过程包括打破平衡、进行变革和消除抵制三个阶段。

阻碍组织变革发展的力量主要有三个方面：①个人性的阻力；②组织性的障碍；③社会性的阻力。

组织成员常见的抵制变革、发展的原因有：不确定感，缺乏理解和信任，害怕失去某些既得利益，对变革、发展的认识不同等。

消除抵制的方法有：宣传教育，增强心理适应，采取参与制，委任有威信的领导，必要的妥协，行政强制，高层管理部门的支持，利用群体动力。

组织文化是指组织在长期的实践活动中所形成的并且为组织成员普遍认可和遵循的具有本组织特色的价值观念、团体意识、行为规范和思维模式的总和。

组织文化的基本特点是：独特性、相对稳定性、融合继承性、发展性。

组织文化有三个层次结构，即表层文化、中介文化、深层文化。

组织文化的表现形态有：物化文化、制度文化、管理文化、生活文化、观念文化，等等。

组织文化的构成要素有：组织精神、组织理念、组织价值观、组织道德、组织素养、组织行为、组织制度、组织形象等。

组织文化的性质是：①组织文化的核心是组织价值观；②组织文化的中心是以人为主体的人本文化；③组织文化的管理方式是以软性管理为主；④组织文化的重要任务是增强群体凝聚力。

组织文化的功能有：整合凝聚功能、约束适应功能、激励导向功能、自我完善功能。

塑造组织文化的主要途径有：①选择价值标准；②强化员工认同；③提炼定格；④巩固落实；⑤丰富发展。

☞复习思考

1. 如何理解组织变革、组织发展、组织文化的概念？
2. 组织变革的类型有哪些？
3. 组织变革、发展的动力和阻力有哪些？
4. 联系实际谈谈如何消除对变革、发展的抵制。
5. 组织文化有哪些构成要素？
6. 组织文化有哪些重要功能？
7. 联系实际谈谈塑造组织文化的途径。

☞本章案例一

谁该对苏州项目负责?

A公司是一家从事应用软件开发的计算机系统集成公司，它隶属于一家高科技产业集团，下设市场部、软件开发部、技术支持部及办公室，公司的人事委托集团代行管理。苏先生是这家软件公司的总经理，公司每天9：00上班，今天他不到9：00就到了公司。他计划今天把最近即将招标的一个项目的技术方案写完。对这次招标，苏总经理非常重视。他不希望在技术方案上出差错，于是亲自动手完成这个方案。

9：00，员工陆续到位，开始了一天的工作。此时，苏总经理也有了一个初步的轮廓。这时，他接到一个电话，对方是正在实施中的苏州项目的用户代表。用户反映，公司的技术人员到现场安装后，未调试软件就回去了，到现在快两个星期了，还没给解决，不知是怎么回事。苏总经理听到这一情况很生气，一边安慰用户代表，一边想对策。他答应用户代表，最迟明天给他一个解决方案。

挂了电话，苏总经理把技术支持部的李经理找来了解情况，商量对策。李经理说，这次苏州项目，是派张力和李明去的，他们到那儿把系统安装完后，用户又提出了一些新的要求。当时张力他们觉得新增功能不应包含在合同内，所以没有给对方明确答复。苏州那边所说的调试是指按他们的要求修改程序，根本不是什么现场调试。至于回来之后，之所以一直还没给人家答复，“这你要问市场部了”。李经理说，“张力和李明回来之后，我就把情况对市场部和软件部说了。软件部说，最近活儿多，根本没时间改。也不知市场部是怎么跟用户协调的。市场部在谈这个单子的时候，有关系统的硬件配置方面的要求事先也没跟我们打招呼。在合同签约之后才把系统配置给我们。在备货时，我们发现有些型号市面上已经被淘汰了。更有甚者，有些货的价格比他们的报价还高，让我们怎么买？他们倒好，来了一个大撒把，单子一签，什么都不管了。再有，软件部开发的软件也经常出毛病，让我们老被用户骂。要知道，我们的工资水平在全公司是最低的。”

苏总经理觉得问题有点麻烦，想听听软件部欧阳经理的看法再作决定。“欧阳，苏州的项目需要改软件的事，你知道了吧?”“这事儿老李找过我。但我们实在抽不出空。几个项目都压在我们身上了，而且都是急茬儿。我觉得应该在市场部加强技术力量，对项目的功能要求控制一下。现在可好，用户提什么要求就答应什么，根本不考虑我们开发的时间和工作量，在这种情况下，让我们怎么保证质量？话又说回来，技术支持部反馈回来的信息，很多是由于用户使用不当造成的。技术人员在给用户培训的时候应把常见的问题讲透。有些问题他们完全可以处理，不必事事找软件部。顺便跟您汇报一下，我们部的小任要离职。”

得知小任要离职，苏总经理忙问怎么回事。“说起来跟集团人事部的政策有关，小任是去年毕业来公司的。来的时候，人事部让他交了3000元押金，说是每个新来的学生都这么做。小任虽然不乐意，但还是交了。今年又来了一个新毕业的学生，为这3000元的事，找我好几趟。虽然我也觉得人事部定的政策有问题，但这是人事部的规定，我也没办法。可气的是，这家伙到处乱说，说什么‘到这儿打工还要交钱，这公司太黑，你们怎么能在这种公司待下去’等等。本来活就忙，这不是扰乱军心吗。我一生气就让他走了。可小任听了那家伙的话，沉不住气了，说自己上当了，要让人事部给个说法。要么把3000元退回来，要么他走人。其实他对现在的工资挺满意。这小伙子挺能干，给他的奖金也比较高，就是有点较真。在这节骨眼上，出这事，真够烦的。”苏总经理说：“这小伙子不能放走。我找人事部商量一下，看看有什么办法。”

已经快12点了。苏州项目的事还没解决，又冒出新的问题，苏总经理心想，看来自己只能晚上加班赶写方案了。

案例思考

1. 如果你是苏总经理，你觉得应该如何处理苏州项目问题。

2. 为了防止类似于苏州项目的事件再次发生，软件公司应该采取什么措施？

☞本章案例二

海尔的企业文化

海尔有海一样宏伟的目标和宽广的胸怀，天天有创新，时时在超越。海尔不断发展壮大的动力和内在凝聚力的一个极其重要的支撑点，就在于海尔人身上所展现的与时俱进的时代精神和坚持不懈的学习热情。

作为中国民族工业的骄子，海尔自然不甘落后。在经历了十几年的高速发展后，它的下一个战略目标是成为一个国际化企业，进入世界500强。而企业要实施国际化，首先必须是每个人的国际化。这就要求最大限度地把每一个员工的创新力发挥出来，让每个人都成为SBU（战略事业单位），从而创造企业的整体活力。海尔创建学习型企业就是基于这种管理背景提出来的。其特征有两个：一是建立起有活力的员工队伍；二是用合力的组织支撑员工进行创新。其核心是加强员工的工作责任心和解决创新的动力问题，预防和规避“大企业病”的发生。

实现创造世界名牌的目标的关键，首先在于需具备国际化素质的人才。怎样才能多出人才，快出人才？海尔的认识是在创建学习型企业中的过程“经营”人才，通过企业文化培育人、领导言传身教影响人，使人才素质在企业发展中不断提高。

一、用先进的企业文化培育人

海尔集团首席执行官张瑞敏说：海尔这十几年来最有价值和最值得骄傲的，不仅仅是物质上的成就，更重要的是在精神及思想观念上实现了创新和革命。其中，通过深化、开发和运作自己的企业文化，海尔培育了一个崇高的，让所有员工都能认同、都能忘我追求的企业价值观，这也是海尔能够做大做强、做出让世界震惊的奇迹的核心优势。

海尔文化有三个层次：最表层是物质文化，即海尔的发展速度、海尔的产品等；中间层是中介（制度）行为文化；最核心的是价值观，即精神文化。海尔的价值观就是创新，表现在经营理念上便演绎出了“有缺陷的产品就是废品”、“市场的难题就是我们的课题”、“先卖信誉再卖产品”等。

他们以《海尔人》报、“海尔新闻”等为载体，坚持不懈地向员工灌输海尔文化，让员工人人皆知，人人认同，以此统一全体员工的思想。《海尔人》是他们自己创办的报纸，每周出版一期，员工人手一份；“海尔新闻”每周编辑三期，在就餐时间滚动播放，让广大员工及时了解企业的最新动态、发展变化和新人新事。另外，他们还编写了《海尔企业文化手册》。新员工进厂的第一课是讲企业文化；大学生进厂听的第一个报告也是企业文化的内容。他们还号召员工自己动手，开展以漫画的形式诠释海尔理念的“画与话”、“你画我评”活动，教育员工自觉实践海尔理念。这些丰富多彩的教育形式，使“敬业爱国，追求卓越”的海尔精神和“迅速反应，马上行动”的海尔作风深深扎根于每个海尔员工的心中，海尔文化成为大家衡量是非的重要标准。近年来，海尔先后兼并了18家长期亏损的企业，这些企业加盟海尔后，都在短短的几个月内扭亏为盈，其中一个重要的原因就是对海尔文化的理解与实践。

海尔文化也造就了一大批不同肤色的海外职工队伍。在美国海尔工业园宽敞明亮的车间里，到处可见醒目的“优秀的产品是优秀的人干出来的”、“用户永远是对的”等标语。来自美国的员工也通过绘画、写诗来表达自己成为海尔一员的感受。员工凯尔文画的中途抛锚的汽车表达了其对海尔质量理念的理解：1%的质量缺陷对用户来说意味着100%的灾难。在海尔，工作时间统一着装、厂区内严禁吸烟等规定，已经得到大家的严格遵守。

二、领导者言传身教影响人

大兴学习之风，提高人才素质，关键在于领导者能不能经营自我。说到学习，就必须要讲一讲张瑞敏的“读书哲学”。张瑞敏的“读书哲学”完全在于企业发展之运用。他有个习惯，经常把从书中捕捉到的对企业经营管理有用的章节复印下来，旁边写上自己的感受，提炼出对海尔的现实指导意义，然后发给中高层管理干部互动讨论。

首席执行官的读书爱好和钻研不但带动了海尔中高层干部的读书活动，而且连普通的职工也都以读书为乐。1998年，张瑞敏用《第五项修炼》一书推动了海尔互动学习型团队的建设，员工们都把《第五项修炼》中的话运用到自己的工作中，转化成对海尔文化的理解。一位管理学教授在海尔参观，与生产线上的一位班长随便交流时，这位班长竟很自然地谈到《第五项修炼》，说要把他的班组建成“互动的学习型团队”。教授听后颇为惊叹：“没想到海尔的一个普通工人具备这么好的知识修养！”张瑞敏常常说：借来的火照亮不了自己的灵魂。只有自己不断探索，事事创新，广大职工才能明确地去做事情。为提高集团高级管理者的素质，海尔从几年前开始，坚持每周进行培训。培训课上，张瑞敏提出推进流程再造的阶段性指导思想，总裁杨绵绵进行具体的讲解，然后大家一起互动讨论。会后，培训的内容又变成每个经理人下周的作业，在实践中进行验证。与普通的培训不一样，作为“教师”的海尔领导者在每次课上所使用的案例都来自海尔市场的实践，而不是书本。这说明在海尔，领导者本身就在不断地学习与创新，始终以自己的亲身实践感召着员工进行创新。

三、建立开放的终生学习机制

经过17年的创新实践，海尔集团已经搭建起适合集团战略发展要求的、围绕不断创造市场需求的、开放的学习培训系统，形成了科学的培训需求分析、培训课题设计系统以及对培训效果进行考核的完整的监督体系，并不断通过发现员工在实际工作中的差异及遇到的问题，来确定或校正自己的培训内容，从而在企业形成了全员积极参与学习、培训的良好氛围。他们在创建学习型企业的过程中，还非常注意把工作和学习结合起来，对工作中出现的优劣案例及时进行现场培训、学习，使得工作学习化。

为调动各级人员参与培训的积极性，海尔将培训工作与激励机制紧密结合。海尔大学每月对各单位的培训效果进行动态考核，划分等级，等级的变动与单位责任人的月度考核连在一起，以此促进单位负责人关心员工学习的责任心。“培训是最大的福利。”在海尔内部，实施了“定时培训”的硬性制度，即要求每位管理人员每年脱产培训的时间不得低于100个小时，工人不得低于20个小时。更新知识是海尔培训工作的一项辅助内容，它包括新技术、新工具、新信息培训以及学历再提高教育等。其中，学历教育已成为知识培训的一种主要形式。他们通过与清华大学、海洋大学等一些大专院校联合办学或举办远程教育等形式开办了“专升本”、研究生课程班、研究生学历班等。同时，他们还采取“请进来”、“走出去”的办法，每年有计划地请一些国际、国内知名的专家学者到海尔，用海尔的实际案例和国际著名企业的成功案例对员工进行培训，或有针对性地选派大批人员到国内外著名的培训机构或企业进行学习，加快人员素质国际化的进程。

（案例来源：海尔集团网 http：//www. haier. cn。）

案例思考

1. 试分析海尔组织文化的特色。
2. 比较海尔文化与其他企业文化的区别。

第五编　领　　导

第十一章　领　导

学习目的与要求：通过本章学习，读者应了解领导的概念、领导与管理的联系和区别以及领导的作用；掌握有关领导的品质理论、行为理论和权变理论；领会领导的艺术。

领导，是领导者在特定环境下，对组织成员的行为进行引导和施加影响，把组织成员个体目标和组织目标进行有效的匹配，以实现组织目标的过程。领导职能实质上是引导组织成员发挥他们的才能和潜力，为组织目标作出贡献，它涉及领导行为、激励、沟通等因素。对这些因素加以研究并运用到管理工作中去，有利于组织任务的完成。

第一节　领导概述

一、何谓领导

(一) 领导的定义

对于领导的概念，不同的人有不同的认识。学者们从各个不同的角度研究或关注领导的不同侧面，对领导也有多种定义。概括起来，至少有以下几种解释：

其一，领导是指影响人们为组织和集体目标做出贡献的过程。①

其二，领导是指挥部下的过程。

其三，领导是在机械地服从组织的常规指令以外所增加的影响力。

其四，领导就是影响员工，使之努力工作，以完成组织目标的过程。

其五，领导是一个动态过程，该过程是领导者个人品质、追随者个人品质和某种特定环境的函数。

① 哈罗德·孔茨，海因茨·韦里克．管理学．北京：经济科学出版社，1995：441

定义一强调领导为实现目标而对群体的影响力；定义二侧重领导的指挥作用；定义三认为领导就是正式命令之外的影响能力；定义四则强调领导是影响员工以实现目标的过程；定义五侧重于领导的决定因素及动态性。

综上所述，我们可以说，领导就是指挥、带领、引导和鼓励部下为实现目标而努力的过程。

这个定义包括下列三个要素：

第一，领导必须有领导者与被领导者，否则就谈不上领导。

第二，领导者拥有影响追随者的能力或力量。这些能力或力量包括由组织赋予领导者的职位和权力，也包括其个人所具有的影响力。

第三，领导的目的是通过影响部下来达到组织的目标。

（二）领导者的权力来源

领导者的权力主要来自两个方面：

1. 职位权力

这种权力是组织授予的，随职位的变化而变化，包括法定权力、奖励权力和强制权力。人们往往迫于压力和习惯不得不服从这种职位权力。

法定权力，指组织内各领导职位所固有的、合法的、正式的权力。不同组织成员因其所处的地位不同，享有的法定权力也不同。这种权力可以通过领导者向下属发布命令、下达指示直接体现出来，也可以借助组织内部的政策、程序和规则直接体现出来。

奖励权力，指提供奖金、提薪、升职、赞扬、理想的工作安排等物质奖励和精神奖励的权力。它来自下级追求满足的欲望。被领导者感到领导者有能力使他的需要得到满足，因而愿意追随和服从。领导者控制的奖励手段越多，这些奖励对下属越重要，其拥有的权力就越大。

强制权力就是领导者对其下属具有的绝对强制其服从的力量。下属不服从领导者的命令或指示，将会受到惩罚。换句话说，强制权力是指给予扣发奖金、降职、批评以至开除等惩罚性措施的权力。它来自下级的恐惧感。这种权力的行使与领导者担负的工作和职位相关。

2. 个人权力

这种权力来自领导者自身，由于其自身的某些特殊条件才具有的，包括专长权力和个人影响权力，这种权力不会随职位的消失而消失，所产生的影响力是长远的。

（1）专长权力。

专长权力就是由个人的特殊技能或某些专业知识而形成的权力。它来自下级的信任，即下级感到领导者具有专门的知识、技能，能够帮助他们排除障碍，克服困难，实现组织目标和个人目标，因此愿意跟随。

（2）个人影响权力。

个人影响权力，指个人的品质、魅力、资历、背景等相关的权力。根据其来源不同，又可细分为个人魅力权、背景权和感情权。

个人魅力权是建立在对个人素质的认同及人格的赞赏基础之上的，即领导者具有良好的品质和作风，受到下级的敬佩，进而使下级愿意接受其影响。领导者的个人魅力权可以激起追随者的忠诚和热忱，因此这种权力具有巨大而神奇的影响力。

背景权是指那些由于领导者辉煌的经历或特殊的人际关系背景、血缘关系背景而获得的权力。在领导工作中要设法减少这种权力所产生的负面影响。

感情权是指领导者由于和被影响者感情融洽而获得的一种影响力。

（三）领导与管理

领导与管理之间既有联系又有区别。而领导者和管理者之间既有某些相似之处，也有较大的不同之处。

1. 领导与管理的联系

（1）领导活动和管理活动的开展都是以组织为基础的。领导活动需要有领导者与被领导者的参与，而管理活动也需要有管理者和被管理者的参与。如果没有组织，而只是单独的一个人，则不存在所谓的领导活动或管理活动。

（2）领导行为是管理行为之一。管理活动包括计划、组织、领导和控制等许多活动，领导活动只是组织中诸多管理活动中的一种。

（3）领导者和管理者在开展职能活动时，都要有一定的权力。管理者在履行管理职能时，需要有组织赋予的权力为基础。比如质量管理人员在检验产品的质量时，就要运用组织所赋予他的对质量进行“管理”的权力。

同样，领导者在实施领导职能时也要有一定的权力，这种权力可能来自于组织，也可能来源于领导者个人，如个人魅力等。

（4）领导活动和管理活动在现实生活中，具有较强的复合性和相容性。领导和管理的界限并不总是很清晰的。在现实生活中，一个人可能既是领导者，又是管理者；他在从事管理工作的时候，也在担负着领导工作，例如，公司的首席执行官。

2. 领导与管理的区别

（1）领导活动与管理活动的侧重点不同。领导活动注重对组织内部各个组成部分进行整体性的计划、协调和控制，而管理则是一种技术性较强的工作，其目的在于提高某项工作的效率。

（2）领导与管理的权力来源不完全一样。管理者是被任命的，他们拥有合法的权力进行奖励和处罚，其影响力来自于他们所在的职位所赋予的正式权力。领导者则可以是任命的，也可以是从一个群体中产生出来的，领导者可以不运用正式权力来影响他人的活动。比如非正式组织中最具影响力的人就是典型的例子：组织并没有赋予他们正式的管理职位和职权，他们也没有义务负责组织的计划和组织工作，但他们却能引导、激励，甚至命令自己的追随者。

（3）领导者与管理者在组织中的角色不一样。领导者与被领导者之间是上级与下级的关系，而管理与被管理者之间是组织中分工不同的协作劳动关系。

（4）领导者与管理者的素质要求也不尽相同。管理者通过周密的计划、严密的组织、严格的控制，来取得工作中的成效。而领导是对下属施加影响力的过程，领导者可能更多的是通过其个人的魅力与专长来影响追随者的行为，并使下属自觉地为实现组织的目标而努力。

二、领导的作用

领导工作在组织中起着协调个人的需求和组织的要求的作用。在组织中，一方面有着周详合理的计划、精心设计的组织结构和有效的控制系统；另一方面，组织的成员有被人了解和激励的需求，有为实现组织的目标尽其所能做出贡献的需要。领导工作的作用就是将这两个方面结合、协调起来。

组织目标与下属的个人目标不可能完全相同。在组织中，往往只有很少一部分人真正把他们的个人目标和组织目标一致起来。对大多数人来说，必须通过领导的诱发才能为组织目标做出必要的贡献。下属人员参加工作是为了满足个人的需求，虽然这些需求并不一定和组织的目标完全一致，但它是能够和组织的利益、目标协调一致的。有效的领导工作应能鼓励下属人员去实现他们想要满足的个人需求，同时又有助于完成组织的目标，即能够利用个人所追求的目标实现组织的目标。

领导的作用具体有：

（一）指挥作用

在人们的集体活动中，需要有头脑清晰、胸怀全局，能高瞻远瞩、运筹帷幄的领导者帮助人们认清所处的环境和形势，指明活动的目标和达到目标的途径。一方面，领导者必须具有广博的知识、深邃的思想、敏捷的反应、良好的判断力，有能力指明组织的战略方向和期望达到的目标；另一方面，领导者还必须是个行动者，能率领员工为实现组织的目标而努力。唯其如此，领导者才能真正起到指挥作用。

(二) 协调作用

在由许多人协同工作的集体活动中，即使有了明确的目标，也因各人的理解能力、工作态度、进取精神、性格等不同，加上各种外部因素的干扰，人们在思想上发生各种分歧、行动上出现偏离组织目标的情况是不可能避免的。因此，就需要领导者来协调人们之间的关系和活动，引领大家朝着共同的目标前进。

(三) 激励作用

在组织中，劳动仍是人们谋生的手段。劳动者为了取得更多的报酬，大都具有积极工作的愿望，但这种愿望能否变成现实的行动，取决于劳动者的经历、学识、兴趣及需要的满足程度等。当劳动者的利益在组织的各项制度中得到切实的保障，并与其自身的物质利益紧密联系时，劳动者的积极性、智慧和创造力就会充分发挥出来。因此，需要领导者创造满足劳动者各种需要的条件、激励劳动者的动机来调动劳动者的积极性，激发他们的创造力，鼓舞大家的士气，使组织中的每个人都自觉地融入组织的目标中去，为实现共同的目标而努力工作。

引导员工朝共同的目标努力，协调员工在不同时空的贡献，激发员工的工作热情，使其在组织活动中保持高昂的积极性，这便是领导者在组织和率领员工为实现组织目标而努力工作中所必须发挥的具体作用。

三、领导方式的分类

领导方式是领导者在活动中表现出来的比较固定的和经常使用的行为方式和方法的总和，又称为领导者的工作作风，它表现出领导者的个性。领导方式是领导者运用权力对下属施加影响的方式，而影响领导工作的因素很多，这些因素的不同组合决定了不同的领导方式。

(一) 以领导活动的侧重点为标准进行划分，可分为任务取向的领导方式和人员取向的领导方式

领导活动的行为是在两个维度展开的，结构维度反映了领导者的工作行为或任务取向，关系维度反映了领导者的关系行为或人员取向。

1. 任务取向的领导方式

任务取向的领导方式表现为关心组织效率，重视组织设计，明确职责关系，确定工作目标和任务。它注重任务的完成，而不注重人的因素，忽视人的情绪和需要。任务取向的领导方式是以领导者的工作行为为中心的。工作行为包括：建立组织；明确职责；规定信息交流渠道，完成任务的时间、地点及方法等。

2. 人员取向的领导方式

人员取向的领导方式表现为尊重下属的意见，重视下属的感情和需要，强调相互信任的气氛。领导者的关系行为包括：建立友谊，互相信赖，意见交流，授权，让部属发挥智慧和潜力并给予感情上的支持。

在现实生活中，领导者只有将任务取向的领导方式和人员取向的领导方式实现有机的结合，才能保证领导目标的达成。任何偏重于一方的领导方式都只能导致领导的失败。每一位领导者在行使其领导职能时，都会产生自己的领导行为和领导风格。这一行为和风格的形成，有赖于组织结构、人员素质、组织目标和环境等客观因素，也有赖于个人气质、经历、学识、价值偏好等主观因素。

（二）以领导组织领导活动的方式为标准，可划分为命令式、说服式和示范式

领导活动的一种重要职能是指挥，而展示指挥功能的途径包括命令、说服、示范三种，故领导者组织领导活动的方式，可以分为命令式、说服式和示范式三种。

1. 命令式领导方式

命令具有强制性的特征，它是建立在下属对领导者职位权力之畏惧或恐惧的基础之上的。命令的强制性在不同的领域中的效应是不同的。从政府系统的行政领导到企业领导再到社会团体、学术机构中的领导，命令的效应呈递减趋势。

命令式领导的特征是：领导者采取单向沟通方式，以命令的形式向下属布置工作任务和完成任务的程序和方法，下属不了解或无法了解组织的整体目标和最终目的。领导者和被领导者相分离，领导者一般不参加集体活动。领导者凭个人的经验和了解，对下属的工作表现作出评价。这种领导方式，在领导者与被领导者之间，纯粹是一种命令与服从、指挥与执行的关系。

2. 说服式领导方式

说服式的领导方式较之命令式的领导方式来说，更符合领导学的原理，是一种建立在领导者的影响力之上的领导方式，其中领导者的威信、人格、能力是说服式领导方式能够取得成功的关键。

说服式领导与命令式领导的不同之处，在于领导者作出决策后，不仅向下属人员发出指令，而且还要做说明工作，即所谓“推销其决策”。也就是说，通过双向沟通方式进行宣传和教育，使下属了解工作任务要求，了解组织的整体目标。这样有利于提高他们的积极性。

3. 示范式领导方式

示范式领导方式是一种较为保守的领导方式，因为它是建立在下属对领导者的主动归依和主动模仿这一基础之上的。但是，示范式的领导方式在特殊情况下会取得意想不到的积极效果。

（三）以领导者运用权力的范围和被领导者的自由活动程度为标准，可划分为集权型、参与型和宽容型三种类型的领导方式

1. 集权型领导方式

集权型领导方式又称为独裁或专制的领导方式，就是领导者单独作决策，然后发布指示和命令，明确规定和要求下属做什么和怎么做。对于决策，下属没有参与权和发言权。在整个组织内部，资源的流动及其效率主要取决于集权领导者对管理制度的理解和运用，同时，个人专长权和影响权是他行使上述制度权力成功与否的重要基础。

2. 参与型领导方式

参与型领导方式是在决策工作中，领导者让下属人员以各种形式参与决策。这种领导方式的特点表现在：在领导者与被领导者之间进行双向沟通；职工的民主权利得到尊重，他们的意见能够影响决策；能提高决策的科学水平，减少决策工作的失误；有利于决策的实施和执行。

3. 宽容型领导方式

宽容型领导方式又叫分权型领导方式，就是领导者向下属人员或部门进行高度授权，让下属相对独立地去完成任务和处理问题。这种领导方式又可具体分为放手型和放任型两种方式。

（1）放手型领导，就是上级为下级给定工作目标和方向，提出完成任务的大致要求和期限，同时授予下属完成任务所必需的权力，在工作进行过程中只实行宽松的监督和控制。

（2）放任型领导，就是领导者对下属实行高度的授权，下属可以完全独立地去开展工作。具体地说，就是领导者不为下属安排和规定具体的工作任务和目标，下属做什么，如何做，要达到什么目标，完全由自己决定。在工作过程中，领导也不进行经常性的监督。放任型比放手型还要宽松，是一种适用范围狭窄的领导方式。

总之，领导者的行为方式多种多样，它们没有绝对的优劣之分。只有与被领导者和工作环境的特点相适应，才能取得预期的领导效果。

四、影响领导效果的因素

领导工作的效率是由三个相互作用的因素（领导者、被领导者和领导环境）决定的。

（一）领导者

领导者是领导工作的主体。领导者本身的背景、知识、经验、能力、个性、价值观念以及对下属的看法等，都会影响到组织目标的确定、领导方式的选择以及领导工作的效率。因此，领导者是决定领导工作有效性的重要因素。

（二）被领导者

被领导者接受领导者的领导。被领导者的背景、专业知识、经验和技能、要求、责任心以及个性等，都会对领导工作产生重大影响。被领导者的状况，既影响领导方式和方法的选择，也影响领导工作的效率。

（三）领导环境

领导工作是在一定的环境中进行的，领导环境更多的是指组织内部环境。美国俄亥俄州立大学的教授们在研究领导行为时指出，对领导行为有效性的评价，实际上并不取决于领导者所采用的某一特定领导方式，而是取决于领导方式对特定环境的实用性。与环境相适应的领导方式可以成为有效的，而与环境不相适应的领导方式，则往往是无效的。

第二节　领导理论

领导理论的中心问题是研究领导的有效性。迄今为止，人们对领导的有效性的研究主要是从三个方面进行的，即从领导特质的角度去分析领导，从人际关系、感情因素的角度去分析领导，从组织所处的环境这一角度去分析领导。相应地，领导理论也大致分为三大部分，即领导品质理论、领导行为理论和领导权变理论。下面就这几个部分，介绍一些比较有影响力的领导理论。

一、领导品质理论

领导品质理论着重研究领导的品行、素质、修养，目的是要说明好的领导者应具备怎样的品质和特性。这种理论最初是由心理学家运用归纳分析法进行研究的。研究者先根据领导效果的好坏，挑选出好的领导者和差的领导者。然后分析这两类领导者在个人品质和特性方面的差异，并由此确定优秀的领导者应具备的特点。

研究者认为，只要能找出优秀领导者应具备的特点，那么根据考察，如果某个组织中的领导者具备这些特点，就能断定他是一个优秀的领导者；反之，如果他不具备这些特点，就能断定他不是一个优秀的领导者。

领导品质理论按其对领导品质和特性来源所作的不同解释，可分为传统领导品质理论和现代领导品质理论。传统领导品质理论认为，领导者所具有的品质和特性是天生的，是由遗传因素决定的；而现代领导品质理论则认为领导者的品质和特性是在领导实践中形成的，是可以通过教育、训练等方式在社会实践中培养的。

研究领导品质的学者将成功的领导者的品质作了一些归纳，如表 11-1 所示：

表 11-1　　　　区分领导与非领导的六项特质

1. 进取心	领导者表现出高水平，拥有较高的成就渴望；进取心强，精力充沛，对自己所从事的活动坚持不懈，并有高度的主动精神
2. 领导愿望	领导者有强烈的愿望去影响和领导别人，表现为乐于承担责任
3. 诚实与正直	领导者通过真诚与无欺以及言行高度一致的品质，在他们与下属之间建立相互信赖的关系
4. 自信	下属觉得领导者从没缺乏过自信；领导者为了使下属相信他的目标和决策的正确性，必须表现出高度的自信
5. 智慧	领导者需要具备足够的智慧来收集、整理和解释大量信息；能够确立目标、解决问题和作出正确的决策
6. 工作相关知识	有效的领导者对于公司、行业和技术事项拥有较高的知识水平；广博的知识能够使他们作出富有远见的决策，并能理解这种决策的意义

领导品质研究表明，领导者的才智、自信心、广泛的社会兴趣、强烈的成就欲、对员工的关心和尊重，的确与领导活动的有效性有很大的关系。此外，领导品质理论还从不同的角度系统分析了领导者应具备的品质，对领导者提出了一个高标准，这对于激励、培养、选拔和考核领导者都是有帮助的。

虽然对领导品质的研究取得了一定的效果，但总的说来，领导品质理论并没有取得太大的成功，甚至有人否定了领导品质研究这种方法。因为人上一百，形形色色，领导品质理论的研究者的研究对象本身差异很大，所以得出的领导者的品质也不尽相同。在得出的领导者品质中，并非所有的领导者都具备所有的领导品质，而许多非领导者也可能具备大部分这样的品质。同时，领导品质理论的研究者也没有界定领导者应在多大程度上具备某些领导品质，并且大多数所谓的品质实际上是行为方式。

在 20 世纪 50 年代之前，对领导人进行的大多数研究主要是探讨领导人的品质。随着行为学派影响的不断扩大，个人品质论已经不大被人接受了。行为学派强调，人除了来自遗传的体质特征之外，并没有什么天生的品质，只是或许有些人天生比别人健康些。

二、领导行为理论

领导行为理论着重分析领导者的领导行为与领导风格对其组织成员的影响，目的是找出所谓最佳的领导行为和风格。

（一）密执安大学的研究

密执安大学的研究由 R. 李克特（Rensis Likert）及其同事在 1947 年开始进行，他们试图比较群体效率如何随领导者的行为变化而变化，结果发现了两种不同的领导方式。

一种是工作（生产）导向型的领导行为。这种领导方式关心工作的过程和结果，并用密切监督和施加压力的办法来获得良好绩效、满意的工作期限和结果评估。对这种领导者而言，下属是实现目标或任务绩效的工具，而不是和他们一样有着情感和需要的人，群体任务的完成情况是领导行为的中心。

另一种领导方式是员工导向型的领导行为。这种领导方式表现为关心员工，并有意识地培养与高绩效的工作群体相关的人文因素，即重视人际关系。员工导向型领导者把他们的行为集中在对人员的监督，而不是对生产的提高上。他们关心员工的需要、晋级和职业生涯的发展。

密执安大学的研究人员发现，员工导向型领导方式组织的生产数量要高于工作导向型领导方式组织的生产数量。另外，这两种群体的态度和行为也根本不同。在员工导向型的生产单位中，员工的满意度高，离职率和缺勤率都较低。在工作导向型的生产单位中，产量虽然不低，但员工的满意度低，离职率和缺勤率都较高。

在这种经验观察的基础上，密执安大学领导行为方式研究的结论是，员工导向的领导者与高的群体生产率和高满意度成正相关，而生产导向的领导者则与低的群体生产率和低满意度相关。

（二）俄亥俄州立大学的研究

大约在密执安大学对领导方式展开研究的同一时期，美国俄亥俄州立大学的研究人员也在进行关于领导方式的比较研究。

他们发现，以人为中心和以组织工作为中心这两种领导行为方式在一个领导者身上有时是一致的，有时是不一致的。他们认为，这两种领导行为方式不是相互排斥的，应当把它们结合起来，而且有多种结合形式。领导者应当在组织的需要和个人的需要之间加以适当调节，并找出最有效的领导行为方式。

根据这样的分类，领导者可以分为四种基本类型，即：

（1）高关怀—高组织。领导者把对人的关心和对组织效率的关心放在同等重要的地位，既能保证任务的完成，又能充分满足人的需要，是最为理想的领导方式。

（2）高关怀—低组织。对人十分关心，对组织效率却漠不关心，是以人为中心的领导方式。

（3）低关怀—高组织。领导者对组织的效率、工作任务和目标的完成非常重视，但忽视了人的情绪和需要，是以工作任务为中心的领导方式。

（4）低关怀—低组织。既不关心人，又不重视组织效率，是最无能的领导方式。

俄亥俄州立大学的这项研究发现，高关怀—高组织型领导者的行为，一般会产生积极效果，更能使下属达到高绩效和高满意度；而其他三种维度组合类型的领导者行为，普遍与较多的缺勤、事故、抱怨以及离职有关系。

由于是以四分图的形式来研究领导行为方式的，所以这种理论被称为“四分图理论”，如图 11-1 所示。

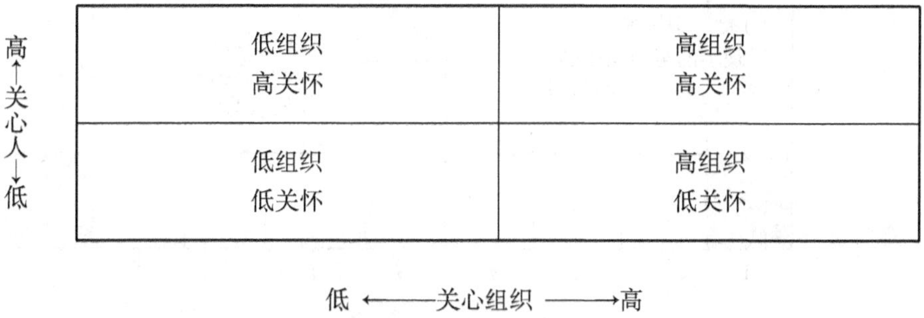

高↑关心人↓低

低组织 高关怀	高组织 高关怀
低组织 低关怀	高组织 低关怀

低 ←——关心组织 ——→高

图 11-1　领导方式四分图

（三）管理方格论

这是由美国的罗伯特·布莱克（Robert Black）和简·穆顿（Jane Mouton）提出的。他们克服了以往各种领导方式理论中的非此即彼的绝对化观点，指出在对生产关心的领导方式和对人关心的领导方式之间，可以有使二者在不同程度上互相结合的多种领导方式。他们以对生产的关心为横轴，以对人的关心为纵轴，每根轴分为 9 小格，共分成 81 个小方格，以此来表示 81 种不同结合的领导方式（参见图 11-2）。布莱克和穆顿着重分析了以下五种典型的领导类型：

1. 对生产最大关心的领导（9.1 型）

这种领导方式非常专制。在这种领导方式下，领导者靠行使职权来保持对

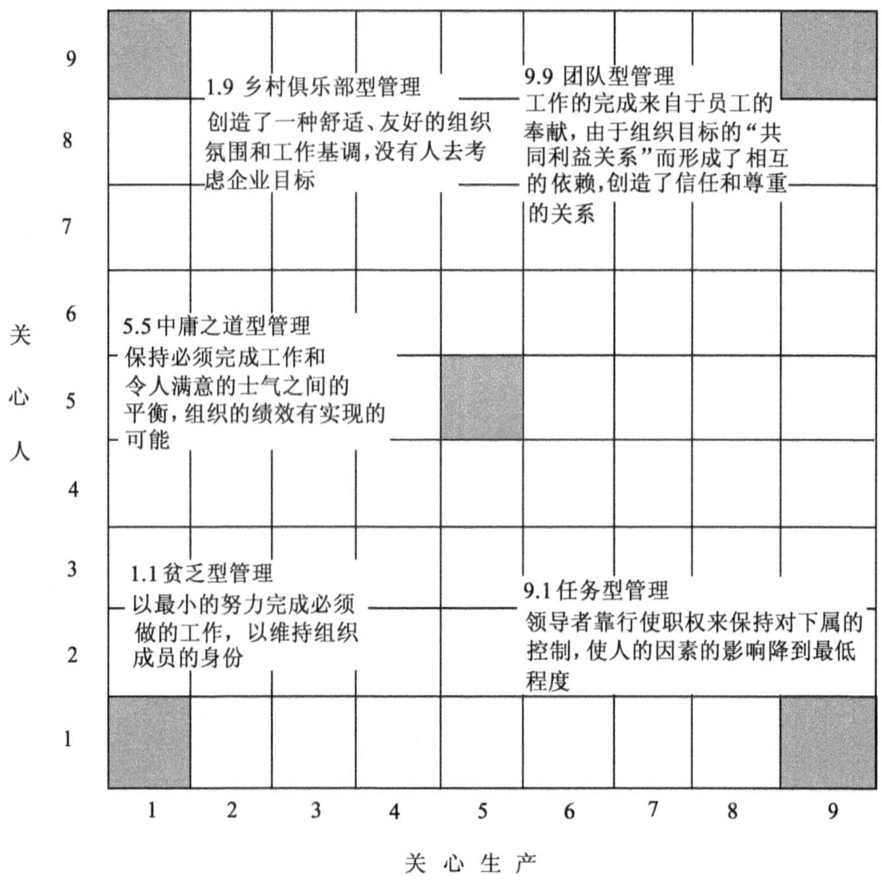

图 11-2　管理方格

下属的有效控制，把精力集中在取得最高的生产量上，很少关心或完全不关心人，只关心促成高效率的经营活动。布莱克和穆顿将这样的管理方式称为“任务型管理”。

2. 对人最大关心的领导（1.9 型）

在这种领导方式下，领导者最关心的是增进同事和下级与自己的良好感情，极少或甚至完全不关心生产。他们尽量促成一种人人都感到轻松、友爱、快乐的环境，没有人去考虑如何达到企业的目标。布莱克和穆顿将这样的管理方式称为“乡村俱乐部型管理”。

3. 对生产和人都极不关心的领导（1. 1 型）

在这种领导方式下，领导者只做在组织中继续待下去所要求的最低工作，既不关心生产也不关心人。这类管理者事实上已经放弃了职守，只是在虚度时日，干一些上传下达的信使工作。布莱克和穆顿将这样的管理方式称为“贫乏型管理”。

4. 对生产和人的关心都居中的领导（5.5型）

在这种领导方式下，领导者兼顾必须完成的工作和令人满意的士气，使之能够取得适当的工作成绩，对生产的关心和对人的关心都属中间程度。领导者得到的士气和产量都能合乎要求，但绝非出类拔萃。布莱克和穆顿将这样的管理方式称为“中庸之道型管理”。

5. 对生产和人都极关心的领导（9.9型）

这种领导方式对生产和人的关心都在一个高水平上。在这种领导方式下，领导者重视目标，力求通过下属的参与、介入、承担义务和解决矛盾，来获得高产量、高质量的成果。布莱克和穆顿称之为“团队型管理”。

在上述五种领导类型中，1.9型和9.1型是两种相反的极端类型，1.1型和9.9型是另外两种相反的极端类型。布莱克和穆顿认为，把对生产的高度关心同对人的高度关心结合起来的9.9型领导方式效率最高，是管理者改进领导行为的目标模式。

以上阐述了几种从行为角度上对领导方式进行解释的重要尝试，但领导行为理论无法解释领导行为类型与成功的绩效之间的一致性。这是因为，行为理论缺乏对影响成功与失败的情境因素的考虑。这说明，领导方式的研究应该是多角度的。

三、领导权变理论

20世纪60年代，研究人员又提出了权变理论。所谓权变，就是指行为主体根据情境因素的变化而作出适当的调整。领导权变理论着重研究影响领导行为和领导有效性的环境因素，即领导者、被领导者和领导环境三者之间的相互影响，目的是要说明在什么情况下，哪一种领导方式才是最好的。

（一）菲德勒权变模型

菲德勒权变模型是由弗雷德·菲德勒（Fred E. Fiedler）提出的。弗雷德·菲德勒通过设计“最难共事者”问卷对各类组织进行了大量调查研究，随后提出了“有效领导的权变模式”。他认为影响领导成功的关键因素在于领导者的基本领导风格和组织环境。

菲德勒设计“最难共事者”问卷，主要用于测量领导者的基本领导风格属于哪种领导方式类型，即是任务导向型还是关系导向型。任务导向型是指领导者倾向于追求工作任务的完成，并从工作成就中获得满足；而关系导向型则是指领导者倾向于追求良好的人际关系，并从中获得地位和被尊重的满足。

菲德勒根据“最难共事者”问卷，首先来判断领导者的基本领导风格，并认定一个人的基本领导风格是固定不变的。他认为，如果将最难共事的同事描述得比较有利，则是关系导向型的领导；如果对最难共事的同事的看法不很有利，则是任务导向型的领导。

在评估领导者的基本领导风格之后，菲德勒又对组织环境进行评估，并将领导者与环境进行匹配。他认为，组织的环境情况主要包括三项权变因素，一是领导者与下属之间的关系，即组织成员对其领导者信任、喜爱或愿意追随的程度；二是工作结构，即对工作明确规定的程度；三是职位权力，即领导者正式职位的权力强弱程度，如对下属人员是否具有奖惩及其他权力等。这三种权变因素的不同组合决定了领导者应相应地采取不同的领导方式，如表 11-2 所示。

表 11-2 **领导权变方式**

组织环境类型	非常有利			中间状态			非常不利	
上下级之间的关系	好	好	好	好	差	差	差	差
工作结构	高	高	低	低	高	高	低	低
职位权力	强	弱	强	弱	强	弱	强	弱
有效领导方式	任务导向型			关系导向型			任务导向型	

菲德勒认为，任务导向型的领导方式在非常有利的组织环境或非常不利的组织环境中效率较高，而关系导向型的领导方式在组环境为中间状态时效率较高。所以，不能说哪种领导方式最好或不好，而必须把环境、领导者和下属的情况、工作类型等方面的因素综合起来考虑，不同的情况适合采用不同的领导方式。

（二）领导生命周期理论

领导生命周期理论是一个比较重视下属的权变理论，是由科曼（A. K. Korman）首先提出，并由赫西（Paul Hersey）和布兰查德（K. Blanchard）予以发展的，有时又称为赫西-布兰查德的情境领导理论。这种理论认为，领导者的风格应当适应其下属的“成熟”程度，即只有依据下属的成熟水平选择正确的领导风格才会取得领导的成功。

赫西和布兰查德将成熟度定义为个体对自己的直接行为负责任的能力和意

愿。成熟度由两个因素构成：一个是工作成熟度，指个体拥有的知识和技能。当一个人的工作成熟度高时，他拥有足够的知识、能力和经验来完成工作任务，而不需要他人的指导。另一个是心理成熟度，指一个人做某事的意愿和动机。当一个人的心理成熟度高时，他做事就不需要太多的外部激励，而主要靠内部动机激励。

情境领导模式使用两个领导维度：任务行为和关系行为。赫西和布兰查德认为领导者每一维度有高有低，从而组合成以下四种具体的领导风格，如图11-3所示。图中横坐标表示以抓工作为主的任务行为，纵坐标表示以关心人为主的关系行为，第三个坐标是下属的成熟度。

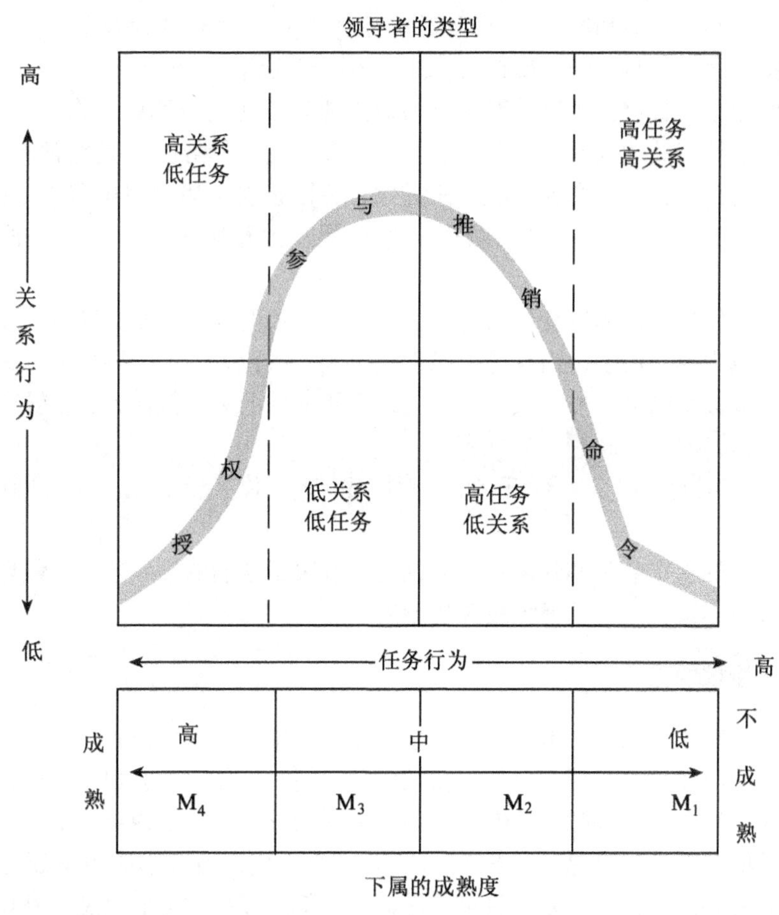

图 11-3 情境领导模型

(1) 命令型（高任务—低关系）。适用于下属不成熟的情况，下属既不愿意也不能够担负工作责任，因此领导者可以采取单向沟通形式，明确地告诉下属应该干什么、怎么干以及何时何地去干。

(2) 推销型（高任务—高关系），适用于下属比较不成熟的情况。下属愿意担负起工作责任，但他们因工作能力缺乏而不能胜任。这时领导者应同时提供指导性的行为和支持性的行为，以从心理上增加下属的意愿和热情。

(3) 参与型（低任务—高关系），适用于下属比较成熟的情况。下属能够胜任工作，不希望领导者有过多的指示和约束。这时，领导者应该通过双向沟通和悉心倾听的方式与下属进行信息交流，为下属发挥潜能提供便利条件。

(4) 授权型（低任务—低关系），适用于下属高度成熟的情况。下属具有较高的自信心、能力和愿望来承担工作责任。这时，领导者只需提供极少的指导或支持，而主要是赋予下属权力，让下属自己决定工作的内容及方法。

赫西和布兰查德认为领导者的行为应当随着下属的成熟程度作相应调整，这样才能进行有效的领导。“高任务、高关系”类型领导并不是经常有效的，“低任务、低关系”也并不一定经常无效，关键是看下属的成熟程度。因此，任务行为、关系行为与下属成熟程度并非是一种直线关系，而是一种曲线关系。

总之，领导生命周期理论认为，当下属的成熟度水平不断提高时，领导者不但可以减少控制活动，而且还可以不断减少关系行为，即领导行为方式应当由高任务低关系向高任务高关系、高关系低任务、低关系低任务逐步转变。

第三节　领 导 艺 术

领导者的工作效率和效果在很大程度上取决于他们的领导艺术。领导艺术的内涵极为丰富，是一门博大精深的学问。

一、授权的艺术

领导人有条不紊地办事是一种艺术。在组织中，经常可以看到这样一些领导者，他们习惯于事必躬亲，整天忙忙碌碌，超时工作，没有娱乐、休息和学习的工夫，还总是感到时间不够用。作为一个领导者，当发现自己忙不过来的时候，就应该考虑自己是否已经影响了下属的职权，做了本应由下属去做的事。领导者必须明白，凡是下属可以做的事，都应授权让他们去做，领导者只应做领导该做的事。

通过合理授权，领导者能获得很多益处。

1. 节约时间

通过授权，领导者可以有较多时间去考虑和处理关系组织全局的重大问题，发挥领导者应有的作用。同时可以集中时间和精力抓好决定企业生死存亡的大事，科学合理地安排好日常工作，不忽视关键性的日常作业活动。

2. 提高决策质量

授权使下级和上级之间的沟通加深，从而可以提高决策的速度和质量水平。

3. 提高下属积极性

授权显示了对下属的信任，既激发下级的工作热情及创造性，增强其工作的责任心，同时也更充分发挥了下属的专长，还可以使下属在工作中不断得到锻炼和发展，有利于干部的培养。

领导工作包括决策、用人、指挥、协调和激励。这些都是大事，是领导者应该做的，但绝对不是说都应由单位的最高领导人来做，而应该分清轻重缓急，主次先后，分别授权让每一级去管其本级应管的事。企业的最高领导者应该只抓重中之重、急中之急，并且严格按照“例外原则”办事。也就是说，凡是已经授权给下属去做的事，领导者就要克制自己，不要再去插手；领导者只需管那些没有对下授权的例外的事情，领导不必也不要事事包办代替。否则，既破坏了分工协作关系，又使下级有职无权，失去了实践和成长的机会。

有些领导者太看重自己的地位和作用，事无巨细，无所不包，其结果不仅浪费了自己宝贵的时间和精力，还挫伤了下属的积极性和责任感，反过来又会加重自己的负担。

领导者对于那些必须由自己亲自处理的事，也应先问三个能不能：能不能取消它？能不能与别的工作合并处理？能不能用更简便的方法处理？这样就可以把那些可做可不做的事去掉，把一部分事合并起来用最简便的方法去做，从而减轻负担，腾出更多时间去进行思索和筹划，更好地发挥领导的作用。

美国通用电气公司前董事长与首席执行官杰克·韦尔奇就认为管理者更应该像个领导人，这样的管理者才能够激励别人，要允许别人自由思考和创造性地工作。

二、用人的艺术

领导的对象就是人，没有与他人之间的联系与信息的交流，就不可能有领导。领导者在实施指挥和协调的职能时，必须把自己的设想及决策等传递给被领导者，以影响被领导者的行为，不断激励下属为实现组织目标而努力。同时，还要善于用人，让其在适当的职位上发挥有利的作用。因此，领导者必须掌握用人的方法与艺术。

（一）激励下属

激励是实现目标的重要驱动力。领导者的大部分任务是由下属完成的，如果不知道或不懂得激励下属，那么领导者所能取得的成功是有限的。

领导者激励下属的方式既可以是物质激励，也可以是精神激励。不同的人所需要的激励方式是不相同的，同一个人在不同的阶段所需要的激励方式也是不相同的。因此，领导者在对下属进行激励的时候，既要考虑到环境的特点，也要考虑到下属的需要。

那么，应如何激励人呢？

1. 掌握和运用激励理论

理论可以帮助我们了解复杂的、抽象的问题。熟悉激励的基本理论，可以使领导者对如何带领员工们努力工作有一个深入的认识。

2. 了解下属的需要

要做好激励工作，必须了解激励对象的各种需要，以及每种需要的强烈和重要性程度，这样才能“对症下药”。人们低层次的需求（对住所和安全的需求）可通过工资和工作保障等得以满足；高层次的需求则可以使员工通过工作本身（如工作所具有的荣誉感和挑战性等）得以满足。因此，可以通过不同的奖励方法去满足下属不同层次的需求。

3. 正确激励下属

正确的激励方法能有效调动下属的积极性，否则，效果可能适得其反。

首先，针对性激励。不同层次的人有着不同的需求，领导者应善于掌握下属不同的优势需要，把物质激励和精神激励有机地结合起来，有针对性地加以激励。

其次，满足下属的尊重需要。由于下属一般较关注自己在组织中的重要性及责任，领导者要通过各种形式多听取下属的意见，并说明下属的工作对组织的重要性，从而满足下属的尊重需要。

再次，多鼓励少惩罚。下属不可能没有失误，重要的是如何使他们在失误之后吸取教训并有所提高。领导者可以对下属的行为结果进行奖赏或惩罚，从而鼓励或修正其行为。

最后，目标激励。领导者要向下属详细说明组织目标何在，正在做什么，给下属以希望。

（二）影响下属

领导者要实现有效的领导，关键在于其影响力大小。影响不是把自己的意志强加给下属，而是在价值观念方面培养共识。领导者的影响力在人际交往中表现得尤为重要。

1. 加强上下级沟通

领导者无法对组织上上下下的复杂问题都进行考虑，作出决策。要想使每个下属都发挥其积极性，就必须加强与下级的沟通，使大家对组织目标达到基本一致的认识。

2. 鼓励下属参与管理，共同决策

领导者的决策制定应多听取下属的意见，可能的话，让下属参与决策。这样，决策方案出来后，会增加下属对决策方案的认同。

（三）知人善任

领导者在组织活动中属于主导、率领的地位，负责制定整个组织的大政方针、战略与管理决策。要使决策付诸实践，领导者必须团结下属，借助他们的智慧和力量去完成任务。因此，领导者必须将下属安排到适当的位置上，用其所长。这要求领导者要做到知人善任。知人是要了解人，对人进行正确的考察、识别，以便选择；善任是要用好人，使用得当。知人是善任的前提。

1. 识别人才

人才总是有的，所以领导者要相信人才的客观存在，并且要爱惜人才。同时，要坚持实事求是的原则，用全面的、发展的观点看人才；要看人才的全部历史和全部工作，综合考察，科学地分析；要坚持德才兼备的原则。

2. 正确使用人才

识别人才的目的是用人。人才用得好，能收到事半功倍的效果；使用不当，不仅会降低生产效率，还会导致人才的流失。因此，合理地使用人才是领导者人才观的中心环节。尤其是在竞争日益激烈的时代，领导者不仅应使用好人才，更应重视人才的开发与培养。

三、交谈和倾听的艺术

领导人在行使指挥和协调的职能时，必须把自己的想法、感受和决策等信息传递给被领导者，这样才能影响被领导者的行为。同时，为了进行有效的领导，领导者也需了解被领导者的反应、感受和困难。这种双向的信息传递十分重要。交流信息可以通过正式的文件、报告、书信、会议、电话和非正式的面对面会谈等方式进行。其中，面对面的个别交谈是深入了解下属的较好方式，因为通过交谈不仅可以了解到更多、更详细的情况，并且可以通过察言观色来了解对方心灵深处的想法。

（一）悉心倾听

即使不相信对方的话，或者对所谈的问题毫无兴趣，在对方说话时，也必须悉心倾听，善加分析。同时，要仔细观察对方说话时的神态，捉摸对方没有说出的意思。如果你希望对某一问题多了解一些，可以将对方的意见改成疑问句简单重复一遍，这将鼓励对方作进一步的解释和说明。

（二）不随意打岔

谈话一经开始，就要让对方把话说完，不要随意插话，打断对方的思路，岔开对方的话题，也不要迫不及待地解释、质问和申辩。对方找你谈话是要谈他的感受，领导者倾听下属意见的目的在于了解对方的想法，而不应摆出“权威”的架势去说服、教育对方，打通对方的思想。对方讲的是否有理，是否符合事实，可以留待以后研究。

（三）态度诚恳地回答下属的问题

如果下属诚恳地希望听到上级的意见，领导者必须抓住要领，态度诚恳地就实质性问题作出简明扼要的回答，帮助对方拨开心灵上的云雾，解开思想上的疙瘩。同时，也要注意对方说的许多情况你可能并不清楚，在未加调查之前，不应表态和许愿，以免造成被动，引起更大的不快。对于谈话涉及的重大原则问题或应由上级主管部门处理的问题，领导者应实事求是地告诉对方，这些问题是自己不能单独处理的，需待研究以后才能答复。

（四）控制自己的情绪，不能感情用事

下属说话的内容，领导者可能同意，也可能不同意，有怀疑，甚至反感和不满。但是，不管领导者自己的观点和情绪如何，都必须加以控制，始终保持冷静的态度，让对方畅所欲言。仅此一点，就会使对方感到领导在注意他的意见，彼此在沟通思想感情。至于是非曲直，可留待以后再谈，或留待对方冷静后自己去判断。

四、争取信任与合作的艺术

有些新踏上领导岗位的人，往往只会自己埋头苦干，不善于争取别人的信任与合作；也有个别人只想利用手中的权力来使副手和下属慑服，而较少考虑如何取得他们的支持和友谊。其实，领导者和被领导者之间的关系不应当只是一种刻板的、冷漠的上下级关系，而应当是建立在真诚合作基础上的同志关系。领导者不能只依靠自己手中的权力，还必须取得同事和下属的信任与合作。

（一）平易近人

领导者由于其在组织中处于领导职位，很容易让下属产生居高临下的感觉，造成与下属的距离。所以，领导者在与同事和下属相处时，要注意礼貌，主动向对方表示尊重和友好；在办事时要多用商量的口吻，多听取和采纳对方意见中合理的部分；要勇于承认和改正自己的缺点、错误。既不要轻易发脾气、耍态度、训斥人，也不要讲无原则的话，更不能随便表态、许诺。要谦虚待人，以诚待人。

（二）信任对方

在分工授权后，领导者对下属不要再三关照叮嘱，更不要随便插手干预，使对方感到你怀疑他的能力。领导者要用实际行动使下属感到你的信任，感到自己对组织的重要性。这样，下属就会主动加强同领导者的合作。如果领导者能在授权的同时，主动征求并采纳下属对工作的意见，使下属感到领导对他的器重，将有利于增进相互之间的友谊和合作。如果领导者让自己的副手或下属长期感到被忽视，不能发挥作用，则必将招致他们的不满和怨恨。

（三）一视同仁

人们之间的关系有亲有疏，这是正常的社会现象，领导者也不例外。为了加强企业的内聚力，领导者既要团结与自己亲密无间、命运与共的骨干；同时，又要注意团结所有的职工。同自己意见不一致甚至于疏远或反对自己的人，领导者不应将其视为异己加以排斥，而应关心和尊重他们，努力争取他们的合作。特别是在处理诸如提级、调资、奖励等有关经济利益和荣誉的问题时，必须一视同仁、秉公办事。

当下属犯了错误的时候，都要严格对待，真诚地帮助他们认识、改正错误。领导者必须懂得，许多人工作上犯错误，是想多做工作、做好工作而无意造成的，所以领导者对下属工作上的错误要勇于承担责任，即使自己并不沾边，也应主动承担领导或者指导责任。当下属受到外界侵犯或蒙受冤屈时，领导者应挺身而出，保护下属。这样，组织的全体人员就会感到，在你的领导下，没有亲疏，只要好好干，谁都可以得到应有的尊重和信任，就会产生一种安全感、归属感，组织内部常有的“宗派”自然也就失去了存在的基础。

五、利用时间的艺术

创造财富都要耗用时间，做任何事情都需要占用时间。时间似乎是一种用之不竭的资源，但就个人来讲，时间又是有限的。“时间就是金钱”，“时间就是生命”，这是实实在在的真理。

领导者要做时间的主人。除了如前所述，要科学地进行组织管理，合理地分层授权，摆脱烦琐事务的纠缠之外，还要掌握合理地利用时间的艺术。

（一）学会合理地使用时间

有许多领导者忙了一天、一周或者是一个月，往往说不出究竟做了什么事，哪些是自己应该做的，哪些是自己不该做的。为了把有限的时间用在自己应该做的领导工作上，应当养成记录自己时间消耗情况的习惯。每做一件事就记一笔账，写明几点到几点办什么事。每隔一两周，对自己的时间消耗情况进行一次分析。这时，就会发现自己在时间利用上的不合理之处，从而找到合理利用时间的措施，提高时间利用效率。

（二）提高开会的效率

开会是交流信息的一种有效方式，但开会也要讲究艺术。有些领导者成天沉沦于文山会海中，似乎领导的职能就是开会、批文件。而开会是否解决了问题，效率如何，却全然不顾。其实不解决问题的会议有百害而无一利，开会也要讲究经济效益。会议占用时间也是劳动耗费的一种，会议的成本应纳入组织经济核算体系之内进行考核，借以提高开会的效率，节约领导者和与会者的宝贵时间。

☞本章点评

领导就是指挥、带领、引导和鼓励部下为实现目标而努力的过程。领导与管理既有联系，也有区别。领导在组织中具有指挥、协调和激励等方面的作用。

对领导行为最初的研究集中于研究领导人的个人品质。研究者将领导人的成败与其个人具备的品质联系起来，探讨两者之间的因果关系。

行为理论认为，应该从领导者个人行为的方式，而不是从领导者所具备的品质去探讨领导行为成败的原因。他们认为，有些领导行为对提高下属的工作表现和管理效率是有效的，有些则是无效的。其中，管理方格论重点研究了五种典型的领导方式，分别是：任务型、乡村俱乐部型、贫乏型、中庸之道型和团队型管理。这一理论认为，把对生产的高度关心同对人的高度关心结合起来的团队型领导方式效率最高，是管理者改进领导行为的目标模式。

权变理论认为，行为主体应根据情境因素的变化而作出适当的调整。这一理论着重研究影响领导行为和领导有效性的环境因素，即领导者、被领导者和领导环境三者之间的相互影响。旨在说明，在什么情况下，哪一种领导方式才是最好的。菲德勒发现，影响一个领导者能否最有效地进行领导的环境因素有职位权力、工作结构和上下级关系三项。他认为，注重任务或注重人际关系的领导方式，其成败都没有什么必然性。领导的效能取决于环境，要根据环境选择不同的领导人。领导生命周期理论认为，最有效的领导风格应随下属的成熟度的变化而改变。随着下属的成长，管理者和下属之间的关系也在改变，管理者要不断调整自己的管理风格。

☞复习思考

1. 领导的作用有哪些?

2. 有个经理说:"什么是领导?下午5点下班时工作尚未完成,你能让员工将工作完成后再下班,这就是领导。"他的话有几分道理?

3. 管理方格理论中所描述的五种代表性的领导行为方式是什么?

4. 领导生命周期理论的四个象限分别代表什么样的领导方式?

5. 假如你是经理,你会发现,上级对你的要求与下级对你的要求是不同的。采取什么样的领导方式只能满足某一方的要求?采取什么样的领导方式能够同时满足双方的要求?

6. 如何理解"领导要做领导的事"?结合实际谈谈自己的认识。

☞本章案例一

何享健:美的,唯一不变的就是变

一、从"丑小鸭"到白天鹅,五千元小厂变成百亿元"粤美的"

有人说,老板的性格常常能决定企业的性格,这可以从何享健身上得到印证。何享健人如其名,给人的印象是稳健务实而豁达开朗,这一性格也慢慢融入企业,成为美的的性格。然而,何享健在稳健背后,却没有停止过变革,他对美的进行了一次又一次可以称为影响命运的大调整,幸运的是,每一次大刀阔斧的调整,何享健收获的都是成功和喜悦。

一位顺德土生土长的企业家,叱咤中国商海30多年,是如何将美的从一个街道小厂发展成资产上百亿元的大型家电企业集团的呢?何享健称,美的的成功在于敢于变革,自己唯一不变的特点就是在不断地创新求变。

1968年,何享健带领23位村民集资5000元,在广东顺德创办了一家街道小厂,生产药用玻璃瓶和发电机的小配件。在走南闯北10多年后,20世纪80年代初,何享健的小厂生产出第一台"美的"风扇。

1992年,顺德悄然进行股份制改革试验,当时的美的规模还非常小,何享健凭借自己20多年的商海经验,意识到股份制改造将是美的脱胎换骨大发展的良机。于是,他主动提出要进行股份制试点。这在当时是要冒很大风险的,因为股份制在中国前途怎样谁也不知道,一个乡镇企业搞股份制,能否成功谁也难以预料。

但事实证明何享健的眼光是正确的。由于改制起步早，美的成为中国第一家上市的乡镇企业，并累计从证券市场上获得十多亿元的资金，使美的从一个乡镇企业变成一家规范化的公众企业。

二、推行事业部制，大胆放权

改制的成功使美的飞速成长，美的空调在全国销售的排名排到了第三位。然而到了1996年，何享健遇到了前所未有的难题，美的经营业绩首次出现大幅下滑。面对严峻的形势，何享健又开始了变化："必须要变，不变就是死路一条。"他在公司内部提出了背水一战的号召。美的的问题何在？在经过反复分析后，何享健认定问题出在管理上。当时，美的实行直线式组织结构管理，总裁既抓销售又抓生产，顾及公司所有产品。但此时的美的已不再是个小小的电扇厂，而是拥有空调、风扇、电饭煲等五大类1000多种产品的大企业。各个产品的特点不一样，客户群也不尽相同，销售人员在一个区域中负责多项产品的推广，眉毛胡子一把抓，哪个也抓不好。

何享健从日本松下那里发现了一种新的管理体制，这就是事业部制。这种管理制度是按照企业所经营的事业，按产品（市场）等来划分部门，建立若干事业部。事业部拥有相当的经营自主权，对产品设计、生产制造及销售活动负有统一领导的职能。实际上就是给下面放权，让其自主经营。

1997年，美的空调事业部、风扇事业部先后成立。各事业部设立了市场、计划、服务、财务、经营管理等五大模块，形成了以市场为导向的组织架构。事业部制的建立使美的集团总部从日常管理中摆脱了出来，主要精力集中在总体战略决策、人事以及市场协调等方面。

事业部制改造的成效第二年就显现出来。1998年，美的空调产销100多万台，增长80%；风扇产销1000多万台，高居全球销量榜首；电饭煲产销也稳坐行业头把交椅。

成立了事业部，企业大部分权力下放，作为企业一把手会不会感到失落？何享健坦然地说："集权有道，分权有序，授权有章，用权有度。"这是他对企业放权的总结，企业在集中关键权力的同时，要有程序、有步骤地考虑放权。对于授权给什么人、这个人具体拥有什么权力、操作范围有多大、流程是什么样的，都应该有章可循。这种对于权力的制衡既能防止权力过度集中，又可杜绝放权后的权力滥用和失控。放权后，何享健每年有很大一部分时间在国外考察，他说他现在的职责就是"推开窗口看世界"。

三、顺利进行管理层收购，产权明晰，机制增活力

在中国企业的MBO案例中，何享健操作的美的MBO成了一个经典。

事业部改革的成功使何享健深受启发："企业机制的弱化、退化，比1亿元投资失误更致命。”何享健明白，制约美的更快发展的还有一个重要因素，那就是企业的产权问题。他向记者表示，曾有段时间，企业的产权问题一直是自己的一个“心病”，要花很多心思去研究如何让政府平稳地从企业退出，而不伤及美的的筋脉。

1999年，何享健开始筹备进行MBO，也就是管理层收购。2000年初，美的集团管理层和工会共同出资组建的美托投资公司成立。2001年1月，代表政府的第一大股东顺德市美的控股有限公司，将其所持的3000多万美的国有法人股分两次转让给美托公司。股份转让后，政府控股的公司退居为“粤美的”第三大股东，美托公司成为第一大法人股东。

美托公司的股份大部分由美的的20多位管理层持有，其余20%的股份为工会持有，主要用于将来符合条件的人新持或增持。何享健说，通过MBO，政府退出来，而公司管理层成为公司第一大股东控制了公司，这对实现股份公司的公司化运作很有好处，同时经理层的激励机制问题也迎刃而解。

美的在MBO过程中，政府、企业、管理层各方都受益，产权改革也加快了公司内部的体制改革。美的成为国内第一个实现了比较彻底的产权改革的上市公司，也为其他企业提供了可资借鉴的经验。

四、精简机构，增强调控，成功根治“大企业病”

美的经过多年的高速增长，规模不断增大，和国内外其他大企业一样，患上了一种“大企业病”，主要表现在过分地追求规模、机构臃肿、效率下降、管理不到位等。

从2000年下半年开始，何享健提出要转变美的的经营模式，以利润最大化、投资创造最大价值为根本目标。为根除“大企业病”，何享健在集团内发动员工查找身边的“病症”。经过充分查找病源后，何享健提出要主动进行四个调整，包括管理结构调整、经营结构调整、市场结构调整和区域结构调整。他认为美的不能无限地扩大，而要有目的、有步骤、有方向地扩大。不能过分追求增长率、市场占有率和市场排位，要追求盈利。

对于管理结构，何享健进行了一场机构大整合，将美的股份公司本部精简为行政管理部、财务部、投资企划部、法务审计部和市场部五块，股份公司本部的人员精简至120人，减少了40多人。在职能部门中，只保留总裁、业务部长、业务经理、办事员这几个层次。

在经营模式上，何享健提出两条具体的调整措施。第一条措施是控制预算。何享健要求每个单位都严格、科学地制订好财务预算，严格审核，以预算来作为企业约束的手段。在制订好预算后，对企业高层管理者的考核指标也相应出台，有三个硬考核指标，一是利润，二是销售规模增长，三是费用控制。

这些都是对职业经理人的评价标准。第二条措施是控制好项目投放，对新上项目严格考核，保证不失败一个项目，不允许一个产品亏本，尤其不能跟风，一哄而上。

五、对大小家电实行分治，大刀阔斧调整结构

从事业部的改革开始，何享健就没有停止过对美的的拆分，实际上也就是不断地进行分权。他认为，企业扩大后，经营的产品上千种，都用同一种模式去销售不行，一定要有专业化分工，对不同产品的客户要用不同的营销方法。那次，他把美的拆分成了六个事业部。

2002 年 6 月，何享健又舞起拆分的大刀，将美的家庭电器事业部一拆为四，组建起电饭煲、微波炉、电风扇和饮水机事业部，美的事业部数目增至九个。原来家庭电器事业部有 1000 多人，分拆后四个新事业部的人员一共只有 800 多人。

美的的电饭煲、电风扇、饮水机等小家电在全国排名数一数二，按道理应该继续巩固其龙头地位，何享健为何此时却要将其拆散？他说，从来没有一种体制或运行模式是一成不变的，美的就是在不断调整、不断拆分中成长的。近年，美的小家电业务增长放慢，经过核算，发现按原来模式运营，要支撑盈利很困难，因为家庭电器事业部太大了，没能细分市场。这次拆分实际上是美的事业部制改革的延续，是美的又一次经营模式的变革。

2003 年 7 月，根据企业发展的需要，何享健又将原厨具事业部与日用电器公司整合，组建了厨具公司、日用电器公司和热水器公司。同时，何享健提出在股份公司按照大小分治的原则，对企业结构再次进行较大幅度调整，将公司分为大家电和小家电两大部分。据悉，这是美的在为迈向多元化、国际化做准备。何享健认为，此次将大小家电“分治”，目的在于最大限度地挖掘市场潜力，为进军其他大家电领域创造条件，同时推动企业向国际化方向发展。

当调查者问及美的管理人员对频繁的分拆和调整的感受时，他们都很平静地反映，美的每年都在进行大大小小的改革，变动才是正常的。据介绍，分拆整合之后，美的的产业结构更加清晰，对市场的反应更为迅速，产品更加贴近市场。同时，分拆后，各事业部效益都有了较明显的增长，这也许是何享健迷上分权的一个原因吧。

六、发挥家电制造优势，追求多元化发展

2003 年对何享健来说，又是一个重要的转折年。何享健面对市场形势的变化，经过反复分析和权衡，毅然跨出了重要的多元化步伐：进入汽车行业。

8 月 26 日，美的正式入主云南客车。10 月下旬，美的又在深圳签约收购湖南三湘客车。与此同时，美的在长沙市雨花区新建长沙美的汽车工业园，以此作为新的客车生产基地。

何享健说，美的在过去三十多年中的发展一直很务实，没有出现过大的失误，今后也将按照这个路子，切入汽车等行业多元化发展。经过多年的发展，美的家电制造业已经有相当基础，无论在资金、技术上，还是管理上，都有了一定的积累。同时，中国经济的发展势头看好，国内需求将持续旺盛，国外大财团纷纷前来中国采购。在这个难得的时机，美的的多元化发展，介入新领域，也是务实的表现。

美的介入新产业，原则是要与制造业的基础相结合，突出自身优势，减小切入风险。家电业和汽车业都是制造业，并且都是规模型生产行业，尤其在经营管理方面，两个行业有很多内在联系。与家电业相比，汽车业存在着较稳定的利润空间，今后有着庞大的需求，美的必须搭上进入汽车领域的末班车。但这些新业务的切入不会影响美的的强项家电制造业，美的将在资源、组织、人才等方面，保证家电制造业的可持续发展，只有在这个前提下，美的才会切入新领域，发展新产业。

何享健谈到，美的一直在对产品和产业配套进行调整，变是适应市场的体现，自己在10多年前就提过，不变就是死路一条，只有不断变革才有生存空间。

也许正如他自己所说，美的，唯一不变的就是变。

（案例来源：美的集团网 http：//www.midea.com.cn/zh/app/home/index.htm。）

案例思考

1. 何享健是如何运用领导的权力的？
2. 全面评价何享健的领导方式，你认为他成功的原因何在？

☞本章案例二

选举风波

齐山市帐篷厂拥有600多名职工，连续三年利润超千万元。从初创的艰难起步，到现在达到并保持了同行业中的领先水平，这一成绩主要应归功于副厂长兼党委书记王展志的努力，因为厂长身体长期不佳，基本上不管事。

王展志现年50岁，年富力强，在轻工行业工作了20多年，在领导和同事中间留下了踏实肯干的印象。1998年初，他被调任为齐山市帐篷厂副厂长，实际上挑起了负责全厂的重任。上任之初，他狠抓产品质量，勇创品牌，很快就打开了局面。在国有企业普遍不景气的情况下，他意识到设备落后是工厂发展的最大障碍，遂四处筹集资金2000万元，准备引进新的生产设备。与此同时，他还采取措施完善职工的生产、生活设施，改善职工的劳动条件。

2003年初，厂长去世。主管单位齐山市轻工总公司认为帐篷厂的基础较好，王厂长又在企业界影响较大，决定在帐篷厂试点民选厂长。经过征询厂领导的意见，并在车间和班组进行摸底之后，总公司又特地选择了一位声望一般的工会主席和另一名副厂长作为“陪选”的候选人。这天，总公司领导信心十足，邀请了同行业准备试点的企业进行观摩，还通知几家新闻媒体进行采访，以扩大试点影响。

进行完竞选演说之后，王展志的心情是舒坦而平静的。对这次选举他十分有把握，以为这是板上钉钉的，在场的总公司领导也满意地和他握手致意。

然而，宣布民主投票的结果时，却是如此出人意料：560名职工参加投票，3名候选人均不足50票，其余均为投外国明星、国内名人的废票。竞选委员会宣布本次投票暂停。事后了解得知，青年职工几乎全是弃权或乱投。

是王厂长真的不胜任工作，还是职工中有其他的选择？总公司领导高度重视这个情况。第二天下午，总公司党委书记张得胜同公司的几位干部一起前往帐篷厂。

王展志受到的打击是沉重的，他准备写辞职报告。车间的工作基本上都停了，轮班的工人坐着小声议论；一些女工则干脆拿出了毛线织毛衣；工人都在等这件事的最终结果。张得胜等人去职工宿舍打牌，边打边与轮休的工人聊天，很快事情的脉络就比较清楚了。

青年职工说，王厂长的确不容易，每天总是最早到厂，最迟离开，真正是一心扑在事业上，把厂子当做自己的家。但他工作方法简单，态度生硬，主观武断，碰到员工有错误的地方就大发脾气。他一天到晚都在忙着厂务，从不与下属沟通，不去了解员工的需要，职工们虽然也知道王厂长是一心为了厂子，但在情感上很难与王厂长产生共鸣。有些职工由于受过王厂长的过火批评，意见很大，经常背地里发牢骚。然而由于中层干部基本上都是由王厂长亲自提拔的，他们对王厂长相当敬畏，所以员工的意见很难通过中层干部到达王厂长的桌面上。而总公司由于帐篷厂效益独树一帜，从各方面都相当支持王厂长，另外，王厂长由基层干到高层，对管理工厂很有自己的一套，各种规章制度、计划组织都严格而合理，职工的牢骚只能在私下场合引起喝彩，他们不敢进行消极怠工。这次选举给了职工一个绝好的发表意见的机会，他们希望以此引起总公司的关注，并希望能换一个工作作风不一样的厂长。

张得胜认为这样一个勤勤恳恳的优秀厂长，却得到这样的评价，在当前的形势下，这样的同志已不适合再当厂长。经过研究，初步定下将其平调到总公司担任行政职务。

案例思考

1. 你如何评价王展志的领导作风?
2. 为什么王展志会在干部与职工中得到两种截然不同的评价?
3. 如果你是王展志，并继续担任厂长，你会采取什么样的行动?

第十二章 激 励

学习目的与要求：通过本章学习，读者应了解人性假设的几种主要理论，影响激励行为的各种因素，激励的过程及这一过程的复杂性；理解古典学派对激励的看法；掌握需要层次理论、双因素理论、三种需要理论、期望理论、公平理论和强化理论；熟悉几种主要的激励方法。

本章主要讨论影响激励行为的几项主要因素，讨论激励的过程及其复杂性，介绍有关人性假设的几种主要理论，介绍古典学派和行为学派的几种主要的激励理论，并讨论一些重要的激励方法。

第一节 激励概述

激励是发掘人的潜能的重要途径。哈佛大学教授威廉·詹姆斯发现，按时计酬的职工一般仅发挥20%～30%的能力，即可保持住职业而不被解雇。如果受到充分的激励，则职工的能力可发挥到80%～90%。这其中50%～60%的差距，是激励的作用所致。可见，人的潜能是一个储量巨大的“人力资源库”。因此，使每位员工始终处于良好的激励环境中，是管理者所追求的理想状态。

一、激励的概念

激励就是持续地激发人的行为动机，使其心理过程始终保持在激奋状态之中，维持一种高昂的热情。在管理中，激励通常指调动人的积极性。

美国管理学家罗宾斯把动机定义为个体通过高水平的努力而实现组织目标的愿望，而这种努力又能满足个体的某些需要。一般而言，动机是指诱发、活跃、推动并指导和引导行为指向一定目标的心理过程。

因此，无论是激励还是动机，都包含三个关键因素：努力、组织目标和需要。

二、激励模式

人的行为是由一系列的活动构成的，对激励的研究是为了了解人类行为的原因。一个人在某一个时候会产生些什么活动，以及为什么会产生这些活动。如果能够了解到人类行为的原因，就有可能把人们的活动引向所希望的方向。

（一）激励过程的简单模式

心理学家认为，人的行为通常是由某种动机引起的，而人类有目的的行为的动机都是出于对某种需要的追求。动机的根源是人内心的紧张感，这种紧张感是因人的一项或多项重要需求没有得到满足而引起的。动机驱使人们向满足需求的目标前进，以消除或减轻内心的紧张感。

由图 12-1 我们可以看出，激励过程实际上是一个由需要开始，到需要得到满足为止的连锁反应过程。首先是感觉到有需要，由此产生要求（即要达到的目标），引起紧张感（即未满足的欲望），于是进行行动以达到目标，最后是要求得到了满足。

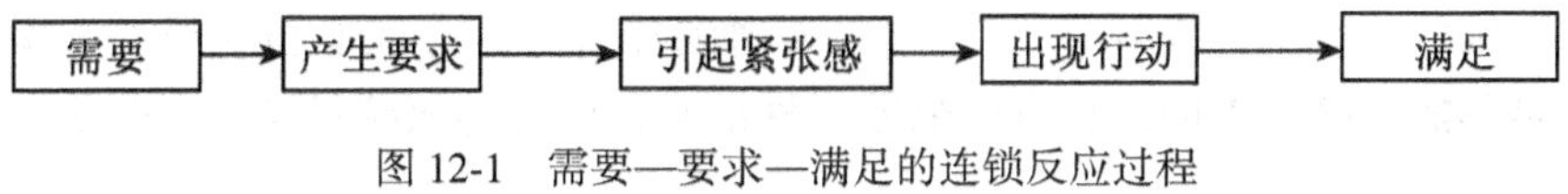

图 12-1 需要—要求—满足的连锁反应过程

这是激励过程的简单模式。实际上，激励是一个非常复杂的过程。

（二）激励过程的复杂性

（1）人的需要并不全是生理上的需要，有些需要是基本的需要，如水、食物、空气、睡眠等生理需要，其他的需要则是第二位的，如自尊、地位、归属、成就、交往和自信等。

我们经常可以看到，许多生理需要是受环境因素的刺激而产生的。例如，闻到食物的香味可能引起食欲，看到冷饮冒出的凉气可能引起口渴。环境对第二位需要的知觉也有着重要影响。例如，同事的晋升可能激发我们提升的愿望，棘手的难题可能激发我们解决问题的成就欲望。

（2）需要引起行为，但行为也可能引起需要。满足了一个需要，可能引起满足更多需要的愿望。例如，一个人追求对成就的需要，可能在他所追求的阶段目标实现之后变得更强烈。

（3）从激励与行为的关系来看，激励是引发行为的原因，但激励（或动机）并不是行为结果的唯一解释因素。事实上，激励与人的个性和心理过程是相互作用、彼此影响的。客观环境、社会规范等也会影响人的行为。此外，激励与知觉、个性等心理过程一样，是不可见的，可见的只有人的行为。换句话说，激励只能依据人的行为来推断，而无法实际观察到。我们实际观察到的只能是动机的行为表现。因此，我们只能依据对行为的观察来推断它所对应的动机和需求。依据观察到的行为去推论一个人的动机是困难的，这是因为：

①相同的行为可能来自不同的动机；

②不同的行为可能反映相同的动机；

③动机可能以伪装的形式出现；

④一个简单的行为可能具有多个动机；

⑤不同文化之间或同一文化不同个人之间的差异的影响。

（4）人们在力求满足需求时，并非每次都能成功，很多时候是达不到目标的。在需求得不到满足、目标没有达到的情况下，人的行为又会怎样呢？心理学家认为，当人的需求得不到满足时，就会产生挫折感。挫折是指人们在通向目标的道路上遇到的障碍。

对挫折的反应是因人而异的。当一个人满足需求的努力受到挫折时，他可能会采取一种积极适应的态度，也可能会采取一种消极防范的态度（如撤退、攻击、取代、补偿、投射等）。总之，人遇到挫折时，心理上和生理上的紧张状态是不能持续下去的，自身会采取某种措施，以缓解或减轻这种紧张状态。

三、影响激励行为的因素

了解组织中的人的行为是进行激励的前提。概括地说，影响激励行为的因素主要有以下几项：

（一）认知因素

每个人都是根据感官传送来的刺激而作出反应与行动的，但如何认知这些刺激，要视过去的经验与现在的需求和价值观而定。换句话说，人的行为并非仅仅由实际存在的外界刺激所激发，也是由人对这些刺激的认知所激发，而人的认知又常常被过去的经验、价值观、环境和需求所曲解。这就是说，一个人所认知到的未必就是事物的本来面目，人的认知会因许多不同因素的影响而失真。

这些因素包括：

第一，人们认知的事或物本身。特性鲜明的事物比一般平凡事物更容易受到注意。

第二，认知者的性格和倾向性。一个人可能受到某个事物给自己初次印象的影响，也可能把自己的失误投射给别人。

第三，物质环境和社会环境的影响。例如，当众批评与私下批评，被批评者会有不同的认知。

（二）个人因素

在个人因素中，最重要的一个差异是每个人的个性差异。组织成员彼此在智力、能力及个性等方面均存在差异。显然，对于在许多方面存在着显著差异的每个人，对激励的反应都是不同的。

1. 个性差异

（1）需求差异。

激励的强度取决于每个人的需求，而需求的强度又由于各个人的个性不同而不同。例如，有些人有强烈的尊重需要，而有些人则对安全需要特别强烈。

各个人的不同需要强度又会影响其抱负的大小。例如，某个人在组织中达不到一定的权力地位可能就不满足，而另一个人可能只要达到中层管理地位就很满足了。即使每个人都有相同的需要，各人为了达到需要的满足而采取的行为也会因个性差异而不同。例如，某个人可能通过在工作上得到上级的表扬来满足尊重的需要，而另一个人可能通过成为受人尊敬的某个团体的成员来满足相同的需要。

（2）自我观念。

自我观念是一个人对自身的基本评价，是一个人对自己是个什么样的人以及自己能做什么样的事情的自我看法。例如，有些人自认为很能干，有些人自认为很有本事。一个人的自我观念未必一定正确或符合事实。但这无关紧要，重要的是一个人的自我观念对他在工作上如何表现有着重大的影响。当一个人认定“我是个什么样的人”或“我能做什么样的事”之后，会不断修正自己的行为，以符合他所认定的那种人的行为。所以，管理者应了解，每个人都是一个独一无二的个体，每个人都希望别人用一种符合于他的自我观念的方式看待他，每个人都希望自己对其他人很重要。

此外，个人在价值观、信仰、经验和兴趣等方面的差异也同样会影响到激励作用的发挥。例如，一个人在衡量自己能否实现某个目标时，过去成功或失败的经验会使他对于自己实现目标的能力产生乐观或悲观的看法。这种差异自然会使许多激励措施产生不同的反应。

2. 能力

能力是影响一个人行为的另一个重要的个人因素。这是因为，一个人的绩效是他的能力和动机的函数，即：

$$绩效 = 能力 \times 动机$$

缺少其中任何一项都不能取得成功。换言之，如果一个人没有做事的本领，即使具有最好的动机也无法胜任工作。相反，如果没有受到激励，即使是最能干的人也不会有令人满意的绩效。

（三）群体因素

组织中的成员并不是以独立的个体发挥作用的，而是以集体一员的身份来工作的。这些群体会影响群体成员的认知作用和行为。有些群体是正式的，是由组织正式建立的；有些群体是非正式的，是由一些相互之间友好的成员组成的。但无论是正式的还是非正式的，群体必然会发展出共同的情趣、态度和规范。这些情趣、态度和规范就会影响群体成员的行为。

每个群体各自会形成一些规范，要求其成员的行为符合这些规范的规定。如果某个成员的行为偏离规范的要求，群体就会施加压力使之遵守。群体规范好比一把双刃利剑，在有些情况下起积极作用，如某个人上班经常迟到，他就会受到群体其他成员的告诫。但在另一些情况下可能会起相反的不良作用，如群体的压力可能会限制受到高度激励的成员提高产量，使这些成员不能发挥自己的能力。

第二节　人性假设理论

管理首先要处理的是管理者如何看待自己与其他人的关系这个根本问题，这就必然会涉及如何认识人的本性的问题。被领导者的特性和心理需求决定了领导者应该采取的领导行为。事实上，每个领导者都有一套他对人的本性的假设，这些假设引导他决定应采用的领导行为。管理者的领导行为是否有效，就要看他对人的本性的假设与现实是否相符。

一、X 理论和 Y 理论

麦格雷戈提出的 X 理论和 Y 理论是许多人都熟知的人性假设理论。麦格雷戈指出，管理必须从主管人员如何看待自己与别人的关系这个根本问题开始，关于人的本性有两种截然相反的假设。他称其中一种为 X 理论，称另一种为 Y 理论。他之所以选两个中性名称，是想避免给人一好一坏的印象。

（一）X 理论假设

麦格雷戈把关于人的本性的传统假设概括为 X 理论。该理论的假设如下：

（1）一般的人，天性就是好逸恶劳的，因此只要有可能，就会设法逃避工作；

（2）由于人的这种厌恶工作的特性，对绝大多数人必须通过强迫、控制、指挥并用惩罚性相威胁，才能使他们作出足够的努力来实现组织目标；

(3) 一般的人，宁愿受人指导，希望避免担负责任，胸无大志，只图太平。

(二) Y 理论假设

麦格雷戈把自己对人性的假设概括为 Y 理论。该理论的假设如下：

(1) 人在工作中消耗体力和脑力，正如在游戏或休息时一样自然；

(2) 外力的控制和惩罚的威胁都不是促使人们为组织目标作出努力的唯一手段，人们在为承诺的目标服务时，将会进行自我管理和自我控制；

(3) 承担目标的程度，是与其实现目标后所获得报酬的多少成比例的；

(4) 在适当的条件下，一般的人不但懂得接受任务，而且懂得寻求承担任务；

(5) 在解决组织遇到的问题时，大多数人而不是少数人具有较高的想象力、机智和创造能力；

(6) 在现代的工业化社会的条件下，一般人只是部分地发挥出他们的智慧潜力。

很明显，这两组假设是根本不同的：X 理论是悲观的、静态的和僵化的，控制主要来自外部，也就是上级强迫下级工作。Y 理论则相反，是乐观的、动态的和灵活的，它强调自我控制和自我指导。X 理论与 Y 理论对人的看法是完全不同的，毫无疑问，每一种假设都会影响到管理人员的领导行为。

二、沙因的人性假设理论

美国管理学家沙因综合了梅奥的人际关系学说，麦格雷戈的 X、Y 理论和马斯洛的需要层次理论，加上他本人的看法，提出了以下四种关于人的本性的假设：

1. 理性经济人

该假设认为，人的行为是在追求他本身最大的利益。因此，组织成员工作的动机，只是为了获得金钱报酬，人工作的动力主要来自经济上的各种刺激。所以，这种假设认为人基本上是被动的，而且受到组织操纵、推动和控制。这种假设和麦格雷戈的 X 理论很相似。

2. 社会人

这是根据梅奥关于人基本上是受社会需求所激励的思想提出的假设。该假设认为，人的最大动机是社会需求。只有在上级能满足下属的社会需求时，下属才会对管理有所反应。社会需求的满足比经济上的物质刺激更能激励人。

3. 自我实现人

这是根据马斯洛的需要层次理论提出的假设。该假设认为，人的动力来自五个自下而上的需要等级层次。人具有多种不同层次的需要，当低层次需要获得满足后，人便会追求较高层次的需要，以求达到自我实现的最终目的。人是自我推动的，外来的控制和惩罚等威胁反而会造成不良的后果，人的自我实现倾向与组织所要求的行为并没有冲突。

4. 复杂人

这是沙因自己对人的本性的看法。他的基本假设是：每个人有不同的需求和潜力，不但是复杂的，而且是多变的；人在不同的组织或不同的部门，会引发不同的动机和行为表现；人能够学到新动机，也能够对不同的管理策略作出反应。

第三节　激 励 理 论

有关激励的理论可以分为需要理论和认知过程理论两大类。

人有各种不同的需要，需要理论的目的就是要了解和分析可以激励人们工作的各种需要。著名的需要理论有马斯洛的需要层次论、赫茨伯格的双因素理论和麦克莱兰的成就需要理论等。

当人们面对同样的工作报酬或满足需要的机会时，他们的反应是不同的。认知过程理论就是研究人们怎样分析各种报酬和满足需要的机会，以及他们怎样决定花多大的精力在工作上。这方面著名的理论有弗鲁姆的期望理论、亚当斯的公平理论和斯金纳的强化理论等。

不过，在介绍上述理论之前，我们先要讨论古典学派对激励的观点。

一、古典学派的激励理论

有人将古典学派对激励的看法形象地概括为“胡萝卜加大棒”。这是指运用奖励和惩罚两种方法诱导人的行为。这种说法来源于一则流传很久的故事，大意是：驱使毛驴前进的最好办法就是，要么在它前面挂一根胡萝卜，要么拿一根大棒在后面赶它。

古典学派的激励学说是从泰勒倡导的科学管理原理中演绎而来的。泰勒发现，即使使用工具，工人的产量还是远远低于他们有能力完成的量。工人出身的泰勒对这个问题的解决颇有信心，他的思考方式极为简单：如果一位能力很强的人在提高产量后，发现他所获得的报酬与那些劳动效率比他低的人一样多时，他会立刻失去继续高效率工作的意愿。所以，解决问题的方法，就是使工人的报酬与他们的产量挂钩。实现这一想法的困难在于，没有人能够确切了解一个工人工作一天的合理产量。为了建立生产标准，泰勒将一件工作分解成若干基本动作，用秒表测量工人完成任务所需要的时间，用这样的办法制定出测量绩效的标准。泰勒的办法是大幅度提高高生产力工人的报酬。他规定，计件生产时，如果工人能够超过产量标准，全部产品都按高报酬率计酬；如果不能完成产量标准，全部产品则按低报酬率计酬。在前一种情况下，工人实际得到的报酬比按正常报酬率计算要多（胡萝卜），后一种情况下则要少（大棒）。

古典学派激励学说依据的前提是：只有钱才是激励的有效手段。根据经济人假设，首先，人类的选择是理性的；其次，在组织目标（追求高生产力和效率）与个人目标之间并不存在真正的利益冲突。由此不难得出结论：如果对生产力的报酬能够充足地给付时，工人必将选择高生产力作为其获得高报酬的手段。

需要激励理论与泰勒将金钱视为基本激励因素的观点相反。该理论主张，激励人们从事工作最要紧的动力是满足其所追求的需要。人的需要很多，而且层次分明，金钱只能满足其中极少数的需要。

二、马斯洛的需要层次论

美国心理学家马斯洛提出的需要层次理论是流传最广、争议也最大的激励理论之一。马斯洛的需要层次理论有两个基本论点：首先，人是有需要的动物，其需要取决于他已经得到了什么，还缺少什么，只有尚未满足的需要能够影响行为，也就是说，已经得到满足的需要不再能起激励作用；其次，人的需要呈等级层次状态，是由低到高逐级上升的，只有在低层次的需要被逐渐实现以后，高层次的需要才会出现而寻求满足。

马斯洛将需要划分为五级，依次是：生理需要、安全需要、归属需要、尊重需要和自我实现需要。其结构如图 12-2 所示。

（一）生理需要

马斯洛认为，人是一种有需要的动物，当一种需要获得满足之后，另一种需要紧随而至，这是一个永无休止的过程。人从出生到死亡，其需要没有止境。人们努力地工作再工作，奋斗再奋斗，都是追求其需要的满足。人的需要以各需要层次的重要性区分形成一系列的层次。最低层的需要是生理需要。这是人类最基本的需要，如果得不到满足，人类就难以生存。这类需要包括吃饭、穿衣、居住、睡眠等。在满足这类需要时若遇到挫折，该需要会具有无比的重要性。

马斯洛认为，在生理需要没有满足到足以维持生命以前，其他需要起不到激励人的作用。当一个人缺乏面包时，他只是为面包而努力。除非是处在特殊环境，果腹的问题没有解决之前，爱情、地位、自尊等需要对他无任何作用。

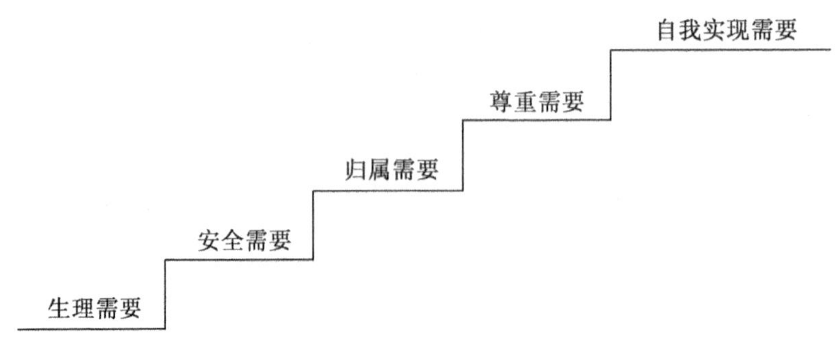

图 12-2　马斯洛的需要层次

然而，如果他酒足饭饱，那么饥饿对他就不再有任何重要性了。其他生理需要，如休息、睡眠等也是如此。对于一个人来说，一个已经满足的需要就不再成为激励因素了。试想你对空气的需要，除非你被剥夺了自由呼吸的机会，否则对你的行为而言，空气虽然是不可缺少的，却没有任何激励作用。

（二）安全需要

马斯洛认为，当生理需要获得合理解决时，下一个层次的需要——安全的需要，就开始影响一个人的行为，激励着他去采取行动。安全需要是保护自己免受身体和情感伤害的需要，包括人身的安全、财产的安全和职业的稳定等方面的需要。人身安全的需要是指要求人身免受伤害，如避免疾病和工伤事故等。财产安全的需要是指要求避免财产的损失。职业稳定的需要是指免受失业的威胁。

在企业中，影响雇员安全需要的重要因素包括：上级专制的领导行为、有失公正的有差别的待遇、对管理当局改变政策的忧虑、对是否被继续雇用的担心等。

（三）归属需要

当一个人的安全需要得到满足之后，他就不再担心物质幸福了。这时候，归属或认可的需要就成为影响他行为的主要的激励因素。归属或认可需要的范围十分广泛，如希望朋友之间、同事之间关系融洽或保持友谊和忠诚的良好关系，希望得到他人的友情或爱情，希望成为某一团体的一员并相互照顾和关心。

（四）尊重需要

马斯洛认为，人一旦满足了归属的需要，一般就会要求自尊和被别人所尊重。尊重需要是指自尊和名誉方面的需要。与自尊有关的需要是内在的，包括对自信、独立、成就、信心、知识等的需要。与名誉有关的需要是外在的，包括对地位、认可、赞赏、尊重等的需要。

与低层次的需要不同，尊重需要很少能获得真正的满足。一个人一旦感到这些需要对他极为重要时，他便会孜孜不休地去追求更多的满足。尊重需要并非在任何情况下都会出现，只有在生理需要、安全需要和归属需要获得相当程度的满足之后，尊重需要才会出现。

（五）自我实现需要

这是需要层次中最高的一种需要，指的是把一个人的能力发挥到极限，即最大限度地发挥个人的潜能并有所成就。这是实现个人的理想和抱负的需要。例如，要求发挥自己的潜在能力，要求最大限度地自我发展和自我表现等。马斯洛认为，组织提供给雇员满足自我实现需要的机会十分有限，使得人的这种潜在的需要处于冬眠状态，难有充分表现的机会。自我实现需要之所以被剥夺，是因为其他低层次的需要尚未获得满足，不得不全力以赴去争取。

马斯洛承认，人类寻求各种需要满足的顺序有时也会有所改变。为了追求高层次的需要，一个人可能会放弃最基本的生理需要的满足。例如，科学家往往会废寝忘食地从事一项科学实验。

许多人对马斯洛的需要层次理论进行了研究。劳勒（E. Lawler）和萨特尔（J. Suttle）对收集来的两个企业 187 名管理人员的数据进行分析发现，找不出支持马斯洛需要层次理论的任何证据。但他们发现，人的需要只有两个层次，即生物的需要和其他需要，而且只有在生物的需要得到适当的满足以后，其他需要才会出现。他们还发现，在较高层次的需要里，个人需要的迫切程度因人而异，有些人的社会需要特别突出，有些人则是自我实现的需要最强烈。

对马斯洛需要层次理论的实证研究，确实引起了人们对其准确性的质疑，但他所指出的各种需要还是有用的。管理者可以通过提供下属未能满足的需要，达到激发下属工作意愿的目的。表 12-1 列举出在组织中可用来满足各层次需要的方法。

表 12-1 **马斯洛需要层次理论在组织中的应用**

需要层次	应 用
自我实现的需要	富有挑战性的工作、工作的自主权、决策权
尊重的需要	职衔、优越的办公条件、当众受到称赞
归属的需要	上司的关怀、友善的同事、联谊小组
安全的需要	工作保障、退休保障、福利保障
生理的需要	足够的薪金、舒适的工作环境、适度的工作时间

三、赫茨伯格的双因素理论

赫茨伯格（Herzberg）围绕着马斯洛的理论对需要进行了研究，并调查了美国匹兹堡地区 200 位工程师和会计师，提出了有名的双因素理论。

赫茨伯格发现，使人感到不满意的因素主要是和工作环境有关的一些因素，如个人生活、薪金、职业安定、工作条件、监督、公司政策与行政管理、人际关系、地位等；使人感到满意的因素主要是和工作内容有关的一些因素，如赏识、晋升、负有责任、工作中的成长、成就、挑战性的工作等。赫茨伯格还发现，满意的对立面并不是不满意，消除了工作中的不满意因素，并不能使工作结果令人满意。赫茨伯格提出，满意的对立面是没有满意，而不是不满意；不满意的对立面是没有不满意，而不是满意。

赫茨伯格分析道，前一类引起不满意的因素只能成为“不满因素”而不能成为激励因素。换言之，如果这类因素获得满足，就不会引起不满，但不能产生满意，因此不能激励人；但如果缺少了，则会引起不满。赫茨伯格将这一类因素称为保健因素。

赫茨伯格将后一类引起满意的因素称为激励因素，认为只有这类因素才有产生满意感的潜在能力，因此才是真正的激励因素。赫茨伯格建议，管理人员应先向职工提供保健因素，消除职工的不满，然后再向他们提供激励因素，增加他们对工作的满意感。在缺少保健因素的情况下，激励因素的作用也不会很大。

赫茨伯格的激励理论与马斯洛的激励理论的比较如图 12-3 所示。赫茨伯格所讲的保健因素相当于马斯洛所讲的低层次的需要（生理需要、安全需要、归属需要和部分尊重需要），激励因素则相当于马斯洛所讲的高层次的需要（大部分尊重需要和全部自我实现需要）。

赫茨伯格的理论在学术界同样存在争议。有些人对他所采用的研究方法提出质疑，认为他提出问题的方式容易使人得出于自己有利的结论。人们喜欢把满意归因于自己，而把不满意归因于客观条件。有人指出，赫茨伯格认为满意度与生产率之间存在一定的关系，但他所使用的研究方法只考察了满意度，没有涉及生产率，两者之间的相关关系需要论证。还有人批评赫茨伯格评价满意度的标准缺乏普遍适用性，一个人可能不喜欢工作的某一部分，但仍会认为这份工作是可以接受的。

尽管存在许多批评，赫茨伯格的理论仍然广为流传，对管理实践产生了不可低估的影响。管理者必须相当重视提高工作满意的因素，才会激发下属工作的意愿。

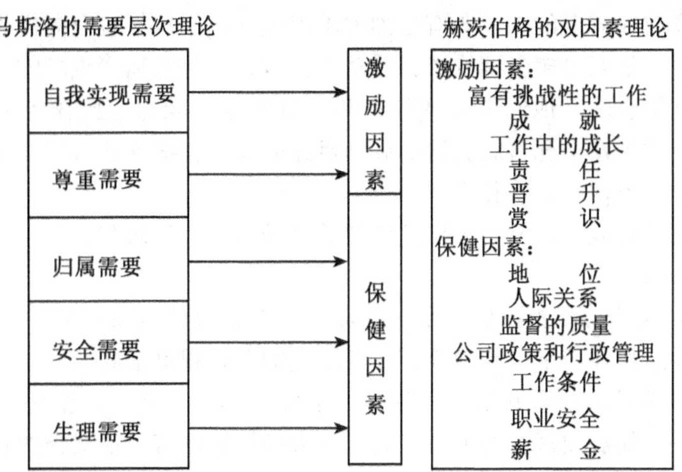

图 12-3 马斯洛的激励理论和赫茨伯格的激励理论的比较

四、麦克莱兰的三种需要理论

戴维·麦克莱兰是美国著名心理学教授，他对马斯洛的需要层次理论的普遍性提出挑战。他认为，人类的许多需要都不是生理性的，而是社会性的。很难从单个人的角度归纳出共通的、与生俱来的心理需要。时代不同，社会不同，文化背景不同，人的需要也就不同。马斯洛的理论过分强调个人的自我意识、内省和内在价值，忽视来自社会的影响，有失偏颇。麦克莱兰还认为，人的社会需求不是先天的，而是后天的，来自于环境、经历和培养教育，特别是在特定行为得到报酬后，会强化该种行为模式，形成需要倾向。通过研究分析，他归纳出了以下三类社会性需要：

（一）权力的需要

麦克莱兰的研究发现，具有高度权力需要的人特别重视影响力的发挥和控制。这种人一般都追求得到领导的职位。他们往往是健谈者，还常常是好议论的。他们性格坚强，敢于发表意见，头脑冷静和敢于要求，而且他们爱教训别人和公开讨论。

（二）归属的需要

有高度归属需要的人通常从受到别人喜爱中得到乐趣，并往往避免社会集体排斥而带来的痛苦。他们既能关心并维持融洽的社会关系，欣赏亲密友好和理解的乐趣，也能随时抚慰和帮助处境困难的人，并且乐意同别人友好交往。

(三) 成就的需要

有高度成就需要的人，既有强烈的求得成功的愿望，也有同样强烈的害怕失败的恐惧。他们希望受到挑战，爱对自己设置一些有适当难度的目标，并对风险采取现实态度。他们更喜欢分析和评价问题，能为完成任务承担个人责任，对自己的工作情况喜欢获得明确而迅速的反馈，喜欢长时间工作，遭到失败也不会过分沮丧，喜欢独当一面。

麦克莱兰对成就需要与工作绩效的关系进行了大量研究，并得出了十分有说服力的推断：

(1) 高成就需要者喜欢能独立负责、可以获得信息反馈和中度冒险的工作环境。在这种环境下，高成就需要者受到的激励程度最高。

(2) 高成就需要者并不一定就是一个优秀的管理者，一个优秀的管理者也未必就是成就需要很高的人，尤其是对大型组织而言。最优秀的管理者是权力需要很高而归属需要很低的人。

(3) 可以通过培训激发员工的成就需要。如果某项工作要求高成就需要者，可以直接选拔高成就需要者，或者通过培训的方式进行培养。

根据麦克莱兰等人的研究，企业家表现出很高的成就需要和相当大的权力需要，但归属需要则十分低。经理人员一般表现出高度的成就需要和权力需要，而归属需要低，但高或低的程度没有企业家那样显著。麦克莱兰发现，小公司的总裁普遍具有非常高的成就需要，而大公司的总裁只有一般的成就需要，但对权力和归属需要的追求往往较为强烈。大公司的中高层管理人员在成就需要方面要高于他们的总裁。麦克莱兰的解释是，总裁已经到达顶峰，而那些下面的人还要拼命往上爬。

成就需要高的人要比那些不高的人上进得更快些。但由于管理工作除了要有成就的动力之外，还需要有其他的动力，所以每个组织应该既有具有相当强烈的成就需要的管理人员，也有具有高度归属需要的管理人员。后一种需要对协调个人活动和与人共事是很重要的。

五、弗鲁姆的期望理论

维克多·弗鲁姆（Victor H. Vroom）认为赫茨伯格的研究方法过分地拘泥于被访者的工作内容和工作关系。他提出了另一种说明激励方法的期望理论。

弗鲁姆的期望理论是从下列两个前提展开的：

第一，人们会主观地决定各种行动所期望的结果的价值，所以，每个人对结果的期望各有偏好；

第二，任何对行为激励的解释，不但要考虑人们所要完成的目标，也要考虑人们为得到偏好的结果所采取的行动。

弗鲁姆说，当一个人在结果难以预料的多个可行方案中进行选择时，他的行为不仅受其对期望效果的偏好影响，也受他认为这些结果可能实现的程度的影响。

如图 12-4 所示，期望模型由三项因素构成：

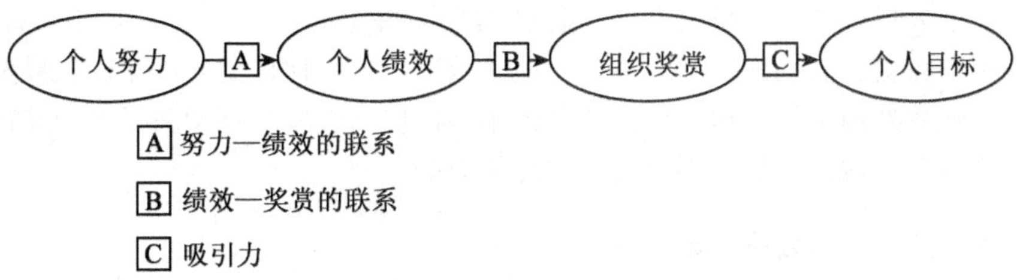

A 努力—绩效的联系

B 绩效—奖赏的联系

C 吸引力

图 12-4 简化的期望模型

资料来源：斯蒂芬·P. 罗宾斯. 管理学（第 4 版）. 北京：中国人民大学出版社，1997：398。

（一）努力—绩效预期

努力—绩效预期是指一个人对自己付出努力后导致一定绩效的预期，它表示努力与绩效之间的关系。弗鲁姆将努力与绩效之间的关系称为期望。按照弗鲁姆的看法，努力与绩效之间的关系取决于个人对目标的期望概率。只有当一个人主观上认为达到目标的期望概率很高时，他的积极性才有可能调动起来。由于工作绩效不单受个人付出的努力的影响，也同时受个人的能力和上级的支持等因素的影响，因此努力与绩效并没有必然的联系。

（二）绩效—结果预期

绩效—结果预期是指个人对达到一定绩效后能否获得预期结果的信任程度。它表示绩效与结果之间的关系。弗鲁姆将绩效与结果之间的关系称为关联性。弗鲁姆认为，人总是期望达到预期的绩效后得到合理的结果（如奖励、报偿等），否则，被诱因激发起来的动力就会逐渐消退。除绩效外，报偿的分配还会受到许多因素的影响，例如，资源是否足够，上司是否公正等。因此，绩效和各种报偿也没有必然的关系。

（三）效价

效价是指预期结果给个人带来的满足或不满足的程度。它表示行动结果对满足个人需要的价值。按照弗鲁姆的假设，一个人在采取某项行动之前，会在内心盘算行动的结果能否给个人带来需要的满足，可能带来的满足有多大。效价代表了一个人对各种预期结果的偏好程度，有些人很重视升职机会，有些人很重视金钱回报。

这些联系看似复杂，其实不难理解。我们可以将其归结为以下三个问题：

（1）如果我付出努力能取得绩效吗？

（2）如果我取得绩效后能得到什么结果吗？

（3）这些结果对我重要吗？

一个人付出的努力是由以上三种因素共同决定的，而且缺一不可。例如，我们用提高报酬的动机去激励一个人提高效率。如果他认为自己无论怎样努力也不可能达到理想的工作效率，或者他不相信提高效率能够增加报酬，又或者他并不看重金钱，那他是不会付出任何努力的。

六、亚当斯的公平理论

一个重要的激励因素是个人对报酬结构是否觉得公平。探讨一个人对所得报酬是否满意的理论称为公平理论。公平理论是由斯达西·亚当斯提出来的。该理论认为，一个人会将自己的投入报酬比值同他认为可以与自己相比的另一个人的投入报酬比值加以比较，比较的结果应该是平衡的。

根据亚当斯的理论，人爱与人比较，并且期望得到公平的待遇。假如比较的结果是不公平的待遇，这种不公平的感觉就会成为一种动力使人改变自己的思想或行为，目的是使比较结果变得较为公平。公平理论指出，人不会只将自己的报酬与别人的报酬进行比较，而是比较双方得到的报酬与付出的贡献的比值。如果发现自己的贡献与报酬的比值与其他人相比不平衡时，就会产生紧张感，这种紧张又会成为他们追求公平的动机。

报酬包括薪酬、晋升机会和各种福利等，其中薪酬是人们最爱用来比较的报酬形式。贡献则包括时间、精神、经验和能力等，但这些因素的重要性在于能提高工作表现，因此工作表现就成为最常用来比较的贡献因素。虽然报酬和贡献在作出公平比较时同时被考虑，但报酬对工作满足感所产生的影响要比贡献大。

公平比较的对象一般是与自己工作性质和级别相当的人，比较对象分为四种情况：一是过去的自己；二是若在其他机构工作的自己；三是在同一机构工作的同事；四是不在同一机构工作的朋友等。

公平比较有三种可能的结果：第一种结果是双方的报酬与贡献的比值相当，个人感到得到公平的待遇；第二种结果是自己的报酬与贡献的比值，比别人的报酬与贡献的比值要高，这也是一种不公平的待遇（自己占了便宜）；第三种结果是自己的报酬与贡献的比值，比别人的报酬与贡献的比值要低，这是另一种不公平的待遇（自己吃亏）。

当感到比较结果不公平的时候，个人会产生不安或不满的感觉，因此会想办法使不公平待遇变得较为公平。办法包括：

(1) 曲解自己或别人的报酬或贡献。有些人会宽慰自己，自己所付出的努力可能没有原来想象的那么大，或者自己的报酬可能更有价值。一个没有得到提升的人也许会想那份工作需承担的责任过重，并非是自己追求的目标。

(2) 采取某种行为使别人的报酬或贡献发生改变。有些人可能试图让他们的同事（比较对象）改变工作行为。例如，劝说那些不如别人努力但和别人拿一样工资的人改进工作表现。

(3) 采取行动改变自己的报酬或贡献。许多人会选择减少花在工作上的时间和精力来减少自己的贡献，以提高报酬与贡献的比值。

(4) 改变比较对象。由于不同的比较对象会造成不同的比较结果，假如自己的报酬与贡献的比值不是比所有人都低，可以在心理上减少不安或不满。

(5) 辞去工作。有些人会通过转换工作来消除不满的情绪。

许多人对公平理论进行了研究。布罗克纳（Brockner）和阿蒂斯特（Adsit）的研究发现，当自己的报酬与贡献的比值比别人低时，不公平的感觉对男性的工作满足感所造成的负面影响比女性大；同样，当自己的报酬与贡献的比值比别人高时，不公平的感觉对提高男性的工作满足感的作用也会比女性大。

迈尔斯（Miles）、哈特非尔德（Hatfiew）和胡斯曼（Huseman）的研究表明，虽然公平理论假定人在任何不公平情况下都会作出相应的行动使比较变得较为公平，但在实际生活中，人往往能接受一定程度的不公平待遇。

拉皮度斯（Lapidus）和皮克顿（Pinkertron）的研究发现，不公平的现象对员工的影响会因为报酬的高低而有所不同。高报酬会使人感到较为公平，而且无论是否公平，高报酬对员工的行为都有正面的影响。当员工发觉自己的报酬与贡献的比值比别人低时，只有在低报酬的情况下才会感到愤慨。同样，当自己的报酬与贡献的比值比别人高时，只有在高报酬的情况下才会感到不安。

七、斯金纳的强化理论

强化理论是由美国心理学家斯金纳（B. F. Skinner）提出来的，强化理论认为人的行为是由外部因素的刺激引起的。

斯金纳认为，个体对外部事件或情景（刺激）所采取的行为或反应，取决于特定行为的结果。当行为的结果对他有利时，这种行为会重复出现；当行为结果不利时，个体可能会改变自己的行为避免这种结果。

用强化理论来改变人的行为的过程称为行为修正。强化理论认为，要改变人的行为，必须改变其行为的结果。这是因为，人的行为在很大程度上取决于行为所产生的结果。换句话说，那些能产生积极或令人满意的结果的行为，以后会经常得到重复；相反，那些会导致消极或令人不满意的结果的行为，以后再得到重复的可能性很小。例如，一个人经常迟到，如果经理对每一个准时或提前上班的人给予公开表扬，那个爱迟到的人也可能受到激励而能做到按时上班。如果以前经理对迟到现象不管不问，但现在对迟到者表示强烈不满，也可以制止迟到行为。

如果随着某些行为之后发生的某一事件，使得这些行为在未来再发生的可能性增大，那么这一事件就称为强化。根据事件的再现或取消、事件的满意或不满意这两类因素的不同组合，可以把强化分为以下四种类型：正强化、负强化、消除和惩罚。

（1）正强化是指用某种有吸引力的结果，如认可、赞赏、增加工资或奖金、提升等创造一种令人满意的环境，以表示对某一种行为的奖励和肯定，提高这种行为重复出现的可能性。

（2）负强化是指预先告知某种不符合要求的行为会造成的令人不愉快的环境（如批评或低评价），组织成员为了回避这种令人不愉快的处境，会避免不符合要求的行为，从而增加了符合要求的行为重复出现的可能性。

（3）消除是指取消正强化，对某种行为不予理睬，以表示对该行为的轻视或否定，该行为长期得不到正强化便会逐渐消失。

（4）惩罚是指以某种带有强制性、威胁性的结果，如批评、降薪、降职、罚款、开除等，制造一种令人不愉快的环境，以示对某一种不符合要求的行为的否定，降低这种行为重复发生的可能性。

在上述四种强化类型中，正强化对行为的影响最有力和有效，因为它能增加组织成员有效工作行为的发生。相反，惩罚和消除只能用来减少组织成员无效工作行为的发生，因为惩罚和消除只告诉组织成员不该做什么，但没有指出应该做什么。应用负强化常常很麻烦，有时甚至没有可能，因为它要求建立一种对组织成员来说是不愉快的环境，并持续到所希望的行为发生为止。此外，负强化和惩罚所用的方式令人不愉快，也会产生相反的效果。

第四节 激励方法

在以上激励理论中，作为一个管理者可以采用哪些激励方法去激励他人呢？下面我们就物质与精神两个方面来探讨一下激励理论如何在实际中运用。

一、物质激励

物质并不是唯一能激励人的力量，但物质作为一种激励因素是永远都不可忽视的。物质无论采取什么形式，如工资、奖金、红利、股权，都是重要的激励因素。物质的经济价值使其能成为满足人们的生理需要和安全需要的一种手段；物质的心理价值对许多人来讲又是满足较高的归属需要和尊重需要的一种手段，它象征着成功、成就、地位和权力。

要使物质能够成为激励因素，必须注意以下问题：

（一）对不同的人来说，物质的激励作用是不同的

对那些比较年轻并在供养一个家庭的人来说，物质是非常重要的；但对那些已经功成名就，物质的需求不那么紧迫的人来说，物质就不是那么重要。物质是达到最低生活水平的重要手段，这个最低水平是随着人们富裕程度的提高而提高的。

但也不能一概而论。对有些人来说，物质总是极端重要的；而对另一些人来说，也许从来就不那么重要。

（二）物质不仅是一种激励因素，也是吸引和留住人才的手段

在大多数组织中，物质实际上是被用来作为配备人员的手段，而不是作为一种激励因素。许多组织为了吸引和留住人才，会提供更有竞争性的高工资和高奖金。

（三）平均主义的做法会削弱物质的激励作用

当组织采取使各人的收入大体平均的做法时，物质的激励作用就会减弱。使处在相同级别的人得到相同或大体相同的报酬，这种做法是可以理解的，因为人们经常是根据与自己职位相仿的人的收入，来判断自己所得的报酬是否公平，但这种做法会使收入变成保健因素，不再成为激励的源泉。

（四）物质刺激应该与一个人的工作表现或绩效挂钩

要使物质成为一种有效的激励因素，就必须使物质的分配能够反映出每个人的工作绩效。如果奖金不是根据每个人的工作表现来分配，尽管发了奖金也起不到激励的作用。这说明，报酬既是对一个人作出的成就的回报，也是对一个人作出的成就的认可。

二、精神激励

精神激励是相对于物质激励而言的。所谓精神激励，是指通过一系列非物质方式来满足个体心理需要，改变其意识形态，激发其工作活力。

《行为科学辞典》把精神激励解释为“群体内部通过表扬、褒奖、授予荣

誉称号等各种方式来满足人体的心理需要，调动其工作积极性的一种管理方式”。实践证明，精神激励除包括表扬、评先进、授予荣誉称号等，还包括事业激励、声誉和地位激励、权力激励、升迁和解职威胁激励、道德和情感激励等。

(一) 事业激励

所谓事业，是指人所从事的具有一定目标、规模而对社会发展有影响的经营活动。事业激励是指员工所从事的工作给员工自己带来的激励，包括工作目标激励、工作过程激励和工作完成激励三个部分。事业激励的这三部分内容实际是相辅相成的。

1. 工作目标激励

工作目标激励是指由员工自己或企业有关部门提出的，具有一定挑战性的工作目标而产生的激励作用。

目标是衡量员工工作绩效的标尺。所设置的工作目标使员工的行为具有方向性，引导他去达到某种结果。也就是说，员工是按所设置的目标作出反应和进行行动的。美国著名行为科学家洛克认为，目标设置是管理领域中最有效的激励方法之一，绩效目标是工作行为最直接的推动力。

按目标设置理论，要使所设置的目标对员工有激励作用，他们应满足下列原则：

(1) 员工的目标应当是具体的、量化的。具体和量化的目标更能激发员工的行为。

(2) 员工的目标应具有一定的挑战性。按期望理论，如果目标定得过高，强度过大，就会降低员工对实际目标的期望值，从而影响其激励力。同样，如果目标定得过低，员工不费力便可垂手得到，这样的目标也会失去激励效力。因此，员工的工作目标是先进性与可行性的统一，具有一定的挑战性。

(3) 员工参与目标设置，使所设置的员工工作目标被个人所接受，转化为个人的目标，或者说使员工将个人目标与组织目标有机结合，此即目标的内在化。内在化的目标能最大限度地激发人的工作积极性。

2. 工作过程激励

工作过程激励是指员工工作本身所具有的重要性、挑战性、趣味性、培养性等，会激励员工珍惜自己的工作和努力干好工作。

以经营者为例，经营者面对复杂多变的环境，要制订很多不确定决策，与各种各样的人打交道，对他的素质和能力提出了很多的要求，对高能力的经营者而言，会觉得英雄有了用武之地；经营者工作的丰富多彩和变化多端而使其工作具有趣味性；经营者从工作的威胁和失败过程中，会感受到自身的进步和成熟，因而具有培养性；经营者工作也提供给经营者结识各种有影响力的人的机会，这使得其工作具有交往性，可获得某些机会收益等。

3. 工作完成激励

工作完成激励是员工完成工作任务时产生的对企业、社会和国家的贡献感，对自己的抱负和价值得到实现时的自豪感，自己的能力得到发挥的得意感，以及由此而产生的成就感等导致员工内在性需要得到满足而产生的激励。

从组织的角度来看，工作完成激励主要是采取措施强化员工工作完成的激励效果。例如及时肯定员工的工作成绩，其中成绩突出者予以表扬、奖励，并通过媒体宣传其业绩等。

（二）荣誉激励

荣誉激励是通过满足人们的自尊需要而达到激励的目的，如对优秀员工授予劳动模范、先进人物等荣誉称号。

拿破仑非常重视激发军人的荣誉感，他主张对军队“不用皮鞭而用荣耀进行管理”。为了培养和激发官兵的荣誉感，拿破仑对于立了战功的官兵，在加官晋爵和授予勋章时，总要在全军广泛地进行通报，激励所有官兵为荣誉而勇敢战斗。又如，IBM 公司设有“100 俱乐部”，每当有员工超额完成销售额时，他就会被批准成为这一俱乐部的成员，他和他的家人将被邀请出席隆重的集会，获得极大的心理满足。有的时候，领导一句当着其他员工的赞扬，也是对员工的激励。荣誉激励仍然是一种重要的精神激励手段，但要注意：

（1）种类要适当少而精。过多的评先评奖会导致荣誉称号的贬值。

（2）不要轮流坐庄。轮流坐庄会极大地打击优秀员工的积极性。

（3）荣誉激励与物质奖励相结合。

（4）荣誉激励要制度化和规范化，减少随意性。

（三）学习激励

随着知识经济扑面而来，当今世界日趋信息化、数字化和网络化。知识更新速度加快，员工队伍存在的知识结构不合理和知识老化的现象也日益突出。因此，给员工提供各种学习、锻炼的机会也是一种有效的激励方式。

统计资料显示，中国企业非常重视培训。这一方面反映了知识经济时代知识的更新日益受到企业的关注，另一方面也说明中国员工对自我发展的重视和对自我提升的渴求，培训意味着为自身能力和素质的提高、自身的人力资本增值以及将来更好的发展提供机会和条件。“培训是最大的福利”已成为共识。同时，培训能提高员工工作技能，深化员工对工作的认识，减少差错，从而提高工作效率。所以，学习激励方式也越来越受到青睐。

在使用上述激励方法的同时，必须注意的是，激励与约束是一个问题的两个方面，二者缺一不可。好比说，激励就像汽车的动力装置——发动机，汽车要行走必须要有发动机；但是仅有发动机，汽车仍然不能安全行走，还必须设一个约束机制——刹车装置。

☞本章点评

激励就是持续地激发人的行为动机，使其心理过程始终保持在激奋状态之中，维持一种高昂的热情。

了解组织中的人对实施有效激励是很重要的。麦格雷戈将对人的本性的假设概括为 X 理论和 Y 理论，这是两种截然相反的假设；沙因综合提炼出了理性经济人、社会人、自我实现人和复杂人四种人性假设。

古典学派运用奖励和惩罚两种方法诱导人的行为，这一方法被形象地概括为“胡萝卜加大棒”。该学说依据的前提是：只有钱才是激励的有效手段。根据经济人假设，人类的选择是理性的，在组织目标与个人目标之间并不存在真正的利益冲突。

需要理论就是分析可以激励一个人工作的各种需要。马斯洛的需要层次论将需要划分为五级，依次是：生理需要、安全需要、归属需要、尊重需要和自我实现需要。赫茨伯格的双因素理论则把需要分成两类：保健因素和激励因素。

期望理论认为，一个人采取某种行动的动力，任何时候都取决于他在采取该行动以后所取得的结果的预期价值（期望率），乘以他预期该结果有助于实现所要达到的目标的程度；公平理论认为，一个人会将他的投入报酬比同另一个人的投入报酬比加以比较，比较的结果应该是平衡的。强化理论认为，人的行为在很大程度上取决于行为所产生的结果。

将激励理论运用于实践中，由此产生两大类激励方法：物质激励和精神激励。

☞复习思考

1. 有人说：“钱不是万能的，但没有钱是万万不能的。”你是否赞同这一观点？请阐述你的理由。

2. 根据强化理论的观点，管理人员不应该惩罚员工，但在我国许多企业中都有罚款制度。你如何解释这种现象？

3. 如要你为公司设计奖励制度，你会依据哪种激励理论或激励因素来设计？为什么？

4. 在你的工作或学习中，是什么在激励你去争取优秀的成绩？这些激励力量有没有在本章介绍的一些理论中所指出？

5. 哪种激励理论可以解释雷锋的行为？

☞本章案例一

获奖之后

一家大型制药企业刚刚获得了一项评审极其严格、在行业内有相当影响力的产品质量奖。为了这个奖项，广大的员工在半年多的时间里，废寝忘食，牺牲了很多个人的休息时间。当评奖结果公布的时候，大家都兴奋不已。

公司领导决定召开庆功会。

CEO在会上表达了对每位员工的感谢，总结了这个奖项对公司的意义。最后，领导说道："为了庆祝这次巨大的成功，大家都会得到一份很有意义的礼物。"此时，从人群后面传来一句："现在就发吧！"大家都笑了。这时大家的心情就像过节一样。

主席台上有一个硕大的罩着布的小山包一样的东西，大家被这份神秘奖品吸引住了，纷纷猜测奖品是什么？

会议在大家兴奋的窃窃私语中进行到最后一项议程，CEO示意公关部经理揭开罩在神秘礼物上的帷幕。啊！竟是由无数塑料杯子搭建起的金字塔造型。会场上先是死一般的寂静，接着爆发出振聋发聩的喊声。员工们几乎被这个场景震晕，就像他们看到的是一个巨大的发了霉的圣诞水果蛋糕一样。

后来，大家排着队，陆续领走自己的杯子。在员工摇着头，苦笑着领走奖品时，可怜的CEO好像只剩下最后一点呼吸了。员工的表情让他心凉。而在随后的几个星期里，杯子就成了公司里嘲讽和挖苦的象征品了。

案例思考

1. 为什么会出现这种情况？这家制药企业的问题出在哪里？

2. 你认为CEO该如何改变这种局面？

☞本章案例二

工资全额浮动为何失灵?

WH 建筑装饰工程总公司是国家建设部批准的建筑装饰施工一级企业，实力雄厚，经济效益可观。

铝门窗及幕墙分厂是总公司下属最大的分厂，曾经在一线工人和经营人员中率先实行工资全额浮动，收到了不错的效果。为了进一步激发二线工人、技术人员及分厂管理干部的积极性，该分厂宣布全面实行工资全额浮动。决定宣布后，连续两天，技术组几乎无人画图，大家议论纷纷，抵触情绪很强。经过分厂领导多次做思想工作，技术组最终被迫接受了现实。

实行工资全额浮动后，技术人员的月收入是在基本生活补贴的基础上，按当月完成设计任务的工程产值提取设计费。如玻璃幕墙设计费，基本上按工程产值的 0.27%提成，即设计的工程产值达 100 万元，可提成设计费 2700 元。当然，技术人员除了画工程设计方案图和施工图，还必须作为技术代表参加投标，负责计算材料用量以及加工、安装现场的技术指导和协调工作。分配政策的改变使小组每日完成的工作量有了较大幅度提高。组员主动加班加点，过去个别人“磨洋工”的现象不见了。然而，随之而来的是，小组里出现了争抢任务的现象，大家都想搞产值高、难度小的工程项目设计，而难度大或短期内难见效益的技术开发项目备受冷落。

彭工原来主动要求开发与自动消防系统配套的排烟窗项目，有心填补国内空白，但实行工资全额浮动三个月后，他向组长表示，自己能力有限，希望放弃这个项目，要求组长重新给他布置设计任务。

李工年满 58 岁，是多年从事技术工作的高级工程师。实行工资全额浮动后，他感到了沉重的工作压力。9 月，他作为呼和浩特某装饰工程的技术代表赴呼市投标，因种种复杂的原因，该工程未能中标。他出差了 20 多天，刚接手的另一项工程设计尚处于准备阶段，故当月无设计产值，仅得到基本生活补贴 78 元。虽然在随后的 10 月份，他因较高的设计产值而得到 1580 元的工资，但依然难以摆脱强烈的失落感，他向同事们表示他打算提前申请退休。

尽管技术组组长总是尽可能公平地安排设计任务，平衡大家的利益，但是意见还是一大堆。小组内人心浮动，好几个人有跳槽的意向，新分配来的大学生小王干脆不辞而别。组长感到自己越来越难做人了。

案例思考

1. 该企业中技术人员的需要层次有何特点？实施工资全额浮动后有什么变化？

2. 试用赫兹伯格的双因素理论解释工资全额浮动失灵的原因。

第十三章　沟　　通

学习目的与要求：通过本章学习，读者应了解沟通的概念和作用；沟通的过程，影响沟通的因素；不同的信息流向，每种信息流向的作用；不同的沟通方法，每种沟通方法的优缺点；正式沟通和非正式沟通，以及它们各自的特点；各种信息沟通网络，每种网络的特点；常见的信息沟通障碍，改善沟通的措施；组织冲突的原因及有效谈判。

沟通是人际关系中最基本的行为。尽管管理工作的各个方面都需要沟通，但是在行使领导职能时沟通的作用尤其重要。领导工作在本质上是领导者与被领导者之间的人际关系。领导者是通过人际关系来影响组织中的成员去实现组织目标的。因此，领导职能的行使与领导者的人际关系能力有密切联系。

第一节　沟通概述

一、沟通的概念与作用

（一）沟通的概念

沟通是人与人之间交流思想、观点、意见、态度，以及交换情报资料的过程。在沟通过程中，由发送者发出信息，接收者收到信息并能了解发送者的意图，才是成功的信息沟通。如果接收者收不到信息，或者虽收到信息但并不了解信息的含义，那不能算是成功的信息沟通。因此，更严谨的说法应该是，沟通是一个将信息从发送者那里传送到接收者那里，并使后者理解该项信息的含义的过程。

这个概念指出了沟通的两个要点：信息的交换和信息含义的传送。

组织中信息沟通的目的是改变、影响组织的经营活动。例如，企业需要关于价格、竞争、技术、金融和政府政策等方面的信息，这些信息为企业制订经营计划、改变竞争战略、调整产品结构、开发新市场新产品等决策提供依据。

（二）沟通的作用

在组织中将各职能部门连接成一个整体是至关紧要的，沟通对发挥组织内部各职能部门的作用有：

（1）确定和传播企业的目标；

（2）制订实现目标的计划；

（3）以最有效能和效率的方式组织人力和其他资源；

（4）选拔、评价和培养组织的成员；

（5）领导和激励组织成员作出贡献；

（6）控制工作进程。

沟通也有将组织和外部环境联系起来的作用。管理人员通过沟通了解顾客的需要、供应商的状况、股东的要求、政府的政策以及企业所在社区的期望。与外部环境保持信息沟通是组织成为开放系统的重要特征。

二、沟通的过程

简单地讲，沟通就是由信息发送者，通过一定的信息渠道，向信息接收者传递信息的过程。信息沟通过程（如图 13-1 所示）中需重点注意以下五个环节。

（一）信息的发送者

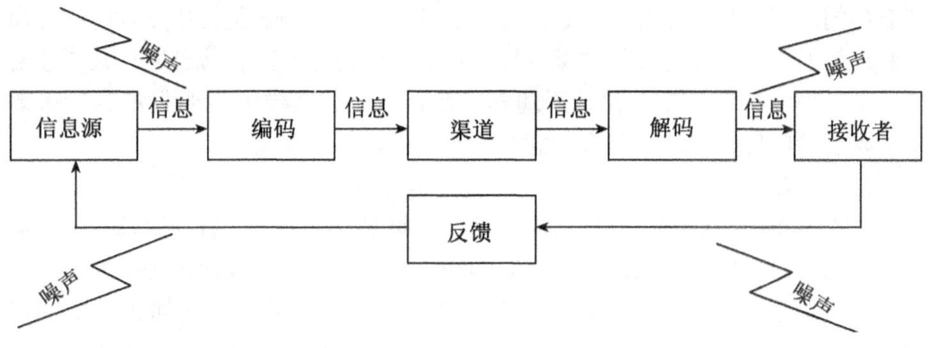

图 13-1　信息沟通过程

发送者是信息的来源，也是信息沟通过程的起点。发送者首先要确定希望传送的意念或思想是什么。例如，是告诉别人某一件事，还是传达上级的命令。然后还需要将传送的意念以某种方式表达出来，即将意念转换成符号信息，这个过程称为编码。编码的方式很多，如文字、语言、图表和动作等。编码时应注意，所选择的符号必须是接收者知道和懂得的符号，也就是说，必须选择接收者熟悉的符号编码。例如，如果接收者不懂英语，那就不能用英语来编码；接收者如果是个外行，那就应尽量避免使用专业名词或行话来编码。

（二）信息的传递

信息是指在沟通过程中传送给接收者的消息或情报，它是通过一条连接发送者和接收者的渠道进行传递的。传递信息的媒介可以是口头的或是书面的，如面谈、会议、备忘录和报告等，也可以是各种设备，如电话、电报、电视、计算机、传真机等。

发送者可以同时采用两种或两种以上的媒介传递信息。例如，在电话中与对方初步达成协议之后，再以书面文件加以确认。由于可用的传送媒介很多，各种媒介又各有利弊，所以选择适当的媒介使信息沟通有效就非常重要。选择沟通媒介通常需要考虑下面三个问题：信息的重要性；是否必须有文字记录；是否必须马上得到对方的反馈。

（三）信息的接收者

在进行信息沟通时，接收者必须处于准备接收的状态，才能详解信息编码。例如，一个人的脑子里正在回想着一场精彩的球赛，他就不可能十分留意别人对他所说的话。当发生信息的竞争时，发送者首先必须设法让接收者能够倾听他的谈话，否则沟通中出现障碍的可能性就会增加。接收过程的下一步是解码，就是把信息译回原来的意思。只有在发送者和接收者对信息符号的含义都有相同的理解时，才会有准确的沟通。这里所说的理解是指接收者内心的理解。许多发送者忽略了理解的重要性，他们认为沟通只是将信息由一人传递给另一人，而没有考虑接收者是否理解、是否接受，这样的沟通很难有什么效果。除非接收者理解信息包含的意义，否则沟通不算完成。

（四）噪声干扰

噪声是指一切妨碍信息沟通的因素。在很多情况下，信息沟通都会受到噪声的影响，以致造成沟通的障碍而影响沟通的效果。信息沟通过程中的每一步都有可能发生噪声。例如，对发送者来说，嘈杂的环境可能会妨碍意念的形成，由于所用的符号不清也可能造成编码错误；对信息传递来说，由于渠道不畅可能造成信息传递中断；对接收者来说，因注意力不集中可能造成接收不准确，因误解信息符号的含义可能造成解码错误，等等。噪声不仅会阻止信息的传递，也会在传递过程中扭曲信息。

（五）反馈

反馈对检验信息沟通的效能来说是必不可少的。如果没有反馈信息的证实，我们可能永远无法确定信息是否得到了有效的编码、传递、解码和理解。

当发送者发出了一个信息而没有收到任何反应，可能表示接收者没有收到信息或者是为了某种理由而不愿意作出反应。无论是哪一种情况，发送者都必须有所警戒：为什么对方没有反应？有效的沟通应当是双向的，接收者应将他的想法和意见等反馈给发送者。反馈是接收者的一种反应，是发送者了解接收者对信息理解和接受程度的最好方法。但许多发送者忽略了这一点。在其他条件相同的情况下，鼓励反馈的发送者比不注重反馈的发送者能更有效地沟通。

接收者提供的反馈应当：

（1）是对接收者有帮助的；

（2）是描述性的而非评价性的；

（3）是针对某些特定问题的而非广泛性的；

（4）是在适当的时机提出的；

（5）是适量的而不是超负荷的。

发送者可以根据以上五点对接收者的反馈是否良好作出评价。如果接收者反馈的信息不符合上述五点，那就说明接收者可能没有理解信息的含义，或是不愿意接受信息的内容。

从上述信息沟通的过程可以看出，信息沟通要经过许多环节，每一个环节都有可能发生噪声，干扰信息的传递。对沟通中出现的问题如果不加以防范或解决，则沟通的效果便会受到严重影响。

三、沟通中值得注意的问题

沟通过程中值得注意的问题包括：

（1）信息符号由发送者传到接收者的准确程度。信息通常要经过一定的途径才能到达接收者那里，这一过程是有一定的技术要求的。因此，要将信息符号准确无误地传递给接收者，就必须解决有关的技术问题。

（2）含义由发送者传到接收者的准确程度。信息符号的含义应当清楚明确。如果信息符号本身意义不明，是一个陌生的符号，或符号可以有多种解释，接收者即使能够清楚地收到发来的信息，也无法知道发送者想表达的意思是什么。因此，要使接收者准确地了解发送者的意图，就必须解决有关的含义问题。

（3）如何有效地取得预期的沟通效果。当接收者能够根据收到的符号了解发送者的意图时，发送者会期望接收者有一定的反应行为。反应行为和发送者的期望是否一致，就说明该信息沟通是否有效。因此，要使接收者的反应行为与发送者所期望的相同，就要解决信息沟通的有效性问题。

许多因素影响着信息沟通过程，其中一个因素是空间距离。面对面的直接对话就和相隔万里的电话交谈不同。时间也是必须考虑的一个影响因素。事务繁忙的人可能没有足够的时间准确地接收和发送信息。外部环境，组织结构，各种程序、电子计算机技术和互联网的应用，也是影响企业信息沟通的重要因素。

信息沟通包括人际沟通和组织沟通。前者指个人之间的信息交换和含义的传递，后者指组织的不同层次或部门之间的信息交换和含义的传送。

第二节　组织中的信息沟通

组织中的信息沟通有两个重要影响因素，即速度和质量。以企业为例，市场风云变幻，企业必须对此作出快速反应，故企业中的信息必须以更快的速度流动。信息的质量也是一个重要因素。信息的大量增加经常造成信息超负荷。我们需要的并不是更多的信息，而是相关的、适用的信息。为了作出有效的决策，管理人员需要决定哪些信息是有用的，如何才能得到这些信息。

一、组织中的信息流向

信息在组织中有多个流向，既有自上而下的流动，也有自下而上的流动，还有水平或交叉的流动。古典管理理论强调自上而下的信息沟通。但事实证明，如果只有自上而下的沟通就会出问题，因为它容易忽视信息的接收者。彼得·德鲁克主张，信息沟通应该从接收者（即下属）开始，也就是说信息的流向主要应当是自下而上的。

（一）自上而下的信息沟通

自上而下的信息沟通就是信息从较高的组织层次流向较低的组织层次。在充满专制气氛的组织中尤为强调这种沟通方式。自上而下的口头沟通采用的媒介形式包括命令或指示、谈话、会议、电话、广播等，甚至还有传闻和谣言。命令是上级对下级的工作提出的要求，指示则是上级对下级的工作作出的解释和说明。在实际工作中，命令与指示往往交织在一起，划分得并不是很清楚，因此可以将命令和指示看做一回事。自上而下的书面沟通采用的媒介形式则有备忘录、信函、手册、文件、报刊、布告等。

1. 自上而下的沟通方式有五种目的

（1）提供具体工作指示。

（2）提醒下属了解各项任务的相互关系。

（3）向下属提供有关组织政策、规章、制度等的资料。

(4) 反馈下属的工作成绩。

(5) 向下属阐明组织的目标。

2. 自上而下的沟通方式的缺点

(1) 信息在传递中往往会发生遗漏或曲解。最高管理层发布的命令和指示，有时根本没有被下属接受和理解，发下去的文件甚至连看也不看。因此，建立反馈系统是必不可少的。

(2) 信息的传递要花费许多时间才能完成。时间上的延误可能会使事情办糟。为了快速传递信息，有些组织的高层管理人员采取把信息直接交给接收者的办法，绕开不必要的中间环节。

(二) 自下而上的信息沟通

自下而上的信息沟通就是信息沿着组织层次向上流动，由下级流向上级。例如，请示和汇报就是常用的自下而上的信息沟通。在职工参与管理和民主气氛浓厚的组织中这种沟通方式较常见。除了请示和汇报之外，自下而上进行信息沟通的渠道还有提案制度、申诉程序、上访制度、讨论会、离职谈话、开门办公、职工士气调查、巡视基层等。

由于上级和下属思考问题的方法不同，这种信息沟通方式容易受到沟通环节中的某些管理人员的阻碍。他们会把下级反映上来的信息过滤掉一些，不把某些信息（尤其是不利的信息）传送给他们的上司知道。信息即使到了最高管理层那里，也不一定能够受到充分注意。自下而上的信息沟通需要有一个使下级感到能够畅所欲言的环境。因为组织的内部环境主要受最高管理层的影响，所以组织的最高管理层应为创造这样的环境承担主要的责任。管理层应该提倡自下而上的沟通，因为它可以提供下属人员对所接收的信息了解程度的反馈，也可以鼓励下属人员提出有价值的创见。

管理人员让下属人员有坦率、自由、无拘无束讲话的机会，就能确保信息正确上达。大多数管理人员不愿听不利的报告，因而下属人员在提出报告之前会进行“过滤”。为了克服这种障碍，应当明确告诉下属人员：我们需要的是正确的报告，既要报喜，也要报忧。如果管理人员有这样的诚心，而且也能使人相信，自下而上的沟通便不成为问题了。如果管理人员一听到坏消息就暴跳如雷，下属人员以后再提出报告时，就会事先剔除所有不利信息。发生上述情况的组织的层次越多，危害就越大。

(三) 横向沟通和斜向沟通

仅仅谋求上下级之间的信息沟通是不够的，还必须有横向沟通和斜向沟通。

(1) 横向沟通又称平行沟通，是指同一组织层次的人和部门之间的沟通。

这种内部交流信息的方式，常常可以起到协调行动的作用。为了传递执行某项特殊职能所需的技术信息，直线和参谋部门之间也需要横向沟通。

（2）斜向沟通是指组织内部无隶属关系的不同层次的部门或个人之间的信息交流。这种沟通常常发生在直线和参谋部门之间，而在这些部门中参谋人员具有一定的职能权限。此外，直线部门之间也常常应用斜向沟通，其中一方享有职能职权。

跨越部门之间的信息流动常和协调事务、解决问题以及分享信息有关。横向和斜向沟通的目的是加速信息的流动，使下属人员增进对信息的了解，以实现组织目标。横向和斜向沟通的渠道既有口头方式也有书面方式。前者包括各部门经理参加的例会、委员会、非正式的碰头会、共进午餐等，后者包括组织出版的报刊、通报等。国外的一项研究表明，管理人员的信息沟通中只有 1/3 是纵向流动的，有 2/3 是平行、交叉流动的。

在横向和斜向信息沟通过程中，信息并不按组织的指挥系统和组织层次流动，有可能发生串谋、合伙舞弊、作出超越职权的决策和承诺、共同抵制等问题，所以需要采取适当的防范措施。这些措施包括：①只鼓励在合适场合发生的横向和斜向沟通；②规定下属不能作出超越自己职权范围的承诺；③要求下属要及时向直接上级汇报与其他部门合作进行的重要活动。

二、组织中的信息沟通方法

书面形式和口头形式是两种主要的沟通方法。此外还有可供选择的其他方法。在选择沟通方法时必须考虑到发送者、接收者和沟通的环境。如在大庭广众面前感到浑身不自在的经理，最好选择发表书面声明的沟通形式而不要演讲。阅读有困难的人可能更适合接受直接的口头交流。在面对危机时，经理可能需要和智囊团的顾问进行面对面的探讨和交换意见，而不是发表长篇大论的声明。

（一）书面方式

书面沟通有许多形式，比较常见的形式有备忘录、报告书、通告、内部刊物和组织手册等。

1. 书面沟通的优点

（1）“白纸黑字”，发生争执时有据可查，可作法律依据；（2）信息可以长期保存；（3）信息可以反复推敲和研究；（4）可防止反复解释造成的误传；（5）信息可以广为传播。

2. 书面沟通的缺点

（1）会使文件堆积如山；（2）信息难以保持时代性；（3）如果文字写得

不好可能造成词不达意；(4) 不能当场取得反馈信息。

(二) 口头方式

大量信息是通过口头方式沟通的。口头方式的信息沟通可以是面对面的对话，也可以是面对众多听众的讲话；可以是正式的，也可以是非正式的；可以是预先计划好的演讲，也可以是即兴发言。

1. 口头的信息沟通的优点

(1) 可以迅速交流，即时取得反馈信息，可以当面提出问题，澄清疑点；(2) 具有亲切感，会谈可以使下属感到受重视，感到自己很重要；(3) 有助于了解情况。

2. 口头的信息沟通的缺点

(1) 口说无凭，容易以讹传讹；(2) 可能花费时间，尤其是那些一无所成的会议；(3) 时间安排不便。

(三) 非语言方式的信息沟通

人们可以用许多方法来沟通信息。在进行面对面沟通时，人们可以用非语言的方式，例如用体态语言和语调来加强或者否定所说的话。各种手势、姿势动作和面部表情都可以表示或帮助表示不同感情和思想。例如，笑表示喜欢和高兴，哭表示悲伤，吼表示发怒，点头表示赞许，举手表示要发言，身体微向前倾表示倾听，正坐表示恭敬，等等。

非语言方式的信息传递可以加强、也可以削弱语言传递的信息。非语言方式的信息沟通本来是用来加强口头沟通的效果的，但运用不当时可能会出现事与愿违的局面。

(四) 电子媒介

当今时代，人们可以借助于各种各样的电子媒介传递信息。这些媒介有：电话、邮政系统、电视、电脑网络、传真机等。将这些设备与上述方法结合起来就产生了更为有效的沟通方式。其中，电子邮件迅速而经济，可以同时将一份信息传递给多人。

管理人员改善沟通的最重要方法，是提高对下属需求和感觉的敏感性。培养敏感性的方法是学会观察非语言暗示，并正确判断和解释这些暗示的含义。

三、组织中的信息沟通渠道

信息在组织中可能通过组织规定的正式沟通渠道流动，也可能通过组织的非正式沟通渠道流动。

(一) 正式沟通渠道

以正式的组织系统为渠道进行的沟通称为正式沟通。在正式组织的组织结构中，明确职务内容和职务关系，明确业务工作的归类和授权的关系，对于组织成员了解他们将与哪些人、在什么问题上进行信息沟通是必不可少的。事实上，可以把正式组织的组织结构看做决策与信息沟通的网络，可以把指挥链看做信息链。

（二）非正式沟通渠道

非正式组织在信息沟通中也起着重要的作用。以非正式组织系统或个人为渠道进行的沟通称为非正式沟通。除正式沟通之外，非正式沟通也是重要的信息来源。实际上，大部分沟通都是采用非正式的沟通渠道。最常见的非正式沟通渠道是传闻或小道消息。从某些方面来讲，非正式沟通的效果会远远超过正式的沟通。

与正式沟通相比，非正式沟通有两个显著特点：

第一，信息传递速度非常快。非正式沟通是一种非常快的沟通方式。正式沟通，尤其是沿着指挥链自上而下的沟通，通常是将信息由一个人传递给另一个人，因而是一种费时的过程。非正式沟通则不同，它是把信息传给一个由三四个人组成的群体，然后由其中的一两个人再把信息传递给另外的群体。这样，信息就会加速流向组织的各个角落。

第二，沟通的信息会被严重扭曲。非正式沟通所传递的信息常是推测或道听途说的，因此，其信息经常被当做谣言。非正式沟通所传递的信息往往是零碎的、不完整的，这就使得人们产生出一种要把缺少的部分补齐的强烈愿望。由于是非正式的，也就没有什么正式的责任问题，所以传递者不会因为伪造事实而要向上级负责。反驳或澄清谣言的最好方法是尽快地公布事实，谣言重复得越多，事实被扭曲得越严重。

任何组织中都会有非正式的信息沟通。当正式沟通不畅或组织面临重大变革时，非正式信息就会盛行。经验表明，管理人员必须尊重非正式组织，尤其是小道形式的沟通方式。对管理人员来说，通过非正式渠道取得和传递信息也是可以选择的一种重要的沟通方式。例如，利用非正式消息作为探测气球，试探组织成员对某些政策的反应等。

四、组织中的信息沟通网络

信息沟通不仅是信息发送者与接收者之间的互动关系，从社会系统的角度来看，所有的社会系统都是信息沟通的网络。

信息沟通网络是指由若干环节的沟通路径所组成的总体信息结构。组织中的信息通常都需要经过多个环节的传递，才能到达最终的接收者。如果不能在组织内部建立良好的信息传递网络，信息就很难在不同环节之间进行有效的传递。在正式组织环境中，信息沟通网络的形态可以分为链式、轮式、Y 式、环式和全通道式五种。以五位成员之间的沟通为例，这五种沟通网络形态如图13-2 所示。

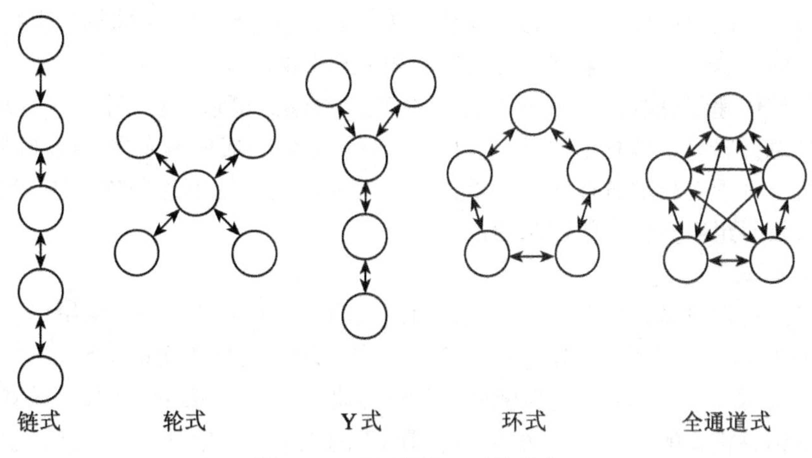

图 13-2 常用的沟通网络形态

1. 链式

链式是信息在组织成员之间进行单线、顺序传递的一种沟通网络形态，形状犹如链条，故名链式。在这种沟通网络中，居于两端的成员只能与其内侧的人联系，居中的成员则可以分别与两侧的人联系。这种沟通网络的特点是成员之间的联系面很窄，平均满意度较低。信息经过层层传递和筛选很容易失真，最末环节收到的信息往往与初始环节发送的信息有很大差距。按指挥命令系统在各级管理人员之间逐级进行的信息传递，可以看做链式沟通的一个例子。

2. 轮式

轮式是信息经由中心人物向四周多线传递的一种沟通网络形态，形状犹如轮盘，故名轮式。在这种沟通网络中，中心人物是信息的汇集点和传递点，其他成员之间没有信息的相互交换关系，所有信息都是通过中心人物进行交流的。这种沟通网络的特点是信息沟通的准确度很高，解决问题的速度快，管理人员（指中心人物）的控制能力强，但其他成员的满意度低。这种沟通网络实际上是为加强组织控制而采取的一种沟通形式。严格按职能划分部门时，各部门经理与总经理之间的信息沟通，可以看做轮式沟通的一个例子。轮式沟通网络适合于组织接受紧急任务，需要进行严密控制，同时又要争取时间的情形。

3. Y 式

Y 式是链式与轮式相结合的一种沟通网络形态，形状犹如英文字母 Y，故名 Y 式。与轮式一样，Y 式网络中也有一个成员位于沟通网络的中心，成为网络中因拥有信息而具有权威感和满足感的人。这种沟通网络的特点是成员的士气较低，因为增加了中间的过滤和中转环节，容易导致信息曲解和失真，因此沟通的准确性会受到影响。总经理、秘书和下属之间，当下属需要通过秘书与总经理传递信息时，就有可能会发生 Y 式沟通的情形。秘书因为可以获得许多信息，容易掌握真正的权力，使总经理被架空变成傀儡人物。这种网络形态适合于管理人员的各种任务繁重，需要有人协助筛选信息和提供决策依据，同时又要对组织实行有效控制的情形。

4. 环式

环式可以看做是将链式两端连接而形成的一种封闭式的沟通网络形态，形状犹如车轮，故名环式。在这种沟通网络中，所有成员依次联络和传递信息。网络中的每一个人都同时与两侧的人沟通信息，因此大家地位平等，没有谁能够成为信息沟通的中心。采用环式沟通网络的组织，集中化程度较低，成员具有较高的满意度。但由于沟通的渠道窄、环节多，沟通的速度和准确性难以保证。如果组织中需要创造出一种能够激发高昂士气的环境来实现目标时，采用环式沟通比较好。

5. 全通道式

全通道式是一种全方位开放式的沟通网络形态，所有成员之间都能进行相互的不受限制的信息沟通和联系。采用这种沟通网络的组织，集中化程度低，成员地位差异小，所以有利于提高成员的士气和培养合作精神。同时，这种网络的宽阔信息沟通渠道，使成员可以直接、自由、充分地发表意见，有利于提高沟通的准确性，对解决复杂问题有明显的促进作用；由于沟通渠道太多，也容易造成混乱，增加沟通过程时间，影响工作效率。委员会可以看做一种全通道式的沟通网络。

第三节　信息沟通的障碍及改善措施

一、信息沟通的障碍

信息传递和电讯线路中电讯的传递情况很相似，但过程更加复杂。电讯传递中有噪声干扰和电阻的存在；组织中的信息沟通也有种种障碍存在，影响着信息沟通的效果。信息沟通中的问题是管理人员最感头痛的问题之一。根据国外的一项研究显示，约有 80%的管理人员认为信息沟通中的问题是造成他们工作困难的原因。但是必须指出，信息沟通上的问题往往是其他更深层次的问题的表象。例如，信息流动速度慢可能是组织结构设计不当引起的。所以，管理人员在遇到信息沟通障碍时，首先要分析障碍产生的原因，然后再找出排除障碍的办法。信息沟通的障碍可以分为两类，一类与组织本身有关，另一类则与沟通者本人有关。

（一）与组织有关的沟通障碍

涉及组织的沟通障碍主要有以下几项：

1. 组织的层次

当信息必须逐层转达或传递时最容易受到歪曲，并且，经过的中间人越多，被歪曲的机会越多，失真的程度也越大。假如组织的层次过多，信息的接收者与发送者之间的组织距离太远，则接收者最后收到的信息与原始的信息可能大有出入。

一项研究表明，通常每经过一个中间环节，信息就将丢失 30%左右。如企业董事会的决定经过五个等级后，信息损失率可达 80%。其中，副总裁这一级的保真率为 63%，部门主管一级的保真率为 56%，工厂经理一级的保真率为 40%，第一线工长的保真率为 30%，待传达到一线职工，就仅剩下 20%的信息了（如图 13-3 所示）。

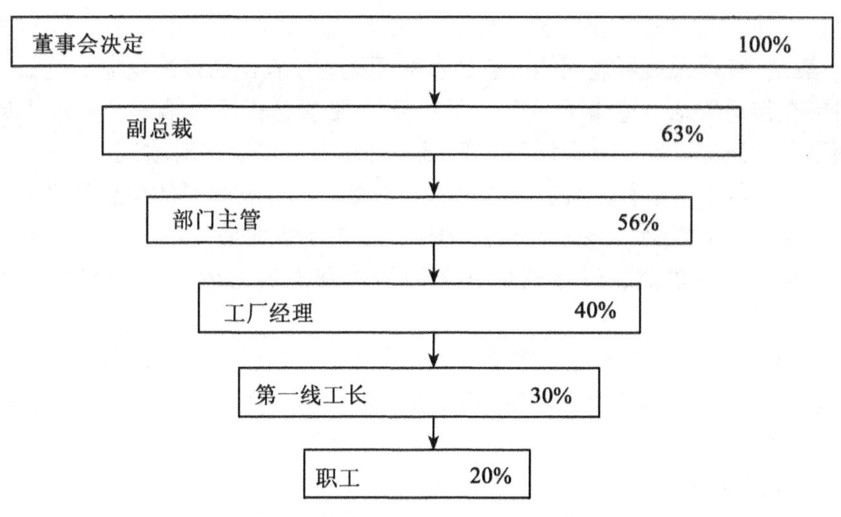

图 13-3 信息失真情况实例

2. 工作的专业化

当工作和知识越来越专业化时，人们往往会用他们的专业领域中的专门用语或简称，简化他们彼此之间的沟通，这就使他们和其他群体的人之间的沟通发生困难。当有些人使用专业术语显示他们的重要性时，情况更是如此。一个人如果长期从事相当专业化的工作，他在观察问题时容易产生狭隘的或偏执的观点。这些狭隘的观点会阻碍组织沟通，因为它使一个人更难看到或了解到他人的观点。

3. 地位差异

在等级制的组织中，每一个人在组织中有不同的地位。例如，总经理的地位高于副总经理，后者的地位又高于部门经理。这种地位上的差异也会造成有效沟通的障碍。它可能被某些管理人员用做借口，避开一些他不想听的信息，这会限制下情上达的信息数量及种类。

4. 信息超负荷

由于现代沟通技术的发展，特别是电子计算机的广泛应用，在一个组织内部可能会出现信息超负荷的现象。从社会系统理论的观点来看，每个组织系统都是信息沟通网络，随着组织的发展，信息沟通网络也会趋于复杂。但是，毫无节制的信息流并不会导致更好的信息沟通，而只会带来混乱。管理人员需要的并不是更多的信息，而是准确的、适用的信息。

信息超负荷会影响管理人员的行为。第一，管理人员可能根本就不看某些信息。例如，在需要处理大量信件的压力下，人们对来信很可能干脆不作回答。第二，管理人员可能因为信息超负荷而无意中作出错误的反应。例如，他们可能在传递信息时遗漏了一个“不”字而使意思相反。第三，管理人员可能拖延对信息的处理，以致误事。第四，管理人员可能会对收到的信息过滤，按先易后难的顺序进行处理，可能会把较难处理但非常重要的信息忽略了。第五，管理人员可能会“逃避”信息沟通，根本不理睬收到的信息，也不把信息传送出去。很显然，过量的信息无助于管理人员有效地处理问题并作出决策。

（二）与沟通者有关的沟通障碍

来自沟通者的障碍中，有些与发送者有关，有些与信息的传递有关，而有些则与接收者有关。

1. 缺乏准备

良好的信息沟通并不是碰巧得来的。许多管理人员习惯于不做充分准备就开口作报告，未经认真思考就动手写文件。如果能在沟通之前做足准备工作，理清下达命令和指示的理由，下属容易接受的方式，发布命令的时间、地点等，就能增进下属对信息的理解，减少下属的抵触行为。

2. 未经澄清的假设

经常为人们所忽略但却很重要的一个问题是，构成信息沟通基础的假设没有得到澄清。外地的某个客户来电说他打算明天参观公司的工厂。他假设对方公司会派人到机场去接他，为他订好酒店，提供交通工具，并安排好参观行程。但公司则可能假设，这位客户到本地来的目的主要是参加婚礼，顺道来工厂做一次例行访问。这种未经澄清的假设，不论责任在谁，都会导致混乱并伤害感情。

3. 语意曲解

同样的文字或语言对于不同的人常会代表不同的意思。当两个人使用同一个词或字，但却各自给予不同的意义时会产生障碍。例如，一位主管告诉一位工人“尽快”把地面上的油渍清扫干净。当几分钟后又有人滑倒时，主管才发现油渍并没有被清扫。原来主管说的“尽快”的意思是要“马上”、“立刻”，而接受命令的人则理解为“等有空闲的时候再去做”。这种语意曲解可能是故意的，也可能是无意的。

4. 表达不清

表达不清也是信息沟通的一个障碍，包括表达缺乏条理、用词不当、滥用术语、陈词滥调、语序紊乱、意思不全、颠三倒四等。这类毛病可能造成很严重的后果，但只要在表达时多加小心一般都可以避免。沟通时应当尽量使用明白易懂的语言，避免使用他人难以听懂的行话和专门术语。有时候一个信息不能通过一次表达就让人完全理解，重述或者扼要重复一遍才能为人了解。在传递技术性或者复杂的信息时，可以渐进式地传递，一步一步地阐明信息的精髓。

5. 自卫性过滤

上级与下级之间常存在一种“自卫性过滤”的现象。下级向上级的报告常常只强调上级爱听的信息，对上级不喜欢听的信息会一语带过，甚至略去不提，对自己的过失更是文过饰非，加以掩盖。同样，上级在传达信息给下级时也常掺入自己主观的解释，或将部分信息截留下来。一项信息经过这样三番五次的过滤，难免会与真实情况大有出入。

6. 不善聆听与过早判断

善于聆听是良好沟通的必要条件。世界上能说会道的人多，善于细心聆听的人少。有些人喜欢在对方讲话时突然插进一些毫不相干的话题。原因之一是这些人脑子里正在想着其他问题，根本就没在听你讲话。聆听别人讲话不仅需要集中注意力，也需要自我约束，即要避免过早对别人的话作出判断。人们在谈话时的普遍倾向是急于对别人的讲话作出判断，表示赞同或反对，而不去理解讲话人的基本观点。不加评判地聆听别人讲话可以提高沟通的有效性。例如，上级以同情的态度聆听下属的谈话，可以改善干部与群众的关系。

7. 猜忌、威胁和恐惧的氛围

猜忌、威胁和恐惧对信息沟通有百害而无一利。在猜忌、威胁和恐惧的氛围中，人们对任何信息都会表示怀疑。存在这种状况可能是上级前后行为矛盾的结果，也可能是由于下属过去曾因诚实地向上级反映了不利的但真实的情况而受到惩罚的结果。在威胁（可能是真实的，也可能是想象的）面前，人们会表现得神情紧张，处处防卫，谎报情况。良好的信息沟通，需要一种相互信任的氛围，只有这样的氛围才有助于真实信息的顺畅流动。

8. 缺乏适应变化的时间

如前所述，沟通的目的是要作出改变和影响组织的绩效，而这又可能对组织成员产生重大影响，如影响他们的工作地点、上班时间、工作岗位、班组成员的构成、使用的设备等。改变以不同的方式产生着影响，而这种影响可能需要相当一段时间才能被人们充分认识到。因此，在人们还没有完全适应变化的影响之前，绝不要去强制改变，这才能使沟通有效。

改善信息沟通的途径多种多样，其中一些方法帮助传递信息，另外一些方法则帮助反馈信息。

二、信息沟通检查

改善信息沟通首先要进行信息沟通检查，检查的结果可以作为改革组织结构和系统的基础。信息沟通检查是检查沟通政策、沟通网络以及沟通活动的一种方法。在检查时，可以把组织的信息沟通看做一组与组织目标有关的信息沟通因素，如图13-4所示。需要检查的四个信息沟通网络是：(1)属于政策、程序、规章和上下级关系的管理网络或与工作任务有关的网络；（2）与解决问题、会议和提出改革建议等方面有关的创新活动网络；（3）与表扬、奖励、晋升以及其他使组织目标和个人目标联系起来的各种工作有关的留住人才的网络；（4）与公司的出版物、布告栏以及小道传闻等有关的信息构成的网络。

由此可见，信息沟通检查是将信息沟通与许多关键性的管理活动联系在一起进行分析的工具，它不仅可以在发生沟通问题的时候有用，也可以用来预测沟通问题的发生。检查的方式包括观察、问卷调查、面谈和对书面文件进行分析。对信息沟通系统的检查并非只做一次就万事大吉，在初次检查之后仍需要继续进行检查，并定期提出报告。

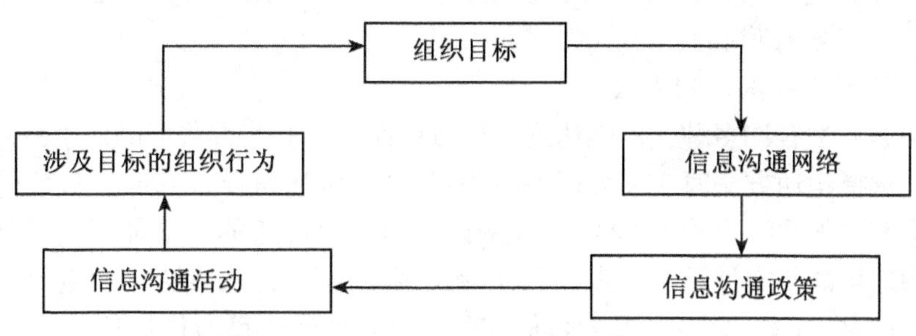

图 13-4 信息沟通因素与组织目标的关系

三、改善信息沟通的措施

虽然目前已经总结出许多改进沟通的准则，但其中最完善的是美国管理协会提出的良好沟通十诫。这十条准则是：（1）沟通前要先明确自己的思想；（2）检查沟通的真正目的；（3）全面考虑沟通的环境；（4）在计划沟通时要和别人商量；（5）要考虑信息的内容及其含义；（6）尽可能使传送的信息对接收者有益或有用；（7）沟通之后要进行追踪检查；（8）沟通既要着眼于现在也要着眼于将来；（9）必须以实际行动维护沟通的信息；（10）做一个善于聆听的人。

对于组织而言，改善信息沟通主要有以下措施：

1. 改善聆听

管理者必须是一个好的聆听者，因为聆听是理解信息的先决条件。聆听往往比说话更加耗神，因为它需要高度集中精神。聆听是一种可以培养的技巧。戴维斯提出了以下十条聆听的准则：（1）先别说话；（2）使对方的精神状态放松；（3）使对方感到你想听他的意见；（4）剔除一切能转移注意力的因素；（5）设身处地地考虑对方的想法；（6）要有耐心；（7）不发脾气；（8）辩论和批评时态度要从容；（9）多提问题；（10）别多嘴。

有人提出五条聆听准则：（1）要听人家的话；（2）不要事先就作出评价；（3）要听出说话人的感情和情绪；（4）重新陈述一次对方的看法；（5）细心询问。

2. 改善面对面的沟通

组织心理学家埃德加·施恩推荐了改善面对面沟通关系的九种方法：（1）培养自知能力；（2）通过认识和评价他人的价值，培养不同文化敏感性；（3）培养文明的谦虚精神；（4）采取主动积极的解决问题的方针；（5）处事机动灵活；(6) 提高谈判技巧；(7) 发展良好的人际关系；(8) 学会改进策略及技巧；(9) 要有耐心。

3. 正确选择沟通的方法

沟通方法有许多种，但就达到某种目标而言，有些方法可能优于另外一些方法。选择沟通方法时应注意以下事项：(1) 沟通重要信息时，最好同时利用口头和书面两种方式。(2) 一般来讲，面对面沟通的效果最好。过分依赖书面沟通可能使文件泛滥成灾。(3) 无论采用何种沟通方法，最重要的是提供反馈信息。(4) 良好沟通的目标应是能够理解和遵循所传信息。(5) 根据具体情况选择沟通方法。按规定改进沟通方法有助于满足特殊沟通目的及情况的需要。

管理人员在下达命令时，如果遇到下列情况，应考虑采用书面形式：(1) 当人员流动率很高，上下级关系经常变动，而工作又需要很长时间实施时；(2) 当下级对上级缺乏信任，或下级不愿意接受任务而强加于他时；(3) 当需要防止命令的重复和司法上的争执时；(4) 当命令适用于全体或大部分成员时；(5) 当命令必须由中间人传递时；(6) 当命令含有具体数字或很多细节时；(7) 当需要下级承担不执行命令所导致的后果时。

4. 改善书面沟通

书面沟通的有效性与发送者的写作水平和写作技巧有很大关系。以下是戴维斯提出的改善书面沟通的几条准则：(1) 用字遣词力求简单；(2) 多用短词和常用词；(3) 只要合适，多用人称代词；(4) 多加说明，多举例，多用图表；(5) 句子和段落要短；(6) 尽量用主动语态；(7) 少用形容词；(8) 表达思想力求逻辑清楚，开门见山；(9) 避免废话和赘字。

5. 改善命令发布的方式

选择命令的发布方式与命令的正式程度有关。国外一家公司为了帮助各级经理掌握根据具体情况发布命令的方法，制定了以下准则：(1) 对反应敏感的工人用请求的口吻下命令不会使其反感，而直截了当地下命令常常会引起对立情绪。(2) 直截了当的命令如果不是太经常使用的话，会显得有力，常常能促进工人克服懒散。(3) 请求的态度可以部分地软化强硬的人，在直接下命令之前值得一试。(4) 对可靠的工人通常婉转地下达命令效果最好，但是对缺乏经验或不可靠的工人则不是这样。(5) 对初次犯错误的人，用请求的态度要求他纠正错误，会增进友谊，使他站在你这一边；但是对累犯错误的人，直截了当地下命令也许是可取的。(6) 对于经常性的违章者，如果你过去下达的命令大多数都是用请求的态度，那么改用直截了当的命令就有强调的意义了。(7) 在工人对工作不称心或者需要作特别努力乃至需要实行不得人心的加班加点时，采取志愿参加的办法常常是一种挑战并能产生良好的效果，但不要以此来逃避分派任务的职责。(8) 为了培养有前途的下属的工作能力和判断力，婉转的或建议式的命令是考验和培养其独立工作能力的好方式。当然，还需要进行严格的督促检查。(9) 紧急情况通常需要直截了当地下命令。

第四节 组织冲突与谈判

一、冲突的管理

沟通是为了减低组织的管理成本，进而降低组织之间的交易成本。但是，由于组织之间以及组织中员工之间本质的区别，沟通并不会达到尽善尽美的效果，这样，组织摩擦和人员摩擦就会不可避免地发生，带来额外的管理组织成本。这种摩擦程度越大，组织的协调成本越高。这就是冲突的由来。因此，冲突是指由于某种差异而引起的抵触、争执或争斗的对立状态。人与人之间在利益、观点、掌握的信息或对事件的理解上都可能存在差异，有差异就可能引起冲突。不管这种冲突是否真实存在，只要一方感觉到有差异就会发生冲突。显然，沟通不足或没有沟通，都可能导致冲突。

多年来，对组织冲突的看法，一般有如下三种观点：

第一种观点存在于19世纪末至20世纪40年代，认为组织应该避免冲突，冲突本身表明组织内部的机能失调。换句话说，这种观点的中心是认为冲突对组织是有害无益的。这种观点一般被称为冲突的传统观点。

第二种观点认为冲突是任何组织不可避免的产物，但它同时指出，冲突并不一定会导致对组织的危害，甚至可能是有利于组织中的积极动力。显然，这一观点因为冲突的客观存在，主张接纳冲突，使冲突的存在合理化，并希望将冲突转化为有利于组织的程序。20世纪40年代至70年代中期，这一观点在冲突理论中占主导地位。因为强调冲突的必然性，有时这种观点又被称为冲突的人际关系观点。

第三种观点是当今的冲突管理观点，明确认为冲突不仅可以成为组织中的积极动力，而且其中有些冲突对于组织或组织单元的有效运作是必要的。换言之，冲突是组织保持活力的一种有效手段。因而，这种观点鼓励管理者维持一种冲突的最低水平，以使组织保持创新的状态。由于突出冲突有利于组织的运作效率，这种观点又被称为冲突的相互作用观点。

保持适度的冲突，使组织养成批评与自我批评、不断创新、努力进取的风气，组织就会出现人心汇聚、奋发向上的局面，组织就有旺盛的生命力。20

世纪90年代中期以来，全世界企业管理界掀起建立学习型组织的浪潮，在很大程度上是为了探讨如何转化企业环境变化激发的越来越多的冲突。这种组织行为观点的中心，实际上是要求组织开放和提高内外沟通效率，以达到提高组织在市场中的盈利水平的目的，并进一步提高组织的竞争力。

由此，冲突管理实际上包括两个方面：一是管理者要设法消除冲突产生的负面效应。这是因为，这些冲突阻碍了组织实现目标，属于功能失调的冲突，它们对组织具有破坏性作用。二是要求管理者激发冲突，利用和扩大冲突对组织产生的正面效应，因为这些冲突支持组织的目标，属于建设性的、功能正常的冲突。因而，冲突管理实际上是一种艺术。

优秀的管理者一般按下列方式管理冲突：

1. 谨慎地选择该处理的冲突

管理者可能面临许多冲突。其中，有些冲突非常琐碎，不值得花很多时间去处理；有些冲突虽然很重要，但不是自己力所能及的，不宜插手；有些冲突难度很大，要花很多时间和精力，未必有好的回报，不要轻易介入。管理者应当选择那些员工关心，影响面大，对推进工作、打开局面、增强凝聚力、建设组织文化有意义、有价值的事件，亲自抓，一抓到底。对冲突事必躬亲的管理者并不是真正的优秀管理者。

2. 仔细研究冲突双方的代表人物

是哪些人卷入了冲突？冲突双方的观点是什么？差异在哪里？双方真正感兴趣的是什么？代表人物的人格特点、价值观、经历和资源因素如何？

3. 深入了解冲突的根源

不仅要了解公开的表层的冲突原因，还要深入了解深层的原因。冲突可能是多种原因交叉作用的结果，如果是这样，还要进一步分析各种原因作用的强度。

4. 妥善地选择处理办法

通常的处理办法有五种：回避、迁就、强制、妥协、合作。当冲突无关紧要时，或当冲突双方情绪极为激动、需要时间恢复平静时，可采用回避策略；当维持和谐关系十分重要时，可采用迁就策略；当必须对重大事件或紧急事件进行迅速处理时，可采用强制策略，用行政命令方式牺牲某一方利益后，再慢慢做安抚工作；当冲突双方势均力敌、争执不下，需要采取权宜之计时，只好双方都作出一些让步，实现妥协；当事件十分重大，双方不可能妥协，就经过开诚布公的谈判，采用对双方均有利的、合作或双赢的解决方式。

二、有效谈判的实现

为了管理冲突，管理者必须和组织内外的人员打交道。在组织内部，冲突管理时常可以有效地通过行政手段进行。但对于组织之间的冲突，像企业之间在新的经济形式下开展的旨在拓展未来商机的战略联盟，通常出现联盟各方在协调上的困难，就不能简单地用行政干预的手段去降低管理成本，实现组织目标。相反，联盟各方必须从包括协议、信任和互惠等多方面的视角，寻求解决组织间冲突的途径。谈判作为一种实现目标的手段，必然是冲突管理的重要内容。

谈判是双方或多方为实现某种目标就有关条件达成协议的过程。这种目标可能是为了实现某种商品或服务的交易，也可能是为了实现某种战略或策略的合作；可能是为了争取某种待遇或地位，也可能是为了减税或贷款；可能是为了弥合相互的分歧而走向联合，也可能是为了明确各自的权益而走向独立。市场经济本身就是一种契约经济，一切有目的的经济活动，一切有意义的经济关系都要通过谈判来建立。

谈判有两种基本方法，零和谈判和双赢谈判。

零和谈判就是有输有赢的谈判，一方所得就是另一方所失。零和谈判能够成功，在于双方的目标都有弹性并有重叠区存在，重叠区就是双方和解达成协议的基础。

双赢谈判就是谈判结果找到一种双方都赢的方案。这种谈判要求双方对另一方的需求十分敏感，各自都比较开放和灵活，双方都对另一方有足够的了解和信任。在此基础上通过开诚布公的谈判，就可能找到双赢的方案，从而建立起牢固的、长期的合作关系。

优秀的管理者实现有效的谈判。谈判一般有如下的原则：

（1）理性分析谈判的事件。抛弃历史和感情上的纠葛，理性地判别信息、依据的真伪，分析事件的是非曲直，分析双方未来的得失。

（2）理解你的谈判对手。他的制约因素是什么？他的真实意图是什么？他的战略是什么？他的兴奋点和抑制点在哪里？

（3）抱着诚意开始谈判。态度不卑不亢，条件合情合理，提法易于接受，必要时可主动让步（也许只是一个小小的让步），尽可能寻找双赢的方案。

（4）坚定与灵活相结合。对自己目标的基本要求要坚持，对双方最初的意见不必太在意，那多半只是一种试探，有极大的伸缩余地。当陷入僵局时，应采取暂停、冷处理后再谈，或争取第三方调停，尽可能避免谈判破裂。

☞本章点评

信息沟通是将信息从发送者传送给接收者，并使后者理解该项信息的含义的过程。信息沟通的目的是改变、影响组织的经营活动。

信息沟通环节包括信息的发送者、信息的传递、信息的接收者、噪声干扰、反馈。空间距离，时间，外部环境，组织结构，各种程序、电子计算机技术和互联网的应用，是影响组织信息沟通的重要因素。信息沟通包括人际沟通和组织沟通。

书面沟通是一种单向沟通，口头沟通是一种双向沟通。两种沟通形式各有优缺点。非语言方式的信息传递可以加强、也可以削弱语言传递的信息。管理人员改善沟通的最重要方法，是提高对下属需求和感觉的敏感性。培养敏感性的方法是学会观察非语言暗示，并正确判断和解释这些暗示的含义。

以正式的组织系统为渠道进行的沟通称为正式沟通。以非正式组织系统或个人为渠道进行的沟通称为非正式沟通，非正式沟通具有信息传递速度快和信息会被严重扭曲两个显著特点。正式沟通和非正式沟通都是重要的信息来源。对管理人员来说，通过非正式渠道取得和传递信息也是可以选择的一种重要的沟通方式。

所有的社会系统都是信息沟通的网络。信息沟通网络是指由若干环节的沟通路径所组成的总体信息结构。组织中的信息通常需要经过多个环节的传递，才能到达最终的接收者。在正式组织环境中，信息沟通网络可以分为链式、轮式、Y 式、环式和全通道式五种形态。

涉及组织的沟通障碍主要有：组织的层次；工作的专业化；地位差异；信息超负荷。与沟通者有关的沟通障碍有些与发送者有关，有些与信息的传递有关，而有些则与接收者有关。包括：缺乏准备；未经澄清的假设；语意曲解；表达不清；自卫性过滤；不善聆听与过早判断；猜忌、威胁和恐惧的氛围；缺乏适应变化的时间。

信息沟通检查是检查沟通政策、沟通网络以及沟通活动的一种方法。

沟通不足或没有沟通会导致组织冲突的发生。冲突管理包括两个方面：一是管理者要设法消除冲突产生的负面效应，二是要求管理者激发冲突，利用和扩大冲突对组织产生的正面效应。

☞复习思考

1. 沟通有哪些作用？

2. 常用的沟通方法有哪些？

3. 根据研究，管理人员每天花 2/3 的时间用在沟通上，其中聆听占全部沟通时间的 40%，说话占 35%，阅读占 16%，书写占 9%。你是怎样聆听的？

4. 同样的信息由不同的人来传递会有不同的效果。有时人们并不关心“讲了什么”，而是关心“是谁讲的”。怎样避免由于人的地位不同造成的沟通障碍？

5. 下级在汇报工作时，有时会猜测领导的需要，投领导所好，或者报喜不报忧。怎样避免这种情况发生？

6. 互联网对组织的信息沟通有什么影响？

☞**本章案例一**

如何防止小道消息传播？

圆桌案例：Y公司是国内大型民营企业，这几年的发展可谓如日中天，每年业绩以100%的增速成长，主导产品的市场占有率也在50%以上。在公司经营情况总体向好的情形下，公司总裁却时常觉得有点烦。原因在于公司内小道消息满天飞，一些企业内的非正式组织津津乐道于企业内似是而非的东西，比如，公司在外面欠了许多钱，某某市场部的经理拿了公司货款跑了等，极大地影响了企业内的员工士气与团队精神。更可怕的是，员工对企业的信心与向心力亦由于小道消息而减弱。

圆桌成员：

诸强新：杭州唯新食品有限公司常务副总经理

韩志锋：青汉阳品牌管理咨询公司副总经理

王长江：北京浩竹猎头公司总经理

高树山：普华信（国际）管理咨询公司总经理

一、都是信息渠道惹的祸

诸强新：小道消息几乎每个企业都存在，很让人头痛。小道消息为什么能大行其道，其中一个重要因素在于：企业方面的讯息缺乏正常传播渠道，企业领导没有意识到，在企业内建立规范信息传播渠道的必要性与重要性。企业没有给员工建立正常的信息沟通渠道，员工自然只能通过非正式组织及企业内部分所谓“消息灵通人士”去获悉有关信息了。

王长江：我觉得企业内部小道消息之所以有市场，源于人类爱好闲聊、喜欢传递一些好奇或者隐私信息的特性。

韩志锋：一是每个员工在所掌握的信息上存在不对称现象；二是一个企业中有非正式组织存在是在所难免的。每个人都可能因为不掌握事情的真实情况而产生猜疑，同时在自己的非正式组织中加以传播，就产生了“小道消息”。

二、建立"官方"传播渠道

诸强新："疏"、"堵"结合很重要。首先"疏"，创办一份企业内刊，将相关信息传递给员工；其次是建立管理层与员工定期沟通交流机制，及时消除员工的疑虑、误会；最后，针对企业内部有中央音响系统的状况，开办内部电台，使信息能在第一时间传达给员工。建立了多层次、立体化的正常"官方"信息传播渠道，员工有许多途径了解企业，小道消息自然大幅减少。"疏"的同时，"堵"的工作还是要做，要制定出一些禁止小道消息传播的制度。

要培养员工积极的心态。企业首先做的是有关理念、态度方面的培训工作。同时趁热打铁，针对培训内容与小道消息对企业、个人的危害展开大讨论。

王长江：不过，针对Y公司的情况，首先应该解决的是已经发生的谣言，这要善于利用事实。比如针对"某某市场部的经理拿公司货款跑了"，可以请那个经理在公司的公开会议上作工作报告，协助传递和澄清某些事实。至于一些不易澄清的事情，可以使用反面的结论推翻谣言的前提。只要公司处理事情客观公正，谣言一般会不攻自破。

不过，防止有害消息产生是最根本的问题。一般主要采取上述疏导方法；另外在企业文化建设上，提倡诚信为本，公司领导言出必行，承诺一定兑现。

三、让工作内容丰富化

韩志锋：第一，实现"透明化"管理，对员工关心的一些问题，如人事变动、薪资调整、公司转型、财务状况等信息要及时公布，这些可借助内部网络。第二，强化内部沟通，提高各级例会质量，及时发现问题、解决问题。在消息刚出炉时，就对其进行修正或阻截的话，影响自然就会小一些。第三，引导非正式组织的舆论导向，使员工自觉地从意识上杜绝小道消息的传播。最后，从小道消息中查找企业工作的缺陷。

高树山：俗话说"无风不起浪"。首先，信息源的管理非常重要。公司的中高层管理干部是信息源的关键掌握者，所以首先要使中高层管理干部具备良好的沟通素质。培训是有效捷径。在一个组织中，沟通的渠道包括会议、文件、口头、座谈会、内刊、指令等。公司必须从信息的性质和重要性，选择合适的沟通渠道和方式。而对于公司喜欢搬弄是非的一小部分人，要给予教育。

其次，让工作丰富化。就像王经理说的，这需要适宜的制度创新和工作流程优化。

最后，要形成富有责任感的沟通文化，使公司每一位员工形成意识，"说出的话不仅要对自己负责，还要对同事和公司负责。"

（案例来源：诸强新，韩志峰，王长江等．如何防止小道消息传播？经理人，2002（01)。）

案例思考

1. 结合该案例谈谈沟通在企业管理中的作用。

2. “小道消息”与非正式沟通是一个概念吗？如果不是同一概念，它们有什么区别？

3. 企业应该如何对待“小道消息”？

☞**本章案例二**

董事长的难题

这是2008年初W房产公司（以下简称W）发生的一件事。

W上海分公司是大分公司，在整个W的业务中举足轻重。不幸的是2007年这个分公司的部分高层管理人员发生了集体受贿事件，导致W对其进行了大换血。

2007年末，W从总部派出新的三驾马车，分别任命为上海分公司的正副总经理和市场部销售经理，接管已严重受损的上海业务。年轻的新领导班子临危受命，急赴上海，夜以继日，重整业务，成绩显著。然而，一件意想不到的“小事”，却使得这个刚组成的领导班子解体。

2007年阴历腊月三十，劳累了一年的W人力资源部负责人Z，刚处理完年底最后一点工作，兴冲冲准备度假时，上海分公司销售主任J，飞抵深圳总部，向Z投诉——上海分公司违反人事制度把他解雇了。

原来，这个当地的销售主任J同总部刚派过去的销售经理发生了严重的工作冲突，以至于工作不能正常进行下去。在会上，销售经理当场表示要炒掉这个主任。会后，他征得一同派来的正副总经理的同意后，第二天解雇了这位销售主任。可是这位被炒的主任认为：上海分公司违反了W的制度。因为W的人事制度是：基层管理者如果在工作上犯了错误，首先应该是降职，如果降职后仍然表现不好，才能将其辞退。另外，公司《职员手册》在炒人的程序上明确规定，要辞退一个员工，也必须在征得分公司老总和总部人力资源部共同同意并征询职委会（工会）的意见后方可进行。因此，仅凭他因工作问题与上司发生冲突，并不足以将其辞退。所以，秉性严谨的上海人，一气之下，大年三十向W总部讨“说法”来了。

Z接到投诉后，抄起电话调查此事。调查过程中了解到：上海公司坚持认为该员工不服从管理，应该予以辞退；同时销售经理也表示，如果W总部要撤销这个炒人决定，他就立刻辞职。Z为难了。上海分公司的做法显然不符合程序，可是上海公司已经出了公告。让上海公司收回成命，就意味着不仅要失去一名刚派去的高级管理人员，而且对新管理层的士气影响巨大。两害相权，取其轻吧！为了维护上海公司管理层的权威和尊严，Z还是决定维持原判，同时告诫上海分公司下不为例，并将此处理意见反馈给职委会。

本来这个事件到此可以告一段落了。可是，职委会收到事件调查报告后，立即对此提出了异议，认为既然《职员手册》是公司员工应该遵循的规章大法，为什么不遵照执行？如果开了这样的先例，是不是今后任何一个部门经理只要对员工不满意，都可以随意地辞退？那员工的利益还如何得到保障？因此，职委会对辞退该名员工表示反对，认为这样的先例不能开。于是官司打到了董事长那里。董事长经过同上海公司新的领导层充分沟通之后，说服他们收回成命。上海销售主任保住了饭碗，但受到降职降薪的处理；而三驾马车变成了两驾，销售经理辞职了。

做房地产生意的都知道，地产行业是地域性特点最强的行业，很难在异地取得成功。而W跨地区取得成功的原因之一，就是其有尊重制度和做事按程序的文化。可以说，W的制度是真制度，因为W的大部分人能执行它。因此，W的外地分公司才能最大限度地贯彻总部的意志。

这本来是一个很简单的案例，它说明了保证制度和程序的正确要比达到具体目的重要，因为只有大多数人尊重制度和程序，才能使整个组织长治久安。可当北大的学生和深圳民营企业家协会的老板们听了这个案例后，却引起了全然不同的反应。北大的学生大部分支持W董事长对这个问题的处理，而老板们都赞成上海公司和Z的意见。事实上，学生和老板对这个案例的不同反应，正代表着理想与现实的冲突。维护制度和程序是有成本的，当这个成本是你所承担不起时，作为以利润最大化为唯一目的的投资者和为投资者打工的职业经理人还能维护制度和程序吗？可是不维护合理的制度和科学的程序，企业又怎能真正成长？如果这三驾马车都要辞职，W董事长还会这样做吗？这就是所有受过教育，再去当经理人的人，初期所面临的困惑。企业管理说简单了就是人的管理，说难了也是人的管理。当个人的利益与企业的制度发生冲突时，如何合理合情解决，相信是每个管理者都会头痛的问题。

案例思考

1. 在这个案例中，你认为产生冲突的原因是什么？应如何避免？
2. 你是赞成董事长的做法还是赞成上海分公司的做法？为什么？

第六编　控　　制

第十四章 控制概述

学习目的与要求：通过对本章的学习，读者要充分认识控制在管理中的重要作用，掌握控制的基本原理和控制的基本步骤，深刻领会和把握控制的基本原则，在实际工作中充分发挥控制的职能。

控制是管理职能的重要组成部分，它属保障职能。控制提供了有关偏差的知识以及确保与计划相符的纠偏措施，它与计划、组织、领导等职能的实现密切相关。本章将介绍控制的含义、内容、基本过程、类型、原则及方法等内容。

第一节 控制的含义及基本原理

一、控制的含义及控制理论的发展

（一）控制的定义

控制就是不断地接受和交换组织内外的信息，按照既定的标准，监督和检查工作的执行情况，发现偏差，找出原因，采取措施，并根据外部环境和内部条件的变化，自觉地调整组织的活动，有效地运用组织的人力、物力、财力和信息等资源，使组织的活动能按照预定的计划执行，以达到预期的目标。

从以上对控制概念的解释，可以发现它包括以下几层意思：

（1）控制的实质是使工作能按计划进行，或只作适当的调整。如果背离计划或重新计划，无法达到原定的目标，就算是“失控”。

（2）控制是自觉进行的一种有意识的能动活动，要求控制者能根据环境的变化，有效地运用组织的资源来达到预定的目标，它与机械控制、生物性的本能控制是不同的。

（3）控制活动要不断接受来自各方面的信息，而且要能适应外部环境和内部条件的变化。

(4) 控制是一种有目的、有标准作依据的管理活动。

(二) 控制理论的发展

控制职能是各种管理学派所公认的必要的管理职能。1916 年，科学管理的创始人之一法约尔在他的《工业管理与一般管理》一书中就把控制列为五大管理职能之一，他最早给控制下了定义。他认为在一个企业中，控制就是核实所发生的每一件事是否符合所规定的计划、所发布的指标以及所确定的原则。其目的就是要指出计划实施过程中的缺点和错误，以便加以纠正和防止重犯。控制在每件事、每个人、每个行动上都起作用。控制职能随着科学技术的进步和管理科学的发展具有了更为丰富的内容。它的发展大体分为四个历史阶段：

在科学管理初期，一般把控制视为监督的同义词，认为控制就是监督，直至现在，有不少人仍用监督一词代替控制。这个时期的特点是把控制仅仅作为领导职能的继续，强调自上而下的消极惩罚性的监督，对人与事进行强制性的控制来达到既定的目标。

1930 年前后，随着“人际关系学说”的出现和行为科学的形成，提出了不应当把人只看做“经济人”，而应视为“社会人”的理论，控制职能于是发生了较大变化，改变了它原有的出发点，即从单纯的惩罚性监督变为对人的“关心”，促使人们自觉地按照预定的计划和目标进行工作，并从过分严密的监督变为宽容的监督。

大约在 20 世纪 40 年代后期，系统论、控制论、信息论等学科的相继出现，使控制职能发生了显著变化。在管理上运用了这些学科的基本原理，从而把控制职能从过去以经验为基础转变到以科学理论为基础上来，并赋予控制以科学的方法。1948 年，控制论的创始人之一诺伯特·维纳发表的《控制论》所提出的基本原理，对控制职能无论在理论上、方法上都产生了深远的影响。按照系统论、控制论和信息论的基本原理，管理的控制职能是：

(1) 对组织的生产经营活动的控制，其本身是一个控制系统，而且是一个与周围环境密切联系的开放系统。这个系统通过接受外部环境变化的信息，经过自身的反馈机构，到达“中枢神经系统”，自觉地调节其本身的活动，减少系统的“无组织程度”，以适应环境的变化，达到既定的目的。

(2) 这个系统不是重复接受同一信息，产生单一重复动作的机器，不是根据单独一次输入信息就采取行动（输出），而是接受多方面不同信息，对所有输入信息进行综合分析研究，然后再做出“令人满意”的动作（输出）。

(3) 这个系统所接受的信息，虽然各有不同，但大多数信息的出现带有一定的规律性或带有随机性质，即具有某种统计分布状态，有一定的统计规律性。

（4）所接受的信息具有一定的规律性或统计上的特性，因而可以从统计上预知未来，预测未来的变化。因此，控制职能就可以由被动变为主动，使控制更具有预防性，而不再是单纯的事后监督。

（5）根据信息发生的规律性或其统计分布状态，控制方法也就必须适应这方面的要求。这样的控制就不仅单纯按照积累的经验进行，而且可以具有科学的方法，如运用数理统计或其他数学方法等。

20 世纪 60 年代以后，随着电子计算机在管理上的应用，控制职能又发展到一个更新的阶段。由于管理信息系统内信息量的大量增加，需要迅速及时整理、分析和运用，人力无法进行这方面的工作。电子计算机的出现和应用，从物质手段上解决了这一问题，把控制职能的实施建立在现代物质技术基础之上，从而较大地提高了控制系统的工作效率和工作质量。这个时期的主要特点表现在：

（1）大量信息的搜集、存储、分类、整理、鉴别、计算、分析等工作，从过去的手工劳动转变为电子计算机的操作，改变了控制职能实现的技术状况。

（2）建立管理信息系统（MIS），使信息的处理、加工、传递、反馈系统化，用信息数据来代替或辅助人的直觉观察。

（3）提高控制的及时性、全面性、准确性、预防性和有效性，达到更高的科学水平。

（4）把计划、组织、领导和控制等职能，通过电子计算机的应用，更密切地结合起来，形成一个科学的管理体系。目前，控制职能已在生产、经营、科研、国防、教育等许多领域发挥着越来越重要的作用。

二、控制的必要性

如果计划制订得很完美、毫无缺点，如果组织结构也非常合理且效率高，如果管理者和员工们都能准确地完成完美的计划，那么就不需要控制了。当然，这种理想的状态是不可能成为现实的。现实中既无十全十美的计划，也很难做到行动毫无偏差。因此，控制对组织来说是完全必要的。具体来说，主要有以下几个方面：

（一）环境变化

计划是对未来行动的安排。任何计划都是在特定的时间和特定的环境下制订的。未来计划期内环境是否与当初制订计划时所预料的一样，直接影响到计划的合理性、可行性。环境总是运动和变化的。绝大部分组织是个开放系统，是受环境影响的。所以，当外部环境发生较大变化时，组织就应该适时地调整组织目标和计划，甚至调整组织结构，调整组织行为，以适应环境的变化。例如，当市场需求发生变化，或者新技术、新材料、新产品出现时，企业就要及时调整自己的产品结构和经营策略。

（二）管理权力分散

当一个组织发展到一定规模时，主管人员由于时间和精力及专业知识的限制，不可能全面、直接地指挥下属，必然要将手中部分管理业务委托给他人，并赋予一定的权力。任何组织的管理权都制度化或非制度化地分散在各个管理部门和管理层次上。为保证所授权力得到充分、正确的使用，每个层次的主管都必须定期或不定期地检查和考核直接下属的工作。组织的分权程度越高，控制就越有必要。如果没有这种检查、考核等控制措施，主管人员就无法知道下属的权力是否被滥用，无法知道下属的权力活动是否符合计划及组织目标。

（三）工作能力的差异

即使组织的计划很完善，组织环境在计划期内也相对稳定，组织活动仍需要进行必要的控制。这是因为不同的组织成员，其对计划的认识、理解能力和工作能力不同所造成的。组织目标和计划的实现要求每个成员、每个部门严格按计划协调地工作。然而组织成员是在不同时空上进行工作的，他们对组织计划（或任务）的认识和理解的程度可能不一致，工作的能力存在很大差异，他们工作的实际结果在数量和质量方面都有可能与组织计划不符。这种局部的或某一方面的误差，如果不进行及时的检查、纠正，势必会导致整个计划不能完整实现。因此，对组织成员的工作进行有效的控制是非常必要的。

控制贯穿于管理的各个方面和各个过程。控制与其他管理职能之间存在着密切的关系。决策、组织、领导职能是控制的基础，控制是在这三者的基础上对具体活动的实施进行检查和调整的，离开一定的决策、组织、领导，控制就无法正常进行。控制要以决策为依据，有计划、有组织地进行。同样，控制是决策、组织、领导有效进行的必要保证，离开了适当的控制，决策、组织、领导等管理职能都可能流于形式，得不到实效。

管理是通过他人完成任务的艺术。由于管理者要负最终责任，所以在需要通过他人完成组织任务时，就必须建立控制系统，以便使自己可以自始至终地掌握任务的进度和其他情况。否则，就会失控。为此，许多管理者认为授权是件非常困难的事。其主要原因是害怕下属出差错而要由自己来承担责任。因而许多管理者都尽可能自己去做，而不愿授权他人去操作。但是，如果形成一种有效的控制系统，这种不愿授权的事情就可大大改观。

控制职能无疑是十分重要的，但必须将其置于整个管理工作之中，不能过分强调它的独立作用。也就是说，控制本身不是目的，它仅仅是实现目标的手段之一。

三、控制的基本原理

就各种控制活动而言，它们有两个共同特征：一是被控制的对象必须有多种发展方向的可能性；二是实施控制者可以通过一定的手段在多种发展的可能性中进行选择。因此，控制的概念与事物发展的可能性有密切的关系，所有可能性构成的集合被称为被控制系统在某一时刻的可能性空间。

控制的目的就是要使可能性空间尽可能缩小。经过有效的控制后，可能性空间缩小的程度，可以用来衡量控制能力的大小。可能性空间缩小的幅度越大，说明控制能力越大；反之，则越小。所谓控制能力，也就是实施控制者经过努力，对可能性空间进行改变的能力。控制能力可用下式表示：

$$F\text{（控制能力）}=\frac{M\text{（施控前的可能性空间）}}{m\text{（施控后的可能性空间）}}$$

控制能力的大小在很大程度上要依靠信息。例如，当管理者将计划下达后，计划的执行情况表现为不确定性，即面临的可能性空间很大时，如果要想缩小可能性空间，提高控制能力，就应该深入细致地掌握计划的执行情况，减少在认识上的盲目性，而对计划的掌握则是以占有较多的信息为前提的。

人们获得信息的过程也是对认识对象加深了解的过程。某一具体信息的适用性以及包含的信息量，对不同主体而言是不尽相同的。例如，对于一个不了解市场需求的人来说，他所面临的可能性空间有扩大生产规模、保持现有生产规模和缩小生产规模三种；对于一个已掌握市场需求增长信息的人来说，他所面临的可能性空间就只有一种。所以，当市场需求增长的消息传开后，对前者来说是有用的。他所面临的三种可能性空间将缩小为一种，而对后者来说则没有任何意义，因为他所面对的可能性空间依然如故。所以我们说，信息与控制有很大的相似性，信息使认识主体在认识上的可能性空间发生变化，而控制则使客体在行为上的可能性空间发生变化。

信息只有通过在不同主体间的不断传递才能发挥作用，而传递过程中确保信息的不失真是非常重要的工作，要做到这一点就必须对传递过程进行控制，即信息传递离不开控制，控制也离不开信息的传递。作为一名管理者，要想进行有效的管理，就要对其所管理的人、财、物及外部环境进行充分的了解。因此，能否获得足够的信息，是进行有效控制的前提条件。就控制系统而言，为了对它进行必要的调节和纠正偏差，必须对控制对象进行有效的再控制，即不断由控制机构向控制对象发出控制信息，这样才能进行有效的控制。不断从控制对象获得有关控制效果的信息的过程，就是控制系统的信息反馈过程。信息反馈是保证系统达到预期目标的前提。在控制系统中，控制机构和控制对象之间的相互作用体现为控制与反馈的关系。当目标确定后，实施控制部分和被控制部分已没有明显区别，已处于同等地位，并通过相互协调以实现组织的目标。

控制系统通过信息反馈及时进行必要调节来保证系统的稳定性，所以反馈调节的速度必须快于控制对象的变化速度，否则，便会在调节中发生振荡现象。如果在控制系统中出现了反馈调节的速度慢于控制对象变化速度的现象，即时滞现象，则在反馈控制中，反馈调节就成为一种事后补救措施。前馈控制可以在一定程度上减少由于时滞作用而带来的损失。所谓前馈控制就是充分利用各方面的信息来预测由于外部干扰和输入变量之间的相互作用而对系统行为产生的影响，以及这种影响使系统在运作过程中可能产生的偏差，并据此对系统的输入量作相应的调整。前馈控制是在系统产生偏差之前进行，因此可以使系统更快地接近目标。要发挥好前馈控制的作用，就必须对系统的偏差及其产生的原因进行准确的预测。在实际工作中，为了更好地发挥控制的职能，一般可将前馈控制与反馈控制结合起来应用，即采用前馈-反馈控制系统。

第二节　控制类型与控制过程

一、控制类型

为了有效地进行控制，就要研究控制类型。按照内容、性质的不同，控制可以分为不同的类型。

（一）按控制的全局性和局部性分为全局控制和局部控制两大类

1. 全局控制

它是把组织的全部活动作为一个总体控制对象的全局性控制，是指管理人员为了整个组织的良好效益，按照总体计划来调节各个环节、各个部分活动的控制工作。它一般着重于财务方面，能综合反映整个组织的工作状况。例如，财务收支分析、盈亏分析、投资回收率分析以及组织的自我诊断等，都属于综合性的全局控制。

2. 局部控制

它是对某项作业进行的控制，用以保证具体任务或具体目标的实现，它的控制对象是单项作业，是局部性的。如，生产控制、质量控制、某项工程项目进度的控制等。

全局控制大多是非程序化的，是运用人的智慧和经验，按照内外条件的变化而进行的调节；局部控制则大多是带有程序性的，可按一定的程序按部就班地进行。各个局部控制的具体目标之间可能会出现脱节或矛盾的情况，全局控制则对此进行协调，使整体达到较优效果。全局控制为各个局部控制提出总目标和总要求，指导和协调各个局部控制的活动；局部控制则按照总体要求进行工作。全局控制通过各个局部控制的有效的、协调的工作来完成自己的任务。

（二）按照纠正措施的重点分为预先控制、现场控制和事后控制三大类

1. 预先控制

预先控制又称前馈控制，是指在某项生产经营活动开始之前所进行的控制。纠正措施的重点是组织所使用的资源，即在未进行工作之前，通过预先合理调配资源，使输入资源达到标准状态，从而保证既定目标的实现。如材料经检验合格后才投产就属于预先控制。实质上它的信息反馈回路是在进入系统之前，一般是指控制输入的状态。这种类型的控制能起到很好的预防作用，将可能发生的问题排除在产生之前。

2. 现场控制

它是指在系统运行过程中进行的控制，纠正措施的重点是正在进行的工作。其主要方法是管理人员深入现场，监督检查作业人员的工作，发现偏差，提供恰当的工作方法和纠正措施，以确保既定任务的完成。如，经常检查存货情况，观察产品是否到达订货点，届时是否发出订货就属于现场控制。这种控制也具有较强的预防性，可以及时消除隐患，经常检查工作过程是否处于控制状态。

3. 事后控制

事后控制又称反馈控制，它的实质是指信息反馈发生在系统运行产生结果之后，纠正措施的重点是分析工作的执行结果，预测未来的变化，找出已发生作用的因素和潜在的影响因素，采取措施以控制下一个过程的变化。应当明确，事后控制不是单纯指出了问题后采取补救措施，而是指根据实际运用结果与标准的偏离的情况，运用科学的方法和手段进行分析，及时发现可能发生的问题并进行有效的控制。如对产品质量进行检验，尽管全部合格，但它的平均值可能会偏高或偏低，这反映生产过程可能存在失控状态，这时就应采取措施，做好预防工作。因此，事后控制同样也具有很好的预防性。

（三）按照控制目标函数的不同可分为程序控制、跟踪控制、自适应控制和最佳控制四种

通过控制所要达到的目标叫控制标准（z），控制标准可以是一个常数，$z=c$，如含硫量不超过0.04%；也可能是随时间而变化的变数，$z=f(t)$，如工

业产值每年递增5%；也可能是随另一个自变量而变化的因变数，$z=f(x)$，如销售量随价格变化而改变；还可能是一个最佳的函数值，$z=\max f(x)$，或 $z=\min f(x)$，如盈利的最高点或成本的最低点。目标函数不同，将会产生不同的控制类型。

1. 程序控制

程序控制是指控制标准是一个常数 $z=c$，或是随时间而变化的函数 $z=f(z)$ 时所进行的控制。如为达到产品质量标准而进行的质量控制属于前者，按生产进度表进行的生产控制就属于后者，企业中的作业控制大多数属于这种类型。

2. 跟踪控制

跟踪控制是指控制标准是随另一个系统的自变量 x 而变化的函数 $z=f(x)$ 时所进行的控制。x 称为先行量，它本身也是一个变量。例如，按需定产，则计划产量这个生产控制的标准是随合同订货量而变化的函数，订货量就是先行量。此时应预测市场需求变化引起的订货量有何改变，进而才能确定各时期的计划产量，从而进行控制。这种控制在企业的营销活动中具有很大作用。

3. 自适应控制

自适应控制是指控制标准函数的自变量 x 是系统前期的输出 y，$x=f(y)$ 的控制。例如，根据前期工作的实际结果来确定或修正本期计划或标准，这实际上是按照系统本身的运行结果制定控制标准。这种控制在日常的生产调度中是经常发生的。

4. 最佳控制

最佳控制是指控制标准是自变量 x 函数的极值（最大值或最小值），即 $z=\max f(x)$ 或 $z=\min f(x)$。例如，把库存量控制在库存成本最低水平（经济订货量），或把产品的产量控制在利润最高水平。

（四）按照信息反馈有无回路分为闭环控制和开环控制

1. 闭环控制

闭环控制是指具有信息反馈回路的控制，它的控制系统的耦合链是封闭的。如企业组织在研究市场的基础上，将市场需求信息反馈至经营决策部门，然后作出符合市场需求的产品决策，生产出物美价廉、适销对路的产品，这种控制就是闭环控制。它具有灵敏、快捷的信息反馈回路，把输出（产品）同外界交换信息（市场是否需要），反馈至系统中来，调节输入（改变产品决策），从而控制自身的活动。

2. 开环控制

开环控制是指没有信息反馈回路的控制，不必同外界交换信息，它的输入是固定的，与输出值有无偏差无关。自动交通信号装置就是一个典型例证，它无论有无车辆通过，定时交换信号。流水线的强制节拍的自动传递控制装置也属于这一类，它没有信息反馈回路，不能把输出状态发生的偏差化做信息来影响输入。

一个管理优良的企业组织的控制系统应该是闭环控制，这样才符合企业作为一个开放系统的性质，但在企业组织内部，各个部门的控制，则应根据其控制内容、要求和条件的不同，分别采用闭环控制和开环控制。

（五）按控制的时态可分为静态控制和动态控制

1. 静态控制

静态控制是指被控制的活动经过一段时间后，集中提供这一段时期的信息，然后反馈到输入部分，以进行下阶段控制。例如，根据产量月报表，集中提供上个月有关产量的信息，对下个月的生产进行控制，就属于这种类型。

2. 动态控制

动态控制是为了揭示受控制系统内部连续变化的过程，随着时间推移，不断提供信息，实施控制。例如，滚动计划法就属于这种类型。

上述各种控制在整个组织的控制系统内是同时存在的。在实际工作中，应根据各项作业和各环节的管理控制的内容、目标、要求和条件等，来选择控制类型，拟定具体的控制程序和方法，最终实现管理的控制职能。

二、控制的基本过程

控制职能的实施是由若干活动步骤来完成的，控制过程包括以下三个方面：

（一）制定控制标准

所谓标准，是指计量实际或预期工作成果的尺度，是从整个计划方案中选出的对工作绩效进行评价的关键指标，是控制工作的依据和基础。控制标准的确立对计划工作和控制工作起着承上启下的作用。在组织管理中，控制工作涵盖的范围很广泛，实施控制的主要依据有组织的经营目标和策略、计划、预算、标准、规章制度等，在此基础上形成组织控制标准。

控制工作是贯穿组织运营的一项重要活动，因此，作为控制的标准就不仅局限于计划指标，还包括对生产过程结果的控制，对各职能部门工作人员工作质量的控制。控制工作的范围涉及组织运营的各个方面。控制标准也是多方面的，其中许多是可用量化指标来表示的，如计划指标有产量、增加值、销售额、劳动生产率等，定额指标有劳动定额、资金占用定额等，质量指标有性能指标、工序质量标准、产品技术要求、合格率等。除了这些定量标准外，还有些活动或工作无法量化，则只有通过定性的方式来表示，如企业职工素质、职工的工作情绪、企业的信誉、产品在市场中的领导地位等。

控制标准的具体内容按受控制对象的不同而不同，任何作业控制和管理控制都必须要有明确而又全面、科学合理的控制标准。

（二）按照标准测定工作成果

制定控制标准，不仅是为了控制各项工作的完成情况，同时也要用来衡量各部门、各类人员的工作，在标准已定的基础上，对实际工作进行对照比较，发现偏差要分析其产生的原因，制订相应的措施加以改进完善。用数量表示的控制标准，可以很客观而准确地加以测定与比较，如上述的销售额、劳动生产率等都可以准确地算出实际的绩效来。但无法量化的标准，必须要透过各种现象，间接地测定其实际结果，并尽量使之准确、客观。理想的工作成果测定，是在工作还未结束之前就能推测出成果如何，这样才能尽早地发现偏差，及时地加以改进，以免失误。当然，并不是任何工作都能做到这种理想测定的。管理水平和责任心较强的控制者有可能在事先观察到工作的偏失现象，如果缺乏这种观察力，则至少在偏差已发生时，要能够较快地发现。

（三）偏差的纠正

偏差也就是实际工作结果与标准的差异。如果要控制成功，应当迅速纠正偏差。图 14-1 说明迅速纠正偏差与控制失败而造成偏差之间的关系。图中表明即使在一项计划的认真执行过程中，也会出现难以预料的偏差，但是，完全失控结果（dR_1）要比在控制之下的最后偏差（dR_f）要严重得多。

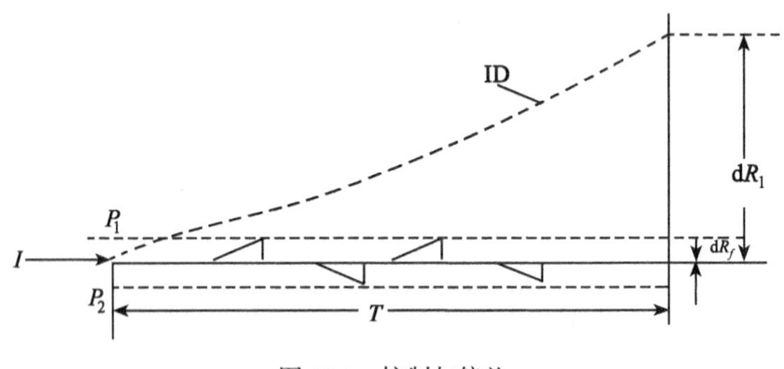

图 14-1　控制与偏差

dR_1：如工作不加控制，第一次偏差的最后程度；

dR_f：如工作加强控制，最后偏差的程度；

I：开始工作；

P_1，P_2：标准百分比偏差或容许度；

T：预计工作时间；

ID：未加控制工作的线路。

偏差的纠正包括采取哪些措施、制定具体措施及由谁负责实施这三步。

在决定采用何种措施之前，首先要分析偏差产生的原因，如果是多种因素同时起作用，就要根据不同原因分别采取措施。单纯是由于工作不力而造成的偏差，可以查明责任，对工作人员实行严格的奖惩，以儆效尤；如果造成偏差的原因，非执行工作人员所能控制，就可能要修正原来的目标与计划，可能要加强工作人员的培训与考核，可能要加强内部的联系和协调，可能要改进各级领导的工作方法和工作作风。找到真正的原因，才能对症下药。纠偏的具体措施各不相同，但一般可归纳为以下三种：

（1）适当调整原有计划。如果发现原有计划安排不妥，或者由于主客观因素发生了改变，则应当调整原定计划。但调整计划一般是指调整短期的具体执行计划，如调整班、日计划，这是最常见的。应当强调的是，调整计划归根结底还是为了达到预期的总目标，具体计划的变更是为了更好地实现总目标，而不是偏离总目标。绝不能抛开原有计划轨道，变成无计划、无目标的控制。如果用计划来迁就控制，随意修改计划，这种控制是毫无意义的。

（2）改进生产技术。当经过很大努力仍很难达到控制标准时，总不外乎是技术问题或管理问题等原因所致，而生产技术上的原因往往占有很重要的地位。因此，必要时应采取技术措施，及时处理出现的技术问题，才能纠正偏差，完成计划任务。

（3）改进组织工作。控制职能与组织职能是相互影响的，改进组织工作，如调整企业组织结构，改进分工协作关系，进行资源的合理配置、培训人员等，都是有效的措施。

第三节 控制原则与控制方式

一、控制的原则

为了更有效地发挥控制职能的作用，必须坚持以下基本原则：

（一）实事求是原则

控制是对工作进行监督、检查和衡量，它必须是客观的、实事求是的。所谓客观，就是管理者不能凭自己的主观、经验或直觉去判断，而应采用科学的方法，去观察、分析和判断。由于控制工作具有对下级的监督作用，并且和考核、评比、奖励、晋级有密切关系，容易出现弄虚作假、报喜不报忧等现象，因此，控制工作就应当引导人们实事求是，面对现实，而不能滋长那些错误心理和行为。管理者都要有“闻过则喜”的素养，检查或衡量工作时应当客观、公正、真实，只有这样才能发现真正的偏差，才能获得可靠的信息。要尽可能采用计量方法，用数据来衡量工作成果。

（二）预见性原则

控制系统不仅要在偏差出现以后及时采取措施加以纠正，而且应尽量在问题出现之前，能预知事情的苗头，分析可能会发生的问题，把问题排除在未发生之前和消灭于萌芽状态。即要能及时发现偏差，迅速处理，做到不失时机，才能避免时间拖延，使问题由小变大、积重难返，使系统处于失控状态。为了做好控制工作，要把工作情况和结果及时、迅速地进行反馈，及时对大量的信息进行整理加工。随着社会环境的变化和科学技术的发展，企业同外部以及企业内部之间需要相互交换大量的信息，因此，建立健全管理信息系统和利用电子计算机进行信息处理和传输，已成为现代化控制的客观要求和发展趋势，也是提高控制工作预见性的重要手段。

（三）有效性原则

在整个组织的活动中，生产、技术、人事、供应、销售、财务等工作各有不同，要按照不同的工作性质、内容、范围、要求和现实的条件进行控制，建立不同的控制标准，采用不同的方式，选择不同的控制类型，拟定具体的控制方案。这样的控制工作才能符合实际，才可能取得实效。同时要根据具体情况，建立和健全相应的组织机构，要能在机构中将信息实行畅通无阻的传递，要做到权责分明，并且不同的工作要有各自不同的具体目标，切忌“一刀切”。

（四）例外原则

控制要按照管理层次，分别进行重点控制。控制工作是通过发现和纠正偏差进行的，但发生的偏差可能有许多，不能事无大小，不分主次同等对待。上级不应也不能对下级的一切工作都加以控制。因此，要按管理层次、各级的职责分工，抓住重大事项进行重点控制。有很多问题，可由下级人员进行自觉的调节，要实行例外管理的原则。例外原则就是当发生了预料之外的重大偏差时，才应该提请组织最高层管理者处理。换句话说，组织中没有发生重大偏差时，原则上由相应的职能部门或人员去处理，这样便于高层管理者在有限的时间内集中精力去处理一些关键性和例外问题。只有坚持例外原则，才能有效地进行控制。

（五）弹性原则

控制往往是要面对难以预料的变化，接受各种不同控制因素变化带来的信息。为了适应环境变化，控制必须具有一定弹性，而不是"机械"地控制。弹性控制是针对控制的应变能力而言的，要允许控制在适度的范围内进行，而不是不顾客观条件改变而僵化地控制，这样，控制工作才是有意义的，例如，实行弹性预算、实行跟踪控制、实行滚动式的作业计划和利用网络计划法的时差进行机动调配力量等。事实上，实现弹性控制的最好方式或前提就是要有一套有弹性、适应性更强的计划。

（六）战略性原则

控制绝非忙于处理当前所面临的问题，而应当高瞻远瞩，具有战略眼光。管理者应当具有全局观念。所谓全局观念，就是要从全局利益出发进行控制，要将各个局部的控制目标协调一致。在实际工作中，应当提醒全体职工，不能眼光只停留在本部门、本作业的控制目标上，而忽视了控制的总目标，要引导人们照顾全局，使各方面的目标协调一致。

（七）组织性原则

组织是一项人与事相结合的工具，它也是维持控制系统的骨架。组织性原则也就是要求控制与企业的组织形式、各级组织机构的设置、人员的分工和责权利相适应。高层、中层、基层等组织各有权责，各级、各部门的控制工作、控制目标、控制方法都要与这些组织状况相适应，不同的权责分工和组织形式就应当运用不同的控制方法。在实施控制时，不能混淆或削弱各组织和人员的权责，要遵守"统一命令"的原则，不要越级发布控制的指令，也不能超越规定的权限而要求下属去做他们权限以外的事情。

（八）经济性原则

讲求经济效益既是实施控制的基本要求，也是进行控制活动的最终目的。通过控制必须要能获得一定的经济效益，要把实施控制所获得的成果同实施的费用进行经济比较，选择出投入少、效益好的经济合理的控制方案。一般来说，在实施控制的初期，费用上升得快，如购买设备、培训人员等，因此，在短期内效果并不明显。同时，控制是一种管理技术，必须要有一个熟悉和运作的过程，甚至推行时还会遇到一些阻力，如其他工作可能还没有配合好等。推行一段时间后，通过实施控制，纠正或缩小了偏差，效果就会显露出来。所以，在分析时要有长远眼光。但是超过一定限度后，再增加该项控制的费用，收益增加可能十分缓慢，因为，此时重大问题已经解决，余下问题对目标的实现已无大碍，而且纠正这些小问题也不可能获得较大的收益。因此，控制技术的采用，既不能只看近期效益，也不能提出过高的要求。为了追求尽善尽美而追加太多的费用，往往是得不偿失的。

二、控制的方式

实施控制的方式随着所控制的对象、内容、条件以及环境的不同而有不同选择，控制的基本方式大体上可分为模式控制、统计控制、会计控制、预算控制、进度控制和直接控制等六大类。

（一）模式控制

模式控制是通过数学方法，依照输入要素与输出要素之间的函数关系，建立数学模型进行控制。在企业的生产经营活动中，有许多因素之间存在着非常密切的数量关系，如材料的价值与成品的价格之间的关系，工时与产量之间的关系，产量、成本与盈利之间的关系等。控制就是利用这些模型来进行的，控制标准的输入，实现标准的输出，或者通过改变输入来控制输出。如通过确定经济批量来实现最佳库存的控制；利用订货点来调节库存；建立价格与需求关系的模式，求得销售收入和盈利最大的价格；利用线性规划确立投入产出模型等。随着运筹学、经济数学、计量经济学等学科的建立和完善，数学方法在管理上的应用越来越广泛，特别是在电子计算机出现并大量应用于实践后，使得许多较复杂的计算和分析工作变得更为快捷和准确。利用数学模型进行控制，使控制工作更加定量化，摆脱了过去只靠个人的经验进行控制的束缚，提高了控制的效率，这是控制随着科学技术的发展而不断进步的必然趋势。

（二）统计控制

统计控制就是利用统计理论和方法对生产经营活动实施控制。它可分为概率控制和利用统计资料进行控制两类。

1. 概率控制

它是利用数理统计和概率论的原理与方法对事物进行分析研究的一种控制方法。就控制系统市场化而言，虽然接受的信息很多，但是有许多信息具有随机性质，且呈一定的统计分布规律。如产品质量的许多特性，在正常情况下其概率分布呈正态分布规律，不合格品率的出现带有二项分布的规律，因而可以利用概率分布的原理，对系统的活动进行研究并加以控制。根据数理统计中概率分布的规律，在正态分布的情况下，在平均数上下各 3 个标准差的范围内，它的概率达到 99.73%。因此，常把 3 个标准差作为控制的界限进行控制。休哈特发明的控制图法就是利用控制图，定期抽检生产过程中的一批制品，将检测的结果用点子在图上表示出来，然后根据点子的分布作出判断。

除此之外，还可利用相关分析的方法，建立回归方程进行控制。首先进行相关分析，研究变量间的分布状况，是属于线性相关，还是非线性相关；是属于指数分布曲线，还是S分布曲线等。然后再根据其概率分布类型，利用回归分析方法建立回归方程，进行观察和控制。

2. 利用统计资料进行控制

它是利用统计报表进行监督和控制的一种方法。它根据各种统计资料（如各种台账、各种统计指标等）来衡量工作进展和计划的完成情况，经过对照，发现偏差，找出原因，加以改进，如分层法、指数法、动态分析法等。

（三）会计控制

会计控制是利用会计原理和方法，运用会计资料（分类账、明细账、会计报表等）所反映的数据进行的控制，其实质就是利用货币对企业生产经营活动进行监督和调节。会计控制是一种传统的控制方法。一些历史悠久的企业将会计作为一种极其主要的控制工具，把主管会计称为控制者，他利用货币的收支来控制企业的生产经营活动。在商品经济社会，一切生产经营活动都必须通过货币实行等价交换，人们可以通过会计记录来观察和分析并实施监控。企业要提高经济效益，就应当建立和完善会计控制，使它在企业控制系统中成为一个相对独立的子控制系统，这对充分发挥控制的职能是十分必要的。

会计控制是通过会计核算和分析来进行的，它需要及时观察、检查有关的会计资料。如要控制材料库存，就必须检查材料账，分析会计记录的变动情况和报表上的数据，从而发现偏差和原因，进行有效控制。会计分析利用的指标很多，如资金利用率、流动资金周转率、固定资金利用率、销售收入增长率等。

（四）预算控制

预算控制是利用财务预算对生产经营活动进行的控制，也是一种传统的控制方法。预算控制是计划职能与控制职能的交界面。预算也是一种计划，预算编制属于计划职能；根据事先的预算，进行收支的控制，属于控制职能。实施预算控制的工作包括以下几个方面：首先是预算的编制，有无预算或预算编制得如何，是能否发挥预算控制职能的关键。在编制预算时，应集中精力编制好几项主要收入和支出项目，不要主次不分、过多地考虑或细分次要项目；要提倡零基预算，即从头开始，对整个预算进行计算，确定每一项目的收支，不要随便以上期实际情况为始点来变动预算开支。其次是利用预算来检查各项收入和费用的完成情况和进度，及时估计达不到预算要求的可能性。再次是需要监督和帮助各单位执行预算，查找发生偏差的原因，按预算费用进行开支。最后还应该根据实际情况的变化，适时地调整预算，在可能的条件下采用弹性预算，也就是指某项预算费用随着另一变量而变化，如流动资金随产量而变化。预算控制不是一种消极、被动的控制，而是积极、主动的控制。

（五）进度控制

进度控制是指对生产活动和经营管理工作的进度实施的控制，它同时间的进程和期限的要求结合在一起，主要是控制生产或工程进度如期完成，各项作业在时间上相互衔接，进度控制可采用甘特图或网络图进行，它也是计划职能和控制职能的结合点。

甘特图在生产管理中应用相当广，它是将一段时间内的计划工作与工作进度在同一图表上表示出来，一条线表示计划，另一条线表示实际，从而反映出计划与实际的偏差，表示超前滞后的时间，并把相关作业在时间上的衔接关系表示出来。

网络图在编制网络计划时属于发挥计划职能的工具，同时也用它进行控制。通过对网络图的分析，找出关键线路并对其进行控制，最终用最少的时间和最少的资源消耗去完成既定的工作。网络图除了与甘特图一样能表示作业进度和时间衔接的先后关系外，还可以确定出关键线路和非关键线路中的时差，这样人们可以利用非关键线路上的时差，去支援关键线路上的作业，按期或提前完成任务。

（六）直接控制

直接控制是指对人的控制。上述各种方法都只能算间接控制，而对控制系统内每个人的控制实乃最根本的控制。企业的一切生产经营活动都是由人来进行的，因此，对人的控制是最直接的控制，而前述的几种控制方式都必须通过人的工作来实现，所以是间接控制。人是控制系统的主体，如果离开了人的有效工作，控制系统的存在是毫无意义的；如果没有充分发挥人的主观能动性，控制职能也很难发挥它应有的作用。因此，做好人的工作，是实施控制职能的关键。对人的控制不是单纯采用强制与监督，主要是提高他们的思想政治觉悟，提高职工的责任心和敬业精神，充分发挥他们的积极性，并培养提高他们的工作能力，这样他们就会自觉地并且是有能力地去完成各自的工作，这样的控制就会达到事半功倍的效果。直接控制往往同组织职能以及对职工的激励结合在一起进行，要关心职工并了解他们的思想、工作、生活情况，帮助和指导他们工作，检查他们的工作及进度，并对工作结果进行严格的考核和评比。

☞本章点评

控制就是不断地接受和交换组织内外的信息，按照既定的标准，监督和检查工作的执行情况，发现偏差，找出原因，采取措施，并根据外部环境和内部条件的变化，自觉地调整组织的活动，有效地运用组织的人力、物力、财力和信息等资源，使组织的活动能按照预定的计划执行，以达到预期的目标。控制可以从不同的角度进行分类，要经过制定控制标准、按照标准测定工作成果和偏差的纠正三个阶段。控制工作必须遵守实事求是、预见性、有效性、弹性、战略性、组织性、经济性等基本原则，可根据实际情况，采取模式控制、统计控制、会计控制、预算控制、进度控制和直接控制等方式。

☞复习思考

1. 什么叫控制？如何理解这一基本概念？
2. 控制有哪些主要类型？各自的主要特点是什么？
3. 试述控制与计划的关系。
4. 在控制工作中应遵循哪些基本原则？
5. 控制的主要方法有哪些？
6. 每一个单位都有一系列的规章制度，如何看待规章制度的控制作用？
7. 控制越全面越严格是否越好？为什么？

☞本章案例一

美国某信用卡公司的卡片分部认识到高质量客户服务是多么重要。客户服务不仅影响公司信誉，也和公司利润息息相关。比如，一张信用卡每早到客户手中一天，公司可获得33美分的额外收入，这样一年下来，公司将有140万美元的净利润。及时地将新办理的和更换的信用卡送到客户手中是客户服务质量的一个重要方面，但这远远不够。

卡片分部的一个地区副总裁K女士提出："一段时间以来，我们对传统的评价客户服务的方法不大满意。向管理部门提交的报告有偏差，因为它们很少包括有问题但没有抱怨的客户，或那些只是勉强满意公司服务的客户。"她相信，真正衡量客户服务的标准必须基于和反映持卡人的见解。这就意味着要对公司控制程序进行彻底检查。第一项工作就是确定用户对公司的期望。对抱怨信件的分析指出了客户服务的三个重要特点：及时性、准确性和反应灵敏性。持卡者希望能准时收到账单；信用卡公司能快速处理地址变动，及时采取行动解决抱怨。

了解了客户期望，公司质量保证人员开始建立控制客户服务质量的标准。所建立的180多个标准反映了诸如申请处理、信用卡发行、账单查询反应及账户服务费代理等服务项目的可接受的服务质量。这些标准都基于用户所期望的服务的及时性、准确性和反应灵敏性，同时也考虑了其他一些因素。

除了客户见解，服务质量标准还反映了公司竞争性、能力和一些经济因素。比如，一些标准因竞争引入，一些标准受组织现行处理能力的影响，另一些标准反映了经济上的能力。考虑了每一个因素后，适当的标准就成型了，于是开始实施服务质量控制的计划。

计划实施效果很好，比如处理信用卡申请的时间由35天降到15天，更换信用卡的时间从15天降到2天，回答用户查询的时间从16天降到10天。这些改进给公司带来的潜在利润是巨大的。例如，办理新卡和更换旧卡节省的时间会给公司带来1750万美元的额外收入。另外，如果用户能及时收到信用卡，他们就不会使用竞争者的卡片了。

该服务质量控制计划潜在的收入和利润对公司还有其他的益处，该计划使整个公司都注重客户期望，各部门都以自己的客户服务记录为骄傲。而且每个雇员都对改进客户服务质量做出了贡献，使员工士气大增。每个雇员在为客户服务时，都认为自己是公司的一部分，是公司的代表。

信用卡部服务质量控制计划的成功，使公司其他部门纷纷效仿。无疑，它对该公司的贡献将是非常巨大的。

案例思考

1. 该公司控制客户服务质量的计划是前馈控制、反馈控制还是现场控制？
2. 找出该公司对计划进行有效控制的三个因素？
3. 为什么该公司将标准设立在经济可行的水平上，而不是最高可能的水平上？

☞本章案例二

柳工股份的内控试点之路

被誉为“中国工程机械行业排头兵”的广西柳工机械股份有限公司（下称“柳工股份”），在最近两年的时间里，拥有了另外一个“身份”，那就是我国200多家内控试点企业之一。

作为广西内控排头兵，柳工股份以其内控信息化率先启动了广西企业内控之路。

打好内控建设基础

柳工股份启动内控流程梳理工作之初，原有的信息系统无法适应国际化发展要求，如原有系统支持单体企业管理，不适应集团式企业内部流程管控要求，业务流程仅局限于职能化管理。彼时，以成就世界级企业为愿景的柳工股份，意识到自身在公司规范化管理方面与国际一流公司相比较，还存在相当的差距。

从2006年开始大力发展信息系统自动化控制，耗资6000万元启动了“数字化柳工创新工程”，通过信息系统项目建设梳理再造了整个公司和异地子公司的所有研发、采购、物流、制造、销售、服务活动的流程，将柳工股份独有的管理模式和业务流程固化在统一的软件系统中。

对于以信息化建设带动内控建设，柳工股份有着明确的思路，即“一个企业、一套统一标准、一套集成系统”，并采取了事业部先行试点再逐步推开的方式，待柳州股份本部总结经验后，再向异地子公司全面推广。

公司当时率先选择挖掘机事业部与财务系统进行试点，2007年5月上线。随后，销售系统项目纷纷上线，继而各职能部门和事业部全线调动，完成了柳州本地项目的实施。2009年开始向七家异地事业部推进，2011年1月安徽柳工项目的正式上线，标志着柳工股份信息系统建设项目全面完成。

柳工股份依靠信息系统有力支撑了企业集团国际化战略、产品创新与数字化技术的协调发展，为内部控制工作的进一步推进打下了坚实的基础。

“五大模块”抓好内控关键

柳工股份以信息技术为突破口，实现了财务业务一体化，并逐步建立以流程为导向的管理模式，实现人工控制向自动化控制的转变。

此后，柳工股份建立了集团ERP系统，开发、配置集团级财务管控平台、制造型业务支持平台和销售服务型业务支持平台，覆盖企业的计划、生产、采购、库存、市场、销售、服务以及财务管理等所有经营管理业务活动。在此基础上，2009年柳工股份制订了建立“制度流程识别风险，制度流程管控风险”内控体系目标。

2009年4月，柳工股份聘请专业的内部控制中介机构，启动内部控制与风险管理咨询项目，以总部的财务、销售、采购、投资、信息技术五大关键模块为主线搭建起适合公司发展的内部控制体系。

按照内部控制五要素，柳工股份启动了以风险为导向的内部控制优化工作，对五大模块进行流程梳理，辨识风险控制点，制定风险控制措施。历经风险点梳理阶段、编制《内部控制活动分册》、试运行五大模块内控系统、评价整改及监督等阶段，至2009年12月共汇集整理一级流程10个、末级流程295个，确认风险599项，规范关键控制333项，建立流程关键控制文档及监督文档76个，形成了覆盖公司总部五个业务领域的内部控制体系。

通过开展内控自我评价和独立评价，柳工股份五大模块的内控体系执行良好，并形成了以“五要素”为评价核心指标的《内部控制评价手册》。

“三个重点”促内控合理优化

2011 年，在做好了准备工作后，柳工股份根据内部控制建设五年工作规划，启动了内控合规和优化项目。

2010 年 12 月至 2011 年 2 月，柳工股份开展流程制度调研，全面摸底排查现有流程制度的情况。根据对前期内控建设经验总结和流程制度调研的结果，汇集内部控制需要解决的主要问题，依靠信息技术手段，继续推进内控体系的建设工作。

在咨询公司的帮助下，柳工股份梳理出了内控的“三个重点”：公司授权体系手册、优化人力资源管理业务流程和研发流程。

在梳理授权体系时，柳工股份的内控团队查阅公司流程制度 594 项，访谈管理及业务人员 83 人次，初步整理出公司总部授权体系分册、国际营销事业部授权体系分册、国内营销事业部授权体系分册以及挖掘机事业部授权体系分册，并着手编制了《授权手册》。

同时，根据对人力资源规划、招聘与配置、培训与开发、薪酬福利管理、绩效管理、员工与劳动关系等六大模块，柳工股份全面梳理了人力资源的一级流程 13 个、二级流程 39 个、三级流程 73 个，查找出人力资源管理风险点 77 个，人力资源管理控制缺失 6 项，待完善的控制点 26 项。

根据初步诊断的结果，柳工股份已形成人力资源优化方案，目前正在进行研发流程优化项目。

（案例来源：柳工股份的内控试点之路．中国会计报，2011-08-12。）

案例思考

1. 结合本案例谈谈计划与控制的关系？
2. 柳工股份内部控制的成功经验是什么？

第十五章 控制方法

学习目的与要求：通过本章学习，读者要学会并掌握生产控制、预算控制和其他几种主要的控制方法，认识各控制方法的适用性和存在的局限性，提高控制的水平和质量。

管理实践中是通过运用多种控制方法来实现有效控制的。管理人员除了利用现场巡视、监督或分析下属依循组织路线传送的工作报告等手段进行控制外，还经常借助预算控制、比率分析、审计控制、盈亏控制以及网络控制等方法。本章主要介绍其中的几种常用控制方法。

第一节 生产控制

组织的生产经营活动是一个动态过程：首先是投入原材料、零部件、劳动力等，经过组织系统的转换和运营，生产出有形的产品或无形的劳务。在这个过程中，为了达到组织预定的目标，就必须对组织的经营管理活动进行控制。事实上，控制活动贯穿于上述整个过程，即管理人员需要对原材料、零部件、劳动力等投入进行控制，需要对组织系统的转换和运营进行控制，也需要对有形的产品或无形的劳务进行控制。

一、对供应商的控制

供应商既为本组织提供所需的原材料或零部件，同时他们又是该组织的竞争力量之一。供应商供货及时与否、质量的好坏、价格的高低，都对本组织的最终产品产生重大影响。因此，对供应商的控制可以说是从组织运营的源头抓起，能够起到防微杜渐的作用。

目前比较流行的做法是在全球范围内选择供应商，其原因是为了能够有保障地获得高质量、低价格的原材料，同时也可避免只选择少数几个供应商可能构成的威胁。大型公司多采用这种方法。

许多企业组织正在改变与供应商之间的竞争关系，试图建立一种长期的、稳定的、合作的双赢局势。传统的做法是在十余家甚至数十家供应商中进行选择，鼓励他们互相竞争，从中选取能够提供低价格、高质量产品的供应商。现在企业也在更广范围内挑选供应商，但是，一旦选定两三家供应商，就和他们建立长远的、稳定的联系，并且帮助供应商提高原材料的质量，降低成本。这时企业和供应商就形成相互依赖、相互促进的新型关系，双方都降低了风险，提高了效益，真正做到了双赢。

还有一种控制供货商的方法是持有供货商一部分或全部股份，或由本企业系统内部的某个子企业供货。这常常是跨国公司为了保证货源而采用的做法，很多日本的大型企业采用这种方法控制供货商。

二、库存控制

对库存的控制主要是为了减少库存，降低各种占用，提高经济效益。管理人员使用经济订购批量模型（Economic Order Quantity，EQQ）计算最优订购批量，使所有费用达到最小。这个模型考虑三种成本：一是订购成本，即每次订货所需的费用（包括通信、文件处理、差旅、行政管理费用等）；二是保管成本，即储存原材料或零部件所需的费用（包括库存、利息、保险、折旧等费用）；三是总成本，即订购成本和保管成本之和。

当企业在一定期间内总需求量或订购量为一定时，如果每次订购的量越大，则所需订购的次数越少；如果每次订购的量越小，则所需订购的次数越多。对第一种情况而言，订购成本较低，但保管成本较高；对第二种情况而言，订购成本较高，但保管成本较低。通过经济订购批量模型，可以计算出，订购量多大时总成本（订购成本和保管成本之和）为最小。图 15-1 为经济订购批量示意图。

假定企业在一定期间内总需求量为 D，每次订购所需的费用为 O，库存物品单价为 P，保管成本与全部库存物品价值之比为 C，则最优订购批量为：

$$\mathrm{EQQ}=\sqrt{\frac{2DO}{PC}}$$

例如，假设某企业一年对某种材料的总需求量为 5 000 件，每件价格为 20 元，每次订购所需的费用为 250 元，保管成本与全部库存物品价值之比为 12.5%，则最优订购批量为：

$$\mathrm{EQQ}=\sqrt{\frac{2DO}{PC}}=\sqrt{\frac{2\times 5\,000\times 250}{20\times 0.125}}=1\,000(\text{件})$$

因此，一年最优订购批量为 5 次，每次 1 000 件。

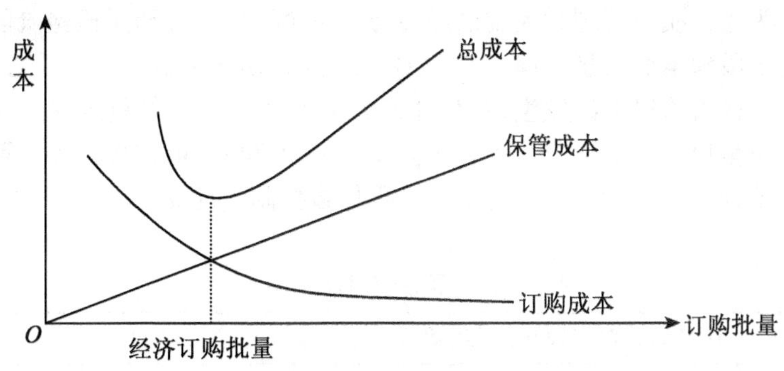

图 15-1 经济订购批量示意图

一般说来，企业除了最优订购批量外，为了预防万一会保留一个额外的储存量，这个储存量被称为安全库存。

日本企业发明了一种准时制（Just in Time，JIT）库存系统，其目标是实现零库存。它的基本思路是企业不储备原材料库存，一旦需要时，立即向供应商提出，由供应商保质保量按时送到，使生产继续进行下去。JIT 的具体做法如下：企业收到供应商送来的装有原材料的集装箱，卸下其中的原材料准备用于生产装配，同时把箱中的“看板”（Kanban，日语，指卡片或标牌）交回给供应商；供应商接到“看板”后立即进行生产，并将新生产出来的原材料再送来。如果双方衔接得好，这时，上次的原材料刚好用完。

准时制库存系统可以减少库存，降低成本，提高效益。但是，该种方法对供应商提出了很高的要求。供应商必须在规定的时间，按照规定的质量和数量，将原材料或零部件生产出来，并且准确无误地运送到规定的地点。但是，许多研究指出，准时制库存系统事实上将库存及带来的风险转嫁给了供应商，供应商所能做的是自己消化或再次转嫁给那些为自己供货的供应商。另外，准时制库存系统对企业选择和控制供应商提出了更高的要求。

三、质量控制

质量控制是企业控制工作的重要内容之一。所谓的质量有广义和狭义之分。狭义的质量指产品的质量；而广义的质量除了涵盖产品质量外，还包括工作质量。产品质量主要指产品的使用价值，即满足消费者需要的功能和性质。这些功能和性质可以具体化为五个方面：性能、寿命、安全性、可靠性和经济性。工作质量主要指在生产过程中，围绕保障产品质量而进行的质量管理工作的水平。

迄今为止，质量管理和控制已经经历了三个阶段，即质量检验阶段、统计质量管理阶段和全面质量管理（Total Quality Management，TQM）（见表 15-1）阶段。质量检验阶段大约发生在 20 世纪 20~40 年代，工作重点在产品生产出来之后的质量检查。统计质量管理阶段发生在 20 世纪 40~50 年代，管理人员主要采用统计方法作为工具，对生产过程加强控制，提高产品的质量。

表 15-1　　全面质量管理

永远进取	TQM 认为没有最好，只有更好
提高质量	TQM 采用最广泛的质量定义，它不仅指最终的产品，而且覆盖与最终产品有关的一切
精确衡量	TQM 运用数理统计方法衡量实绩，比较标准，纠正偏差
放权员工	TQM 授权于生产线上的工人和技术管理人员，动员和鼓励他们参与质量管理工作

从 20 世纪 50 年代开始的全面质量管理是以保证产品质量和工作质量为中心，企业全体员工参与的质量管理体系。它具有多指标、全过程、多环节和综合性的特征。如今，全面质量管理已经形成了一整套管理理念，风靡全球。

第二节　预算控制

未来的活动几乎都可以利用预算进行控制。所谓预算，就是用数字特别是用财务数字的形式来描述企业未来的活动计划，它预估了企业在未来时期的经营收入和现金流量，同时也为各部门或各项活动规定了在资金、劳动、材料、能源等方面的支出的额度。预算控制就是根据预算规定的收入与支出标准来检查和监督各个部门的生产经营活动，以保证各种活动或各个部门在完成既定目标、实现利润的过程中对经营资源的利用，从而使费用支出受到严格有效的约束。

一、预算的编制

有效地从预期收入和费用两个方面对组织经营情况进行全面控制，不仅需要对各个部门、各项活动编制分预算，而且要对企业整体编制全面预算。分预算是按照部门和项目来编制的，它详细说明了相应部门的收入目标或费用支出的水平，规定了他们在生产活动、销售活动、采购活动、研究开发活动或财务活动中筹措和利用劳力、资金等生产要素的标准。全面预算则是在对所有部门或项目分预算进行综合平衡的基础上编制而成的，它概括了企业相互联系的各个方面在未来时期的总体目标。只有编制了总体预算才能进一步明确组织各部门的任务、目标、制约条件以及各部门在活动中的相互关系，从而为正确评价和控制各部门的工作提供客观的依据。

任何预算都需用数字形式来表述。全面预算必须用统一的货币单位来衡量，而分预算则不一定用货币单位计量。比如，原材料预算可能用千克或吨等单位来表述。这是因为对一些具体的项目来说，用时间、长度或重量等单位来表述能提供更多、更准确的信息。比如，用货币金额来表达原材料预算，我们就只知道原材料消耗的总费用标准，而不能知道原材料使用的确切种类和数量，也难以判断价格变动会产生何种影响。当然，不论以何种方式表述的各部门或项目的分预算，在将它们综合平衡以编制企业的全面预算之前，必须转换成用统一的货币单位来表达的方式。

二、预算的种类

不同企业，由于生产活动的特点不同，预算表中的项目会有所不同，但一般来说，预算内容要涉及以下几个方面：收入预算、支出预算、现金预算、资金支出预算、资产负债预算。

（一）收入预算

收入预算和支出预算提供了关于企业未来某段时期经营状况的一般说明，即从财务角度计划和预测了未来活动的成果以及为取得这些成果所需付出的费用。

企业收入主要来源于产品销售，因此收入预算的主要内容是销售预算。销售预算是在销售预测的基础上编制的，即通过分析企业过去的销售情况、目前和未来的市场需求特点及其发展趋势，比较竞争对手和本企业的经营实力，确定企业在未来时期内为了实现目标利润必须达到的销售水平。

企业通常不止生产一种产品，这些产品也不仅在某一个区域市场上销售，因此，为了能为控制未来的活动提供详细的依据，便于检查计划的执行情况，往往需要按产品、区域市场或消费者群，为各经营单位编制分项销售预算。同时，由于在一年中的不同季度和月度，销售量也往往不稳定，所以通常还需预计不同季度和月度的销售收入。这种预计对编制现金预算是很重要的。

（二）支出预算

企业销售的产品是在内部生产过程中加工制造出来的。在这个过程中，企业需要借助一定的劳动力，利用和消耗一定的物质资源。因此，与销售预算相对应，企业必须编制能够保证销售过程得以进行的生产活动的预算。关于生产活动的预算，不仅要确定为取得一定销售收入所需要的产品数量，而且更重要的是要预计为得到这些产品、实现销售收入需要付出的费用，即编制各种支出预算。不同企业，经营支出的具体项目可能不同，但一般都包括以下几种：

1. 直接材料预算

直接材料预算是根据实现销售收入所需的产品种类和数量，详细分析为了生产这些产品，企业必须利用的原材料的种类、数量。它通常以实物单位表示，考虑到库存因素后，直接材料预算可以成为采购部门编制采购预算、组织采购活动的基础。

2. 直接人工预算

直接人工预算需要预计企业为了生产一定数量的产品，需要哪些种类的工人，每种类型的工人在什么时候需要多少数量，以及利用这些人员劳动的直接成本是多少。

3. 附加费用预算

直接材料和直接人工只是企业全部经营费用的一部分，企业的行政管理、营销宣传、人员推销、销售服务、设备维修、固定资产折旧、资金筹措以及税金等，也要耗费企业的资金，对这些费用也需要进行预算，这就是附加费用预算。

(三) 现金预算

现金预算是对企业未来生产与销售活动中现金的流入与流出进行预测，通常由财务部门编制。现金预算只能包括那些实际包含在现金流程中的项目：赊销所得的应收款在用户实际支付以前不能列为现金收入，赊购所得的原材料在未向供应商付款以前也不能列入现金支出，而需要今后逐年分摊的投资费用却需要当年实际支出现金。因此，现金预算并不需要反映企业的资产负债情况，而是要反映企业在未来活动中的实际现金流量和流程。企业的销售收入很大，利润即使相当可观，但大部分尚未收回，或收回后被大量的库存材料或在制品所占用，那么它也不可能在目前给企业带来现金上的方便。通过现金预算，可以帮助企业发现资金的闲置或不足，从而指导企业及时利用暂时过剩的现金，或及早筹齐维持营运所短缺的资金。

(四) 资金支出预算

上述各种预算通常只涉及某个经营阶段，是短期预算，而资金支出预算则涉及几个阶段，是长期预算。如果企业的收支预算被很好地执行，企业有效地组织了资源的利用，那么利用这些资源得到的产品销售以后的收入就会超出资源消耗的支出，从而给企业带来盈余。企业可以利用盈利的一个很重要部分来进行生产能力的恢复和扩大。这些支出具有投资的性质，因此其计划安排通常被称为投资预算或资金支出预算。资金支出预算的项目包括：用于更新改造或扩充（包括厂房、设备在内的生产设施）的支出，用于增加品种、完善产品性能或改进工艺的研究与开发支出，用于提高职工和管理队伍素质的人员培训与发展支出，用于广告宣传、寻找顾客的市场发展支出等。

（五）资产负债预算

资产负债预算是对企业会计年度末的财务状况进行预测。它通过将各部门和各项目的分预算汇总在一起，表明如果企业的各种业务活动达到预先规定的标准，在财务期末，企业资产与负债会呈现何种状况。作为各分预算的汇总，管理人员在编制资产负债预算时虽然不需作出新的计划或决策，但通过对预算表的分析，可以发现某些分预算的问题，从而有助于采取及时的调整措施。比如，通过分析流动资产与流动债务的比率，可能发现企业未来的财务安全性不高，偿债能力不强，可能要求企业在资金的筹措方式、来源及其使用计划上作相应的调整。另外，通过将本期预算与上期实际发生的资产负债情况进行对比，还可发现企业财务状况可能会发生哪些不利变化，从而指导事前控制。

三、预算的作用及其局限性

预算的实质是用统一的货币单位为企业各部门的各项活动编制计划。它使得企业在不同时期的活动效果和不同部门的经营绩效具有可比性，可以使管理者了解企业经营状况的变化方向和组织中的优势部门与问题部门，从而为调整企业活动指明了方向。通过为不同的职能部门和职能活动编制预算，也为协调企业活动提供了依据。更重要的是，预算的编制与执行始终是与控制过程联系在一起的，编制预算是为企业的各项活动确立财务标准，用数量形式的预算标准来对照企业活动的实际效果，大大方便了控制过程中的绩效衡量工作，也使之更加客观可靠。在此基础上，很容易测量出实际活动对预期效果的偏离程度，从而为采取纠正措施奠定了基础。

由于这些积极作用，预算手段在组织管理中得到了广泛运用。但在预算的编制和执行中，也暴露出了一定的局限性，主要表现在：

(1) 它只能帮助企业控制那些可以计量的，特别是可以用货币单位计量的业务活动，而不能促使企业对那些不能计量的企业文化、企业形象、企业活力的改善予以足够的重视。

(2) 编制预算时通常参照上期的预算项目和标准，从而会忽视本期活动的实际需要，因此导致上期有的而本期不需的项目仍然沿用，而本期必需但上期没有的项目会因缺乏先例而不能增设的错误。

(3) 企业活动的外部环境是在不断变化的，这些变化会改变企业获取资源的支出或销售产品实现的收入，从而使预算变得不合时宜。特别是涉及较长时期的预算可能会过度束缚决策者的行动，使企业经营缺乏灵活性和适应性。

(4) 预算，特别是项目预算或部门预算，不仅对有关负责人提出了希望他们实现的结果，而且也为他们得到这些结果而能够开支的费用规定了限度，这种规定可能使得主管们在活动中精打细算，小心翼翼地遵守不得超过支出预算的准则，而忽视了部门活动的本来目的。

(5) 在编制费用预算时，通常会参照上期已经发生过的本项目费用，同时，在预算获得最后批准的过程中，主管人员也知道预算申请多半是要被削减的，因此，他们的费用预算申报数要多于其实际需要数，特别是对于那些难以观察、难以量化的费用项目更是如此。所以，费用预算总是具有按先例递增的习惯。如果在预算编制的过程中，没有仔细地复查相应的标准和程序，预算可能成为低效管理部门的保护伞。

只有充分认识了上述局限性，才能有效地利用预算这种控制手段，并辅之以其他工具。

第三节　其他控制方法

其他常用的控制方法有：比率分析、经营审计、统计分析和亲自观察等。

一、比率分析

单个地去考虑反映经营成果的某个数据，往往不能说明任何问题。企业本年度盈利 100 万元，某部门本期生产了 5 000 个单位产品，或本期人工支出费用为 85 万元，这些数据本身没有任何意义。只有根据它们之间的内在关系，相互对照分析才能说明某个问题。比率分析就是将企业资产负债表和收益表上的相关项目进行对比，形成一个比率，从中分析和评价企业的经营成果和财务状况。

利用财务报表提供的数据，我们可以列出许多比率，常用的有两种类型：财务比率和经营比率。

(一) 财务比率

财务比率及其分析可以帮助我们了解企业的偿债能力和盈利能力等财务状况。

1. 流动比率

流动比率是企业的流动资产与流动负债之比。它反映了企业偿还需要付现的流动债务的能力。一般来说，企业资产的流动性越大，偿债能力就越强；反之，偿债能力则弱，这样会影响企业的信誉和短期偿债能力。因此，企业资产应具有足够的流动性。资产若以现金形式表现，其流动性最强。但要防止为追求过高的流动性而导致财务资源的闲置，以避免使企业失去本应得到的收益。

2. 速动比率

速动比率是流动资产和存货之差与流动负债之比。该比率和流动比率一样是衡量企业资产流动性的一个指标。当企业有大量存货且这些存货周转率低时，速动比率比流动比率更能精确地反映客观情况。

3. 负债比率

负债比率是企业总负债与总资产之比。它反映了企业所有者提供的资金与外部债权人提供的资金的比率关系。只要企业全部资金的利润率高于借入资金的利息，且外部资金不在根本上威胁企业所有权的行使，企业就可以充分地向债权人借入资金以获取额外利润。一般来说，在经济迅速发展时期，债务比率可以很高。20 世纪 60~70 年代初，日本许多企业的外借资金占全部营运资金的 80%左右。但是，过高的负债比率对企业的经营不利。

4. 盈利比率

盈利比率是企业利润与销售额或全部资金等相关因素的比例关系。它们反映了企业在一定时期从事某种经营活动的盈利程度及其变化情况。常用的比率有销售利润率和资金利润率。

销售利润率是销售净利润与销售总额之间的比例关系，它反映企业从一定时期的产品销售中是否获得了足够的利润。将企业不同产品、不同经营单位在不同时期的销售利润率进行比较分析，能为经营控制提供更多的信息。

资金利润率是指企业在某个经营时期的净利润与该期占用的全部资金之比，它是衡量企业资金利用效果的一个重要指标，反映了企业是否从全部投入资金的利用中实现了足够的净利润。同销售利润率一样，资金利润率也要同其他经营单位和其他年度的情况进行比较。一般来说，要为企业的资金利润率规定一个最低的标准。同样一笔资金，投入到企业营运后的净利润收入，至少不应低于其他投资形式（比如购买短期或长期债券）的收入。

(二) 经营比率

经营比率是与资源利用有关的比例关系。它反映了企业经营效率的高低和各种资源是否得到了充分利用。常用的经营比率有以下三种。

1. 库存周转率

库存周转率是销售总额与库存平均价值的比例关系，它反映了与销售收入相比，库存数量是否合理，表明了投入库存的流动资金的使用情况。

2. 固定资产周转率

固定资产周转率是销售总额与固定资产之比，它反映了单位固定资产能够提供的销售收入，表明了企业资产的利用程度。

3. 销售收入与销售费用的比率

这个比率表明单位销售费用能够实现的销售收入，在一定程度上反映了企业营销活动的效率。销售费用包括了人员推销、广告宣传、销售管理费用等组成部分，因此还可进行更加具体的分析。比如，预测单位广告费用能够实现的销售收入，或单位推销费用能增加的销售收入，等等。

反映经营状况的这些比率也通常需要进行横向的（不同企业之间）或纵向的（不同时期之间）比较，这样才更有意义。

二、经营审计

审计是对反映企业资金运动过程及其结果的会计记录及财务报表进行审核、鉴定，以判断其真实性和可靠性，从而为控制和决策提供依据。根据审查主体和内容的不同，可将审计划分为三种主要类型：一是由外部审计机构的审计人员进行的审计；二是由内部专职人员对企业财务控制系统进行全面评估的审计；三是由外部或内部的审计人员对管理政策及其绩效进行评估的管理审计。

（一）外部审计

外部审计是由外部机构（如会计师事务所）选派的审计人员对企业财务报表及其反映的财务状况进行独立的评估。为了检查财务报表及其反映的资产与负债的账面情况与企业真实情况是否相符，外部审计人员需要抽查企业的基本财务记录，以验证其真实性和准确性，并分析这些记录是否符合公认的会计准则和记账程序。

外部审计实际上是对企业内部虚假、欺骗行为的一个重要而系统的检查，因此起着鼓励诚实的作用。由于知道外部审计不可避免地要进行，企业就会努力避免做那些在审计时可能会被发现的不光彩的事。外部审计的优点是审计人员与管理当局不存在行政上的依附关系，不需看企业经理的眼色行事，只需对国家、社会和法律负责，因而可以保证审计的独立性和公正性。但是，由于外来的审计人员不了解内部的组织结构、生产流程的经营特点，在对具体业务的审计过程中可能产生困难。此外，处于被审计地位的内部组织成员可能产生抵触情绪，不愿积极配合，这也可能增加审计工作的难度。

（二）内部审计

内部审计提供了检查现有控制程序和方法能否有效地保证达成既定目标和执行既定政策的手段。例如，制造质量完善、性能全面的产品是企业孜孜以求的目标，这不仅要求利用先进的生产工艺、工人提供高质量的工作，而且对构成产品的基础——原材料提出了相应的质量要求。这样，内部审计人员在检查物资采购时，就不仅限于分析采购部门的账目是否齐全、准确，而且还得测定材料质量是否达到要求。

根据对现有控制系统有效性的检查，内部审计人员可以提供有关改进公司政策、工作程序和方法的对策建议，以促使公司政策符合实际，工作程序更加合理，作业方法被正确掌握，从而更有效地实现组织目标。

内部审计有助于推行分权化管理。从表面上来看，内部审计作为一种从财务角度评价各部门工作是否符合既定规则和程序的方法，加强了对下属的控制，似乎更倾向于集权化管理，但实际上，企业的控制系统越完善，控制手段越合理，越有利于分权化管理，因为主管们知道，许多重要的权力授予下属后，自己可以很方便地利用有效的控制系统和手段来检查下属对权力的运用状况，从而可能及时发现下属工作中的问题，并采取相应措施。内部审计不仅评估了企业财务记录是否健全、正确，而且为检查和改进现有控制系统的效能提供了一种重要的手段，有利于促进分权化管理的发展。

虽然内部审计为经营控制提供了大量的有用信息，但在使用中也存在不少局限性，主要表现在：

（1）内部审计可能需要很多的费用，特别是深入、详细的审计。

（2）内部审计不仅要搜集事实，而且需要解释事实，并指出事实与计划的偏差所在。要能很好地完成这些工作，而又不引起被审计部门的不满，需要对审计人员进行充分的技能训练。

（3）许多员工认为审计是一种“密探”或“检查”工作，从而在心理上产生抵触情绪。如果审计过程中不能进行有效的信息和思想沟通，即使审计人员具有必要的技能，也可能会对组织活动带来负激励效应。

（三）管理审计

外部审计主要核对企业财务记录的可靠性和真实性；内部审计在此基础上对企业政策、工作程序与计划的遵循程度进行测定，并提出必要的改进企业控制系统的对策建议；管理审计的对象和范围则更广，它是一种对企业所有管理工作及其绩效进行全面系统的评价和鉴定的方法。管理审计虽然也可组织内部的有关部门进行，但为了保证某些敏感领域得到客观的评价，企业通常聘请外部的专家来进行。

管理审计的方法是利用公开记录的信息，从反映企业管理绩效及其影响因素的若干方面，将企业与同行业其他企业或其他行业的著名企业进行比较，以判断企业经营与管理的健康程度。

反映企业管理绩效及其影响因素的主要有：

（1）经济功能。检查企业产品或服务对公众的价值，分析企业对社会和国民经济的贡献。

（2）企业组织结构。分析企业组织结构是否能有效地达到企业经营目标。

（3）收入合理性。根据盈利的数量和质量（指盈利在一定时期内的持续性和稳定性）来判断企业盈利状况。

（4）研究与开发。评价企业研究与开发部门的工作是否为企业的未来发展进行了必要的新技术和新产品的准备，管理当局对这项工作的态度如何。

（5）财务政策。评价企业的财务结构是否健全合理，企业是否有效地运用财务政策和控制来达到短期与长期目标。

（6）生产效率。保证在适当的时候提供符合质量要求的必要数量的产品，这对于维持企业的竞争能力是相当重要的。因此，要对企业生产制造系统在数量和质量的保证程度以及资源利用的有效性等方面进行评估。

（7）销售能力。销售能力影响企业产品能否在市场上顺利实现。这方面的评估包括企业商业信誉、代销网点、服务系统以及销售人员的工作技能和工作态度。

（8）对管理当局的评估。即对企业的主要管理人员的知识、能力、勤奋、正直、诚实等素质进行分析和评价。

管理审计在实践中遭到许多批评，其中比较重要的意见认为，这种审计过多地评价组织过去的努力的结果，而不致力于预测和指导未来的工作，以至于有些企业在获得了极好的管理审计评价后不久就遇到了严重的财政困难。

管理审计不是对一两个容易测量的活动领域进行了比较，而是对整个组织的管理绩效进行了评价，因此可以为指导企业改进管理系统的结构、工作程序和结果提供有用的参考。

三、其他方法

管理人员通过对过去的资料或未来的预测进行统计分析，从中发现规律，对比自己企业的经营实绩，实行有效的控制，这种控制方法被称为统计分析。该方法的优点是简单明了，例如用曲线、图表画出的趋势图或历史资料使人一目了然；但缺点是可比性较差，已经发生的未必一定会再发生，对未来的预测准确性并不高。

事实上，最简单、常常也是最有成效的控制方法是亲自观察，即主管人员到车间或办公室进行实地观察。这种方法有利于主管人员获得来自第一线的信息，而不是被文山会海所淹没。

☞本章点评

管理者要实现其对组织的控制，必然要借助于具体的控制方法。本章对目前管理工作中应用较多的控制方法作了简要介绍，包括生产控制、预算控制和其他的一些控制方法。生产控制是对组织从输入（劳动力、原材料等）到输出（最终产品和服务）的转换过程的设计、作业和控制。常用的控制方法有对供应商的控制、库存控制和质量控制。预算控制的主要任务是通过财务、成本等指标控制计划的实际执行情况，为管理者提供一个比较与衡量支出的定量标准。预算内容主要有：收入预算、支出预算、现金预算、资金支出预算和资产负债预算等。预算控制也存在一定的局限性。同时还介绍了比率分析、经营审计、统计分析和亲自观察等控制方法。通过对这些控制方法的科学、合理的应用，不断发现工作中存在的问题，不断纠正工作中的失误，及时采取切实可行的措施，使工作得以顺利展开，最终达到既定的目标。

☞复习思考

1. 如何对供应商进行有效的控制？
2. 如何运用经济订购批量法进行库存控制，以取得良好的经济效益？
3. 如何做好质量控制工作？
4. 预算控制包括哪些内容？如何进行预算控制？
5. 解释比率分析的内容，并说明如何进行比率分析。
6. 解释审计控制的内容，并说明如何进行审计控制。

☞本章案例一

西湖公司是由李先生靠3000元创建起来的一家化妆品公司，开始只是经营指甲油，后来逐步发展成为具有一定规模的化妆品公司，资产达6000万元。李先生于1984年发现自己身患绝症后，对公司的发展采取了两个重要的措施：制订公司向科学医疗卫生方面发展的目标；高薪聘请雷先生接替自己的职位，担任董事长。

雷先生上任后，采取一系列措施，推行李先生为公司制订的进入医疗卫生行业的计划：在特殊医疗卫生业方面开辟了一个新行业，同时开设一个凭处方配药的药店，并开辟上述两个新部门所需产品的货源、运输渠道。

与此同时，他在全公司内建立了严格的控制措施：要求各个部门制订出每月的预算报告，每个部门在每月初都要对本部门的问题提出切实的解决方案，每月定期举行一次由各个部门经理和顾客代表参加的管理会议，各部门经理在会上提出本部门当月的主要工作目标和经济往来数目。另外，他特别注意资产回收率、销售边际及生产成本等经济动向，注重人事、财务收入和降低成本费用方面的工作。

由于实行了上述措施，该公司获得了巨大的成功。到20世纪80年代末期，公司年销售额提高24%，到1990年达到20亿元。然而，进入90年代以后，该公司逐渐出现了问题。1992年，公司出现了有史以来第一次收入下滑、产品滞销、价格下跌。主要问题有：

1. 化妆品市场的销售量已达到饱和状态。

2. 该公司制造的高级香水一直未打开市场，销售情况没有预期的那样乐观。

3. 国外公司挤占了本国市场。

4. 公司在国际市场上出现了不少问题，推销员冒进，得罪经销商，公司形象没有得到很好树立等。

雷先生也意识到公司存在的问题，准备采取有力措施，以改变公司的处境。他计划要对国际市场方面进行总结和调整，公司开始研制新产品。他相信，用了大量资金研制的医疗卫生工业品不久也可进入市场。

案例思考

1. 雷先生在西湖公司采取了哪些控制方法？

2. 假如西湖公司原来没有严格的控制系统，雷先生在短期内推行这么多控制措施，其他管理人员会有什么反应？

3. 就西湖公司的目前状况而言，怎样健全控制系统？

☞本章案例二

华润6S管理体系

华润（集团）有限公司是隶属于国务院国资委管理的一家有72年发展历史的中央企业。在经过多年的实践和不断改进后，总结了一套旨在贯彻全面预算管理的运行体系，即6S管理体系。具体是指利润中心的编码体系、管理报告体系、预算体系、评价体系、审计体系和经理人考核体系等。

6S管理体系保证了集团全面预算管理的运行，是华润公司目前运用得最为成功的管理系统。

完善预算的组织结构

在专业化分工的基础上，突破财务会计上的股权架构，将集团及属下公司按管理会计的原则，划分为多个业务相对统一的利润中心（称为一级利润中心），每个利润中心再划分为更小的分支利润中心（称为二级利润中心），并逐一编制号码，使管理排列清晰。这个体系较清晰地包括集团绝大部分资产，同时使每个利润中心对自身的管理也有清楚的界定，便于对每项业务实行监控。

改进预算的编制方法

华润公司在利润中心分类的基础上，全面推行预算管理，将经营目标落实到每个利润中心，并层层分解，最终落实到每个责任人每个月的经营上，这样不仅使管理者对自身业务有较长远和透彻的认识，还能从背离预算的程度上去发现问题，并及时加以解决。预算的方法由下而上，由上而下，不断反复和修正，最后汇总形成整个集团的全面预算报告。

注重预算的有效实施

华润公司要求每个利润中心按规定的格式和内容编制管理会计报表，具体由集团财务部统一制订并不断完善。管理报告每月一次，包括每个利润中心的营业额、资产、负债、现金流量等情况，并附有公司简评，使预算在实施过程中刚性执行与调整需要相结合。

建立预算的评价体系

根据每个利润中心业务的不同，度身订造一个评价体系。每一个指标项下，再根据各业务点的不同情况细分为能反映该利润点经营业绩及整体表现的许多明细指标，目的是要做到公平合理。集团根据各利润中心业务好坏及其前景，决定资金的支持重点。预算的责任具体落实到各级责任人，从而考核也落实到利润中心经理人。利润中心经理人考核体系主要从业绩评价、管理素质、职业操守三个方面对经理人进行评价。这样，预算结合绩效考评、薪酬发放，使预算的执行落到实处。考核时坚持公开、公正、公平的原则，并通过建立综合评价指标体系，实现财务指标与非财务指标相结合，市场化与内部化相结合，结果评价和过程评价相结合，整体目标和局部目标相一致。

（案例来源：杨蓉．华润6S管理体系．上海国资，2011-10-11。）

案例思考

1. 请谈一谈华润 6S 管理体系对集团化企业管理控制的启示。
2. 全面预算管理需要完善哪些方面？

参考文献

[1] 程国平．管理学原理．武汉：武汉理工大学出版社，2002

[2] 谭力文，李燕萍．管理学（第3版）．武汉：武汉大学出版社，2009

[3] 王凤彬，李东．管理学（第3版）．北京：中国人民大学出版社，2007

[4] 杨文士．管理学原理．北京：中国人民大学出版社，2000

[5] 周三多，陈传明，鲁明泓．管理学——原理与方法（第5版）．上海：复旦大学出版社，2010

[6] 杨明刚．现代实用管理学——知识·技能·案例·实训．上海：华东理工大学出版社，2005

[7] 芮明杰．管理学：现代的观点．上海：上海人民出版社，2005

[8] 陈萍．管理学基础．北京：中国财政经济出版社，2007

[9] 郭咸纲．西方管理思想史．北京：经济管理出版社，2004

[10] 周健临．管理学教程．上海：上海财经大学出版社，2001

[11] 王璞．组织结构设计咨询实务．北京：中信出版社，2003

[12] [美]里基·格里芬著．刘伟译．管理学．北京：中国市场出版社，2008

[13] [美]斯蒂芬·P. 罗宾斯，玛丽·库尔特著．孙健敏等译．管理学（第9版）．北京：中国人民大学出版社，2008

[14] [美] 哈罗德·孔茨，海因茨·韦里克著．郝国华等译．管理学．北京：经济科学出版社，1993

[15] [美] 加里·戴斯勒著．吕延杰，赵欣艳译．管理学精要（第2版）．北京：中国人民大学出版社，2004

[16] [美] 彼得·德鲁克著．齐若兰译．管理的实践．北京：机械工业出版社，2009

[17] [美] 杜柏林著．胡左浩，陈莹，袁媛译．管理学精要（第6版）．北京：电子工业出版社，2003

[18] [美] 蒙塔纳，查诺夫著．沈国华译．管理学．上海：上海人民出版社，2004

[19] [美] 赫伯特·A. 西蒙著. 詹正茂译. 管理行为（第4版）. 北京：机械工业出版社，2007